Phänomen-Verlag
Enjoy your Evolution!

Zum Autor:

Matthias Thiele, geb. 1972, studierte Geschichte und Psychologie. Tätig u.a. als Dozent im Bereich Entwicklungspsychologie und Gesundheitspsychologie. Lebt in Leipzig.
Zuletzt erschienen: Tarot und die Kunst der Selbsterkenntnis (2012).
Weitere Informationen über matthiasthiele.com

Matthias Thiele

Das stolze Licht

Wie Zorngeborene die Welt erschaffen

Phänomen-Verlag

Bibliografische Information Der Deutschen Bibliothek:

Die Deutsche Bibliothek verzeichnet diese Publikation in der Deutschen Nationalbibliografie; detaillierte bibliografische Daten sind im Internet über http://dnb.ddb.de abrufbar.

Matthias Thiele
Das stolze Licht - Wie Zorngeborene die Welt erschaffen
EAN 978-84-943147-1-1

Umschlaggestaltung: Phänomen-Verlag
Umschlagbild: 'Boot II' von Matthias Thiele

Phänomen-Verlag
Web: www.phaenomen-verlag.de
E-Mail: kontakt@phaenomen-verlag.de

Satz & Gestaltung: Phänomen-Verlag

INHALTSVERZEICHNIS

Wenn sich der Mensch, die kleine Narrenwelt
Gewöhnlich für ein Ganzes hält-
Ich bin ein Teil des Teils, der anfangs alles war
Ein Teil der Finsternis, die sich das Licht gebar
Das stolze Licht, das nun der Mutter Nacht
Den alten Rang, den Raum ihr streitig macht ...

Goethe, Faust I

Vorbemerkung

Vor vielen Jahren fragten mich ein Hindu und ein Moslem, die offensichtlich miteinander befreundet waren, in Sri Lanka, ob ich Christ sei, und ich antwortete mit einem klaren Ja. Ich war selbst erstaunt über die in diesem Moment des Gesprächs in mir gespürte Gewissheit. Es wäre für mich unvorstellbar gewesen, eine solche Antwort vorher, in Deutschland oder überhaupt in Europa, zu geben. Ich hielt mich für alles andere als einen Christen, stand vielmehr verschiedenen östlichen Metaphysiken samt ihren Meditationstechniken nahe. Später wurde mir klar, dass dieses unbedingte Ja weniger die Glaubenssätze einer Religion, sondern eine Kulturzugehörigkeit gemeint hatte. Dort, im fernen Südasien, in der Begegnung mit dem Fremden, antwortete nicht das Individuum, sondern der Kulturkreis, der in mir beheimatet ist.

Wir erleben zurzeit historisch einmalige Umwälzungen auf diesem Planeten. Bisher insulare Kulturen vermischen sich, durchdringen einander und beginnen eine planetare Superkultur zu bilden. Was aber treibt Menschen an, überhaupt Kulturen wie Inseln in der scheinbaren Unendlichkeit des Weltenozeans zu errichten?

Seit Menschen in überschaubaren Räumen hausen, stellt sich ihnen die Frage nach dem Unbekannten jenseits der Grenze. Es war das Dunkel jenseits des Lichtkreises des nächtlichen Feuers und die beklommen machenden Geräusche aus dem unerschlossenen Dickicht, das sich in eine scheinbare Unendlichkeit zu dehnen schien, die den Menschen zu Erweiterungen ihrer frühen Lichtungen bewogen.

Ich werde im *ersten Kapitel*, ‚Conquista ins Nichts', zeigen, dass es zwei fundamentale Eigenschaften des Menschen sind, die ihn zur Grenzerweiterung seines Lichtungsraums befähigen: die expansive Kraft des *thymos*, seiner Selbstbehauptung, einerseits und die überschauende Kraft des Bewusstseins andererseits.

In den ältesten zusammenhängenden Epen Europas, der *Ilias* und der *Odyssee*, begegnen wir den Helden, die diese Kräfte exemplarisch verkörpern: Achilleus, der Kraft seines Willens den staunenden Hörern der Epen zeigt, wie man die Grenzen des für möglich Gehaltenen sprengen kann, und Odysseus, der sich dank seiner List und Intelligenz in den erweiterten Taträumen effektiv zu bewegen versteht.

Das *zweite Kapitel* widmet sich dem Werden und Sein der abendländischen Kultur.

Wir werden Kulturen als Plateaus kennenlernen, die durch conquistadorisches Hinausgreifen in das Dunkel des Unbekannten entstehen.

Ich werde eine Biografie der ‚faustischen' Seele skizzieren; ihres Strebens, die Lichtung des überschaubaren Handlungsraums nicht nur im materiellen und geografischen Außen, sondern auch im Innerseelischen zu erweitern.

Der Modus des Bewusstseins, also die Art, in der Menschen denken, ist nur durch seine Mitgliedschaft in einer Kultursphäre zu erklären. Wir werden dem Individualismus, der dualistischen Rationalität und der statischen Perspektivität als Richtschnüren begegnen, an denen sich das abendländische Denken, Fühlen und Handeln ausrichtet.

Doch die Zeit sich globalisierender und damit vereinheitlichender Kultursphären erfordert neues geistiges Rüstzeug, und so wird der letzte Teil des Kapitels der Skizze eines neuen Bewusstseins vorbehalten sein, eines Wahrnehmungs- und Denkmodus, der komplex genug sein könnte, um in der aktuellen Zeit sich verschmelzender Kulturen sinnvoll navigieren zu können. Ich werde Argumente dafür vorbringen, dass stabile Perspektiven und Identitäten als mentale Werkzeuge in dieser Zeit des Umbruchs ungeeignet sind und stattdessen (in Anlehnung an den Schweizer Kulturphilosophen Jean Gebser) eine *Aperspektivität* des Bewusstseins vorschlagen. So wie in der Kunst einst die Perspektive die Fläche überwand, ist es möglich, dass ein mobilisiertes, also beweglich gewordenes Bewusstsein nunmehr die statische Perspektivität zu überwinden weiß. Das Erwachen eines Bewusstseins, dass das globalisierte Kulturplateau beherrschen kann, so die These, wird nur auf der Basis des bereits etablierten Individualismus passieren können.

Es wird, so werden wir im *dritten Kapitel* feststellen, eine individuierte Psychonautik sein, gleichsam eine Fortsetzung der bisherigen Conquista im subjektiven Innenraum.

Die Suche nach geeigneten Landkarten für eine solche selbst gesteuerte Bewusstseins-Schulung wird uns nach Indien führen. Kaum eine Kultur hat eine solche Kompetenz in psychischer Innenschau und effektiven Psychotechniken hervorgebracht wie die indische. Es liegt in der nicht-individuellen Natur südasiatischer, vor allem yogischer

Psychotechniken, taugliche Ergänzungen und Korrekturen zur faustischen Expansivität anbieten zu können.

Wir werden das traditionelle yogische Chakra-System nutzen, um eine abstrakte Karte von sieben Perspektiven-Sphären zu erstellen, an der der psychonautisch Interessierte seinen psychischen Reisestandort überprüfen kann. Das siebenteilige Perspektiven-Modell findet eine überraschende Parallele in der christlichen Mystik. Wie unterschiedlich die Ausfaltung eines mehrstufigen Sphärenmodells sein kann, wird der direkte Vergleich zeigen, in dem die yogische Variante das Nicht-Ich und die Christliche eine ichhafte Substanz propagiert.

Für eine innerpsychische Conquista in die Möglichkeitsräume menschlichen Bewusstseins sind neben tragfähigen geistigen ‚Fahrzeugen' und orientierungsfähigen Karten auch geeignete Navigationsinstrumente nötig. Wir werden im *vierten Kapitel* sehen, dass sich traditionelle Meditationen yogischen und christlichen Typs – wenn man sie ihrer weltanschaulichen Ummantelung entledigt – als geeignete Trainingsmodule zur Achtsamkeitsschulung erweisen können.

Ich schreibe nicht mehr als reiner Abendländer, obschon das der Boden ist, in dem ich seit meiner Geburt, ja seit den Geburten meiner Vorfahren, wurzele und meine Nährstoffe ziehe, sondern als Kind der neuen Zeit. Das Erkenntnisstreben des Abendlandes hat sich für die Errungenschaften anderer Kulturen geöffnet; wir finden unerwartet Antworten in den Weisheitstraditionen des Fernen Ostens und Südasiens oder etablieren Yoga und Meditation als Teil der neuen Alltagskultur. Die weltanschauliche Lücke, die das erstarrte Christentum hinterlassen hat, wird immer öfter von buddhistischen, taoistischen oder hinduistischen Ideen gefüllt. Der Buddhismus erlebt tatsächlich erst heute seine weltweite Blüte. Die Yoga-Traditionen sind nicht länger exklusives Besitztum der Inder, sie haben sich verselbstständigt, erfahren weltweit Erweiterungen, Modifikationen, neue Schulen, manchmal auch Pervertierungen.

Ich entscheide mich aus drei Gründen, in diesem Buch den Fokus auf Elemente der antiken, abendländischen und indischen Kulturen zu legen. Ein persönlicher Grund liegt in meiner europäischen Herkunft und in mehreren ausgedehnten Reisen und Aufenthalten in Südasien, vornehmlich in Indien. Ein allgemeinerer Grund besteht in der über

Jahrtausende gewachsenen, unerreichten Kompetenz der indischen Mystik und Metaphysik in Fragen der innerseelischen Conquista und in der yogischen Tradition, dem Ich – und damit dem Individualismus – kaum Bedeutung beizumessen, womit sich ein uns Abendländern alternativer Zugang eröffnet.

Der dritte Grund liegt in dem gemeinsamen historischen Urgrund, in der gemeinsamen Herkunft eines Großteils der europäischen wie der indischen Völker von indoeuropäischen Stämmen. Wir werden auf erstaunliche Gemeinsamkeiten in alten Mythen stoßen, werden aber auch die Gabelung passieren, an der sich die ‚innersten Anliegen' dieser Kulturen auseinanderbewegten.

Einst brachen wir auf, die Welt zu erobern: die einen im subtilen metaphysischen Raum, die anderen im materiellen Außen. Karavellen erkundeten die geografischen Antipoden, yogische Meditations-‚Fahrzeuge' hingegen die Sphären des Geistes. Die großen conquistadorischen Eroberer begegnen sich nun wieder und tauschen ihre Trophäen aus. Es sind die Werkzeuge, die wir für die neue Architektur der menschlichen Welt und das Navigieren in ihr benötigen, und wir sollten uns in ihrer Handhabung sorgfältig üben, wir haben nichts anderes. Von ihrem Gebrauch hängt unser weiteres Bestehen ab.

Möge der Leser nachsichtig mit möglichen Irrtümern und Auslassungen in diesem Essay umgehen; ich folge Spuren, wissend, dass es parallele Pfade gibt, die von mir ungegangen bleiben.

Ménin áeide, theá, Peleiádeo Akhiléos…

(Singe den Zorn, oh Göttin, des Peleiaden Achilleus…)

Homer, Ilias, Erster Gesang

I Conquista ins Nichts

Achilleus und Odysseus: Zorn und List

Es ist, als hätte Homer[1] den Zorn in das Programm für die kommenden europäischen Kulturen mit jenem zündenden ersten Satz der Ilias festgeschrieben. Den Zorn, der das Wirken und Werden der griechisch-römischen Antike wie des christlichen Abendlandes durchweben wird, der aber auch die Benennung jener Kraft zu sein scheint, die die Lichtungen des menschlichen Wirkungskreises zu schaffen vermag; den Zorn, der die Geschichte Europas und heute des ganzen Globus durchdringt, aber auch zu jenen expansiven Abenteuern des Geistes peitscht, die wir im Folgenden mit der Denkfigur der Conquista ins Nichts umschreiben werden.

Der Zorn des Peleussohnes Achilleus führte zu großen Taten. Diese Taten waren es, die besungen wurden. Taten von Heroen, von Herakles, Theseus, Perseus, Odysseus. Durch die heldenhafte Tat, so sinngemäß der Philosoph Peter Sloterdijk,[2] wird eine Lichtung des Vollbringens in das Dunkel der Ohnmacht als Mensch in dieser Welt gehauen. Dies ist der Beginn der Wirkmächtigkeit, mit der sich der Mensch seiner Nicht-Ohnmächtigkeit versichert. Taten zu vollbringen heißt wirkmächtig sein und einen Einfluss auf das Geschehen der Welt zu haben; eine psychologische Evidenz, die Tausende Jahre später von dem Psychologen Alfred Bandura als *self-efficacy* beschrieben wurde. Goethes Faust korrigiert, noch als der alte Gelehrte, den Bibelpassus „Am Anfang war das

---

1. … oder die Homeriden, wenn man mehrere Dichter der *Ilias* und *Odyssee* annehmen möchte.

2. Den Ariadnefaden dieses Essays nehmen wir mit einer Kontemplation Peter Sloterdijks über den Helden Achilles und über den Zorn, der von diesem Besitz ergreift, auf. Sloterdijk bringt in diesem Zusammenhang den *thymos* – den Willen zur Selbstbehauptung, zum Stolz und zur Würde – als antreibende Kraft (neben Eros und Thanatos) wieder ins Gespräch. Wir werden später in diesem Essay diese Triebkräfte als verschiedene Formgebungen einer allgemeinen Vitalkraft des Menschen charakterisieren, einer Vitalkraft, die den Menschen zu expansiven Weltgestaltungen befähigt. Vgl. Sloterdijk, 2006.

Wort": Richtiger müsse es heißen „am Anfang war die Tat". Denn die Tat und ihre Resultate zeigen uns, dass wir nicht passiv alles ertragen müssen, sondern aktiv in das Rad des Schicksals eingreifen können. Wir sind also nicht ausgeliefert, denn inmitten des Ausgeliefertseins gibt es Gestaltungsmöglichkeiten. Diese zu ergreifen, braucht es eine psychologische Disposition, den Zorn. Was ist Zorn anderes als ein höchstes Energetisiert-Sein, das sich in der Motivation zur Tat zeigt, und dabei die alten kleinlichen Überzeugungen, doch letztlich ohnmächtig zu sein, überwinden kann.

Auch geweint wird in *Ilias* und *Odyssee*. Achilleus weint aus Zorn über Agamemnons Macht, die ihn selbst ohnmächtig werden lässt. Es ist letztlich seine Ohnmacht, über die er weint. Es ist sein Stolz, der verletzt ist.[3] Da zeigt sich der Zorn in höchstem Ausmaß. Die innere Psychologie der Motivation zur Tat greift zum letzten Mittel, der ohnmächtigen Wut, die in Tränen sich ausdrückt. Odysseus hingegen weint, als er die Gesänge des Barden über seine eigenen Taten hört. Seine Ergriffenheit beruht nicht nur auf dem Erinnern, wer er war, sondern auch auf den Taten, die ihm, seinem Ich, seinem Namen, zugeschrieben wurden. Seine Taten wurden vernommen, wurden erzählt, sie führten also zu Resultaten. Die Taten waren nicht sinnlos, waren nicht verpufft, sondern wurden unter den Menschen erzählt und besungen. Hier ist es nicht Ohnmacht, sondern die Ergriffenheit vor dem Erfolg der Tat, die ihn weinen lässt. ‚Narzissmus!', höre ich Psychologen vergeblich rufen.

---

3. Agamemnon, König von Mykene und Heerführer der Griechen vor Troja, fordert von Achilleus als ‚Beute' die „rosige Briseis". Achill will das schöne Mädchen nicht herausgeben. Im letzten Moment – Achill zieht schon das Schwert, um Agamemnon zu töten – erscheint ihm Athene (die Vernunft, das ‚zornige Denken') und bietet ihm dreifachen Lohn und Ruhm, wenn er Briseis dem Agamemnon überlässt. Achill lässt sich darauf ein, ist aber zutiefst gekränkt. Er schwört, keinen Finger mehr für die Griechen zu rühren. Bei seiner Mutter, der Nereide Thetis, weint er sich aus („Mutter! Siehe, des Atreus Sohn hat mich entehrt! Also sprach er betränt …"). Thetis erbittet bei Zeus für Achills Genugtuung einen Sieg der Trojaner, bis Agamemnon sich bei dem in seinem Stolz verletzten Achill entschuldigt. Achills *thymos* (Stolz, Wille zur Selbstbehauptung) ist verletzt. Ein sporadischer Sieg der Trojaner während seines ‚Sitzstreiks' würde allen zeigen, wie es ohne ihn um die Kampfeskraft der Griechen bestellt wäre; sein Stolz und sein Bedürfnis nach Selbstbehauptung wären wieder im rechten Maß. Zu den Begriffen des *thymos* und des ‚zornigen Denkens' siehe weiter unten.

Nur in diesem Weinen über die Feststellung des Erfolges seiner Taten zeigt sich die befreiende Erleichterung Odysseus: Das Besungensein seiner Taten versichert ihn seiner Wirkmächtigkeit, seiner generellen Handlungsfähigkeit, mehr noch, der Handlungsfähigkeit des Menschen an sich. Nach zehn Jahren Krieg vor Troja und zehn Jahren Irrfahrt, während der er alle Mitstreiter verlor, wird sich Zweifel geregt haben und Verunsicherung über die Möglichkeit an sich, handelnd im Dunkel des Lebens sich eine Lichtung eigener Spuren zu hauen. Das ist kein Narzissmus, sondern notwendige Selbstvergewisserung. Gleichzeitig ist sein Weinen das Ergriffensein von der Selbsterkenntnis. „Bin Odysseus!", ruft er aus. Kein Vergleich mit dem Narzissmus heutiger Sternchen und Starlets, die im Fernsehen bei peinlichstem Exhibitionismus beobachtet werden können. Wenn diese aus dem Container von Big Brother fliegen oder nicht, was macht es für einen Unterschied? Ihr Wille zum Besungenwerden gründet auf nichts. Sie wollen das Resultat ohne das Fundament. Der Ruhm der antiken Helden gründete nicht auf grundlosem Narzissmus, sondern auf den Resultaten eigener und errungener Wirkmächtigkeit, mit der der Held die Grenzen menschlichen Vermögens sprengt und damit die Sphäre der Handlungs- und Gestaltungsmöglichkeiten dauerhaft erweitert. Seit Achilleus weiß man darum, was Mut bewirken kann. Und seit Odysseus weiß man, wie viel ein Mensch erdulden kann, wenn er den Mut nicht verliert. Dieses Wissen ist unsterblich, jedenfalls aber generationsüberdauernd, indem es besungen wird. Auch wenn man selbst kein Held ist, ist doch der Blick über die Lichtung der Tat-Optionen möglich geworden. Seit diesem Gesang ist es die Frage der Entscheidung des Einzelnen, ob er diese Lichtung durchschreitet oder daheimbleibt.

In der Odyssee ist es nicht nur der Zorn, der das entscheidende Mehr an Energie zur Tat aufbringt, sondern auch die Neugierde. Odysseus lässt sich aus Neugier an den Mast binden, um den Gesang der Sirenen zu vernehmen. Aus Neugier lässt er sich auf Kirke ein und wirft einen Blick in den Hades. Sein Einfallsreichtum offenbart seine Versiertheit in der Sphäre der Handlungsmöglichkeiten. Odysseus navigiert nicht nur auf dem Meer, sondern auch im abstrakten Raum der Tat. Neugier und Einfallsreichtum bedingen einander.

Das Verhältnis von Zorn und Neugier/Einfallsreichtum offenbart sich in der Beziehung Achilleus und Odysseus. Sie sind befreundet, und innerhalb der Freundschaft ist Odysseus der Überlegene. Achilleus könnte nicht mit einem Feigling befreundet sein, also dürfen wir davon ausgehen, dass Odysseus die Qualitäten des Achilleus teilt – Mut und damit einhergehend in der Schlacht auch Zorn. Die Achilleus-Qualität des Zorns und des Mutes hat Odysseus in sich integriert, aber erweitert um die Qualitäten des listigen Verstandes. In der List zeigt sich das Vermögen, Erfahrungen auf neue Weise zu vernetzen und überraschende Lösungen zu entwickeln, die zur erfolgreichen Tat motivieren. Man denke an das hölzerne Pferd oder an Polyphem. Aber um zu diesem geistigen Vermögen zu gelangen, bedarf es der nimmermüden Neugier, auch dann, wenn sie scheinbar überflüssig ist, und neue Gefahren heraufzubeschwören scheint. Achilleus achtet Odysseus, und Odysseus liebt Achilleus. Zwei Entwicklungsqualitäten in wohlwollender Umarmung. Der Garant für erfolgreiche Entwicklung.

Diese Garantie ist heute nicht gegeben. Die Achilleus-Qualitäten sind nicht erwünscht, gelten als pathologisch. Man hat Namen erfunden, um sie zu stigmatisieren: ADHS, Hyperaktivität, cholerische Charakterstruktur, emotionale Instabilität. Der Motor für die raumgreifende Tat ist abgewürgt. Das Ergebnis ist das Ausbleiben des Erfolgs. Kein Odysseus wird heute noch weinen können, wenn er die Gesänge seiner Taten hört, denn es gibt diese Gesänge nicht mehr. Stattdessen gibt es Anklage, Therapie und Ritalin. Die Folge ist Depression, Hoffnungslosigkeit und Resignation. Erwünscht ist heute der, der ohne nennenswerten Energieverlust den Routinen vorgeschriebener systemrelevanter Tätigkeit nachgeht. Raumerweiternd ist das nicht, nur systemerhaltend. Die Tatraumerweiterung ist heute unerwünscht und wird bereits den Kindern in Kindergarten, zu Hause und in der Schule abdressiert. Was also tun mit dem Zorn des Achilleus, der als archetypische Macht und neuro-endokrinologische Tatsache einen Teil des Menschseins ausmacht? Nichts am besten. Denn wird er einmal wach, und kann sich in der tatraumgreifenden Handlung nicht ausleben, richtet er sich nach innen. Das Resultat kennen wir, man nennt es Stress- oder Burnout-Syndrom. Achilleus, der gegen sich selbst wütet.

Doch auch die Odysseus-Qualität steckt damit in Schwierigkeiten. Neugier, List und Wagemut verlieren an Adel, wenn sie nicht auf der Furchtlosigkeit und dem Zorn eines Achilleus fußen. Dieser Zorn ist der Motor, der Antrieb, mit dem gegenwärtigen Gewordensein unzufrieden zu sein, es entfalten zu lassen, den Radius der Tat-Lichtung zu erweitern, und damit die Möglichkeiten des Menschseins auszuloten. Jedes Tatraum-Genie kennt diesen Zorn. Von Johann Sebastian Bach wird berichtet, wie er unnachgiebig und zornig seine Musik verteidigte. Er zog tatsächlich den Degen, war bereit zu kämpfen, zornig, wütend, weil man seine Musik verbieten wollte. Von Beethoven muss nicht gesprochen werden. Dieser Zorn muss nicht in einem Wüten enden. Es reicht, wenn er innerlich gespürt wird und man ihm tätig folgt, auch in sublimierter Form. Fehlt aber dieser Zorn, pervertiert List zu Verschlagenheit und Neugier zu passivem Berieseln lassen durch Entertainment. Beides Symptome unserer Zeit.

Mag der altgriechische Heroismus den Helden als ‚Behälter' sehen, in denen sich Leidenschaften tummeln, die durch die Taten des Helden ihre Form im Außen finden, so kann die Geburt des Individualismus nicht bedeuten, dass ihre Urformen auslöschbar sind. Sie sind das innere oder tiefste Fundament der menschlichen Essenz. So wie der Körper nicht vergisst und in seinen Zellen die ‚Erinnerungen' an Erfahrenem gespeichert sind, so speichert auch die Psyche. Diese Speicherung ist kein Archiv, sondern verbirgt (oder offenbart) sich in der Art des Wachstums. Unsere Psyche ist, wie auch der Körper, durchdrungen vom bisherigen Gewordensein. Seine Spuren finden sich in der Gegenwart, in der wir mit dem Körper und mit dem Geist handeln, der sich über die Zeit entwickelt hat.

Der Zorn hatte seinen Achilleus. Wir als Individuen heute haben den Zorn. Subjekt und Objekt haben sich umgekehrt. In der Sprache offenbart sich der Entwicklungsweg des Menschen. Eine Sprache, die die Einheit von Leidenschaft und Individuum anzeigen würde, gibt es noch nicht. Doch Anfänge einer solchen sind zu erkennen. Haben wir auch das *Ich* entwickelt, so beginnt bereits die Dekonstruktion desselben. Man spricht von der ordnenden kognitiven Instanz, wandelbar und letztlich substanzlos, keine feste Struktur, schon gar keine Wesensessenz, sondern nur ein vorübergehender Ordnungszustand, ähnlich einer

Wellenstruktur am Strand eines Meeres, die man in einem Schnappschuss künstlich einfriert. Die Frage nach dem Kern der Wesensessenz ist noch unbeantwortet.

In Europa war es die Philosophie, eine reine Geistesströmung, die ohne meditative Trainingselemente die Frage nach der Wesensessenz stellte. In Indien war es die Spiritualität, eine Verquickung theoretischer Modelle mit konkreten Injunktionen meditativer Praxis.

Die Griechen schienen kein Interesse an einer Veränderung der *Conditio humana* gehabt zu haben. Ihre umfangreiche Mythologie ist beschreibend, deskriptiv, intuitiv und dadurch ein erschütternd ehrliches Bild vom Menschen und seinen Bedingtheiten. Die Umstände der Zeugung des Achilleus zeigen es deutlich. Thetis, eine Flussgöttin, schön und auch von den Göttern begehrt, wurde von den Göttern mit einem Sterblichen, Peleus, vermählt. Die Horen hatten es in ihrer Weisheit und Wahrhaftigkeit gesehen: Würde Thetis mit einem Gott ein Kind zeugen, wäre dieses mächtiger als die Hochgötter selbst. Es würde die Götter hinwegfegen und die Welt verändern. Die alte Ordnung würde zerstört werden und etwas undenkbar Neues wäre entstanden. Die Götter beschließen daraufhin, auf eine eigene Ehelichung der Thetis zu verzichten und sie sicherheitshalber mit einem Sterblichen ein Kind zeugen zu lassen. Dieses Kind ist Achilleus.

Das ist ein entscheidender Unterschied zur Mythenwelt Indiens und der indischen Philosophie. Auch dort sind Mythen in erster Linie berichtend und beschreibend. Doch im Zuge dessen ist auf dem indischen Subkontinent eine reiche Kultur einer deutenden Philosophie entstanden, deren Hauptaufgabe es war und bis heute ist, den abstrakten Bedeutungskern der Mythen frei zu schälen und zu interpretieren. Die Mythen selbst sind den griechischen nicht unähnlich, ihre formalen Strukturen vergleichbar, sogar in den Inhalten gibt es Parallelen.

Mythen sind in der indischen Kultur Grundlage einer umfangreichen Literatur der Deutung, Abstraktion, Translation in subtile Psychologie des Menschen und Philosophie. Diese Art der Behandlung von Mythen kennen wir Abendländer nur aus der christlichen Theologie, die in ihrem Kern aber opportunistisch und von den Machtstrukturen der Kirche korrumpiert war. Ihre praktischen Techniken, die sie zur Validierung der Dogmen vorschlagen, sind zu einem großen Teil nicht dazu ausgelegt, ein freies, (über-) schauendes Bewusstsein im Anwender zu erzeugen, sondern im Gegenteil darauf, das Bewusstsein in einem Modus naiven Glaubens zu verankern.

Ganz anders die Techniken des alten Indiens, die bis heute weiter vermittelt, gelehrt und angewendet werden. Diese Techniken unterweisen in Meditation und haben zum Ziel, das Bewusstsein aus der Identifizierung mit kognitiven Inhalten (Glaube) zu lösen, und es in einen eigenständig schauenden Modus zu transzendieren. Eine esoterische oder mystische Deutung eines Mythos, die sich auf die subtile Psychologie des Menschen bezieht, kann also durch die Meditationsanleitungen vom eigenen Bewusstsein validiert werden. Eine solche Vorgehensweise ist natürlich nur möglich, wenn es keine weltlichen Machtstrukturen zu verteidigen gilt, die auf dem naiven Glauben an Dogmen beruhen. Das ist das größte Manko des Christentums. Eine Religion, die gut begann, dann durch einseitige Machtstrukturen korrumpiert und instrumentalisiert wurde, und dadurch ihr Potenzial als mythisches Bildgebungsgut, über das meditiert und kontempliert werden kann, nie wirklich entfalten konnte. Verhinderte Spiritualität aufgrund einer monolithisch zementierten Religionsorganisation. Alle abrahamitischen Religionen kranken daran, vermutlich an dem monotheistisch begründeten Alleinanspruch, der sich mit strengen Dogmen gegen konkurrierende Bilder aus benachbarten Kulturen abzuschirmen hatte. Man könnte von einem abrahamitischen Immun-Phänomen sprechen.

Indiens Religionsgeschichte kennt dieses Phänomen zum Teil auch. Vor Buddhas Zeit war die Hoch-Zeit der brahmanischen Macht. Diese führte zu ähnlichem Rigorismus vonseiten der Brahmanen, wie wir es von der katholischen und protestantischen Kirche kennen. Folge war ein Mangelerleben bezüglich echter und befriedigender Spiritualität. Damit war der psychologische Boden bereitet für das Auftreten des Buddha, aber auch für die Asketen- und Sannyasin-Bewegungen, für die Tantriker und andere Strömungen. Indien gewann seine religiöse Vielfalt, bis die Moslems eindrangen und ihre abrahamitische Vorstellung von Religion mitbrachten, oft genug grausam, aber auch mancherorts bereichernd und mit den hinduistischen Strömungen neue Formen bildend, zum Beispiel den Sufismus oder die Dichtungen des Mystikers Kabir aus Varanasi, der sowohl von Moslems als auch von Hindus verehrt wird. In Bezug auf die Esoterik der Religion gab es kaum noch Monopole, nur unter der Moslem-Herrschaft, die aber nie ganz Indien erreichte. Das soziale System des Hinduismus hat eine Nische, die das Abendland nicht kennt: Sadhus, Yogis, Tantriker oder Sannyasins sind frei, sich einer Sekte anzuschließen oder es bleiben zu lassen. Ist man einmal Sadhu, gilt auch das Kastensystem für ihn nicht mehr. Restriktionen, in welcher erwünschten Richtung das Ergebnis spiritueller Bemühung zu sein habe, gab es nicht. Keine Inquisition wachte über die Resultate yogischer Meditation. Die Kommentare, die dann zu den einzelnen Sutras, Puranas oder Tantras verfasst wurden, sind dementsprechend ehrlich und authentisch. Sie mögen tiefgründig sein oder Irrtümer enthalten, aber zensiert wurden sie nicht.

Indien hat also eine reiche Tradition mystischer Ausdeutung von Mythen, Europa hingegen nicht. Die Griechen hatten kein Interesse daran, und das Christentum verweigerte ein solches aus machtpolitischen Gründen.

Eine etablierte Tradition mystischer Ausdeutung europäischen Mythenmaterials gibt es dementsprechend noch nicht. Der Mythos von der Zeugung des Achilleus zeigt das Desinteresse der Griechen an einer neuen Weltordnung, respektive eines neuen Bewusstseins, das damit einhergeht. Der yogische Weg der intensiven mystischen Deutung und deren Verwobenheit mit der meditativen Praxis offenbart hingegen das Anliegen indischer Spiritualität: Befreiung durch Einsicht in die Urgründe der Existenz zu dem Preis der Auslöschung des Schicksals. Das wiederum wäre den Griechen ein Gräuel gewesen. Schicksal war das Einzige, was sie gegenüber den Göttern zu etwas Besonderem machte.

Wieder ist es der Mythos des Achilleus, der eine deutliche Sprache spricht. Achilleus ist zwar der Sprössling einer Göttin, unsterblich aber ist er nicht. Die einzige Chance, die er bezüglich Unsterblichkeit sieht, ist der Ruhm seines Namens. Sein Geist ist nicht die Eigenschaft, die ihn zu etwas Besonderem macht. Dieser ist das Erbe des sterblichen Vaters.[4] Ein Held des Geistes ist er also nicht, wohl aber einer der Energie, der Kraft, die einem Menschen innewohnen kann. Sein Ruhm

---

4. Odysseus übrigens wird nachgesagt, er sei ein Enkel des Sisyphos oder des Jupiter (röm.) – eine pikante väterliche Linie.

gründet auf der Aufwallung ja schon übermenschlicher Kräfte, „singe, o Göttin, den Zorn ...“, einer Energie, die uns zeigt, welche Kräfte im Menschen schlummern können, wenn wir nur in der Lage wären, sie zu aktivieren. Diese Kräfte zu aktivieren, wird der Rezipient des Mythos nun aber nicht eingeladen, denn wie sollte das angehen? Achilleus Kraft ist die der göttlichen Mutter, und dementsprechend keine menschliche. Wir brauchen uns also gar nicht bemühen, es sei denn wir selbst hätten eine Göttin zur Mutter. Hier offenbart sich der Fatalismus der Griechen, die in ihrer ganzen Kultur bei ihrem Schicksal blieben. Kein Gedanke daran bei ihnen, dass diese göttliche Kraft auch im sterblichen Menschen schlummern könnte.

Ganz anders in der Mystik Indiens. Die Göttinnen werden in verschiedenen Schulen des Yoga als die universelle Kraft gedeutet, die unter anderem auch den Menschen durchströme. Alle Göttinnen sind letztlich eine, die Große Göttin, Mahadevi. Die Vielfalt von Göttinnen zeigt ihre Aspekte, ihre Eigenschaften. In den Tantras wird sie Shakti genannt. Sie ist die Kraft des All-Einen, Shivas, manchmal Vishnus, die Kraft zur Entfaltung, der aktive Teil, der zur Schöpfung der Vielfalt strebt. Eine Vielfalt, die aber nur aufgesplittete Einheit ist. Shiva und Shakti sind eins, unauflösbar. Shakti ist sein Vermögen, mit sich selbst zu spielen, das göttliche Spiel, ein Tanz, *lila* genannt, der durch seine aktiven Bewegungen das hervorbringt, was wir Schöpfung oder Welt nennen. Darin ist auch der Mensch nur eine vorübergehende Erscheinungsform dieses gesamtkosmischen Tanzes oder Spieles. Somit ist die Kraft an sich, die Energie, die uns leben lässt, die oft genug als leuchtend vorgestellt wird, letztlich die Große Göttin, die Kraft Gottes, des All-Einen, Shivas oder Vishnus. Die tantrischen Yogis würden den Achilleus-Mythos etwa so deuten: Achilleus hat aus welchen Gründen auch immer seine ihm innewohnende Shakti-Kraft, auch manchmal Kundalini genannt, zu voller Entfaltung gebracht, er ist gesegnet mit einem überdurchschnittlichen Maß an Energie. Ein solches hervorzubringen, ist Ziel vieler Yoga-Übungen. Achilleus` Manko aber ist, dass sein Geist nicht erwacht ist. Sein Vater, Sinnbild des Bewusstseins und des Geistes, ist ein gewöhnlicher Mensch, ein Mensch des Alltags, des Durchschnitts. Das heißt, sein Geist ist auf ganz durchschnittliche und gewöhnliche Weise gefangen in den Konditionierungen und Identifikationen des normalen kollektiven Alltagsbewusstseins. Geist und Energie divergieren in Achilleus. Geistig ein Kind, energetisch ein Gott. Deshalb auch sein Bemühen nach Ruhm. Heute würde er im Big Brother-Container sitzen oder Popstar werden wollen. Und mit seiner Energie würde er es schaffen. Ein Jim Morrison oder ein Dave Gahan. Doch der yogische Geist fehlt ihm vollständig. Er kann sich die Unsterblichkeit nicht anders denken, als ganz buchstäblich, und die, das weiß er, bleibt ihm unerreichbar. Also setzt er sich die Unsterblichkeit des Ruhms zum Ziel. Die Yogis hingegen warten mit einem abstrakten Konzept von Unsterblichkeit auf, einem Konzept, das jedem buchstäblichen oder materiellen Deutungsversuch entgegenwirkt. Unsterblichkeit ist im Yoga gekoppelt an die Einsicht in die ohnehin und von vornherein existierende Unsterblichkeit des eigentlichen Wesenskernes, und dieser ist per se göttlich. Das Bewusstsein ist das Shivas und die lebensspendende Energie ist die der Großen Göttin, der Shakti. Unsterblichkeit ist für die Yogis nicht etwas, das errungen werden (denn sie ist ohnehin), sondern verstanden werden muss. Und dort liegt die eigentliche Schwierigkeit, und damit auch das eigentliche Bemühen: das Freischälen des Bewusstseins von den Irrtümern des konditionierten Denkens. Ist man, so die Yogis, in der Lage, diese Irrtümer wie einen Schleier beiseite zu ziehen, offenbart sich die wahre Natur des Menschen – als Nicht-Ich (Anatman), als göttlich in der Essenz und als kurze Erscheinung in dem Spiel des Allein-Göttlichen. Unsterblichkeit bezieht sich da nicht auf das Ich, noch nicht einmal auf die Seele (auch nicht bei Buddha!), sondern einzig auf die göttliche und damit ewige Essenz, die uns im Kern, wie auch den Kern des Universums an sich, ausmacht.

Den Griechen wäre dieses Denken nicht möglich gewesen: wie will man sich der Einsicht in das Nicht-Ich verschreiben, wenn das Ich sich doch gerade erst wirkend und mächtig entfaltet? Das Ich des Achilleus ist es, das er unsterblich sein lassen möchte. Und wenn das körperlich nicht möglich ist (sein Schicksal), so soll es der Name des Ichs, Achilleus, sein. Ich und Name sind identifiziert. Identitätsbewusstsein ist für Achilleus gebunden an Ich und Name. Wird von Achilleus noch dreitausend Jahre später geredet, ist er unsterblich, denn Name ist Ich, Ich ist Identität.

In Achilleus und Odysseus, in deren Zorn und List, finden wir eine Spur, der wir folgen werden; eine Formel, deren Variablen allgemein mit Energie und Bewusstsein, *élan vital* und Geist, *Bios* und *Nous*, *Mater* und *Mens*, oder in der indischen Mystik als *Shakti* und *Shiva* benannt wurden, und deren beide Elemente sich schlussendlich als eins erweisen werden.

Essenzielles Verlorensein: Die Herausforderung

Wer kennt es nicht aus seiner Kindheit, jenes beklemmende Gefühl des Verlorenseins in einer noch unsteten Welt voller Erscheinungen, die flüchtigen Charakter zu haben scheinen. In dieses Gefühl mischt sich eine kaum fassbare Furcht: Das Verlorensein trägt in sich die Gefahr des Verlöschens. Flüchtige Formen noch, kaum Begriffe, einzig der konkrete Halt an die Bindungspersonen, so zeigt sich dem frühen Kind die Welt. Doch die Bindungserfahrung ist nicht abstrakt, sondern rein empirisch, mehr noch: körperlich. Selbst wenn die Eltern im Nachbarzimmer schlafen mögen, ist die unmittelbare Erfahrung die des Alleinseins. Jenes Alleinsein bekommt vielleicht im Alter seinen Reiz, in der Kindheit jedoch wirft es den kleinen Menschen in eine Vielheit von Erscheinungen ohne bereits ausgeformte Bezüge zu seinem Selbst. Die Erinnerungen sind noch spärlich, reichen kaum ein paar Jahre, wenn überhaupt, zurück – kaum ausreichend, um aus diesen selbst-stabilisierende Verankerungen machen zu können. Nicht wenige Kinder erfinden sich einen imaginären Freund, der jederzeit zur Verfügung steht. Dieser ist als Bezugsgröße zu verstehen, als ein distaler Bestätiger der eigenen Existenz. Die Beziehung zwischen diesem und dem Kind wird zu einem festen Band, das den kleinen Menschen in der Selbstvergewisserung und damit in der Welt hält. Das Kind half sich durch diese noch rohe demiurgische Operation selbst. Es beginnt im geistigen Raum sich die Stützen zu installieren, die es in der Existenz zu halten vermögen. Der geistige Raum wird als Fantasieraum erschlossen, in dem Kreationen von später für wahr gehaltenen Figuren, Sphären, Welten möglich sind. Das Kind versucht sich in der Übung der geistigen Selbstvervielfältigung, in der Annahme, dass ein expandiertes Selbst nicht so leicht dem Verlöschen anheimfallen kann. Dabei spielt der Faktor des Nicht-Alleinseins nicht nur eine emotionale Rolle. Das imaginierte

Gegenüber versichert dem Kind durch seine zuverlässigen Kommunikationen, dass es gestern war, heute ist und demzufolge morgen ganz gewiss auch noch sein wird. Diese Leistung können reale Personen, etwa die Eltern, die arbeiten, schlafen oder sich um eigene Angelegenheiten kümmern müssen, nicht leisten. In der Beziehung zu diesen zeigen sich dem Kind Lücken im interaktiven Ereignisstrom, Lücken, die alte Ängste vom Verlöschen, vom Nicht-Sein wecken können.

In diesem Gefühl des Verlorenseins finden wir das Grundmotiv aller demiurgischen Weltenschöpfungen, hier zeigt sich der primordiale Motor für kreative Operationen im geistigen Raum. Ich erinnere an Peter Sloterdijks frivolen Satz von den Wüstenheiligen, die nicht in die Wüste gehen, um allein, sondern vielmehr um in besserer Gesellschaft zu sein. Die imaginierten Gegenüber, seien es Teufel und Dämonen, seien es Engel oder der Heiland – sie alle bestätigen dem Eremiten seine Substanzhaftigkeit, seine Existenz, sogar seine Bedeutung: Denn warum sollten sich Höllenfürsten sonst mit solch Nachdruck um seine Seele bemühen? Das Verlorensein ist die essenzielle Herausforderung für den Menschen, ein Problem, das sich als Grundmotiv gleich am Anfang jener Lebenssymphonie vorstellt, und dessen Melodie allen späteren Sätzen seine Tonart aufzwingen wird. Der fundamentale Mangel des Menschseins offenbart sich bereits in den Anfängen der Kindheit. Und dieser Mangel wird es sein, der jedes Handeln, jedes Streben leiten wird. Die Lösung, die das Kind findet – die Fantasie – gibt bereits die Versuchsanordnung vor, der die Menschen über Jahrtausende hinweg folgen werden, die spirituelle und religiöse Sphären entstehen lassen werden, die Kulturen wachsen lassen wird, die Künste und Wissenschaften hervorbringt – kurz: eine Welt eigenen und ganz autopoietischen Charakters.

Wir versuchen das Gefühl des Verlorenseins im Laufe des Lebens zu verdrängen, gehen Partnerschaften ein, schauen Film und Fernsehen, hören Musik, treffen uns mit Freunden, alles, um dieses grundlegende Gefühl nicht spüren zu müssen. Wir lenken uns ab.

Aber man kann sich diesem auch stellen, kann es zulassen und mit der Furchtlosigkeit des Abenteurers zu seinem Kern vorzudringen versuchen.

Die Einsamkeit hat ihre Gründe, aber diese sind nicht unabänderlich. Allerdings man kann auf falsche Fährten geraten. Die Illusion etwa einer Liebes-Beziehung löst das Problem nicht, sie lässt es nur unerkannt, verbannt es in den Schatten dessen, wo eigentlich Bewusstsein sein könnte. Am Anfang steht also die Einsicht in die Tatsache des Alleinseins. Und auch die Einsicht in die Tatsache dessen, das wir nicht die Einzigen sind, die allein sind. Und so beginnen wir uns gegenseitig zu verstehen, uns gegenseitig zu helfen, Erkenntnistrophäen zu teilen, uns zu trösten oder zu weiterer Innen-Forschung anzutreiben. Mitgefühl also ist die Einsicht in das menschliche Dilemma, eben nicht nur des eigenen, sondern auch des Gegenübers.

Am Anfang des bewussten Lebens stand das Alleinsein, das leiden und weinen ließ, das Gefühl einer essenziellen Isolation, eines Fremdkörpers in einer fragmentarischen und der Instabilität verdächtigen Welt. Ein Problem, das einer Lösung bedurfte.

Verlorensein im Nichts – es scheint, als kennten auch die Götter dieses Gefühl. Ein altindischer Mythos berichtet von Prajapati, den Schöpfergott, den ‚Herrn der Ausgeburten' und seinen Motiven zur Schöpfung: Einsam fühlte er sich, in „banger Verlassenheit, und so ließ er die Welt entstehen, damit er Gesellschaft habe."[5] Warum kann das Alleinsein zu dieser bangen Verlassenheit, zur uns allen so bekannten Einsamkeit werden? Das eigene Verlöschen schwingt im Verlorensein mit, das Netz der Bindungen in Wahrnehmung, Gespräch, Tun und Lassen spinnt uns ein in die trügerische Gewissheit einer eigenen Existenz. Sie wird zur Ablenkung von der letzten Tatsache unseres Schicksals des Verlöschens. So scheut auch der Schöpfergott die Einsamkeit, dieses Gefühl des Verlorenseins; er fühlt die Zersetzung seines Wesens, das beginnende Auseinanderstieben des Staubes, aus dem auch er im Maßstab der kosmischen Unendlichkeit zu bestehen scheint. Und so will Prajapati mehr, er will nicht nur nicht verlöschen, er will sich vervielfältigen, will wachsen: „Mehr will ich sein! Ich will mich ausgebären!"[6] So werden es zwei Motive, die die Schöpfung bedingen: das Verlorensein und der Drang nach Wachstum. In diesen Motiven, so die brahmanische

---

5. Zimmer, 1994, S. 272. Der Mythos wird im *Shatapatha Brahmana* (ca. 900 – 600 v. Chr.) berichtet.

6. *Shatapatha Brahmana*, 2.2.4; 6.1.1-9; 11.5.8.1, zit. nach Zimmer, 1994, S. 272.

Sicht, liegt das verborgene Wesen alles Lebens, vom Wurm bis zum Menschen, ja bis zu den Göttern. Das Verlöschen als einzige menschliche Tatsache schwebt über uns allen als das unabwendbare Damoklesschwert, es richtet all unser Denken und Handeln aus. Wir weichen zurück vor ihm, wenden den Blick ab, hängen bunte Tücher von Paradiesen und Wiedergeburten darüber – und gleichermaßen wollen wir uns mehr Substanz geben, wollen uns vervielfältigen, wollen ‚mehr werden', uns fortpflanzen, unsere Gedanken für Nachwelten bewahren, unseren Geist schwer machen mit Wissen über die Welt – je schwerer, desto weniger kann es verlöschen, denn ein Berg steht noch, wenn der Laubhaufen längst hinweg geweht wurde.

Hier begegnet uns der Drang zur Expansion, zur Erweiterung aller Taträume. Sein Prototyp ist Achilleus, der Zornige. Er legt uns das Grundmotiv vor. Die Eroberungen greifen in die Dunkelheit des noch Unbekannten, ringen ihm neue Räume, Sphären, Wege und Spuren ab. Die treibende Kraft all dessen ist eine vitale Energetisierung, Henri Bergsons *Élan vital*, Freuds *Libido*, die yogische *Shakti*. Zorn aber ist nicht Wut. Ein Stier wütet, und auch in diesem Wüten zeigt sich seine Vitalkraft, sein Wille zum Leben, allein kennt er nicht die gerichtete Kraft, den Zorn. Zorn greift mit Absicht, mit Zielen vor Augen, machtvoll ins Unbekannte. Zorn ist die Grundlage jeder Conquista, sei diese räumlich oder geistig ausgerichtet. Sich Welten zu schaffen, steht dem Menschen auch sein Geist zur Verfügung. Er muss nicht unbedingt Amerika entdecken und erobern, er kann auch im Geiste die Sphären der Engel und Götter schaffen, kann sich komplexe Welten metaphysischer Art schaffen. Er kann sich glauben machen, versteckt in den verschlungenen Architekturen höherer Sphären dem Verlöschen zu entgehen.

Das Überpersönliche, das nur hypothetisch existiert, ist ja nicht real, es ist nur Möglichkeit, ist Potenzial, wenn überhaupt. Und es ist damit nicht per se gegeben, sondern zu erringen. So wie der göttlich-spirituelle Seinsraum nicht von Anfang an gegeben ist, sondern von den Mystikern sukzessive errungen wurde. Ein Erlebensraum, der durch deren conquistadorisches Hineindringen in die freie Leere des Nichts für psychisches Erleben urbar gemacht wurde. Seitdem existiert er; seitdem steht er zur Nachahmung und zur freundlichen Verwendung durch die

Nachfahren zur Verfügung. Und gibt Trost. Gibt Hoffnung. Auch wenn Letztere trügerisch sein mag. Die Büchse der Pandora ist fast leer, alle Übel ziehen in der Welt ihre Kreise, nur die Hoffnung ist ein in der Büchse verbliebener Bodensatz, weil man den Deckel etwas zu schnell (aber nicht unverständlich) wieder auf den Behälter gedrückt hatte.

Das Überpersönliche ist zu erringen durch kreative Lösungen, die das Bewusstsein hervorbringt, Lösungen, die durch aktive Hinwendung zum Gegenüber generiert werden.

Conquistadoren des Nichts: die Mystiker

Prajapati, der hinduistische Schöpfergott, ist die Chiffre für das expansive Streben des Menschen, seine Netze hinaus ins Nichts zu werfen. Selbstvervielfältigung und endlose Ausdehnung verschaffen uns ein imaginäres Plateau, das jenes dunkle Nichts an dessen Peripherien verbannt. Jene Weltenschöpfer, so der rumänische Philosoph Cioran, der zeit seines Lebens in Paris lebte, seien die Mystiker: „ … sie haben die Eroberung der einzigen Fiktion unternommen, die den Aufwand lohnt; Gott verdankt ihnen alles; seinen Ruhm, sein Geheimnis, eine Ewigkeit. Sie verleihen dem Unbegreiflichen Existenz und dem Nichts, indem sie es vergewaltigen, Leben. Wie könnte Sanftheit eine solche Leistung vollbringen?“[7]

Nicht Sanftheit – was für ein Missverständnis, den Mystikern Sanftheit zuzuschreiben! – sondern Zorn und der Wille zur Selbstbehauptung trieb sie an. Zorn, die höchste Vitalisierung des Willens zum Leben, zum Überdauern, zum nachhaltigen Überdauern der Existenz, das Mobilisieren aller energetischen Reserven, die dem drohenden Verlöschen und dem Gefühl des Verlorenseins entgegengestellt werden. Und Stolz: die Entscheidung, sich jenem dem Verlöschen entgegen trudelnden Dasein im Nichts unter keinen Umständen zu unterwerfen.

Für Cioran ist Gott in seinem Ursprung nichts, das gefunden werden kann, sondern das von den Mystikern entworfen und als imaginäre Weltgröße in den mentalen Räumen montiert wurde. Diese mentale

---

7. E. M. Cioran: Werke. Frankfurt/M.: Suhrkamp, 2008; darin: Dasein als Versuchung, S. 1075

Konstruktion steht uns Nachgeborenen zur Benutzung frei – zum Glauben, zum Trost, zur Beruhigung oder zum weltlichen Missbrauch.

Cioran dekonstruiert den unsicheren Begriff ‚Gott' als eine mentale Eroberung mystischer Conquistadoren. Was nur folgerichtig ist, auch für Gottgläubige: Wie könnte man Gott in eine Argumentation einbauen? Du sollst dir kein Bild von Gott machen. Verstehen wir diesen Satz als gut gemeinten Rat, gerichtet an Wahrheitsinteressierte.

„Wie sollen wir meditieren, wenn wir alles auf ein höchstes … Individuum beziehen müssen?".[8] Wie soll man forschen und entdecken, wenn das Ergebnis schon per definitionem feststeht?

Es scheint sinnvoll, zwischen Meditation und Gebet zu unterscheiden. Das Gebet ist eine Demutsübung für das Ego. Ist in dem Gebet aber eine Vorstellung über Gott oder das Göttliche oder das Höhere bereits enthalten, verliert es seinen Wert als Demutsübung. Jede Vorstellung ist Teil des kognitiven Systems des Egos. Gründet sich also ein Gebet auf eine solche Vorstellung, so extrahiert das Ego einen kleinen Teil seines kognitiven Systems, erklärt es aus Willkür zu einer objektiven Wahrheit und erhöht dieses zu einer allumfassenden Richtschnur. Kurz: Das Ego betet sich selbst an, besser: Es betet einen Teil seiner Selbst an. Oft genug aus Unwissenheit und dem Willen zur Vereinfachung, in gewisser Weise aus geistiger Faulheit … oder Feigheit.

Die Meditation ist kein Gebet, sondern eine Geistesübung, in ihrer Methodik verwandt dem induktiven Vorgehen der Wissenschaft. Das Ergebnis ist offen, es ist unbekannt, und man ist neugierig. Das ist der entscheidende Unterschied zwischen den yogischen Lehren und dem dogmatischen Christentum (oder anderer dogmatischer Religionen): Die Schriften der yogischen Lehren sind eher Protokolle der Meditations-Experimente, deren vorläufige Ergebnisse zur Kommunikation bereitgestellt wurden. Deshalb gibt es zu den Sutras und Tantras auch viele Kommentare. In den dogmatischen Religionen steht eine Theorie über das Ergebnis bereits fest, und diese Theorie wird für wahr gehalten.

Cioran meint, die Mystiker hätten Gott erst durch ihr Streben geschaffen. Sie hätten das Nichts erobert und es mit ihrer Erfahrung gefüllt und damit zum Leben erweckt. Sie haben nicht Gott gefunden,

---

8. Cioran, S. 1090

sondern das Nichts kultiviert. Sie haben den Erfahrungsraum des Menschen erweitert.

Musik und Kunst – Die Logbücher der Conquista

Kaum eine andere der Künste vermag eine so enge Beziehung zur Metaphysik herzustellen wie die Musik. Während Maler, Dichter und Architekten die Conquista ins Nichts als Logbuchführende und Illustratoren begleiten, scheint es, als hätte die Musik eigene Wege ins Dunkel jenseits der Heidegger´schen Lichtung finden können. Dem klassischen Musiker werden in Indien neben dem handwerklichen Können auch metaphysische Kompetenzen zugesprochen. Er gilt oft als *Pandit*, als Lehrer des Spirituellen. Musik und Meditation, der Klang und die Weite des Kosmos, bilden eine Einheit, die hörend und meditierend erfahren werden kann.

Der Basston der Tampura symbolisiert das heilige *Om*, den Urton, in dem alle Töne zu einem lautlosen Nicht-Klang sich verdichten. Dieser Urton der Stille entspricht der Leere, von der im Yoga gesprochen wird. Die beiden Bilder, Urklang/Stille und Leere/Raumlosigkeit, sprechen die beiden primären Sinne, das Hören und das Sehen an.

Die Tampura ist ein viersaitiges Instrument, das mit den Fingern gezupft wird. Melodien spielt man nicht, es ist ein Begleitinstrument für die komplexen Saiteninstrumente Vina oder Sitar. Die Melodien der Vina oder Sitar sind die hörbaren Töne, die aus dem Urton der Stille, dem heiligen Om, fallen. Die sich ihm entwinden und in das sinnliche Sein fallen.

Ein drittes Symbol für das indische Konzept der Leere, *Shunyata*, ist das Mandala. Seine Mitte symbolisiert die konzentrierte Energie des Bewusstseins in der Meditation; seine bildreiche Ausdehnung zu einem Kreis ist das aus der konzentrierten Bündelung fallende Bewusstsein, das sich wie ein umgekipptes Glas Wasser über den Tisch verteilt und in alle Ritzen des Holzes, in die Seiten des aufgeschlagenen Buches, über den Tischrand hinaus auf den Fußboden verteilt. Das Wasser, respektive das Bewusstsein, fließt auseinander, verliert seine Dichte, seine Konzentration; das nennt man Identifikation. Denn wo das Wasser ist, ist es feucht; wo das Bewusstsein hinfließt, ist Leben, wenn auch fades, weil zerstreutes Leben. Das Wasser, das die Seiten des Buches benetzt und es mit Nässe tränkt, identifiziert sich mit dem Buch. Wenn das Buch eines von Fernando Pessoa ist, dann wird es sich deprimiert fühlen, deprimiert *sein*. Die Meditation vollführt das Kunststück, das Bewusstsein wieder zusammenzuziehen, es aus den Seiten des Buches, aus den Ritzen des Holzes, ja sogar vom Fußboden zurück zu beordern und es in einem kleinen Punkt verdichtet oder zu einem vertikalen Lichtstrahl zu bündeln, konzentriert und von einer gleißenden Intensität. Allein die Erfahrung einer solchen Meditation macht einen Großteil von Philosophie überflüssig. Dort, wo nicht mehr Bewusstsein ist, ist nichts, ist nur Struktur, eine Erinnerungsspur an ehemalige Erfahrung, archivierte Vergangenheit, Skelette des Seins. Eine kognitive Spur, die wir Depression nennen würden, gibt es dann nicht als lebendiges Element, sondern als Wahrscheinlichkeit. Nämlich die Wahrscheinlichkeit, dass sich das Wasser des Bewusstseins dort hinein ergießt und dessen Struktur und Ordnung annimmt. Dann passiert Identifikation. Ein Aspekt der Trägheit, so wie fließendes Wasser einen Aspekt der Trägheit besitzt. Es fließt, indem es sich der physikalischen Gravitation unterwirft, ohne Widerstand, ohne den Willen, etwas anderes zu tun.

Was ist Trägheit? Die Tendenz, einer bereits bestehenden Struktur zu folgen, sei sie physikalischer oder nonphysischer[9] Natur. Was also ist Trägheit? Reines Bewusstsein ist passiv, ruhend, es schafft nichts. Aus der Ruhe lösen sich Elemente und folgen ihrer Bahn des Hinausgeschleudertseins. Diese Bahnen erzeugen Spuren der Erinnerung. Es entstehen subtile Kanalsysteme im ehemaligen Nichts, denen zu folgen leichter ist, als neben ihnen neue Bahnen zu ziehen. Diese Bahnen sind komplex geworden, Systeme aus Systemen in Systemen. Und in ihnen fließt Bewusstsein wie das Wasser des umgekippten Glases. Jede Theorie über den Ursprung dieser Trägheit des Bewusstseins nennt man Religion. Jede mystische Ahnung vom Ursprung nennt man Spiritualität. Jedes Bemühen, das Bewusstsein aus den Elementen herauszuziehen

9. Ich benutze den nicht landläufigen Begriff „nonphysisch", um alle Möglichkeiten des nicht-körperlichen Seins damit einzuschließen. Das Nonphysische psychisch zu nennen, würde bedeuten, dass alles Nonphysische seelischer Natur ist. Das ist aber aus zweierlei Hinsicht fragwürdig. Erstens kann Physisches durchaus auch psychisch sein, zweitens ist das psychische wahrscheinlich nicht das einzige nonphysische Element.

und an einem Punkt zu bündeln, also den vermeintlich ursprünglichen Zustand wiederherzustellen, nennt man Meditation. Jede Tätigkeit, jedes Handeln, jedes Verhalten, das die Vielheit durch das Nachgeben der Trägheit vermehrt, nennt man im Christentum Sünde. Für jedes Verhalten, das die Vielheit mindert und eine Tendenz zur Bewusstheitskonzentration erzeugt, kennt man im Abendland kein Wort, das nicht aus der Sprache der Religion entlehnt wäre; in Indien schon: *Yoga*.

Über die Inspirationen, die Musiker dazu bringen, auf hörbare Weise die Seele Ergreifendes zu erzeugen, wurde in Europa oft spekuliert. Galt das Göttliche lange Zeit als Quelle, stellen sich neuere Philosophen der Frage nach der Möglichkeit einer Inspiration ohne Gott: „Wenn wir", so der Philosoph Karl Popper, „die Theorie der Inspiration und des Wahns übernehmen, aber deren göttlichen Ursprung beiseitelassen, gelangen wir unmittelbar zu der modernen Theorie, dass die Kunst Selbstausdruck ist, oder, genauer gesagt, Selbstinspiration, verbunden mit Ausdruck, Mitteilung, und Übertragung von Emotionen. Die moderne Theorie ist, mit anderen Worten, eine Theologie ohne Gott, wobei die verborgene Natur des Künstlers oder sein Wesen oder seine Persönlichkeit die Stelle des inspirierenden Gottes einnimmt: Der Künstler inspiriert sich selbst."[10]

Popper, der die erkenntnistheoretischen Grundlagen der modernen Wissenschaften vorgelegt hat, entwickelt in der Folge eine Theorie des Unterschieds zwischen *objektivistischer* und *subjektivistischer* Kunst anhand des Beispiels der Musik. Bach sei das beste Beispiel für *objektivistische* und Beethoven für *subjektivistische* Musik. *Objektivistische* Musik sei unabhängig von den temporären Stimmungen des Komponisten, sie offenbare eine überpersönliche Harmonie, in der sich der Mensch mit seinen Leidenschaften, Irrungen, mit seinem Glück oder Unglück bewege. Die *subjektivistische* Musik gebe hingegen den Stimmungen und Launen der Persönlichkeit des Komponisten Ausdruck.

Popper fragt nach dem Ursprung der Musik. In Beethoven meinte er den subjektiven Selbstausdruck des Komponisten zu hören. Für Popper ist Beethoven eine Ausnahme, was die Qualität subjektiver Musik angeht. Im Allgemeinen sei subjektive Kunst langweilig, da sie dem

---

10. Karl R. Popper: Ausgangspunkte. Meine intellektuelle Entwicklung. Hamburg: Hoffmann und Campe, 1979, S. 89.

emotionalen Augenblick eines Individuums Ausdruck gibt; ein Ausdruck, der flüchtig sei, sich nur auf das eine Individuum beziehe, und damit keine allgemeine Gültigkeit besitzen könne. Beethoven aber: „Aber die Reinheit seines Herzens, seine dramatische Gestaltungskraft und seine einzigartigen schöpferischen Gaben erlaubten es ihm, in einer Art zu arbeiten, die für andere unerlaubt war. Ich kam zu der Ansicht, dass nichts für die Musik gefährlicher sein könne als der Versuch, Beethovens Stil zu einem Ideal, zu einem Maßstab oder zu einem Modell zu machen."[11]

Der Künstler, hier der Musiker, gäbe seine Leidenschaften ganz dem Werk hin, nicht umgekehrt. Nur so entstünden große künstlerische Werke. Die Inspiration, die Popper als Movens der Künstler einführt, leiht er von Platon (*Ion*). Doch die Inspiration mag er ungeklärt lassen, jedenfalls nicht mit der Chiffre des Göttliche belasten. Das ist klares Popper´sches Denken: Das Ergebnis einer Untersuchung darf nicht vor der Untersuchung bereits feststehen, wenn es nicht zu einer Tautologie kommen soll, sondern es muss offenbleiben. In gewisser Weise wird er sich selbst aber untreu, wenn er das Göttliche zwar aus den Prämissen streicht, aber stattdessen gleich die „Inspiration durch den Künstler selbst" an dessen Stelle rückt. Lassen wir das Ergebnis offen: Der Künstler oder Musiker ist inspiriert … durch was, ist unbekannt. Gibt er seinen sattsam bekannten Emotionen lediglich Ausdruck, wird Kunst zu einem Protokoll alltäglichen und allzumenschlichen Erlebens, gekleidet in die Formsprache der gewählten Gattung. Der Inhalt wird also uninteressant, weil wir ihn schon kennen, und weil er nur dem künstlerischen Ego ein Denkmal setzen will. Jeder Alltagsmensch kennt ähnliche Stimmungen. Der einzige Wert bestünde, wenn überhaupt, in einer technischen Übung der gewählten Kunst-Gattung. Doch nicht nur die Form macht das Kunstwerk, sondern auch der Inhalt. Die Form mag technisch versiert sein, doch was nützt das Handwerk, wenn es in keinem Dienst steht?

Es ist leicht zu behaupten, das Göttliche inspiriere den wahren Künstler, etwa Bach. Doch indem wir das Göttliche hier ins Feld führen, behaupten wir implizit, über das Göttliche aussagefähig zu sein.

---

11. Popper, S. 82

Das widerspricht aber der Definition des Göttlichen. Selbst wenn man also die Annahme eines göttlichen Willens akzeptieren mag, wäre diese Aussage unzulässig, weil sie zur Definition des Göttlichen im Widerspruch steht.

Ciorans Annahme, dass es statt eines substanziellen Göttlichen nur ein Nichts gäbe, das aber durch Kraftaufwand und Expansionsdrang erschlossen und kultiviert werden könne, ist logisch widerspruchsfrei, aber nicht beweisbar. Er bietet die elegantere Erklärung an, aber auch die bleibt letztlich Hypothese. Wenn wir ihm aber folgen wollen, könnte man Bachs Musik so interpretieren: Nicht der göttlichen Ordnung folgt er und gibt dieser einen musikalischen Ausdruck (indem er den geheimen ‚höheren' Ordnungen mit seiner Musik nachfolgt und diesen dadurch Klang gibt), sondern in das (bisherige) Nichts verlegt er klare ordnende Strukturen. Er erschließt damit das bisherige Nichts und macht es dem Menschen zugänglich. Er erweitert den Erfahrungs- und Erlebnisraum des Menschen. Nach Cioran ist der Mensch ein das Nichts in Strukturen verwandelndes Wesen, das sich so seinen eigenen Erfahrungsraum erzeugt. Der Mensch wird so tatsächlich zu einem Demiurgen, zu einem Weltenschöpfer. Die Mutigsten, die weit hinaus in das Nichts greifen, ihm große Stücke entreißen, indem sie diese mit ihrer Erfahrung belegen, sind Ciorans Meinung nach die Mystiker. Ich füge hinzu: auch die Musiker der *objektivistischen* Musik, auch die Maler, Philosophen, die Helden.

Das Wort ‚Gott': Selbst bei Cioran ist es eines der am häufigsten gebrauchten Worte. Er lässt keine Gelegenheit aus, Gott schlecht zu machen, und dekonstruiert damit die Logik der christlichen Theologie, die als fehlgeschlagen bezeichnet werden muss. Wie kann man sich dem Begriff ‚Gott' nähern? Etwa wie Empedokles, der behauptete, die Götter seien personifizierte Eigenschaften der Menschen; oder wie Freud, der den Begriff als eine Variable deutete, hinter der sich ungelöste Eltern-Abhängigkeiten verbergen? Oder wie Cioran, der sich eine Idee der Menschen, hier der Christen, vorknöpft, um sie genüsslich zu zerfetzen, und damit folgerichtig auf die Erbärmlichkeit des menschlichen Geistes stößt, dem scheinbar nichts Besseres als ‚Gott' einfallen will?

Der Begriff ‚Gott' zieht eine unübersichtlich verworrene Kette an geistigen Fehlleistungen des menschlichen Intellekts hinter sich her, eine wahre Büchse der Pandora, wenn man ihre einzelnen Glieder untersuchen wollte.

Einer der fundamentalen logischen Fehler, die sich hinter dem historischen Gottesbegriff verbergen, offenbart sich mit dem Entstehen der expliziten Psychologie, die Begriffe wie ‚Ich', ‚Ego' oder ‚Selbst' phänomenologisch und theoretisch untersuchen. Erst dadurch zeigte sich die Fehlplatzierung des Begriffes ‚Spiritualität' an einem semantischen Ort, in den er sich nicht oder nur sperrig einfügen ließ. Denn das, was oft unter dem Begriff ‚Spiritualität' diskutiert wird, ist immer kognitiver Ausdruck von ‚Ich' oder ‚Selbst'. Jede Gottesvorstellung, ja jede Aussage über Gott ist bereits in sich falsch, ist logischer Widerspruch, ist grobe Missachtung logischer Regeln. Wenn Gott all die Attribute in sich vereinen soll, die ihm zugeschrieben werden (egal in welcher Religion), ist jede menschliche Aussage über ihn unmöglich. Was gedacht werden kann, ist immer *diesseits.* Alle Vorstellungen, Gedanken, Erkenntnisse, sogar jedes Bild aus Visionen sind Spuren der großen geistigen Conquista des Menschen, sind urbar gemachtes Nichts-Land, das sich der Mensch um sich herum zum Acker seiner Taten macht. All das ist *diesseits.* Über das *Jenseits* müssen wir schweigen, denn es ist jenseits der Sprache, jenseits unserer kognitiven Pfründe. Wenn in diesem Essay also von Metaphysiken jeder Art, von spirituellen Ideen und Hypothesen, von Traditionen spiritueller Praktiken die Rede ist, so ist immer der kreative (schöpferische) Kraftakt von Conquistadoren gemeint, die dem Verlöschen entgehen wollen.

Das Verlöschen

Die Kulturkreise haben jeweils ganz eigene Antworten auf die Frage hervorgebracht, wie der Mensch mit der unabwendbaren und lästigen Tatsache des Verlöschens des Einzelnen umgehen sollte. Eine bemerkenswerte Einzelstellung nahmen dabei die antiken Griechen ein. In einer trotzigen Geste nahmen sie das Verlöschen des Individuums als Tatsache an. Sie konzipierten das Dasein post mortem – im Hades, seltener auf der Insel der Seligen und nur in Ausnahmefällen als neue

Gottheit unter den Olympiern – als im Wesentlichen unabhängig von Leistungen des noch Lebenden. Im Tod gab es keine Früchte des vormaligen Handelns und nur in schweren Ausnahmefällen Strafen zu erwarten. Sisyphos und Tantalos, so könnte man sagen, verewigten symbolisch ihr vergebliches Bemühen, in den Kreis der Götter zu gelangen. Die Regel war das nicht. Odysseus begegnete während seines kurzen Ausflugs an die Randgebiete des Hades seiner Mutter und Achilleus gleichermaßen. Der Held und das unscheinbare Weib – beide irrten als Schatten im Totenreich umher, ohne Sinn, ohne Ziel. Tatsächlich verschwendeten die Griechen nur wenig Gedanken an das Totsein. Der Tod als Konsequenz edler Motive, als Folge eines verhängnisvollen Schicksals stand als singuläres Ereignis am Ende einer Entwicklung – nicht am Anfang und auch nicht in der Mitte, wie es alternative Konzepte vom Typus ‚Tod als Pforte' nahelegen. Dementsprechend galt das Leben auch nicht als Vorbereitung auf das, was nach dem Tod kommen mochte. Es blieb Selbstzweck. Das Individuum an sich, seine Einzigartigkeit und seine Bedingtheiten, galten als offensichtliche Beweise für die Existenz des *Schicksals*. Das homerische Weltbild weiß durchaus um die zwingenden Kräfte von prädisponierenden Bedingtheiten – von dem, was die Inder das Karma nennen. Doch während die yogischen und buddhistischen und später auch die christlichen Lebenslehrer nicht müde werden, diese Bedingtheiten als Irrtum, Ausdruck von Unwissenheit, von Sünde und Schuld, kurz als nicht hinnehmbaren Makel anzuprangern, trugen die homerischen Griechen diese Bedingtheiten mit Stolz und Trotz. Die Götter kannten kein Schicksal, die Menschen schon. Was die yogischen und christlichen Philosophen als den fundamentalen Makel des Menschen empfanden, galt den Griechen als Gewinn und Auszeichnung. Sie verstanden sich in der Kunst, alle Taten und Gedanken, alle Wünsche und Hoffnungen, aber auch alle Verzweiflung und Verfehlung als rein diesseitig anzunehmen. Der Tod befreite vom Schicksal, führte aber zu nichts Wesentlichem. Warum, so die die Helden Homers und nachfolgende apollinische Kultur,[12] sollte man das Leben verschwenden, indem man es in Vorbereitung auf das ohnehin trübe Schattendasein im Hades verbrachte? Einzig der Ruhm unter den

---

12. Oswald Spengler nannte die griechische Kulturseele 'apollinisch', die abendländische seit Beginn der Gotik 'faustisch'. Siehe Kapitel 2.

nachgeborenen Lebenden konnte das Verlöschen der Person zumindest zu einem Teil hinauszögern. Von wenigen Ausnahmen abgesehen, so etwa der Herakles-Sage, propagiert die homerische Heldensage das Erfahren des eigenen Schicksals, nicht hingegen seine Überwindung. Von Himmelsleitern, die von einem makelbehafteten Istzustand des Ichs in die Ichlosigkeit transpersonaler Bewusstheiten führen sollen, ist weit und breit keine Spur. Vielmehr kann von Warnungen die Rede sein, etwa wenn Bellerophon über sein prädisponiertes Schicksal, und damit über seine Möglichkeiten hinaus, den Pegasus missbraucht, um zu den Göttern zu fliegen. Zeus schickt eine Bremse, die das geflügelte Ross sticht und Bellerophon abwerfen lässt. Schwer verletzt und erblindet fristet er den Rest seines Lebens als einsamer Wanderer auf der Erde.

Transpersonale Konzeptionen verweisen immer auf einen Makel, auf einen nicht hinzunehmenden Status quo des Seins. Um eine andere Daseinsform des Bewusstseins attraktiv werden zu lassen, muss das, was man ist, abgewertet werden. Das buddhistische Nirvana erhält seine Anziehungskraft aus der zuvor postulierten Mangelhaftigkeit der ichhaften Norm-Natur des Menschen. Und nur weil das landläufige Menschsein als sünd- und schuldhaft deklariert wird, erhält der vertikale Aufstieg auf Himmelsleitern hin zu Gott unter Christen seine Attraktivität. Was aber, wenn das Menschsein mit seinen Verstrickungen, seinem Leid und Glück, seinem Streben und Irren mit Stolz akzeptiert würde? Himmelsleitern oder ‚achtfache Pfade' verlören ihren Sinn, zumal auf den höchsten Sprossen oder in den höchsten Sphären wenig zu erwarten wäre.

Wären die homerischen Griechen mit yogischen oder christlichen Denken vertraut gewesen, hätten sie vermutlich aus ihrer Verachtung keinen Hehl gemacht. Ihnen wäre die aus ihrer Sicht absurde Abwertung der eigenen Person ein Zeichen der Schwäche gewesen. Die christlichen Selbstbeschimpfungen, die darin gipfeln, wenn sich Selbstbeschimpfer gegenseitig mit ihrer Ich-Verachtung zu übertrumpfen trachten, wären den homerischen Griechen Weiber- und Sklavenkram gewesen. Wie, so hätten die die Helden Homers vielleicht gerufen, sollte denn das eigene Schicksal erfahren werden können ohne Stolz, ohne Selbstbehauptung, ohne den *thymos*? Welchen Wert hätte denn das menschliche Leben, wenn es von Anfang an als Irrtum, als sündig, als falsch und fehlgeleitet betrachtet würde? Den einzigen Sinn, den die Griechen dem Leben abringen konnten, war es, genau dieses Leben so weit auszukosten, so weit in all seinen Möglichkeiten auszureizen, wie es die limitierten Bedingtheiten zulassen. Alles andere wäre ihnen Lebensvermeidung gewesen – eine Absurdität angesichts der buchstäblichen Einmaligkeit des individuellen Lebens.

Tatsächlich ist die Abwertung des individuellen Diesseits nur möglich, wenn jenseits dessen weitere und vor allem bedeutsamere Etappen eines Daseinsverlaufs angenommen werden können. Auf einer einfachen Ebene hätten wir es mit einer horizontalen Erweiterung des Lebens zu tun, einer mitunter unendlichen Verlängerung der individuellen Existenz auf einem imaginären Zeitstrahl, dessen plateauhafte Lebensphasen durch ‚Pforten' in abgrenzbare Etappen geteilt würden. Der tibetische Buddhismus liefert die prototypische Illustration. Die karmischen Verstrickungen werden nach dem Tod (im *Bardo* des Todes) projektiv in Bilder transformiert, denen die nicht durch Meditation geschulte Seele irrtümlich objektiven Charakter zuschreibt: Ein Monster, das projektive Bildgebung subjektiver Angstzustände ist, würde als real existierendes Ungeheuer wahrgenommen, vor dem man zu Recht in Angst gerät. Nach dem Bardo des Todes kommt es zu einer Wiedergeburt, und die geistige Entität setzt ihr Dasein fort. Diese horizontale Bewegung steht natürlich in schlechtem Ruf, denn jedwedes Leid wird von Etappe zu Etappe weitergetragen und in neuem Gewande aufs Neue erlebt. Dem stellt der (nicht nur) tibetische Buddhismus die vertikale Entwicklung entgegen: In den Reinkarnationen wie auch in den Bardos des Todes werden die Irrtümer des individuellen Lebens sukzessive erkannt und ausgelöscht, zuletzt der größte und bedeutendste Irrtum von allen: der Irrtum eines Ichs oder irgendeiner anderen substanzhaften Existenz. Der buddhistische Held ist demnach nicht zu erkennen am exzessiven Aktualisieren seiner karmisch bedingten Individualität, sondern an den disziplinierten Vorbereitungen auf die nächsten Etappen, an seinem sorgfältigen Kräfteeinteilen angesichts eines trans-inkarnativen Marathons durch die vorübergehenden Zustände von Leben und Bardo, wiederum Leben und wiederum Bardo des Todes und so fort, mit dem Ziel, die eigentlichen Feinde, nämlich die der Irrtümer seines eigenen Geistes, letztendlich zu überwinden. Nichts ist den homerischen Griechen fremder als ein solches Denken. Für sie ist der Mensch nicht göttlicher Natur, aber dadurch auch nicht minderwertiger. Götter und Menschen stehen nebeneinander, nehmen gelegentlich Anteil aneinander. Achilleus weint sich bei seiner Mutter, der Göttin Thetis, über das Unrecht, das ihm wiederfahren ist, aus, und er bekommt seinen Trost von ihr. Athene erscheint den Helden Odysseus und Bellerophon und trägt fast Züge einer wohlwollenden Freundin.

Der yogischen Kulturseele[13] gilt das Individuum nicht viel. Tatsächlich ist Kern von yogischer Spiritualität an sich: die Leugnung des Ichs, das Finden der Wahrheit hinter der individuellen Illusion. Somit wird verständlich, warum die yogische Kulturseele keine wesentlichen Heroenmythen hervorgebracht hat – im Gegensatz zu den Griechen. Was den Griechen die Heroen-Sagen sind, sind in der yogischen Kultur die Göttergeschichten. Das Schicksal des Einzelnen, sein mühevoller Gang durch sein eigenes Schicksal, sein Verhängnis und sein Glück, das Finden von Weisheit (oder im Ausnahmefalle des Herakles Vergöttlichung) ist Thema des griechischen Mythos. Und dieser trägt immer einen Namen. Der Name ist sogar das wesentliche Merkmal der Mythen. Theseus, Perseus, Bellerophon und all die anderen müssen nur erwähnt werden, und ihre ganz eigene Geschichte, ihr Charakter, ihr Schicksal, ihr Eigensinn und ihre Individualität strahlen sofort auf. Anders in Indien: Die Mythen ranken sich um die Götter, und ihre Namen sind durch all die verschiedenen, oft widersprüchlichen Abenteuer gleich. Die Bedeutung einer kurz aufblitzenden Individualität wird sofort wieder nivelliert, indem diese als eine Erscheinung des Vishnu, des Shiva oder einer Göttin gedeutet werden. Krishna ist ein bekannter Heros, aber ein Gott, und auch kein eigenständiger, sondern ein Avatar des Vishnu. Vishnu, Brahma und Shiva hingegen werden oft auch als Einheit gesehen: Die Shivaiten sehen Vishnu und Brahma lediglich als Attribute des einen Göttlichen, das sie Shiva nennen. Umgekehrt die Vaishas. Das Göttliche ist für sie Vishnu, und dieser vereint alle anderen Götter als seine Attribute in sich. Die Göttin selbst, Mahadevi, kann sich in verschiedenen Erscheinungen zeigen, als Glück und Reichtum bringende Lakshmi, als Verkörperung von Intelligenz und Kreativität in

13. Zum Begriff der yogischen Kulturseele siehe das Kapitel ‚Die sieben Sphären des Gewahrseins', darin ‚Die Mystik der yogischen Kulturseele', S. 204 in diesem Buch.

Saraswati, als treue Gattin und Symbol für Fruchtbarkeit und Nährung in Parvati, der Gattin Shivas, oder Radha, der Frau Krishnas, oder Sita, der Gattin des Rama, der wiederum niemand anderes ist als Vishnu selbst. In einer Kultur, in der das Individuum nichts zählt, in der Freiheit nicht die Freiheit des Schicksals meint, sondern die Freiheit, die sich hinter der Überwindung des Individualismus erst offenbart als *anatman* (Nicht-Ich oder Nicht-Selbst) kann der Held der Mythen keinen Namen tragen, denn Name ist Ich, ist Individuum, ist Schicksal des Einzelnen. So werden im indischen Mythos die Namen der Götter zu bloßen Zuordnungshilfen, denn letztlich sind sie Eins, sind *Brahman*, sind *Satchitananda.* Die Namen der Götter sind Wege dorthin, sind Wegweiser, sind Hilfestellungen beim Bemühen, die Illusion des Ichs, des egoischen Wollens zu überwinden.

Deswegen gibt es dort keinen Perseus, Theseus, Odysseus, keinen Achilleus.

Die Sage um Herakles hebt sich aus dem Spektrum der griechischen Heldensagen durch die Vergöttlichung des Menschen-Heros heraus. In ihr, und nur in ihr, finden wir vage Parallelen zum yogischen Weltbild.

Was den Yogis der Weg durch die Chakras ist, ist den Griechen der Weg des Helden. Beide gelangen zum Ziel, und beide können auch scheitern. Bellerophon scheitert, Herakles wird vergöttlicht, er heiratet Hebe, die Tochter von Zeus und Hera, eine reinere Frau kann es nicht geben. Wenn der Yogi alle Chakras gereinigt hat, geht er im Göttlichen auf, *satchitananda*, durch Aktivierung von *sahasrara*, dem höchsten, nun transpersonalen Chakra. Herakles verliert seine Haut, seine menschliche Form, die ihn als Person wiedererkennbar machen würde. Die Hitze des Giftes des Kleides, das sich um seine Haut schmiegt, das also Haut wird und ist, versengt ihn. So passiert es auch dem Yogi. Die Hitze der Kundalini, wenn sie durch den gesamten subtilen Leib strömt, durch alle Chakras, und alle Anhaftungen, Konditionierungen hinwegfegt, verbrennt, erzeugt eine Hitze, die so manchen Yogi nackt und meditierend im Schnee des Himalaya sitzen lässt. Der Yogi vereint die beiden reinen Urkräfte, das Bewusstsein mit der schöpferischen Kraft, Shiva und Shakti, die letztlich immer eins waren. Eine Tochter von Zeus und Hera, den beiden reinen und höchsten Gottheiten, ist Symbol dieser höchsten Vereinigung. Sie wird nach Herakles` Vergöttlichung ihm zur Frau auf dem Olymp gegeben.

Achilleus ist Sohn eines sterblichen Vaters, ihm fehlt die Idee, das göttliche Bewusstsein, er hat keine Aussicht auf Unsterblichkeit, da Unsterblichkeit nur jenseits jeder egoischen oder personellen Idee zu finden sein kann, als eine Unsterblichkeit, die das Leben nicht verlängert, sondern begreifen lässt, dass die Wesensessenz jenseits der Zeit zu finden ist, demzufolge schon immer war und immer sein wird. Achilleus ist mit der göttlichen aktiven Kraft begabt, nicht aber mit der Idee der wahrhaften ‚tugendhaften' Bemühung. Herakles hingegen ist Sohn des Zeus, in ihm ist die Kraft des Bewusstseins, in ihm ist das Ziel, die Absicht, und so entscheidet er sich für die karg erscheinende Tugend, nicht für das Laster. Wie hätte Achilleus sich entschieden? Vermutlich für die geschmückte und schöne Frau des Lasters, sie hätte ihm den Ruhm, den Sieg, den Reichtum, die Liebe versprochen, und er wäre mitgegangen.

Durch zwei Jahrtausende Christentum und unsere zunehmende Kommunikation mit der Mystik des fernen Ostens, vor allem dem Buddhismus und dem Yoga, ist es uns selbstverständlich, die Bedingtheiten des Ichs, yogisch verstanden als fest geschnürtes Bündel karmischer Verstrickungen, als einen Makel zu empfinden. Es ist dem modernen Selbstsucher bereits Befreiung und Trost, nicht mehr von Erbsünde oder unaustilgbarer Schuld, sondern in östlicher Terminologie ‚nur noch' von Irrtum, Illusion und Unwissenheit (*avidya*) zu sprechen, doch das selbstkasteiende, a-thymotische Element der Ich-Entwertung bleibt uns auch nach den Assimilationen yogischen Gedankenguts erhalten.

Die Frage, die ich nun aufwerfe, wäre den homerischen Griechen verständlich gewesen: warum nicht Karma als Verdienst und Auszeichnung denken? Warum nicht das Ich als eine geistige Errungenschaft mit Stolz (*thymos*) tragen und verteidigen? Noch einmal: Das Ich wird von den Yogikern[14] als eine derzeitige Verdichtung all des angehäuften Karmas,

14. Den künstlichen Begriff des „Yogikers" benutze ich hier im gleichen Sinne wie den des „Faustikers". Gemeint ist mit diesen Begriffen der Angehörige der jeweiligen Kulturseele. Wenn ich Praktizierende des Yoga meine, bezeichne ich sie wie gewohnt als Yogis.

und von den Christen als eine Verstrickung in gottabgewandtem Eigendünkel verstanden. Ohne diese Prämissen zu verleugnen, wäre es doch möglich, das negative Vorzeichen, mit dem diese Konzeption versehen ist, umzukehren. Der Mensch findet sich als erkennendes Wesen in einem schier unendlichen und leeren Universum wieder. Nach dem Naschen von den Früchten des Baumes der Erkenntnis weiß er von seinem unausweichlichen Schicksal, dem des Verlöschens. Nicht etwa nur des Todes – denn diesem lassen sich mit einigem kreativem Bemühen Möglichkeiten weiterer Existenz abringen, sei es in Paradiesen, Höllen, Wiedergeburten, Bardozuständen oder anderen fantasievollen mythischen Landschaften – sondern dem Verlöschen an sich, dem Ende jeder Existenz an sich. Was nützt es dem Ich, wenn das Universum weiterhin durch immer wieder aufflackernde und verlöschende Lichtlein erhellt bliebe, und doch der kleinen Flamme der eigenen Existenz kein längeres Leben beschieden sein wird als einem Teelicht? Diese Einsicht entspricht dem Rauswurf aus dem Paradies der unschuldigen Naivität. Der Mensch findet sich wieder in der kargen Welt des trockenen Bodens, den er zu bestellen hat, um das Verlöschen um einige kosmische Sekunden hinauszögern zu können. So verdichten sich alle Bemühungen des Menschen um ein einziges Ziel – das Einzige, das nach dieser Einsicht noch möglich ist: wie mit der Tatsache des Verlöschens umgehen? Lesen wir die Geistesgeschichte des Menschen in diesem Lichte, zeigen sich zwei allgemeine Kategorien von Antworten: Das Verlöschen akzeptieren, wie es die homerischen Griechen, aber auch einige ihrer philosophischen Nachfolger, etwa die Epikureer, vorschlagen und allgemeine Hinweise auf ein gutes Leben bis zum kritischen Punkt geben; oder, wie die Yogis, Buddhisten und Christen, das Verlöschen nicht akzeptieren. Die Rezepturen für letztere Bemühungen ähneln sich: Es wird zu Beginn ein akzeptabler Sollzustand postuliert, ein Sollzustand, der in seinem Kern Eigenschaften trägt, die ihn vor dem Verlöschen bewahren. Ein solcher Sollzustand dürfte an Zeit und Raum nicht gebunden sein, er müsste den Zeitstrahl überwunden haben. Er müsste in sich die Fähigkeit zu kosmischen Kreationen tragen, denn das Projekt der Überwindung des Verlöschens setzt eine Weltschöpfung voraus, in der diese Möglichkeiten existieren. Dieser Sollzustand müsste sich zu autopoietischen Konstruktionsleistungen befähigt zeigen.

Benennungen dieses Sollzustandes sind uns nur allzu bekannt: Gott, Jahwe, Allah, Buddhanatur, Christusbewusstsein, Shivabewusstsein. In einem zweiten Schritt dieses Projekts müsste angenommen werden, dass das von Verlöschung bedrohte Wesen (der Mensch) vom Willen und von Eigenschaften dieses Sollzustandes durchdrungen ist, ohne es im derzeitigen Istzustand zu wissen. Es ist die Rede von Emanationen, von Gottesführung und vom Aufgeben des Ichs, das in sich die verheerenden kognitiven Überzeugungen vom eigenen Verlöschen trägt. In einem dritten Schritt müssten die Operatoren explizit gemacht werden, die bei korrekter Anwendung den Istzustand (das Ich) in den Sollzustand (das ewige Bewusstsein) überführen. Die mystischen Traditionen lassen sich so gesehen als gigantische kognitive Apparaturen verstehen, die eine kosmische Ausdehnung des Individuums zum Ziel haben – in der durchaus nachvollziehbaren Annahme, dass eine sich vervielfältigende Entität, die sich in horizontale und vertikale Richtungen ausdehnt, schwerer auszulöschen wäre als ein punktuelles Ich. Die vedische Schöpfersage von Prajapati, dem Gott, der einsam und verloren im Universum trudelt und aus sich die Welt schafft, um nicht allein zu sein und um die Bedrohung des Verlöschens durch Vervielfältigung einzudämmen, illustriert das demiurgische Grundmotiv. Selbstvermehrung soll für existenzielle Stabilität sorgen. Die ins Nichts vordringenden Conquistadoren, erweisen sich nicht nur als Eroberer, die dem Nichts Tatraum abringen (deren Grundmotiv Achilleus ist), sondern nun als kosmische Architekten, die ganz im Sinne des radikalen Konstruktivismus eine Welt zu erschaffen suchen, in denen Umgehungsstraßen um das ‚schwarze Loch' des Verlöschens die entscheidende Rolle spielen. Die Abwertungen des Ichs mitsamt dem Verteufeln aller ich-konstituierenden Bedingungen und die negative Konnotation des bisher ‚karmisch' Erreichten zeigen sich als vorwärtstreibende Elemente, die zum Benutzen dieser Architekturen auffordern. Nicht am singulären Ich soll sich der Wanderer orientieren, sondern an den Manualen, die die richtige Benutzung jener Architektur nahelegen. Die christlichen Sphärenmodelle, die acht Glieder des Raja-Yoga, die Chakras des Kundalini-Yoga, der achtfache Pfad des Buddha, all die Bewusstseinsstufen, die bis ins Transpersonale ‚hinauf' reichen, sind als Wegmarken zu verstehen, die die korrekte Richtung vorgeben. Die alchemistischen Schulen, die eine Unsterblichkeit unter Beibehalt des Körpers anstrebten, vor allem die altchinesisch-taoistische Alchemie, sind die alternativen freien Handwerksbetriebe, von deren Entwürfen die Bauleiter und Architekten des größeren Entwurfs nicht viel halten. Unsterblichkeit, so scheint unter Mystikern festzustehen, ist nur unter Preisgabe des irdischen Elements, des Körpers und des auf Irdisches gerichteten Begehrens, machbar. Wenn überhaupt: Die Beweislage für einen eventuell erfolgreichen Weg zum Sollzustand ist dünn und oft zweifelhaft. Denn auch wenn zu Lebzeiten mancher Mystiker oder Yogi von sich behauptete, die Sterblichkeit mithilfe des Auslöschens dessen, was vergänglich ist (das Ich) erreicht zu haben – gestorben sind sie doch alle. Und ob die kognitive Weltenkonstruktion von Sphären, die auch ohne Körper erfahrbar bleiben, tragfähig genug ist, kann aufgrund des Einbahnstraßencharakters des entsprechenden mystischen Weges nicht hinreichend bezeugt werden.

Solange dieser Kampf gegen das Verlöschen mit den Mitteln abstrakter geistiger Architekturen von den Pionieren unter den Conquistadoren geführt wird, bleibt es hinter den Kulissen des profanen Alltagslebens der Öffentlichkeit im Verborgenen. Pragmatischer gesinnte Zeitgenossen bedienen sich gern dieser mystischen Modelle, nennen sie Religion und halten damit Untertanen in einer machtdienlichen Bewegungsstarre.

Und doch stehen wir einem Paradoxon gegenüber: Um hinreichend Furcht vor dem existenziellen Verlöschen empfinden zu können, bedarf es erst eines in seinem Selbstbewusstsein starken Ichs; eines Ichs, das durch ‚karmische' Erfahrungsschätze zu einer sich selbst reflektierenden Entität werden konnte. Die Welt und das Sein müssen ausgiebig erfahren worden sein, um dem Verlöschen dessen überhaupt erst jene Bedeutung beimessen zu können. Der Lebenswille steht in umgekehrtem Verhältnis zur Aufforderung, das Ich (oder dessen semantischen Ableitungen, wie etwa das ‚Selbst' oder die ‚Seele') aufzulösen. Hinter diesem ich-zerstörerischen Ansinnen muss ein gigantischer Wille zum Leben stehen, ein Wille, den umzusetzen das Ich als nicht tragfähig genug eingeschätzt wird. Doch wenn das Ich nicht viel taugt, warum dann überhaupt dem Verlöschen entgehen wollen? Die Mystiker sind da einen Schritt weiter: Das Ich ist für sie nur noch Fahrzeug, ein schlechtes obendrein, eines, das erfahrungsgemäß nicht zum Ziel bringt. Letztlich vernichten sie beileibe nicht ihre Substanzhaftigkeit; sie steigen nur in potentere Fahrzeuge um.

Also stelle ich die Frage noch einmal: Warum nicht ein starkes Karma und ein starkes Ich würdigen, statt sie zu Gegenständen der Kritik zu machen? Kann man angehäuftes Karma nicht auch als Verdienst, als einen Trophäenschatz weit gereister Seelenwanderer begreifen? Die Griechen Homers würden dem sofort zugestimmt haben, hätten sie den Begriff des Karmas bereits gekannt. Aber vergessen wir nicht: Die Abwertungen des Ichs, des Selbstes oder der Seele sind im Lichte dieser Überlegungen funktional und nicht moralisch gemeint. Es wäre ein Trugschluss anzunehmen, dass mit der Vernichtung des Ichs die Existenz an sich verneint würde. Im Gegenteil, den Mystikern – allesamt starke Persönlichkeiten, durchdrungen vom zornigen Denken (*menos*), wahre Achills, die das Schwert mit der Kontemplation eingetauscht haben – gilt das Leben als reine Existenz immerhin so viel, dass sie bereit waren, auf die ohnehin als spärlich empfundenen Annehmlichkeiten der knappen Lebensspanne zugunsten eines ich-verneinenden Selbst-Umgestaltungsbemühens mit unsicherem Ausgang zu verzichten. Sie setzten alles auf eine Karte: Gelingt dieser Transformationsprozess nicht, hätten sie das knapp bemessene Leben versäumt oder vergeudet. Ihr Projekt war die Unsterblichkeit, und sie spielten va banque. Ihr Lebenshunger musste immens genug gewesen sein, um mit Verachtung auf den kosmischen Wimpernschlag zu schauen, der uns Menschen als Lebensspanne zugeteilt schien. Entweder richtig oder gar nicht, war ihr Leitsatz; mit den paar Jahrzehnten, die wie karge Brosamen dem Menschen zur Lebenserfahrung hingestreut schienen, konnten sie sich – ganz Achilleus-Natur – nicht zufriedengeben. Sie waren nicht bereit, das limitierte Leben als Gnade anzunehmen und verzichteten lieber, indem sie die zugemessene Lebenszeit zu einem wahrhaft gigantischen Projekt nutzten: einen Pfad in die Freiheit unbeschränkten Daseins zu schlagen und ihm so weit wie möglich zu folgen. Das Leben schien ihnen nicht mehr als ein Inhaftiertsein in einem Gefängnis, und statt sich auf die großzügigen Freizeitangebote der Haftanstalt einzulassen, gruben sie lieber im Verborgenen an Tunnelsystemen hinaus in eine Freiheit, von dessen Existenz seit Langem das Gerücht umging.

Doch Verneinung des Lebens zugunsten eines Versuchs, in ein größeres, erhabeneres Leben überzuwechseln einerseits und das epikureisch formulierte Gebot des lustorientierten Annehmens der kurzen Lebensspanne andererseits liefern uns zwei fundamentale Gegensätze, die in ihrer Struktur dualistisch sind: Wer sich für das eine entscheidet, verzichtet auf das andere. Eine Frage der Perspektive.

Lösen wir uns von dem Diktat der Perspektiventreue und treten einen Schritt zurück. Was sich uns offenbart, ist ein Spannungsfeld, das zwischen den Polen oszilliert. Die beiden Antwortmöglichkeiten, von denen die eine mit epikureischem, die andere mit asketischem Vorzeichen versehen ist, verweisen auf die grundlegende Frage dahinter: Wie mit dem existenziellen Verlorensein, getönt mit der Bedrohung des unausweichlichen Verlöschens, umgehen? Dass Elemente beider Antwortmöglichkeiten im Laufe der Jahrhunderte Einzug in das jeweilige andere Lager gefunden haben, lässt sich an zahlreichen Beispielen belegen: Der Epikureismus in seinen frühen Zeiten machte Anleihen bei den Askesen, wissend, dass ein drängendes Aufsuchen von Lust schon wieder nicht hinnehmbare Mühe bedeute, die erfahrungsgemäß Enttäuschung und Leid nach sich zieht. Von Epikur ist ein Satz überliefert, in dem er sich für die Zusendung eines kleinen Töpfchens Käse bedankt, nun könne er einmal so richtig schlemmen. Der überbordende Hedonismus späterer, vor allem römischer, Zeiten ist bereits eine Verfälschung der Lehre Epikurs. Umgekehrt lässt sich das epikureische Grundmotiv auch in einigen mystischen Lehren finden, etwa in der Haltung des Buddha von einem Weg der Mitte, der von übermäßigen Askesen abrät, oder im Tantrismus, der das irdische Element des Seins als einen Teil auch des mystischen Weges akzeptiert. In heutigen Tagen wird die Meditation zur Verbesserung des Lebensaugenblicks genutzt, zu Entspannung und zur Klärung des Geistes – ein eigentlich epikureischer Ansatz, solange nicht das Endziel der Befreiung aus den Fesseln des menschlichen Seins durch geistige Unsterblichkeit verfolgt wird. Die kognitiven Architekturen, die die Mystiker über die Jahrtausende errichtet haben, haben eine Welt geschaffen, jene Welt nämlich, in der wir uns bewegen. Die eigentlichen Ziele der Mystiker mögen andere gewesen sein, ihre Hervorbringungen aber schufen einen erst geistigen und dann auch materiellen Tatraum, der von nachfolgenden Siedlern dieses urbar gemachten Raumes ‚zivilisiert' wurde. Maler und Bildhauer gaben den abstrakten Lehren Bild und Vorstellungsmöglichkeit. Ohne die Künstler gäbe es unsere prototypische Vorstellung von Engeln, Dämonen, von Himmelssphären, Heiligen, von archetypischen Situationen nicht. Abstrakte metaphysische Konzeptionen kosmischer Harmonien wurden durch Musiker und Komponisten hörbar. Aus den abstrakten Lichtspuren der Mystiker wuchsen also konkret erfahrbare Künste und Fertigkeiten des Menschen. Der Tatraum erweiterte sich auf ein Neues. Der Genuss von Musik und Kunst ist sicher im Sinne der Asketen eine missbräuchliche Anwendung jener geistigen Architektur, die nur eines zum Ziel hatte, nämlich einen praktikablen Ausgang aus der Misere des Verlöschens zu finden, und doch bewegen wir uns in diesen Architekturen, finden uns selbst als Mensch vervielfältigt, stabilisiert, finden uns getröstet von Künstlern, in deren Werken wir uns in unserem Tiefsten und Höchsten verstanden fühlen. Ableitungen aus den mystischen Entwürfen finden wir nicht nur in Kunst und Musik. Den Menschen in seinen Bedingtheiten zu verstehen, war schon Anliegen der Mystiker, dort allerdings, um die Hindernisse explizit zu machen, die den Menschen in seiner vorangelegten psychischen Struktur festzuhalten schienen.[15] Die moderne Psychologie wäre ohne diese Vorlagen kaum denkbar. Die roten Fäden, die aus den mystischen Traditionen hinein in weltliche Domänen führen, sind mannigfaltig und ergeben ein komplexes psycho-historisches Entstehungsmuster. Festzuhalten bleibt, dass der Weltentwurf des Menschen, dessen Tatträume, die sich aus kognitiven Architekturen ableiten, schon lange keine Leistung mehr ist, auf die die Mystik alleinige Urheberrechte anmelden dürfte. Er ist vielmehr zu einem Gemeinschaftsprojekt geworden, an dem Bauherren unterschiedlichster Herkünfte mit unterschiedlichsten Absichten beteiligt sind, in denen Menschen, die Nachfolger Odysseus`, sich in der Kunst des Navigierens ihres Ich-Fahrzeugs schulen. Im Sinne Sloterdijks sind wir Übende,[16] die sich als Einwohner jener selbst erzeugten Architektur kompetent zu machen suchen. Solcherlei Übungen erzeugen nicht nur einen Kompetenzzuwachs in den anzuwendenden

---

15. Johannes vom Kreuz brachte in „Die dunkle Nacht" bereits eine frühe Form der Psychologie in die Diskurse über den Menschen ein.

16. Sloterdijk, 2009.

Prozeduren, sei es Malen, Musizieren, Philosophieren, Herstellen von handwerklichen Gegenständen oder das Betreiben von Wissenschaften, sondern auch in der Anwendung des geistigen Werkzeugs, der kognitiven Informationsverarbeitung an sich: Vom archaischen Bewusstsein – gerichtet auf unmittelbare Möglichkeiten instinktiver Bedürfnisbefriedigungen – über das magische Bewusstsein mit seinen naiven Kausalzuschreibungen, zu dem mythischen Bewusstsein, das den Bildern eine wenn auch nicht sinnlich erfahrbare Realität zuschreibt, hin zu dem rationalem Bewusstsein, das abstrakten Mustern auf die Spur kommt und diese im Bedarfsfall auf andere Situationen zu übertragen weiß. Von Letzterem war schon viel die Rede, von seinem dualistischen Charakter, von seinem Verankern in singulären Perspektiven. Nichts hindert uns anzunehmen, dass auch dieser Bewusstseinsmodus durch einen noch abstrakteren und komplexeren abgelöst werden könnte.

Spiritualität, Religion und Therapeutik

In den Diskussionen dieser Tage vermengen sich die Begriffe Spiritualität, Religion und Therapeutik. Selbst innerhalb dieser Begriffe herrscht Wirrwarr und eine jeweilige kulturzentristische Perspektive. Wie oft findet man in Büchern des Westens Diskurse über Religion, in denen wie selbstverständlich das christliche Verständnis von Religion vorausgesetzt wird. Selbst bei Cioran kommt das Wort Gott öfter als jedes andere vor.

Religion ist ein soziales, ein politisches, ein sozialmoralisches Phänomen. Unter dem Begriff der Religion werden Weltentwürfe des nicht überprüfbaren Typus subsumiert. Deren Voraussetzung ist nicht Wissen, sondern Glauben und Überzeugung. Doch lässt man sich überzeugen, beugt man sich der Aussage jener Zeugen, ohne selbst durch Erfahrung diese bestätigen zu können, ja dies auch nicht zu wollen.

In Religionen vermischen sich mindestens drei Funktionen. Die erste Funktion ist das Bereitstellen einer – nach ihrem Selbstverständnis – allumfassenden Erklärung der Welt. Diese Erklärung ist ein Gerüst, das ins Unbekannte greift, aber mithilfe einer impliziten deduktiven Logik von dort rückwirkt auf das Leben im Bekannten, im Alltäglichen. Religion ist also Welterklärung. Diese Funktion übt auch das wissenschaftliche Weltbild aus, und sofern jemand von dem wissenschaftlichen Welterklärungsmodell überzeugt ist, zeigt er eine psychologische Disposition zur Religiosität – aber nur in Bezug zu dieser Funktion von Religion. Die zweite Funktion betrifft die Einladung zur Kenntnisnahme der Existenz des Unendlichen, Größeren, Unbekannten. Religion wird da zum Basislager für mystische Höhenexpeditionen. Diese zweite Funktion kann durch das Wirken der ersten Funktion, der umfassenden Welterklärung, gehemmt, verhindert, in die Irre geleitet oder sanktioniert werden. Wenn die Religion bereits eine rein semantische Behauptung über das Wesen des Unendlichen aufstellt, folgt der mystisch Interessierte diesem semantischen Modell, bleibt also auf kognitiven Pfaden, die von sich behaupten pfadlos zu sein, und geht in die Irre. Nicht zuletzt aus diesem Grund ist es für den Mystiker nötig, sich ab einem bestimmten Punkt seiner mystischen Expedition, von der religiösen Tradition, die sein Ausgangspunkt war, zu lösen, die Fesseln der semantischen Rückbindung zu kappen. Die dritte Funktion von Religion ist das Konservieren von Erfahrungen. Religion wird somit zu einem kollektiven Gedächtnis, zu einem Archiv an sozialer Erfahrung („Du sollst nicht begehren deines Nächsten Haus, Hof, Weib ...“), von technischen und ästhetischen Kompetenzen (Kirchen im Abendland konservierten am besten – durch heilige Scheu entgingen sie oft den Zerstörungen durch zum Beispiel Kriege – die künstlerischen Hervorbringungen in Architektur, Malerei, Skulptur, Musik und anderem, und sie waren auch der Hort, an dem diese Künste am besten gedeihen konnten), Kulturtechniken wie Schrift und Sprache, damit auch kollektive Historie durch die Aufzeichnungen von Mönchen und Nonnen, mystischer Erfahrung von Einzelnen, sei es von einem mythischen Religionsgründer (Jesus, Buddha) oder von späteren Mystikern, die sich semantisch dieser Religion zugehörig empfanden (Johannes vom Kreuz, Meister Eckhart, Shankara, Nagarjuna).

In diesem Sinne ist der Begriff der Religion[17] zu verstehen, das Gemahnen an die Sorgfalts- und Pflegepflicht gegenüber der Tradition, die den Zugang zu den Erfahrungen unserer Vorgänger und den fortgeschritteneren Adepten ermöglicht, aber auch, wenn zu eng gezurrt, jede mystische Expedition im Keim ersticken kann. Ist die Rückbindung zu eng geschnürt, erstickt der Religiöse an erstarrten Dogmen, die keine geistige und seelische Bewegung mehr ermöglichen, ist sie zu lose, verliert der Adept den Faden, der ihn auf den Wegen vom Bekannten ins Unbekannte und zurück navigieren lässt.

Diese Funktionen sind nicht isoliert anzutreffen, vermengen sich in einer Flut an Bildern, Regeln, an Eingriffen ins tägliche Leben (etwa Auswahl der Nahrung oder Sexualität), lassen das nur mystisch zu erfahrende Unendliche ersehnen und bieten doch im gleichen Atemzuge bereits Fahrkarten für routinierte Touren dorthin an. Der Priester weiß um die Wahrheit in den heiligen Büchern und verkündet sie als Fahrpläne durchs Unbekannte.

Religionen auf ihrer phänomenologischen Ebene stellen bildhaftes Material bereit, von dem vom Gläubigen verlangt wird, es als wahr zu akzeptieren. Ein Anreiz zu Zweifel, Skeptizismus, Forschung gibt es nicht. Die wenigen, die diesen Anreiz verspüren, und dennoch bereitwillig einer Religion angehören, haben das Bildmaterial längst als Metaphorik enttarnt. Sie nutzen den Bilderbogen als Parcours zur Analyse des Seins. Für eine Religion sind diese Leute gefährlicher als gewöhnliche Ungläubige. Letztere erkennt man leicht, erstere meist nicht oder erst, wenn es zu spät ist. Sie sind das Trojanische Pferd innerhalb der Stadtmauern jener festen Burgen, als die sich die Religionen wähnen. Sie zersetzen es von innen, höhlen es aus, zerstören, was zerstört werden kann, ganz im mephistophelischen Sinne.

Die verschiedenen Bilderbögen der Religionen bedürfen beileibe nicht immer eines Gottes, ja nicht einmal immer der Vielzahl von Göttern. Der Buddhismus kommt in einigen seiner Strömungen und Varianten ohne aus – und auch er ist Religion dort, wo er die gesellschaftliche und kollektiv-kognitive Funktion von Religion erfüllt, auch wenn viele

---

17. *religio* (lat.), die Sorgfalt und Gewissenhaftigkeit, mit der der römische Staatskult ausgeübt wurde. Der Begriff der Religion wurde dann für das Christentum adaptiert. Ob kulturferne Glaubens- und Überzeugungssysteme, wie Hinduismus oder Buddhismus, in diesem Sinne tatsächlich Religionen sind, kann diskutiert werden. Tatsächlich gibt es etwa im indischen Raum kein Wort für ‚Religion'. ‚Dharma' käme dem am nächsten, verweist aber mehr auf ‚kosmische Gesetzmäßigkeit' und weniger auf die altrömische kultische ‚Sorgfaltspflicht'.

Westler der Überzeugung sind, der Buddhismus sei eine Philosophie. Sicher kann man den Buddhismus als solche benutzen. Man könnte aber auch das Christentum als eine Philosophie hernehmen, wenn es denn zugelassen worden wäre. Das ist immer eine Frage der Entscheidung.

Religionen geben die Antwort vor, was in der Spiritualität zu finden wäre. Damit verhindert Religion im allgemeinen Fall spirituelles Erleben in ihren Anhängern. Und wenn es doch in einigen von ihnen zu einem solchen Erleben kommen sollte, gibt es oft genug Probleme damit. Meister Eckhart verließ sich auf sein eigenes spirituelles Erleben und nutzte zum Bericht die Bildersprache des Christentums – er war ja Christ und gehörte diesem Kulturkreis an. Doch seine Erkenntnisse widersprachen oft genug dem Dogma, sodass er in der Kirche bis heute mit argem Misstrauen gesehen wird.

Spiritualität ist also etwas, das zu erleben die Obrigkeiten der Religionen zu verhindern suchen. Was an ihr ist so gefährlich, dass man sie mittels gewaltiger Institutionen aus dem Erlebensraum der Allgemeinheit fernhalten wollte? Spirituelle sind Conquistadoren, sind Eroberer. Sie greifen in den leeren Raum und ringen ihm Formen ab, sie durchpflügen das Nichts und hinterlassen Spuren des Lichts, respektive des Bewusstseins. Sie sind die wahren kreativen Geister. Religion hingegen ist ein sorgfältig archiviertes Sammelsurium an bereits Geformtem, ist die machtpolitisch im Gedächtnis gehaltene Erinnerungsspur wünschenswerter Früchte des Greifens in die unermessliche Leere. Ihre Agenten, Priester, Kardinäle, Bischöfe, Brahmanen oder Imams wachen eifersüchtig darüber, dass ihre Anhänger die künstliche Lichtung nicht verlassen, sich geistig nur in ihren Spuren bewegen. Der Mystiker pfeift auf jedes Dogma. Dogma heißt: der rüde Befehl, sich ausschließlich in bestimmten massenhaft wiederholten kognitiven Spuren zu bewegen. Der Mystiker ist ein unruhiger Geist. Es verlangt ihn aus dem bekannten Geistesland auszubrechen, hinein ins Dunkel, denn wo Licht werden soll, ist erst Dunkel. Die Mystiker, in ihrem Verlangen nach dem Licht, dringen ins Dickicht des Nichts und leuchten es mit ihren inneren Augen aus. Und wo einmal das Licht ihrer Augen hinfiel, dort bleibt es hell – so hell, wie auch ihr Blick war, und manchmal war er düster; schwarz und leer jedoch nie. So ist die wahre Spiritualität der eigentliche Feind jeder Religion.

In unseren Tagen wird Spiritualität oft mit Therapeutik verwechselt. So viele Mystiker gibt es nicht, wie man Anwender sogenannter spirituеller Praktiken zählt. Eine spirituelle Praxis an sich gibt es nicht. Der Spirituelle, der per se immer ein Mystiker ist, verlässt gelangweilt die eingetretenen Pfade, selbst wenn diese bisher nur ein einziges Mal gegangen sein sollten. Es treibt ihn ins Unterholz, es verlangt ihn nach dem Unbekannten, jeder Weg ödet ihn an. Er muss sich mit einem kühnen Sprung von der Fahrbahn des Bekannten werfen, hinein in die Weite des potenziellen Erlebensraumes, den noch kein Mensch bisher betreten hat. So wird er einen Weg kreieren, nämlich genau seinen geistigen Bewegungen entsprechend. Ihm wiederum zu folgen, ist bereits Religion, selbst wenn man der erste Epigone wäre. So ist jede Technik, die spirituell genannt wird, entweder eine religiöse oder eine therapeutische, nicht aber eine spirituelle oder gar mystische. Wo soll denn an einem bereits gegangenen Weg das Geheimnis, das Mysterium, sein?

Doch so viele Zeitgenossen praktizieren sogenannte spirituelle Techniken, lassen sich in Zen, Vipassana oder Hatha-Yoga unterweisen, folgen tradierten Wegen. Ist deren Motivation die Kühnheit, der selbstverachtende Wagemut der Mystiker? Nein, sie sind nur hilfebedürftig. Um ins Unbekannte aufzubrechen, braucht es neben dem selbstzerstörerischen Mut ein starkes Ich, ein bedingungsloses Vertrauen in sich selbst und abgrundtiefe Verachtung gegenüber jeder Stütze, die Menschen geben können. Die spirituell Interessierten unserer Tage aber suchen Hilfe, suchen Stützen, suchen Handlungswerkzeuge, aus denen sie sich wie Medikamente jene Techniken klauben können, die sie aus ihrer Not zu führen versprechen. Welche Not? Unbehagen ist ein zu harmloses Wort, nein es ist vielmehr ein klammes Zusammenzucken vor der Ungeheuerlichkeit der Existenz, vor der unfassbaren Zumutung, ein Ich sein zu müssen. Es ist ein Fluchtreflex, hinaus aus der Welt, die ein irrer Demiurg in ihrem Kopf installiert hat. Das wahrhaft Ungeheuerliche an der Idee eines Individuums ist die Gegenüberstellung dieses Ichs mit dem Rest des Universums. Was für ein Bild: Dort das Universum, mit seinen Sonnen, der Unendlichkeit seiner Ausdehnung, nicht nur räumlich, sondern auch geistig, den Milliarden Mitmenschen, diesem schweren, fetten Planeten mit seinen wogenden Meeren und den erdrückenden eisigen Gipfeln, und hier das Ich, keine zwei Meter in seiner Ausdehnung mit seinem kleinen Kopf, dessen belebtem Innenleben ein simpler Dachziegel ein schnelles Ende bereiten könnte. Der Gedanke des Individualismus ist eine furchterregende Lichtspur, die ein gedankenloser Mystiker einst durch sein geistiges Vagabundieren im schwarzen Nichts hinterlassen hat. Warum nur folgen wir ihr? Ein Grund mag sein, dass in den freien Minuten zwischen den ungeteilten Aufmerksamkeiten auf das Außen man sich die Frage stellte: Wer ist es, der all das wahrnimmt? Da alle mich Du nennen, kann ich mich selbst nicht auch so nennen, ich werde zu einem Ich. Ich erkenne, dass die anderen von mir sprechen, von dem, der tut, der wahrnimmt, und der diese Wahrnehmung kennt. Ich bin Odysseus. Kein anderer kennt die Wahrnehmung. Nur ich nehme wahr, ich, Odysseus. Und die anderen nennen meinen Namen. Name und Erfahrung werden eins, mehr noch, Name und Wahrnehmung werden eins. Was weiß ich, was andere wahrnehmen? Ob sie überhaupt wahrnehmen? Ob sie nur Hinauswürfe meines eigenen Geistes sind, Traumgestalten? Aber sie nennen mich Odysseus. Ich wäre nur ein Tier, das nur den Strand sieht, an den es gespült wurde und die schöne Frau, die es mit ihrem Mantel bedeckt, Nausikaa. Doch dann singt der Sänger mein Lied, und ich sage den Phäaken: „Bin Odysseus!“ Der Name verknotet sich mit meinen Taten. Das bin ich.

Und nun bin ich Odysseus und werde es nicht wieder los. Wir alle sind es, wir alle sind unsere Namen und wir alle stehen in diesem Universum an irgendeiner Stelle, mehr oder weniger gut aufgestellt. Doch wenn ich nur der bin, der mit meinem Namen angesprochen wird, bin ich zu klein für diese Welt. Wie sollte ich dagegen halten? Kaum haben wir vor einem geohistorischen Augenzwinkern, vor zweieinhalbtausend Jahren, das Ich gewonnen, wollen wir es schon wieder los werden wie eine lästige Hypothek, die uns zu erdrücken droht. Viele sagen, Meditation ist ein Eintritt in die Fülle des Universums, in das göttliche Licht. Sie übersehen, dass ein Eintritt in etwas auch ein Hinaustreten aus einem anderen Raum ist. Sie verlassen die drückende Last des nimmermüde rotierenden Ichs, das maschinelle Dröhnen im Innenraum ihrer Subjektivität, sie beurlauben sich macht ihrer eigenen Autorität aus der Verpflichtung zum Ich-Sein. Wie erholsam, ja das lässt einen aufatmen.

Ruhe, Stille. Warum kommen nur wenige auf den Gedanken, dass es nicht das Göttliche ist, das sich so beruhigend, ja berauschend anfühlt, sondern der Urlaub vom Ich? Nicht die Anwesenheit von etwas Behütendem, sondern die Abwesenheit von etwas Erdrückendem?

Therapeutik ist das praktische Bestreben, das unerträgliche Ich-Sein erträglich zu machen. Dabei bedient sich die Therapeutik, entsprechend der Dringlichkeit ihres Anliegens, ohne jeden Stolz aller Möglichkeiten, die auch nur vage eine geringe Linderung der Daseinslast versprechen. Die Welt war nie so weit vom Stoizismus entfernt wie heute. Die stoische Haltung wird missverstanden als Gleichgültigkeit, als Ausdruck einer gefährlichen Null-Bock-Stimmung. Sloterdijk hat es auf den Punkt gebracht, als er von einer Kultur der Aufregung sprach. Kleinere Missstände werden zu lebensbedrohlichen Skandalen hochgepeitscht. Kleingeistige Vergehen, etwa das Fälschen einer Doktorarbeit oder das Annehmen eines günstigen Kredites zum Kauf eines noch kleingeistigeren Eigenheimes durch einen Politiker, werden von einer medialen Kultur der Hysterie aufgefangen, werden in den Fleischwolf der Berichterstattung geworfen, um als arsenhaltiges Kleingehacktes in die Augen und Ohren der Informationskonsumenten gedrückt zu werden. Doch hinter der hysterischen Informationskultur steckt etwas ungleich Gewichtigeres: eine Kultur der Angst, die künstliche Aufrechterhaltung einer immerwährenden Bedrohungslage. Schwer zu sagen, ob die Medien dieses Gefühl der Bedrohung erzeugen oder ob sie den unersättlichen Appetit der Bevölkerung nach echten oder vermeintlichen Bedrohungen nur zu stillen versuchen. Vielleicht beides. Klimakatastrophe, Wirtschaftskrise, Eurokrise, Terror, Bespitzelung durch amerikanische Geheimdienste, immer gibt es eine essenzielle Bedrohung unseres Lebens. Kinder bekommen ergonomisch konzipierte Schulranzen, die sich der Form des Rückens und der Belastbarkeit des kindlichen Stützsystems anpassen. Wann tragen sie den Ranzen denn? Wenn sie aus dem Kinderzimmer zum Auto gehen, vor der Schule aus dem Auto steigen und ins Klassenzimmer gehen. Die jetzt über Vierzigjährigen hätten den, wenn überhaupt, nötiger gehabt. Deren Schulweg war oft weiter, war zu Fuß zurückzulegen. Doch nein, auch unsere Kinder unterliegen einer ständigen Bedrohung: durch unergonomische Ranzen, durch gefährliche Schulwege, durch nicht individuell angepasste

Förderungen. Die eigentliche Bedrohung wird dabei meist übersehen: das Einrasten der Kinder in eine kollektiv geteilte Bedrohungskultur, Überforderung durch gut gemeinte Förderung und gut gemeinten Schutz vor den vermeintlichen Bedrohungen. Das Leben scheint unerträglich, scheint schlimm geworden zu sein, eine wahre Zumutung. Die Umstände sind nicht hinzunehmen; sie sind unzumutbar, so der unausgesprochene Konsens. Das Bestehende ist zu gefährlich, darf so nicht weiter geführt werden. In der politischen Domäne sind es seit der Weimarer Republik die ‚Linken', die die bestehenden Missverhältnisse anprangern, auf ihre Veränderung drängen und zu wissen vorgeben, wie es richtig wäre. In ihrem oft wohlmeinenden Fanatismus liegt die Tendenz zur Tyrannei. Es ist kein Zufall, dass ‚linke' und ‚rechte' Gesinnungen gleichermaßen in Diktaturen enden. Es ist gefährlich, ohne Sturzhelm Motorrad zu fahren, also wird er vorgeschrieben. Es ist auch gefährlich, ohne Sturzhelm Fahrrad zu fahren, also wird es über kurz oder lang eine Pflicht für Fahrradhelme geben. Es ist nicht hinnehmbar, dass es Menschen gibt, die durch keine Krankenversicherung abgesichert sind, also wird eine Pflichtversicherung eingeführt. Die Tendenz, auch wenn die Absichten löblich scheinen, weist in Richtung Bevormundung, mehr noch, Entmündigung. Eigenverantwortung steht nicht auf den linken Agenden. Doch das Motiv, das dahinter steht, ist nicht, wie man nach flüchtigem Blick annehmen sollte, Macht, sondern schlicht Angst. Die essenzielle Angst vor dem Leben und vor dem Tod, vor jeder Störung der Illusion einer umfassenden Absicherung gegen alles, was Leben bedeutet. So entsteht das Unbehagen am Leben, damit auch am eigenen Ich, das in dieser unwirtlichen Welt zu leben gezwungen ist. Dort liegt der Nährboden für jede Form von Therapeutik. Bereits die angeblich optimale Förderung von Kindern ist Therapeutik, ist das Eingreifen in Entwicklungsprozesse nach einem trügerischen Ideal des bestmöglichen Lebens. Offizielle Formen der Therapeutik sind die regelmäßigen Arztbesuche, das Konsumieren aller möglichen Medikamente, manchmal nötig und sinnvoll, vor allem im soliden Krankheitsfall, oft aber um eine Störung des alltäglichen Trotts zu vermeiden, um Stimmungsschwankungen auszugleichen, um sich zu optimieren, um sich gesellschaftsfähig zu halten. Die neue Fassung des ICD-10 enthält neben den bereits bekannten Klassifikationen der psychischen Krankheits- und Störungsbilder auch die Trauer als Störungsfall. Sobald dieser revidierte Katalog an psychischen Störungen auf den Markt kommt, wird es auf einen Schlag Millionen neue Krankheitsfälle geben. Fälle, die Medikamente brauchen, die Therapien benötigen. Die Varianzen des Lebens sind unerwünscht, Normierung ist gefordert. Ein psychisches-im-Gleichschritt-marschieren.

Die Therapeutik setzt sich auf dem Wellnessmarkt fort, auf dem es bereits eine Verzahnung mit sogenannten spirituellen Techniken gibt. Atemachtsamkeit, Yoga, autogenes Training, progressive Muskelrelaxation mit dem primären Ziel einer Entspannungsreaktion. Weiter hin zur Peripherie der offiziell anerkannten Methoden geraten wir auf die weiten Felder der Esoterik, auf denen schamlos mit Spiritualität gehandelt wird, als ginge es um Joghurtsorten im Supermarktregal.

Wenn aber die Grundprämissen des Menschseins, - und die sind Veränderung, Unbeständigkeit, Varianz, Vergänglichkeit -, nicht akzeptiert werden, wenn man diese als Bedrohung, als Unzumutbarkeit, als Mangel und als Unzulänglichkeit empfindet, wird sich das Ich selbst als bedrohlich, unzumutbar, mangelhaft und unzulänglich empfinden. Darin liegt das grundlegende Unbehagen des individualisierten Ichs. Jede Therapeutik muss in die Irre führen, muss noch mehr das Unbehagen stärken, wenn sie diese Grundprämissen nicht berücksichtigt. Und sie werden in der Regel nicht berücksichtigt. Der zu Therapierende sucht nach einem Ausweg aus dem Unbehagen, aber unter Umgehung der Akzeptanz dieser Prämissen. So wird Therapeutik, weil sie nicht zum Ziel führt, inflationär.

Was oft, zumal in esoterischen oder Post-New-Age-Kreisen, als spirituelle Techniken oder Praktiken angepriesen werden, sind tatsächlich Therapeutika. Wir sagten es schon, eine ‚spirituelle Technik' kann es nicht geben. Spiritualität greift ins Unbekannte, sie darf kein Ziel kennen, jedenfalls kein Konkretes. Ihr Anreiz ist für den Faustiker Conquista, für den Yogiker Befreiung aus dem limitierten Menschsein, in jedem Fall aber liegt die Motivation nicht in der Verbesserung der Lebensumstände, sondern in der Sehnsucht nach dem Unbekannten, Größeren, Umfänglicherem. Ihre Motivation liegt nicht in der Defizitbeseitigung, sondern in dem Erringen des Neuen, das Sinnstiftenderes verspricht. Einige Methoden des Yoga haben Einzug in den europäischen Alltag gehalten, doch was hier betrieben wird, ist nicht Yoga im indischen Sinne. Yoga ist nicht nur Methode, sondern auch Zielsetzung. Und das Ziel des angewandten ,Yoga' in Europa (und Amerika) ist im Allgemeinen kein Hinausgreifen ins Unbekannte, sondern ein therapeutisches. Yoga soll für Entspannung sorgen, soll gesundheitliche Prävention leisten, wird von den Krankenkassen oft bezahlt, weil diese ihre Wirkung in Bezug auf weniger Krankheitsfälle nachweisen können. Yoga, hier also Hatha-Yoga, wird zu einer Form feinsinniger Gymnastik, die den Körper fit halten, Bauch und Po straffen, den Geist entspannen, kurz, zu höherer Fitness auf dem Kampffeld der zeitgenössischen Ego-Behauptung verhelfen soll. Yoga steht ganz im Dienste des sich in Form haltens oder bringens, um den gesellschaftlichen Anforderungen besser genügen zu können. Yoga soll einen Wettbewerbsvorteil erzeugen. Ähnlich sieht es mit dem aus, was man im Westen ,Tantra' nennt. Sexueller Übersättigung und dem Gefühl erotischer Insuffizienz, in dem sich eben auch sexueller Pluralismus breitmacht, soll mit einer angeblich substanzielleren Erotik entgegengewirkt werden. Tantra-Massagen werden allenthalben angeboten, mit oder ohne ,Happy End', letztlich nichts anderes als eine mit New-Age-Idealen durchwirkte Form moderner Prostitution; vielleicht besser: ein mit esoterischer Semantik durchwirkter Liebesdienst, aber letztlich eben ein Liebesdienst, wie ihn die Menschheit in allen Kulturen und zu allen Zeiten bereits kennt. Inspiriert wurde diese Translation des Tantra von den vagen Berichten tantrischer Ungeheuerlichkeiten aus mystischen Texten, die hierzulande niemand gelesen hat. Ziel des Tantra-Yoga, sowohl im Hinduismus als auch im Vajrayana-Buddhismus, ist die schon oben beschriebene Befreiung aus der menschlichen Form. Da Unwissenheit (*avidya*) die Ursache für jedes Leid ist (*dukkha*), geht es in jeder Form des Yoga, so auch im Tantra-Yoga, um die Beseitigung der Unwissenheit. Da Moral als gesellschaftliche Vereinbarung eine künstliche Zweiteilung zwischen dem Wünschens- und damit Wissenswerten und den sanktionierten durch Tabus geschützten Bereichen des nicht wissen Dürfens erzeugt, ist es Anliegen der mystischen Tantra-Schulen, diese künstliche Grenze zu überwinden, um alle Bereiche des Seins mit Bewusstheit zu durchdringen.

Eine Form des Tantra wird das ‚linkshändige' genannt. In diesem wird das jenseits des Tabus befindliche Natur-Leben in den Mittelpunkt des Erforschens gestellt. Was ist verpönt: Fleisch, Fisch, Wein, Sex und bestimmtes Getreide. In einigen linkshändigen Ritualen wird nun der Genuss genau dieser tabuisierten Dinge exzessiv betrieben. Es wird Fleisch gegessen, Alkohol getrunken, Sex gemacht. Die Natur kennt keine Moral, kennt keine Grenzen, kennt keine Tabus. Wie aber die Unwissenheit, *avidya*, beseitigen, wenn man sich an die Tabus der Gesellschaft hält? Der linkshändige Tantra-Yoga ist ja keine Aufforderung, im Alltagsleben diese Tabus zu brechen, sondern eine Einsichtspraxis, die sich an die Eingeweihten, an die Initiierten des Tantra richtet. Es sind die Mystiker, die diese Rituale praktizieren, um sich von diesen ins Unbekannte katapultieren zu lassen, und nichts liegt ihnen ferner, als diese missionarisch verbreiten zu wollen. In dieser Geheimhaltung liegt auch der Grund für die Unkenntnis des Tantra in Europa. So erscheint er schwammig, unklar, mysteriös, dunkel, und damit geeignet, all das in ihn zu projizieren, was der abendländischen Seele selbst fehlt, wo ihre uneingelösten Sehnsüchte liegen. Was wir hier in Europa also Tantra nennen, ist ein Spiegel dessen, was uns selbst fehlt, ist Symptom unseres Mangels, Andeutung einer Erfüllung der Deprivation, die wir uns durch unsere eigenen Tabus geschaffen haben. Aber das sind nicht die Tabus der indischen Gesellschaft, und selbst wo die Tabus eine oberflächliche Ähnlichkeit zu haben scheinen, richten sie sich selbst dort auf ganz andere Facetten. Das betrifft den Sexus. Sowohl Europa als auch die indische Kultur hat sexuelle Tabus errichtet, beide Kulturen erscheinen auf den ersten Blick prüde. Ein tieferer Blick aber offenbart fundamentale Unterschiede.

Für den Tantriker heißt Befreiung nicht ‚sexuelle Befreiung'. Dem Europäer, der dem europäisierten Begriff des Tantras nachfolgt, geht es um sexuelle Befreiung, also um eine Sexualtherapie, die ihn von einem empfundenen Mangel befreien soll, und sei es nur durch eine Stunde eines Besuchs in einem ‚Tantra-Massage-Studio'. Dem indischen Tantriker geht es um das Erfahren des Mysteriums jenseits sexueller Begierde. Dafür nutzt er die sexuelle Energie wie eine Welle, auf der ein Surfer dahinschießt. Die sexuelle Energie ist ihm ein Mittel für einen ganz anderen Zweck, sie ist Technik, ist Werkzeug, ist kluge Methode, ist pragmatischer Nutzen der vorhandenen Möglichkeiten. Diese sexuelle Energie ist eine von vielen Erscheinungsformen einer umfassenderen – und durchaus nicht nur sexuellen – Kraft. Sie ist eine Erscheinung der kosmischen Schaffenskraft, der vitalen Energie des Göttlichen, der *Shakti*. Sie steht in Verbindung mit der Lebenskraft *Prana*, mit der als zusammengerollte Schlange vorgestellten Lebensenergie *Kundalini*. Nicht etwa erfüllter Sex ist Ziel des Tantrikers, auch nicht eine verfeinerte Liebeskunst, deren Ziel ja doch immer die sexuelle Erfülltheit ist, sondern das Ausreizen dieser fundamentalen Lebensenergie, das weitest mögliche Entfalten dieser Kraft in dem kleinen Gefäß des Göttlichen, das wir Ich nennen, um Letzteres zu sprengen und das Bewusstsein aus der Enge dieses Gefäßes zu befreien. Letztlich, um das Bewusstsein, das ja doch kein Individuelles ist, seinem Ursprung wieder zuzuführen. Weiter unten werden wir über den Tantra-Yoga ausführlicher zu sprechen kommen, vor allem auf seine subtilen energetischen Konzeptionen.

Yoga, und auch Tantra-Yoga, sind keine spirituellen Techniken, sondern Wegweiser, Anatomien, Tools, Werkzeuge, die die eigentliche spirituelle Erfahrung vorbereiten und ermöglichen. Ziel ist dem Yogi das Unbekannte, die Freiheit, auch die Unsterblichkeit, sofern sie nicht eine unendliche lange Zeitspanne meint, sondern ein befreiendes Hinaustreten aus dem Zeitstrahl. Therapeutikum ist Yoga der yogischen Kulturseele nicht. Wohl aber dem Abendländer, wenn er die yogischen Techniken und Methoden in den Dienst seiner eigenen aktuellen gesellschaftsabhängigen Absichten und Bedürfnisse stellt.

II Die faustische Kulturseele

1 Kulturen: Lichtungen im Nichts

Kulturseelen

Am Anfang war diffuses Alleinsein. Dann war die Verdrängung der Einsamkeit durch Identifikation mit den Nächsten, der Sippe, der Familie. Dann war Einsicht in die essenzielle Einsamkeit, nun nicht mehr diffus, sondern bewusst. Und dann begann die Lösungssuche. Man suchte in der Leere des Nichts und schuf dort psychisch betretbare Räume. Räume, deren Innenarchitekten sie als allverbundene Zimmerfluchten mit weiten Flügeltüren konzipierten, die einen Hausherrn schufen, der väterlich die Besucher oder Mietinteressenten als seine Kinder anzunehmen hatte. Andere Lösungsmöglichkeiten konzentrierten sich auf die Wahrnehmung des Gegenübers, auf das Entstehen von Mitgefühl und Empathie, in der Hoffnung, dass diese eine noch nicht vorhandene Verbindung schaffen könne – ein konstruktiver Akt, der das essenzielle Alleinsein schrittweise dekonstruieren und durch eine real-existierende Verbundenheit ersetzen sollte. Erfolgreich? Es sind immer nur Versuche, mehr nicht.

Kulturen sind letztlich Kultivierungen der Leere des Nichts; ein Hinausgreifen aus der Lichtung des bisher erschlossenen Seins in das Dunkel des Waldes, würde Heidegger sagen. Ein gutes, wenn auch fehleranfälliges Bild. Es setzt die Existenz eines Waldes, einer Wildnis voraus, in der zu leben zu gefährlich, ja unmöglich ist, ein subtiles Unbewusstsein in einer aber letztlich existenten Welt. Aber existiert dieser Wald denn? Cioran würde widersprechen und das Nichts postulieren. Ob er sich da von den Buddhisten hat inspirieren lassen oder in deren Lehren seine eigenen Einsichten wiederfand, ist schwer zu sagen.

Da liegt der wesentlichste Unterschied zwischen der indischen und der abendländischen Kulturseele. Oswald Spengler sprach von der ‚faustischen Kulturseele' und meinte uns, oder besser unsere Vorfahren im christlichen Abendland, dessen Beginn in den Anfängen der Gotik zu finden sei. Ich folge Spenglers hübscher Idee, den Kulturseelen nicht nur geografische, sondern auch programmatische Namen zu geben, und nenne die indische Kulturseele die ‚yogische'. Yogisches und faustisches Seelenleben. Wie seltsam, welche Schwärmerei die faustische Seele für die yogische zu entwickeln vermochte. Ein behutsam geheim gehaltenes Verliebtsein. Goethe, der faustische Mensch *par excellence*, schreibt, das Indische hätte ihn von jeher fasziniert, allein er hätte Angst, sich darin zu verlieren, und so wählte er die griechische Antike zum Parcours, auf der er seine Hürden errichtete, um zu zeigen, wie man diese elegant nehmen könne.

Diese kulturseelische Schwärmerei des Abendlandes für das Yogische zeigt die Irrtümer, die in jedem Verliebtsein begründet liegen: Je weniger man etwas kennt, desto mehr projiziert man seine eigenen uneingestandenen oder ungelebten Wünsche auf das Geliebte. Die Entzauberung passiert erst, wenn man den anderen kennenlernt. Doch wie sehr Faustisches und Yogisches divergieren, zeigt sich an der Rezeption der buddhistischen Lehre von *Shunyata*, der Leere. Für die yogische Kulturseele ist das Göttliche eine greifbare Realität, eine schon immer da seiende Existenz, uns nur durch Unwissenheit verborgen. Während das Abendland raumgreifend conquistadorisch tätig ist – tätig, weil der Seelenraum errungen werden muss – strebt die yogische Kulturseele die Passivität an; das Bewusstsein an sich ist dort ruhend, inaktiv, reine Präsenz, aber eben Präsenz. So kennt die yogische Seele auch keine Sünde, keine tatsächliche Abkehr von Gott. Dort gibt es nur Unwissenheit.

Erst in unseren Tagen wird eine Verbindung von Faustischem und Yogischem möglich. Aber nicht aus Gründen der Reife der jeweiligen Kulturen, sondern weil die Fragmente der einzelnen Kultursphären sich heute vermengen und uns zur Gestaltung umfassenderer Sphären zur Verfügung stehen.

Kulturen sind Plateaus, die den Menschen seiner substanziellen Stabilität vergewissern. Sie sind die Produkte des conquistadorischen Hinauswurfs geistiger Netze ins Nichts. Sie geben dem Einzelnen Halt und Sicherheit in seinen physischen und metaphysischen Belangen. Die Plateaus der Kulturen – vor wenigen Hundert Jahren noch relativ isolierte Plattformen, rudimentär durch fragile Brücken miteinander verbunden –

rücken nun aneinander. Ihre Tektonik lässt sie heute zu einem geistigen Superkontinent werden. Diese globale neue Kultur lässt sich mit den etablierten Weltbildern des Abendlandes oder des Orients nicht handhaben. Die Perspektiven – daran gewöhnt, nur die eigene Sphäre ausleuchten zu müssen – müssen weiter werden, müssen das Neue, sich Verwebende umfassen können. Jede Kultur bringt ihre Irrtümer und ihre Errungenschaften ein, und ohne sich selbst und damit seine Herkunft verstanden zu haben, wird eine globale Perspektive kaum einzunehmen sein. Es geht um das Erringen einer Navigationsfähigkeit in einem kulturellen Raum, dessen Umfang noch nie so groß war wie heute.

Beginnen wir mit uns, mit der Kultur des Abendlandes, die uns alle – ob wir wollen oder nicht, ob wir umfassend gebildet sein mögen oder nicht – durchdringt. Etwa Kants Mündigkeit des Menschen durch die Vernunft durchdringt alle ernsthafteren Gespräche, egal, ob die Diskutanten ihn je gelesen haben. Sein Denken ist längst zu einem kultursphärischen Allgemeingut geworden, hat sich als mentale Tönung im Gesamtbild aufgelöst. Wer sind wir? Diesen Fragen gehen wir im Folgenden nach.

Kultur – Menschen in Form gebracht

Individuen entwickeln sich nach allgemeingültigen, artspezifischen Mustern von Zeugung an über Geburt bis zum Tod.[18] Doch das Individuum ist der Kultur ausgeliefert, in der es sozialisiert wird. Deren Fragmente an Vorstellungen, Bildern, Geschichten, an Mythen, wissenschaftlichen Erklärungen, Regeln und Geboten werden es sein, die sein geistiges Innenleben bevölkern. Was ist nun eine Kultur? Was ist dieses Programmbündel, das ein jeder im Kopf hat, nach dessen geistigen und sozialen Vorgaben es sein Denken und Handeln ausrichtet, seine Bewertungen und Entscheidungen trifft, dass aber noch nie jemand zu Gesicht bekommen hat; das scheinbar schwerelos, ungebunden im Raum schwebt, Menschen ansaugt, deren Gehirne prägt und

18. Vgl. Thiele, 2012. Darin wird ein allgemeines Modell individueller Entwicklung, bestehend aus obligatorischen und fakultativen psychogenetischen Feldern, von Zeugung bis Tod vorgestellt.

zu ihrem Spielfeld macht? Welchen Regeln folgen Kulturen? Und was passiert, wenn eine Kultur stirbt? Auseinanderbricht? Explodiert? Formatieren sich die kortikalen Festplatten der Menschen neu? Wonach? Wir stellen Fragen, und selbst diese Fragen müssen im Verdacht stehen, Fragen der Kultur zu sein… erzeugt eine Kultur Antworten? Wird die Kultur von Antworten Einzelner gespeist, dort vervielfältigt, in den Antwortpool einsortiert, von dort immer und für jeden abrufbar?

Kulturen sind nicht Gesellschaften. Gesellschaften sind, wie der Name sagt, Übereinkünfte von Menschen, die sich zueinander gesellen. Oft aus Not, aus Kalkül, aus gegenseitigem Vorteil. Wer sich Gesellschaften anschließt, erwartet etwas von ihnen oder wird gezwungen. Die Verträge von Gesellschaften sind nützlich, weil sie das Tier im Menschen zu bändigen vermögen, sie vermeiden die ewigen blutigen Kämpfe um knappe Ressourcen. Wer nichts zu verlieren hat, wird kein Interesse an einer Gesellschaft haben. Dieser muss zur Mitgliedschaft gezwungen werden. So entstehen Gesellschaftsverträge in Form von Staaten mit verbrieftem Recht. Diese Rechte implizieren in erster Linie eine Pflicht: die der Mitgliedschaft. Einem Richter lässt sich schwerlich antworten, man sei nicht Mitglied dieser Nation mit dem juristischen Regelwerk, und so seien die Paragrafen auch nicht in diesem Fall anwendbar, was Straffreiheit oder Willkür zur Folge haben müsste.

Doch was ist Kultur? Wir kennen den lateinischen Begriff der *cultura*, der Pflege, das Bestellen des Ackers, das Anbauen. Kultur im Sinne einer formgebenden Kraft, die ganze Gesellschaften über Generationen hinweg prägt, ist zu verstehen als die Summe (und mehr als die Summe) der Gewohnheiten von Gesellschaften, die durch Problemlösungen und Lösungen von Folgeproblemen von Problemlösungen entstanden ist. In die Kultur von Gesellschaften werden Kinder eingewiesen wie in etwas Natürliches, also etwas Unveränderliches, Ewiges, Ehernes, vom Menschen nicht gemachtes und nicht beeinflussbares. Diese Initiationen – bekannt unter den Begriffen Erziehung, Bildung, Pädagogik – stehen für die Initianden (die Kinder) unter dem Vorzeichen der Wahrheit, der objektiven Tatsachen des Lebens. Dass diese künstliche Hervorbringungen des Menschen sind, eine autopoietische Kollektivleistung von Mitgliedern von Gesellschaften, wird nur Wenigen, und wenn überhaupt, dann erst nach den obligatorischen Initiationsstufen, bewusst. Dass die individuelle Entwicklung über weite Strecken nichts weiter als das Absolvieren eines Pflichtparcours ist, ein Vereinheitlichungsprozess, um das Mitglied in spe zu einem funktionierenden Parameter im Kulturfeld zu formen, ist paradoxerweise gleichsam eine Initiation höheren Grades. Ohne das in-Form-bringen des Geistes, der Gefühlswelt und des Verhaltens im Sinne der Kultur, ist die Einsicht in deren artifiziellen Charakter unmöglich.

Über die Entwicklung des Einzelnen ist viel geschrieben, viel geforscht worden; sie ist Gegenstand der Entwicklungspsychologie, der Pädagogik, aber auch der wachstumsorientierten Selbstgestaltungs- und Selbstfindungsszenen neueren Typs. Jede individuelle Entwicklung aber ist in erster Linie, zumindest in den ersten und obligatorischen Stadien, ein Prozess der Anpassung von individuellem Temperament und kulturellem Anspruch. Zwar entfaltet ein Kind um das sechste Lebensjahr herum eine bestimmte Komplexität geistiger Fähigkeiten, etwa sich über längere Zeit auf einen bestimmten Sachverhalt zu konzentrieren, sich diesen geistig vorzustellen und damit nicht mehr alles ausprobieren zu müssen, aber *welche* Sachverhalte dieser erwachende Geist zu verarbeiten hat, wird von der Kultur vorgegeben, in die das Kind hineingeboren wurde. Die pädagogischen Nadeln werden an Geist und Gehirn angesetzt, um die kulturellen Anliegen dem Kind ins Gemüt zu injizieren. Diese geistigen Nährstoffe diktieren den geistigen Stoffwechsel, und dieser erlaubt dem Lernenden, seine geistige Beweglichkeit (seine fluide Intelligenz) einzuüben. Die kulturellen Inputs sind die geistigen Gewichte, an denen das Kind sich in Form bringt. Sind die Übungseffekte günstig, wird seine Intelligenz komplexer und die Initiation in höhere Grade der Heimatkultur wahrscheinlicher. Dies alles sind Diktate der Kultur. Doch was passiert, wenn Kulturen sich innerhalb *einer* Generation wandeln?

Berstende Kultursphären – aus der Form gebrachte Menschen

Wir in die Jetztzeit Geworfenen stehen vor einer Zeitenwende, deren Umwälzungsgeschwindigkeit in weniger als einer Generation spürbar ist. Kulturen, wie die europäische oder die indische, durchdringen die glitzernde Oberfläche des Zeitozeans, und finden sich gegenwärtig in Sichtnähe wieder. Über den Oberflächen ist der Außendruck geringer, und so dehnen sie sich global aus, durchdringen einander, verlieren ihre Trennschärfen. Uns reißt es mit und es lässt uns in den Taifunen zerberstender Kulturfragmente umherwirbeln. Die Ausblicke sind schneller, verwirrender aber auch vielfältiger. In den Kaleidoskopen leuchten Fragmente unserer Herkunftskultur auf, Bach, Faust, römische Kurie, Luther, Rilke, der Alte Fritz, immer häufiger durchmischt mit fremden Bildern buddhistischer Innenschau oder meditativem Yoga. So sieht es aus, wenn Kulturen zerstieben. Die Versatzstücke trudeln kunterbunt durcheinander und verwirren den Geist, der auf Verlässlichkeiten und ewige Wahrheiten programmiert ist. Das Phänomen – und das macht es einmalig – beschränkt sich nicht auf Europa, nicht auf eine abgrenzbare Region auf diesem Planeten. Wir sind Zeugen einer gewaltigen planetaren Explosion, doch statt eines Naturspektakels, etwa vulkanischer Art, handelt es sich um eine Explosion der Kultursphären. Was noch nie geschehen ist, lässt sich auch nur schwer denken, und so neigen sensible Geister dazu, das durchaus gespürte Detonationsgeschehen in ein vorstellbares Szenario zu übersetzen. So ist dann von Weltuntergängen die Rede, von Sintfluten, Meteorbombardements, Vulkanausbrüchen, Erdbeben und globalen Tsunamis. In der Metaphorik irren jene Apokalyptiker keineswegs, nur in der Wahl der Bilder. Was hier auseinanderstrebt, sind jene jahrhundert- oft jahrtausendalten Gewissheiten, die wir in ihrer Summe Kulturkreise nennen. Die altägyptische Kultur versteinerte über Jahrhunderte; die einzelnen Menschen merkten nichts davon. Die römische Kultur zerfiel über einen Zeitraum von Jahrhunderten; nur die Bewohner Roms selbst erlebten die kurzen Momente eines unwiederbringlichen Endes, als die Stadt zum ersten Mal erobert und geplündert wurde. Doch was wir heute erleben, ist ein Novum ist der Geschichte der Menschheit. Heute betrifft es nicht eine einzelne Kultur, sondern alle Kulturen gleichermaßen. Es werden keine Kulturen besiegt, sondern alle explodieren in einem Prozess globaler Ausdehnung und vermischen ihre Bruchstücke. Noch ist es kein Trümmerfeld, auf dem wir stehen, noch schweben die Versatzstücke um uns herum. Die Karten, so scheint es, werden neu gemischt, aber es sind die Karten aller Kulturen.

Es ist nicht nur das in Form gebrachte Zusammenleben der Menschen, dessen Strukturen vom jeweiligen Kulturkreis organisiert werden. Funktion einer Kultur ist auch, ein sinnstiftendes Ganzes als ins Unendliche geworfene geistige Architektur bereitzustellen. Das bedrohliche Dunkel an den Rändern des Bekannten warf schon immer seine Schatten in die Psyche der Menschen, erzeugte Angst, ließ das Verlöschen, die Fragilität des Daseins spürbar werden. Dieses Problem zu lösen, machten sich Mystiker auf. Im Geiste – denn in natura lässt sich das Unendliche nicht befahren – schufen sie Entwürfe von Sphären, von Unter- und Oberwelten, von dort wohnenden und mächtigen Wesen, von Göttern und Dämonen. Solche Sphären fanden ihre Orte jenseits der Zeit, jenseits der bekannten Räume, nämlich dort, wo das Verlöschen nicht drohte. Jede Kultur gebar ihre eigene Mystik und ihre Metaphysik, aus der Religionen und Weltanschauungen geronnen. Menschen fanden in diesen Trost, Furcht, Gehorsam; sie richteten sich ein in diesen künstlichen Welten, rechneten mit Strafe und Lohn post mortem, lebten mit Konzepten von Erbsünde, Karma, Wiedergeburten oder Jüngsten Gerichten. Neugierige wurden mit Antworten aus den kognitiven Weltentwürfen in Atem gehalten.

Und doch sind Kulturen nichts weniger als leblose Programme; in ihnen wirkt ein organisches Element des Wachstums, der Entfaltung, etwas, wie Oswald Spengler sagte, Pflanzenhaftes. In ihren Frühzeiten schon ist ein Temperament erkennbar, eine Charakterfärbung, die ganz einmalig ist und in anderen, auch nachfolgenden Kulturen, keine Wiederholung findet, und welches das Werden dieser Kultur aus dem Hintergrund leiten wird.

Wir werden uns aufmachen, das innerste Anliegen der abendländischen Kultur freizulegen, seine Seele zu finden, seinen lebendigen Kern, sein innerstes und fundamentalstes Motiv. Kulturen sind kollektive Leistungen kreativer Art, aus dem jahrhundertelangen Miteinander der Menschen entstanden, und so wieder rückwirkend auf die Menschen: ein transaktionales Durchdrungensein von Einzelleistung und Kulturseele.

Wer sind wir Abendländer? Wir werden uns an einer Biografie dieser Kultur versuchen, einer Biografie, die in die psychischen Abgründe taucht, sich weniger auf historische Fakten konzentriert, sondern die innerste Entwicklung nachzeichnet. Wir begegneten bereits illustren Figuren, die, da sie Mythen geworden sind, Temperament und Anliegen der europäischen Kulturen in sich tragen. Wir trafen auf Achilleus und Odysseus und lernten in ihnen den ‚Conquistador' und den ‚Navigator' sowohl der antiken als auch der abendländischen Kulturseelen kennen. Ihre Taten geben das *homerisch-apollinische* wie auch das *faustische* Programm vor. Sie erzeugten mit ihren Taten den Raum des Möglichen, legten durch ihre Mythen Spuren im kollektiven Gedächtnis, Pfade, die durch uns, ihre Nachkommen, befahren werden können.[19]

Diese kulturelle Biografie ist weniger eine Standortbestimmung als eine Anamnese, eine Nachzeichnung dessen, woher wir ursprünglich kommen. Das expansive Element unserer Kultur hat die Erdumrundung nun vollzogen, ihre Strahlkraft sprengt die Außenwände anderer Kulturkreise, und so finden wir uns heute in jener einzigartigen Epoche der Verschmelzungen von Kulturen wieder, deren Erbgut wir nun zu verwalten haben.

Wir wenden den Blick auf uns selbst, auf die Kulturseele, die der seelische Boden ist, aus dem wir als einzelne Menschen gewachsen sind. Ein schwieriges Unterfangen, der Blick ist rekursiv. Schauen wir auf andere Kulturen, auf fremde Länder, auf längst vergangene Gesellschaften, ist die Optik geradlinig, wenn auch verzerrt durch die Filter unseres Vorwissens, unserer eigenen seelischen Ausrichtung, unseres innersten kollektiven Anliegens, das immer aus dem Hintergrund und oft genug unbewusst unser Denken und Handeln dirigiert. Wir werfen unseren Blick aus unserer Kultur-Blase heraus, durchbrechen die konkave Wölbung der Grenzen unserer Kultur und treffen mit unserem Blick auf die gewölbte Oberfläche der betrachteten fremden Kultur. Es sind also zwei

---

19. In vielen archaischen und neueren Kulturen lassen sich die drei grundsätzlichen Stände der Krieger, Priester/Lehrer und Bauern nachweisen. Der Begriff des Kriegers meint nicht nur den Verteidiger und territorialen Eroberer, sondern ebenso denjenigen, der fremde Kulturgüter zur Bereicherung der eigenen Gesellschaft als Trophäe nach Hause bringt. Hier finden wir das conquistadorische Element einer geistigen und auch metaphysischen Horizonterweiterung als integrierten Bestandteil von Gesellschaften. Die Funktion der Priester/Lehrer besteht in der funktionalen und traditionsfähig machenden Assimilierung der verwertbaren Anteile jener Trophäen. Der Stand der Bauern und Handwerker sorgt für Ernährung und Aufrechterhaltung der inneren Gesellschaft. Vgl. Eliade, 1997.

Fehlerquellen (der mit dem Vorwissen und der Prägung der eigenen Kultur gezeichnete Blick, und die Wahrnehmung einer Außenwirkung der fremden Kultur, die man fälschlich für deren Innenleben hält), die sich durch alle Betrachtungen fremder Gesellschaften ziehen, durch jede Anthropologie, Ethnologie, durch Kulturwissenschaft und Kunstgeschichte, ja sogar durch Interpretationen soziologischer Befunde.

Noch schwieriger aber ist, die eigene Kultur, den eigenen Seelenboden, zu verstehen, wahrzunehmen, zu beschreiben. Was uns so selbstverständlich ist wie dem Fisch das Wasser, entgeht unserem Blick, obwohl es doch die wesentlichen Merkmale wären. Und was wir beschreiben, ist oft Randerscheinung, Ausnahme, ist manchmal schlicht Wunschdenken, Ideal, Idee. Es ist dann die Reibung mit den wahrgenommenen Unterschieden zu anderen Kulturen, die uns die eigenen Merkmale deutlich machen; es ist der Vergleich mit der antiken Seele, mit der indischen, mit den arabischen Kulturen und anderen, der uns die Umrisse der eigenen Kultur plötzlich deutlich machen kann.

Diesen projektiven Charakter unserer Wahrnehmungen behalten wir im Auge; wir verwechseln nicht objektive Wahrheit und kognitiv-emotionale Konstruktion dessen, was wir sind. Wir wissen um die konstruktive Art unserer Wahrnehmung und sehen sie als einen möglichen Weltentwurf, einen kreativen Akt, der seine Tauglichkeit in der Praxis und in der geschichtlichen Zukunft erst beweisen muss. – Dieses Denken allein ist zutiefst abendländisch, ist ‚faustisch'; es ist das Produkt einer tausendjährigen Geschichte des okzidentalen Geistes.

Diese Subjektivität aller Erkenntnis, die also nie wahr ist, nur Möglichkeit, nur Erklärung, nur Kreation und Konstruktion, kappt jeden Halt an feste Gewissheiten. Andererseits öffnet sie einen unendlichen Raum an gestalterischen Möglichkeiten, die Welt, und uns darin, zu verorten. Wir suchen nicht mehr nach Wahrheit, sondern nach einem tauglichen Weltentwurf.

Diese Relativität ist Kennzeichen jeder Spätzeit einer Kultur. Eine organische, wachsende Kultur baut sich Gewissheiten, nicht Unsicherheiten. Als die Griechen die Götterwelt infrage stellten, war ihre Spätzeit erreicht. Als Buddha die brahmanischen Götter zu projizierten Figuren des individuellen Innenlebens erklärte, ja mehr noch, dieses Innenleben selbst zur Illusion des Geistes erklärte, war die brahmanische Kultur

Indiens vollendet und abgeschlossen. Wir werfen den Blick auf unsere Vergangenheit und sehen die lange Reihe der historischen Gestalten, ihre Mühen, ihre Kämpfe, ihren Ursprung, ihr Werden, ihre Ausformung, ihre Vollendungen in den einzelnen Domänen – und erkennen durch diesen uns möglichen Blick, wo wir uns historisch befinden: in der Endzeit des faustischen Okzidents, in seiner Balsamierungsphase. Was lebendig war darin, was Entstehen und Werden war, ist uns bekannt. Wir schauen wie ein Greis auf das gelebte Leben zurück. Und wir sehen es. In der Gotik war noch nichts zu sehen. In der Gotik lag alles Potenzial noch im Ungeformten, war Veranlagung, alles war offen. Das war die Kindzeit des Abendlandes, ist vergleichbar mit der dorischen Zeit der Griechen. Die faustische Seele hat sich Ausdruck gegeben und diesen Ausdruck in fast allen Domänen vollendet. An der klassischen Musik etwa gibt es nichts mehr zu korrigieren. Zwar mag sie nicht perfekt sein, vielleicht hätte man sie besser machen können, hätte die Harmonie des Kosmos noch eindrücklicher als Johann Sebastian Bach mit Tönen einfangen können, nun aber ist es nicht mehr veränderbar. Das Seelenleben zeigte sich in der Musik, in Bach, Mozart, in so vielen anderen, aber selbst Beethoven war schon zu spät, um die grundlegende Struktur dieses Seelenausdrucks verändern zu können. Beethoven war der erste der ‚Anwender' der klassischen Musik. Sein Anliegen war auch nicht mehr, *die* Musik zu schaffen (das taten die Klassiker bereits), sondern sie zu benutzen, um einer ganz anderen Sache Ausdruck zu geben – er legitimierte das subjektive und ganz eigene Innenleben, die Psyche an sich. Wenn Musik introspektive Psychologie sein könnte, wäre er der erste Psychologe des Abendlandes.

Doch kehren wir zu unserem Anliegen zurück – die Betrachtung der abendländischen Kultur. Wir müssen uns von einem irrtümlichen Stereotyp vorerst befreien, der Einteilung der Geschichte in Altertum, Mittelalter und Neuzeit. Wenn man die antike Kultur der Polis (Griechenland, das ionische Kleinasien, das antike Italien mit Rom) als eine eigenständige Kultur betrachtet, verliert der Begriff des ‚Mittelalters' seinen Sinn. Oswald Spengler korrigiert dieses eurozentrische Verständnis, indem er die abendländische Kultur (deren Kinder wir sind) mit der Gotik beginnen lässt.

Alles Geschichtliche – selbst wenn es sich um gänzlich eigenständige Jahrtausende währende Kulturen handelte, wie die der Ägypter – stand vor Spenglers Einwänden irgendwie in Bezug zum Abendland. Menschheitsgeschichte war Geschichte Europas, jenes kleinen Fleckens auf dieser Erde, jener zerklüftete Westteil des riesigen eurasischen Kontinents.

2 Die Anamnese der faustischen Kulturseele

Kulturen als organische Wesenheiten

Es war Oswald Spengler, der mit diesem einseitigen Denken aufräumen wollte, und die Perspektive auf die Weltgeschichte auf eine bis dato unvorstellbare Weise erweiterte. Viele seiner Zeitgenossen (erstes Drittel des 20. Jahrhunderts) verstanden ihn nicht, besser: missverstanden ihn. Es ist unfassbar, dass die Nazis ihn für sich reklamieren wollten (wogegen er sich erfolgreich wehrte), denn die Sicht Spenglers ist geradezu ein Gegenentwurf zur Rassentheorie der Nazis.[20] Spengler wurde zum ersten Relativist in den Geschichts- und Kulturwissenschaften. Er hob – nicht umsonst ungefähr gleichzeitig – die Geschichtsbetrachtung auf das relativistische Niveau der Physik Einsteins, Plancks und Heisenbergs.

---

20. Spengler war ein Gegner der Demokratie und der Weimarer Republik. So begrüßte er vorerst die nationalsozialistische Bewegung. Diese anfängliche Begeisterung gründete auf seinem Geschichtsverständnis, das für die Spätzeiten von Kulturen einen Kampf zwischen Demokratie und Cäsarismus annahm. Spenglers Sympathien galten eindeutig dem „Cäsarismus"; vermutlich hatte er Staatsmänner wie Perikles oder Cäsar vor Augen. Hitler hielt er für ungeeignet, die Rolle des ‚Cäsars' zu spielen. Spätestens 1934 wandte er sich gänzlich von den Nazis ab: „Wir wollten die Parteien los sein. Die schlimmste blieb." (Spenglers Tagebuch). Auf seine Bayreuth-Besuche verzichtete er, weil er nicht „zwischen den braunen Haufen" sitzen wolle. In seinem letzten veröffentlichten Werk zeigte er sich couragiert und regimekritisch, wenn auch seiner konservativ-antidemokratischen Überzeugung treu bleibend. Das Propaganda-Ministerium verfügte offiziell ein Totschweigen des Philosophen. Spengler war zur persona non grata geworden. Er starb 1936. Vgl: Spengler, 2002, darin das Nachwort von Detlef Felken.

Gleich zu Beginn seines monumentalen *Untergang des Abendlandes* versucht er den Begriff ‚Menschheit' aus der Geschichtsbetrachtung zu verbannen. Es gäbe keine ‚Menschheit', nur Menschen. Der Begriff der Menschheit suggeriere eine lineare Entwicklung vom Urmenschentum bis zu den modernen Gesellschaften, von denen wiederum jene am höchsten entwickelt wären, die eben eine solche Geschichtswissenschaft in der Gegenwart betrieben. Eine solche Art, historische Studien zu betreiben, schmeichelt nur der Kultur, der der Historiker entstammt, ist also unsachlich und selbstwerterhöhend. Wie könne man annehmen, dass die ‚Menschheit' ein Ziel habe? Warum sollte man alle Gesetzmäßigkeiten, die man auf Pflanzen, Tiere, auf alles Organische anzuwenden wusste, beim Menschen für falsch halten? Pflanzen wachsen in ihrer morphischen Form gemäß ihrer Spezies, und dennoch eine jede für sich einzeln und unverwechselbar. Nun der Vergleich Spenglers der Kulturen mit der Pflanzenwelt: Kulturen seien organisch, seien wie Pflanzen, die abhängig vom Boden, auf dem sie wurzeln, aufgehen, gedeihen, Blüten treiben, sich zu voller Größe entfalten und dann verwelken, vergehen. Wie würde man von einer alten, riesigen Eiche, so ein Gleichnis Spenglers, erwarten, dass in ihrer Geschichte noch viel käme, dass sie sich noch entfalten würde? Sie ist ja schon zur vollen Entfaltung gekommen, ihr Lebenszweck ist ja schon erfüllt. Ihr Werden war gewesen, jetzt ist nur noch Gewordensein. Diesem Gewordensein, statisch, ohne weitere Entwicklung, folgt das unausweichliche Schicksal alles Geformten in dieser Welt: der Untergang, der Tod, das Verwehen im Laufe der Zeit. Menschen bilden Kulturen, ganz verwurzelt in der Erde, in der Landschaft, von der eine Kultur immer vollkommen abhängig ist. Diese Kulturen entstehen – nicht anders als auch Blumen, die einer Spezies angehören, und niemand käme auf die Idee, einer späteren Blume eine höhere Entwicklung andichten zu wollen – manchmal räumlich nebeneinander, manchmal zeitlich versetzt, und keines dieser Kriterien könne über Höherentwicklung oder andere Wertigkeiten entscheiden. Jede dieser Kulturen entfalte seine ganz eigene Art zu sein, bringt seine eigene Mathematik, seine eigene Physik, seine eigene Götterwelt, seine Religionen, seine Kunst und sein Sozialsystem hervor, und diese Eigenschaften werden immer einmalig bleiben. Jede Bewertung einer Kultur durch eine andere ist eine Illusion, weil immer das

Wertesystem der eigenen Kultur angewendet wird, um die andere einzuschätzen. Das Ergebnis wäre bestenfalls eine Kontemplation über die eigene Kultur, darüber, was man anders haben möchte, was man noch anstrebt, vielleicht erahnt man, was an Entfaltung, an Form noch fehlt, aber eine Aussage über eine andere Kultur ist immer subjektiv und berührt jene andere Kultur kaum.

Wie aber auch Blumen einer Spezies den Gesetzmäßigkeiten ihrer Art folgen, wenn sie wachsen, blühen und vergehen – auch wenn sie immer unverwechselbar und einmalig sind – so folgen auch menschliche Kulturen solchen Gesetzen, so Spengler. Auf eine Vorkultur (im Falle des Abendlandes die karolingische Zeit im 8. und 9. Jahrhundert) folgt die erste Blüte, die Frühzeit, in der sich die Anlagen der Kultur wie bei einem Kind, dessen Zukunft noch unbekannt ist, zeigen; seelenvoll und dynamisch entwickeln sich die Grundformen der Religiosität, des ästhetischen Verständnisses und des grundsätzlichen Weltverständnisses; es offenbart sich ein erstes Mal das *innerste Anliegen der Kulturseele* (die abendländische Gotik; die antik-griechische Dorik). Die Hoch-Zeit und Spätzeit der Kultur bringt ihre Kulturseele in Form, gibt ihr erfolgreich Ausdruck, bis durch jene Formgebung ihre Expression abgeschlossen ist (etwa die Zeit des Barock). Nach der Spätzeit verkrustet der Gesellschaftskörper, wird statisch, unflexibel, in Form gegossen, und damit – je mehr er abgeschlossen ist – weniger dynamisch, weniger organisch, weniger seelenvoll. Es geschieht der Übergang in die Zivilisation, die Spengler zum Begriff der Kultur kontrastiert. Die große Stadt, steinern, maschinell, wird wegweisend. Kritik kommt auf an den religionsstiftenden Mythen der Kultur; Aufklärung und Rationalismus beginnen, das bislang stabile Seelenleben der Kultur infrage zu stellen. Die tradierte Religion verliert an Strahl- und Identifikationskraft, indes der Appetit nach religiöser Einbettung auch im Stadtmenschen nach Befriedigung ruft. Man greift auf die Ursprungsmythen der Kultur zurück, auf fremde religiöse Vorstellungen, Spengler spricht abwertend vom ‚Salonbuddhismus'. Zivilisation, in Spenglers Definition, ist geschichtslos, seelenlos (was nicht den einzelnen Menschen betrifft, sondern die Kultur, die Spengler als einen Organismus begreift), ist ein monolithischer Verhau, in dem das bodenferne Abstraktum Geld regiert. Spenglers Argumente sind oft Vergleiche einer sogenannten Gleichzeitigkeit, die aber nicht absolut, sondern relativ verstanden werden soll: so sind Gotik (abendländisch, ca. 11. Jahrhundert) und Dorik (antik-griechich, ca. 7. Jahrhundert v. Chr.) ‚gleichzeitig', aber auch Alexander der Große und Napoleon. Spenglers Idee, Kulturen als organische ‚seelenvolle' Organismen zu verstehen, die gleichwertig nebeneinanderstehen und nicht Ausdruck einer linearen und absoluten Weiterentwicklung der ‚Menschheit' sind, stellt dem finalistischen und eurozentrischen Geschichtsverständnis eine Alternative zur Seite. Es ist verlockend, vergangene Kulturen als weniger entwickelt, als primitiver, und sich selbst als höher stehender, dementsprechend als wertvoller zu sehen. Stellt man ein solches Denken an sich fest, sollten Alarmglocken zu schlagen beginnen. Zwar ist es für die griechische Antike ungefährlich, wenn wir uns als höherwertig betrachten, denn sie ist für uns und unsere potenziellen Interventionen unerreichbar, aber für beispielsweise die islamische Welt stellt solches Denken eine Bedrohung dar. Der Idealismus der westlichen Welt von Demokratie und Freiheit (wovon? Und zu was?) hält sich selbst für eine Weiterentwicklung auf einem Zeitstrahl monokausaler Historie, die es sich gestatten darf und muss, den weniger entwickelten Kulturen ihren Segen des bereits ‚Fortgeschrittenen' zu bringen.[21] Doch auch in der Gegenwart ist der gesamte Nahe und Mittlere Osten einer ganz anderen Kultur angehörig als Europa und Nordamerika. Unsere Ideale sind Ausdruck unserer eigenen Geschichte und unseres kulturellen Seelenlebens, und diese lassen sich nicht auf andere Kulturen übertragen. Diese haben ihren ganz eigenen Seelenausdruck, ihre eigene Geschichte, und vor allem können wir überhaupt nicht zutreffend einschätzen, in welcher Entwicklungsphase des Werdens und Vergehens *ihrer* Kultur sich diese Länder befinden, und ob deren Entfaltungsstrang ebenfalls zu einem solchen Konzept von Demokratie führen würde, wie wir selbst es entwickelt haben.

Doch die Kritik an diesen aktuellen Kreuzzügen[22] begründet sich gar nicht durch den Stand der innerkulturellen Entwicklung des Mittleren Ostens, sondern durch die Akzeptanz der Andersartigkeit einer jeden Kultur.[23] Wer sagt, dass die Demokratie, wie wir sie hervorgebracht haben, für alle Kulturen die bestmögliche Form wäre? Sie ist Ausdruck unserer Kulturseele, ist Endprodukt einer Jahrtausend währenden Geschichte eines eng umgrenzten Kulturbereichs, dem des

Abendlandes, und wird derzeit von einer jungen Kultur übernommen, modifiziert, fortgeführt, nämlich der nordamerikanischen Kultur. Es ist Ausdruck von Selbstbezüglichkeit, wenn man Kulturen und Gesellschaften dafür kritisiert, nicht unser eigenes Modell als das Bestmögliche zu übernehmen. Ähnlich auch verhält es sich mit der am häufigsten geäußerten Kritik an Spengler, in der man ihm antidemokratische Gesinnung vorhält. Man unterschlägt dabei gern die Courage, mit der er sich weigerte, sich vor den nationalsozialistischen Karren spannen zu lassen, ja eine Denkschrift herausgab, die den Nationalsozialismus zusammen mit dem Bolschewismus angriff.[24]

---

21. … jedoch: die Griechen wussten nichts vom künftigen Abendland, wir aber von den Griechen. Bedeutet das, dass Spengler mit seiner organischen, keinem Ziel der Geschichte verpflichteten Idee falsch liegt? Nicht unbedingt. Die Griechen wussten nichts vom Abendland, und wir wissen nichts von Kulturen, die nach uns kommen werden. Und so wie wir von den Griechen wissen, so wussten die Griechen von den anderen Kulturen, die uns so gut wie unbekannt sind: Phönizier, Assyrer, Hethiter, Babylonier und anderer. Die uns nachfolgenden Kulturen werden das Abendland rezipieren, wie wir die antiken Griechen und Römer. Aber vermutlich wird für sie die Seele der Antike noch weiter in das Dunkel des Vergessens entweichen, wie für uns die Seele der Hethiter. Gibt es also über die Jahrtausende hinweg einen Zugewinn an Wissen, an Erkenntnis und Einsicht? Gibt es also eine ‚Weiterentwicklung' im Sinne einer zunehmenden Reife der Menschheit? Einige moderne Theoretiker vertreten gern diese Ansicht, andere widersprechen ihr. Es ist aber auffällig, dass selbst jene, die von der Sinn- und Zwecklosigkeit der Evolution berichten, dennoch unsere heutige Kultur, also auch sich selbst, implizit für das bisher Weiseste, Intelligenteste und Bewussteste halten, was bisher an Leben diesen Planeten bevölkert hat (aber das sei ein Produkt des Zufalls, man ist eben zufällig der Weitestentwickelte). Es ist ein schwer zu bezwingender Wahrnehmungsfehler, denn rückblickend erscheint uns das eigene Denken als das Richtigste. Selbst retroromantisch gestimmte Zeitgenossen, die ein ‚Zurück zur Natur, zurück zur Stammeskultur' propagieren, sehen sich selbst als diejenigen, die die angeblich naiv-unschuldige Haltung unserer vermeintlichen Vorfahren zu würdigen wissen, ja würdigen dürfen. Dieses Lob, das den Stammeskulturen ausgesprochen wird, erinnert an das Lob eines Oberlehrers, dessen Überlegenheit unzweifelhaft ist. Diese Wahrnehmungsverzerrung liegt darin, dass wir die Zukunft nicht kennen, und uns also mit ihr nicht in Bezug setzen müssen, wohl aber die Zukunft der antiken Griechenstädte kennen. Das erzeugt ein Überlegenheitsgefühl. Aber es ist trügerisch, denn nachfolgende Kulturen könnten uns auf die gleiche überhebliche Weise sehen. Aber zurück zur Frage: Gibt es eine Weiterentwicklung, eine finalistische Entwicklung? Ist die Frage überhaupt beantwortbar? Wenn man eine Antwort darauf auf Fakten stützen möchte, sieht es für die Propagandisten einer ‚Aufwärtsentwicklung', des sogenannten ‚Fortschritts', nicht gut aus. Vgl. die nachfolgenden Kapitel.

Die beiden häufig vertretenen Perspektiven – die einer bedingungslosen Egalität aller Kulturen und ihrer Errungenschaften einerseits und die Überzeugung von der Überlegenheit des gegenwärtigen westlichen Gesellschaftssystems andererseits – werden kaum geeignet sein, die immensen globalen Herausforderungen zu meistern, denen wir uns gegenübersehen. In einer zunehmend vernetzten Welt wird es problematisch werden, etwa das Steinigen einer vermeintlich untreuen Ehefrau als eine regionale Tradition widerspruchslos zur Kenntnis zu nehmen. Andererseits aber lädt uns die gegenwärtige Praxis der westlichen Demokratie selbst zu einiger Kritik ein. Desto mehr Zurückhaltung scheint geboten, wenn wir dieses Gesellschaftskonzept als das scheinbar Überlegene anderen Kulturen mit anderer Vergangenheit aufzwingen wollen. Aus anthropologischer Sicht stellt sich zudem die Frage, ob die demokratische Praxis, wie wir sie kennen, nicht nur für Staaten, sondern auch für Stammesgesellschaften geeignet ist.[25] Doch jenseits dieser eher politischen Fragen steht die Art und Weise unserer Wahrnehmung auf dem Prüfstand. Im gleichen Maße, wie der Westen von vielen Kulturen dieser Welt derzeit ein radikales Umdenken verlangt, wird er seine eigenen historischen und politischen Einstellungen einer Revision unterziehen müssen. Der allgemeine Globalisierungsprozess ist durch kulturzentrische Überzeugungen welcher Art auch immer weder zu überschauen, noch zu handhaben. Der Blick muss weiter, tradierte Perspektiven müssen überwunden werden. Der Blick muss künftig den Planeten in seiner Gänze fassen können. Das westliche Denken wird eine Zutat unter vielen sein, und von dieser kritischen Selbstkorrektur scheinen wir noch um einiges entfernt zu sein. Ein Schritt dahin, wenn auch nicht der Letzte, ist der Vorschlag Spenglers, Kulturen als

---

22. Etwa im Irak oder in Afghanistan.
23. Hier weiche ich von Spenglers Geschichtsverständnis ab und nähere mich dem Toynbees an.
24. Oswald Spengler: Jahre der Entscheidung. Erster Teil. Deutschland und die weltgeschichtliche Entwicklung. C. H. Beck, München 1933, und seine im Nachlass enthaltenen Notizen zu einem zweiten Teil.
25. Afghanistan etwa ist zutiefst von Stammesstrukturen geprägt. Es ist ein westliches Missverständnis, Afghanistan als einen Staat und deren Bewohner als eine Nation in unserem vertrauten Sinne zu sehen.

nebeneinander existierend, eigenen Gesetzen der Entfaltung folgend und vor allem als gleichwertig zu verstehen.

Halten wir die von Spengler inspirierte Grundthese fest, dass Kulturen organische Systeme sind, die den Gesetzen von Entstehung, Wachstum, Entfaltung und Vergehen unterworfen sind. Halten wir darüber hinaus fest, dass eine Kulturbetrachtung einer fremden Kultursphäre verzerrt und oft selbstwertdienlich motiviert ist. Die Griechen hielten alle Nicht-Griechen für Barbaren; die Engländer sahen im Kolonialismus sich selbst als das Maß aller Dinge, was sie ihrer Meinung nach befugte, andere Kulturen auszubeuten, wo es nur ging; die aktuelle westliche Demokratie unter Führung Nordamerikas ordnet alle nicht demokratischen Kulturen als minderwertig ein, denen man den Segen eben jener eigenen Demokratie bringen müsse.

Und halten wir weiter fest, dass die traditionelle Fünfteilung des Geschichtsverständnisses des Abendlandes Altertum – Mittelalter – Neuzeit – Moderne – Postmoderne ein Missverständnis ist. Vielmehr müssen wir von einer Kultur der griechisch-römischen Antike sprechen, deren Zivilisationsphase (nach der Spätzeit ihrer Kultur) etwa mit der Teilung des römischen Imperiums in West- und Ostrom, mit der Eroberung Roms durch die germanische Stämme der Völkerwanderung und der Eroberung Byzanz durch die Muslime ein Ende fand. Mit der europäischen Eroberung und der flächendeckenden Christianisierung durch Karl dem Großen (im 8. und 9. Jahrhundert) erlebte das Abendland seine Vorkultur, mit der Gotik Anfang des 12. Jahrhunderts seine Frühzeit.

Spengler warf sein intuitives Netz möglicherweise zu weit aus. Zu sehr wohl war er selbst berauscht von dem grandiosen Entwurf, der sich in erster Linie durch die Befreiung des Denkens von eurozentrischen und christozentrischen Leitgaben auszeichnete: dass es keinen monokausal herleitbaren Sinn einer Menschheitsentwicklung gäbe, der sich aus Kulturen herleitet, die wie Perlen auf einer Schnur auf dem Zeitstrahl wohlgeordnet und eine aus der anderen hervorgehend, das Beste mitnehmend, das Schlechte verwerfend, sich einem von Anfang an existierenden hehren Endziel nähern; dass es eine Überlegenheit bestimmter Rassen gäbe; dass alle Kulturen zwingend zum Abendland führten; dass jede Kultur außerhalb von Ort und Zeit des Abendlandes primitiver sei, bestenfalls Vorläufer, schlimmstenfalls falsch und historischer Irrtum. All diesen Unfug als nur psychologisch motiviert entlarvend, ordnete er die eigene Kultur als eine unter vielen ein, beraubte sie ihrer privilegierten Stellung innerhalb des Weltgeschehens, und damit auch *innerhalb des Seelenlebens.* Für Spenglers damalige Leser eine 'kopernikanische' Wende, da die Weltgeschichte nicht mehr um Europa kreiste, wie die Sonne und Planeten um die Erde; eine ‚freudsche' Wende, da die abendländische Psyche nun ihre vermeintlich exponierte Stellung im globalen Geschehen aufzugeben lernen musste, und sich durchaus nicht als 'Herr im Haus' des Planeten Erde erwies; eine ‚einsteinsche' Wende, denn der feste Halt des absoluten Denkens mit Europa als Maßstab wich dem Denken in relativen Beziehungen, bei der die vermeintliche Realität sich von der kulturellen Perspektive abhängig zeigte.

Spätere Historiker, vor allem Arnold Toynbee, werden Spenglers Perspektiven aufgreifen und in ihre neue, korrigierte und bescheidenere Sicht umgießen. Einige Korrekturen betrafen: die strikte Trennung der Kulturen; die Ansicht, dass Kulturen in ihrer Zivilisationsphase tot seien und keine kulturellen Leistungen mehr hervorbringen könnten; dass die Phasen von Werden und Vergehen von Kulturen eherne Gesetze seien. In der abendländischen Kulturseele verbirgt sich eine Menge ‚apollinischen' oder hellenischen Empfindens; Toynbee sprach gar von einer Elternkultur, die die Griechische für die Abendländische sei. In den Spät- und Zerfallszeiten werden durchaus auch große Leistungen auf kulturellem Gebiet geleistet. Oft sind es diese Leistungen, die sich in eine nachfolgende Kultur übertragen und dort zur vollen Blüte gelangen. Das Christentum blieb im Hellenismus ein Fremdkörper und entfaltete sich erst im Abendland. Das antike Athen erlebte seine Blüte in Philosophie und Kunst in seiner Spätzeit; der Hellenismus entfaltete sich in Roms Kaiserzeit noch einmal und hinterlässt uns unsterbliche Literatur und Weisheit: Seneca, Lukrez oder Marc Aurel. Kulturen entwickeln sich unterschiedlich und nicht nach immer gleichen Gesetzen, die etwa gleiche Zeitspannen voraussetzen. Blütezeiten können kurz oder lang währen, der Zerfall sich über Jahrhunderte hinziehen, ohne dass die Menschen etwas davon merken würden, oder auf schnelle, oft brutale Weise geschehen. Die ägyptische Kultur verharrte in ihrer Erstarrung über Jahrtausende, die minoische wurde in kurzer Zeit hinweg gefegt. Die hellenische Blüte entfaltete sich schnell und intensiv mit ungeheurer Strahlkraft in Zeit und Raum, die hinduistische langsam und über Jahrhunderte hinweg, immer der endgültigen Erstarrung ausweichend, Neues gebärend, Fremdes assimilierend. Die hinduistische Kultur blieb *im Fluss*; die hellenische erstarrte *in der Form*, die solange lebendig war, wie die Griechen sie schufen, doch zu totem Stein wurde, als der Bildhauer den Meißel sinken ließ.

Kulturen entstehen durch den Einfluss äußerer Herausforderungen, durch Problemlösungen angesichts von Veränderungen. Sie können durch Überanpassung und Überspezialisierung erstarren, so die Inuit-Kulturen oder die Spartiaten. Sie können Errungenschaften anderer Kulturen erben und übernehmen, deren Formensprache modifizieren, weiterentwickeln, in eine eigene einfließen lassen. So durchdringt die hellenische Formensprache die abendländische und teilweise auch die hinduistische und islamische Kultur, so übernimmt die junge nordamerikanische Kultur die Formsprache des Abendlandes und führt diese über in eine neue, noch kaum abzuschätzende. Aber Formensprache ist nur der äußere Guss, ist das rohe Material, das eine Idee, das *innerste Anliegen* einer Kultur, sichtbar werden lässt. Das Christentum ist eine Form. In dieser Form offenbarte sich der magische Geist der vorislamischen arabischen Kulturseele, später – kurz nur und als Übergang – der hellenische Geist, und dann das innerste Anliegen der faustischen Seele. Drei Anliegen, verschiedener kaum denkbar, aber nur eine Form, die sich nur wenig änderte. Ähnlich auch die Formensprache der buddhistischen Philosophie und Religion: in ihr offenbarte sich die *yogische* Kulturseele, bis sie ihre passendere Form in der zweiten Welle des Hinduismus fand, die bis heute andauert, und nun zeigt sich auch die faustische Kulturseele in ihr, bedürftig nach einer weicheren, plastischeren Form als es das erstarrte Christentum im Abendland ihr noch bieten kann.

Thema dieser Schrift ist nicht die Formensprache, die äußere und historische Welt, sondern der Seelenausdruck, das innerste Anliegen der Kulturseelen. Wir schauen nun auf uns, auf die Faustiker, und müssen ein paar Schritte zurücktreten, denn das Bild ist nah, zu nah vielleicht, so dass unsere Augen schmerzen könnten.

Die Kultur des Abendlandes hat eine unmittelbare Vorgängerin, eine Ahnin, deren Erbe wir angenommen haben: die Antike. Wenn wir von Antike sprechen, meinen wir eine historische Zeit, die lange zurückliegt, die über eine dunkle Vergangenheit hinausreicht und uns hinführt an einen Ort in der Zeit, der heller und sauberer scheint als der unsrige. Wir meinen eine Zeit, die unserer eigenen kollektiven Biografie nicht mehr angehört, die nicht Abendland ist, die uns fremd genug ist, um unsere Sehnsüchte und Wünsche darauf zu projizieren. Bereits die Menschen der Renaissance empfanden genug Abstand zur Antike, um sie zu glorifizieren. Tatsächlich wusste das *quattrocento* so gut wie nichts über die altgriechische Geschichte, über deren kulturelles und alltägliches Leben. Winckelmann, Goethe, Schiller und die ganze Weimarer Klassik kreierten sich ein ideales Griechenland, das vielmehr ihren eigenen Idealen entsprach als der historischen Wirklichkeit. Bis heute gelten Kenntnisse in griechischer Geschichte und Kultur als Auszeichnung in Bildung und sogar Ethik. All den Humanisten der Renaissance und später des Klassizismus blühte mit der Antike ein Garten Eden an Vernunft, Ästhetik, Kontemplation, Stil und Edelmut.

Die Wege, auf denen bestimmte Elemente des antiken Seelenlebens Eingang in die abendländische Kultur gefunden haben, sind vielfältig und manchmal verworren. Die Römer gehörten selbst noch dem antiken Gesellschaftskörper an. Dass sie ein Reich schufen, darf nicht über die Tatsache hinwegtäuschen, dass sie doch immer eine Polis blieben, ein Stadtstaat, und das ganze römische Empfinden kreiste um diesen.[26] Den Sagen- und Mythenschatz der Griechen übernahmen sie in einem schnellen Handstreich, verschmolzen griechische Götter mit italischen, latinischen, etruskischen; latinisierten griechische Heroen (Kastor und Polydeukes wurden zu Castor und Pollux; Herakles zu Herkules usw.). Gebildete griechische Sklaven pflanzten als Lehrer griechisches Denken in die Köpfe ihrer Schüler. Griechisch war en vogue,

26. Wir werden weiter unten das Ereignis betrachten, das dem Gedanken der Polis endgültig ein Ende bereitete, indem an seiner Stelle eine völlig neue Idee geboren wurde: die des dynastischen Herrscherhauses, von ‚Gottes Gnaden', vorgestellt durch das Phänomen Augustus.

galt als Kultursprache, wie für Friedrich den Großen das Französische. Die (in den Genuss der Bildung kommende) Jugend Roms entzündete sich neben den römischen Heroen (z.B. Mucius Scaevola) auch an den Helden der Ilias, an Achilleus, Aiax, Odysseus, Hektor. Der römische Gründungsmythos übernahm als Urvater, als Ahn von Romulus und Remus, den Aeneas, einen überlebenden Helden Trojas, dem nach Vorbild des Odysseus eine lange Irrfahrt angedichtet wurde, bevor er Latium erreichte und sein Sohn die Stadt Alba Longa gründete, aus deren Königshaus später Rom hervorgehen sollte. Roms kultureller Einfluss, selbst noch durchdrungen vom altgriechischen Geist, zeigt sich noch in der frühmittelalterlichen Romanik. Erst die Gotik markierte den eigentlichen Wendepunkt, die Geburt einer Kulturseele, die plötzlich und mächtig auf dem Feld der Geschichte herausbricht und emporwächst, wunderbar symbolisiert durch die Gewächse der gotischen Kathedralen. Die Formensprache wandelt sich. Zwar werden Elemente des Römischen und Romanischen übernommen, sie werden auch die ‚faustische' Kultur weitertragen, aber der eigentliche lebendige Geist ist ein neuer geworden. Das Christentum, das schon zwei oder vielleicht drei Metamorphosen durchlebt hatte, erfährt eine weitere. Nach dem Urchristentum (von dem wir nichts weiter wissen), dem griechisch-römischen Christentum der Anfänge, initiiert durch Paulus, und dem politisierten Christentum, das in Rom Staatsreligion und der religiöse Unterbau des oströmischen/byzantinischen Reichs wurde, wandelte es sich erneut und wurde zu dem Christentum, das wir kennen, und das zum Fundament des Abendlandes wurde. Spengler nennt es das ‚gotische Christentum'. Zu diesem Zeitpunkt war diese Religion bereits vom griechischen Geist, von der antiken Kulturseele, eingefärbt, gewandelt und gestaltet worden, und hatte Elemente übernommen, die dem ursprünglich semitischen Geist fremd waren. Im gotischen Christentum, aber eigentlich schon seit der Zeit Karls des Großen, wurden heidnische Elemente Mittel- und Nordeuropas in die christliche Mythologie eingebunden, Elemente vorchristlicher Religionen, die selbst fast vollständig verschwanden, aber untergründig auf einer Gefühlsebene das christliche Empfinden prägen sollten.

Die Philosophie der Antike fand mehrere verschlungene Wege in das Abendland. Aristotelische Schriften wurden mehrfach übersetzt, vielmehr aber von muslimischen Gelehrten rezipiert. Averroes (im 12. Jahrhundert) und Avicenna (im 10./11. Jahrhundert) galten auch im Mittelalter des Abendlandes als bedeutende Kommentatoren. Vielleicht wäre ohne diesen islamischen Einfluss die griechische Philosophie zur Bedeutungslosigkeit verdammt gewesen; so aber wurde gerade der Aristotelismus zum weltanschaulichen Fundament dessen, was man später im Abendland als Wissenschaften bezeichnen würde. Der Neuplatonismus floss in die Scholastik und die Theologie ein.

Die Formensprache der Antike wurde in der Renaissance wiederentdeckt und prägt seitdem, bis heute, bis zur Plastik Rodins und darüber hinaus, das ästhetische Empfinden des Abendlandes.

Das Bild, das sich das Abendland von der Antike gemacht hat, ist ein rein ideelles, ist ein projektiver Hinauswurf des faustischen Wollens. Wie jede Projektion ist dieses Bild vereinfachend, kategorisch, kennt nur Schwarz und Weiß. Wir sehen vor unserem geistigen Auge Stadtstaaten auf dem griechischen Festland, den ägäischen Inseln, in Kleinasien und Süditalien, sehen in ihnen freie Griechen, fest verwurzelt in homerischem Denken, über Euripides und Sophokles diskutierend, über den Bau neuer Tempelanlagen auf der Agora abstimmend, sehen die freien Bürger in mörderische Kriege ziehen, deren Gründe uns schicksalhaft und dunkel scheinen, sehen Sparta und Athen und ihre ewige Rivalität, sehen aber auch ein griechisches Einheitsgefühl, wenn sich die Poleis zusammenschließen, um der persischen Invasion entgegenzutreten. Wir sehen die Helden, den Spartaner Leonidas und den Athener Themistokles, die allein es gewesen zu sein scheinen, mit ihrer Tapferkeit (Leonidas an den Termopylen) und überschauender Taktik (Themistokles) den Persern die Stirn geboten zu haben. Wir hören mit mystischem Schaudern von Delphi, dem unheilvoll-warnenden Orakel, das den Griechen erst den Untergang, dann die kleine Chance auf einen Sieg offenbarte.

Wie aus dem Nichts, so scheint es, seien sie plötzlich da gewesen. Mykene, Tiryns, immer in unserer Vorstellung vermischt mit den homerischen Helden, dann Einwanderer, Dorer, Ionier, Äoler, aus dem Norden, aus dem Donaugebiet, dann die Stille eines historischen Moratoriums. Und plötzlich Lykurg, plötzlich Solon, die kurze Zeit der Tyrannis, dann die Demokratie Athens. Ist uns klar, in welch kurzem

Zeitraum sich die griechische Geschichte, wie wir sie kennen und verstehen, abgespielt hat? Wann war Solon und seine Gesetzgebung für Athen? Kaum zweihundert Jahre später (399 v. Chr.) wird bereits Sokrates zum Tode verurteilt. Noch einmal fünfzig Jahre und Philip von Makedonien erobert Griechenland, bis er 336 v.Chr. ermordet wird. Das Ende der griechischen Polis. Philips Sohn Alexander wird die Welt verwandeln, wird das griechische Weltgefühl, das zu diesem Zeitpunkt bereits fertig und vollendet ist, in die Welt hinaustragen, nach Kleinasien, Ägypten, Persien, ja bis nach Indien. Es ist erstaunlich, die Wandmalereien und Skulpturen in Tempelanlagen aus dem 16. Jahrhundert in Vijayanarga, im heutigen Karnataka in Südindien, so durchdrungen von hellenistischer Formensprache zu sehen, ein merkwürdig vertrautes Gefühl hinterlassend. Alexander kam zwar nicht bis Südindien, aber die hellenistischen Staaten, die etwa im Gebiet des heutigen Pakistan und Afghanistan lagen (zum Beispiel das damalige Baktrien), strahlten deutlich hinüber in die indische Kultur. Seleukos, einer der Diadochen, Herrscher des graeco-baktrischen Reiches, versuchte, das Erbe Alexanders als Eroberer indischer Gebiete anzutreten, scheiterte zwar militärisch, doch der kulturelle Einfluss des Hellenismus schwappte auf Indien, auf das von Chandragupta errichtete Maurya-Reich, über und durchdrang also auch dort, auf dem indischen Subkontinent, die Formensprache.

Alexander trug den Hellenismus in die Welt, der Preis aber war der Untergang der griechischen Kultur der Polis. Seit diesem Moment ist sie Klassik, ist sie vollendet.[27] Man lebte in Athen, in Korinth, in Theben, in Sparta gemäß seiner Eigenarten weiter, aber ohne einen wesentlichen

27. Es ist in diesem Zusammenhang interessant, dass Spengler als Titel für sein monumentales Werk nicht ‚Untergang des Abendlandes', sondern ‚Vollendung des Abendlandes' favorisierte. Allein der Verlag hielt zweiteren Vorschlag für verkaufsträchtiger. Doch nichts lag Spengler ferner, als von einem apokalyptischen Untergang zu sprechen. Ihm ging es um die Vollendung einer Kultur, die nicht unbedingt mit ihrem Untergang oder in einer Katastrophe enden muss. Vielmehr, abhängig von den geschichtlichen Umständen, kann eine ‚vollendete' Kultur durchaus noch Jahrhunderte lang nahezu unverändert weiter existieren. Nur wird eben ihrer kulturellen Eigentümlichkeit nichts Wesentliches mehr hinzugefügt. Spengler nennt als Beispiel die ägyptische Kultur, die noch lange nach ihrer Vollendung als statisches Element in der Geschichte des Altertums überlebte.

Einfluss auf den Gang der Geschichte auszuüben. Klassik heißt Vollendung. Doch das Bild dieser Vollendung einer Kulturseele, das wir von der griechischen Poliskultur haben, ist keineswegs identisch mit den tatsächlichen Gegebenheiten. Was wir von der griechischen Klassik zu wissen meinen, sind unsere eigenen sinnstiftende Narrative, steht ganz im Dienst unseres faustischen Wollens. In dem Bild, das wir von der Antike erzeugen, erkennen wir, was wir nicht haben, was wir vermissen, und wir erkennen, was wir wollen, anstreben, was unser geheimster Wunschtraum ist. Warum sollte man sich etwas wünschen, wenn man es schon hat? Was also vermisste Goethe und mit ihm die Weimarer Klassik? Was vermissten die Menschen der italienischen *rinascita*?[28] Ein Blick auf ihre Entwürfe eines angeblich historischen antiken Griechenland verrät es. Goethe meinte wohl, es reiche, sich etwas zu wünschen, um mit diesem Wunsch eins zu werden oder zu sein … er vergaß, dass gerade indem er sich das wünschte, er es nicht war, nicht sein konnte, vielleicht sogar ein Gegenentwurf seines Wunsches war. Weimar war nicht Athen, war nicht Sparta, nicht Theben, nicht Milet. Der junge Herzog von Weimar, Karl August, war kein Perikles, und es waren auch keine 5000 freien Bürger, die über seine Theaterstücke mit sicherem ästhetischen Urteil abstimmten. Überhaupt gab es keine freien Bürger, und Goethe hatte das große Glück, in dem jüngeren Karl August einen glühenden Bewunderer seiner Person zu treffen, der ihn protegierte. Weimar war kein Boden, auf dem Helden wuchsen. In dieser Sehnsucht nach dem freien Geist, der sich selbst zum Helden macht, zum Helden an Geist und Körper, dessen Kampfkraft sich auf dem Kriegsfeld wie in der Philosophie zeigt, der über sich hinauszuwachsen vermag und gestaltend in das Weltgeschehen eingreift, mag der Grund für Goethes erste Bewunderung Napoleons liegen, eine Bewunderung, die ansonsten unverständlich bliebe.

---

28. *La rinascita*, die italienische Bezeichnung für die Renaissance. Da der bei uns gebräuchliche Terminus *Renaissance* zumeist die ästhetische Stilrichtung in Architektur, Interieur und Kunst meint, nutze ich hier die italienische Bezeichnung, um mich eindeutig auf die geistige und kulturelle Strömung des Humanismus in Italien zu beziehen. Die rinascita gilt als die Geburtsstunde des Individualismus im abendländischen Europa. Vgl. Burckhardt, 2007.

Dieses Idealbild prägt noch heute unser intuitives Verständnis für die griechische Polis, zeigt sich in den Schulbüchern, in Verfilmungen. Ein Idealbild des kriegerischen Heldentums einerseits und ein Idealbild verfeinert ästhetischen und philosophischen Geistes anderseits.

Nun, all das sind Idealisierungen, Wunschbilder. Wie es wirklich war, können wir nicht wissen, wir können es bestenfalls erahnen, können ausschließen, was offensichtlich Unfug in unserem Geschichts- und Kulturbild von der Antike ist. Korrigieren wir das etablierte Bild ein wenig. Die instinktive Annahme einer Isolierung der griechischen Welt können wir verwerfen. Griechische Händler bereisten Handelswege bis Indien, Kaschmir, bis ins heutige Frankreich und nach Spanien, nach Ägypten und Arabien. Auch die homerische Mythenwelt ist kein rein griechisches Produkt. Allein auf dem griechischen Festland variierten die Göttervorstellungen von Landstrich zu Landstrich.[29] Eine einheitliche Religion im Sinne einer Kirche gab es nicht. Hera verschmolz in Arkadien mit einheimischen, vorklassischen Gottheiten, ebenso Aphrodite, die von Kleinasien und dem vorderen Orient kommend, in Zypern verehrt wurde, eine weibliche Gottheit der Fruchtbarkeit war und erst später zum Sinnbild der sinnlichen Freuden, der Erotik, der Schönheit, der Liebe wurde. Auch Athene hat ihre Vorläufer in Asien, man kannte sie unter anderem Namen bei den Hethitern, den Phöniziern und anderen Kulturen des Nahen Ostens. Denkbar ist auch, dass Athene, Hera und Aphrodite ursprünglich eine Göttin waren, die sich in ihre Attribute aufsplittete. So scheint es, dass Aphrodite auch kämpferische Züge besessen hatte, die sich im Laufe der Zeit aber von ihr lösten und Athene zugesprochen wurden. Homer selbst ist kein griechischer Name, vieles deutet bezüglich seiner Herkunft auf Kilikien[30] hin, eine Landschaft im Süden der heutigen Türkei. Wir müssen annehmen, dass auch die griechischen Stämme und Stadtstaaten auf Bildermaterial

29. Karl Kerényi versammelt in seiner ausführlichen *Mythologie der Griechen* Sagen und Mythen aus den verschiedenen Überlieferungen. Es ist erstaunlich, wie sehr sich das Bild etwa einer Hera oder Athene von Landstrich zu Landstrich unterscheiden konnte. Ähnlich wie heute im hinduistischen Indien, ist es wohl sinnvoll, auch für das antike Griechenland von einer heterogenen Vielfalt der Götterwelt auszugehen, die ihre Vielzahl vor allem durch die regionalen Unterschiede bezieht.

30. Raoul Schrott; Ilias und ihre Ursprünge; 2010.

vorgriechischer und benachbarter Kulturen zurückgriffen, um auf ihnen ihr eigenes kulturelles Seelenleben zu projektiv auszugestalten.

Was wissen wir wirklich von den Griechen, unseren kulturellen Vorfahren, unserer Mutterkultur, unserem kulturellen Garten Eden? Wir haben die Aufzeichnungen griechischer und römischer Historiker, allen voran Herodot, Thukydides oder Plutarch, zudem monumentale Theaterstücke von Aischylos, etwa über die Perserkriege. Doch ein Großteil des literarischen Erbes der Griechen ist verloren gegangen. Was erhalten blieb, ist vor allem der Entscheidung spätrömischer Intellektueller zu verdanken, und diese Entscheidungen waren zuhöchst selektiv. Diese Auswahl verzerrt bereits seit römischer Zeit den Blick auf die griechische Vergangenheit. Wir kennen Auszüge der religiösen Mythenwelt, wissen allerdings wenig über das tatsächliche religiöse Seelenleben. Doch in den Mythen lässt sich das innerste Anliegen der antiken – der ‚apollinischen', wie Spengler sie nennt – Kulturseele rekonstruieren.

Die indoeuropäischen Ursprünge

Obschon es hier nicht um die historischen Zusammenhänge geht, nicht um eine Geschichtsabhandlung, sondern um eine spekulative Kontemplation über die kulturellen Urgründe unseres Seelenlebens, ist der Gang der Ereignisse mitunter erhellend. Treten wir einen Schritt zurück, versuchen wir einen Blick auf die großen Zusammenhänge zu erhaschen. Aber verlieren wir dabei nicht aus den Augen, dass jedwede Geschichtsbetrachtung immer Spekulation, immer Deutung, immer ein projektives Hinauswerfen des eigenen Seelenlebens ist. Dass eine solche Sicht nicht dazu dient, fremde Kulturen zu verstehen, sondern immer nur über diesen Umweg die eigene, mehr noch, dass Geschichtsbetrachtung immer auch Konstruktion einer eigenen identitätsstiftenden Narrative ist, dass sie uns und unserem Seelenleben Erklärung, Rechtfertigung, Ausdruck und Sinn geben soll.

Unsere Vorfahren nennt die Geschichtswissenschaft ‚Indoeuropäer'. Ein nomadisches Volk, das für seine Herden immer wieder neue Weiden suchte, dessen Ziel die Fremde war, und dessen innerstes Anliegen im immerwährenden Aufbruch liegen musste. Die antiken

Griechen, damit ihre Kultur der Polis, aber auch die Perser, die Aryas Indiens und letztlich ein Großteil der Jetztmenschen Europas, sind ihre Nachfahren. Das Nomadisieren war ihr Zugang zur Welt, ein Zugang, der durch die Konfrontationen mit anderen Völkern notgedrungen expansiven Charakter gewann, um den eigenen Lebensraum abzusichern.

Lösen wir den Expansionsdrang vom Politischen heraus und übertragen ihn auf das Kultur- und Seelenleben. Ein Merkmal aller indoeuropäischen Völker ist die Unfähigkeit, einen Status quo als genügend, als anstrebenswert zu erachten, es gibt kein ‚Verweile doch, du bist so schön', es gibt nur ein Weiter, ein Mehr, ein ‚vertikales Streben' (Sloterdijk) in der christlichen und yogischen Geisteskultur, einen ‚Fortschritt' in Politik und Wirtschaft, eine ‚Weiterentwicklung', ‚Selbstentfaltung' im individuellen Leben des modernen Menschen, eine Tendenz zu räumlicher und kultureller Expansion, wie wir es unter anderem heute in dem amerikanischen Ideal, in alle Welt die Demokratie zu bringen, erkennen können. Dieser Expansionsdrang ist ein Urmuster, ein archetypisches und damit abstraktes Mitbringsel der indoeuropäischen Stämme, das sich in den verschiedenen Kulturen auf ganz unterschiedliche und auch in mehr weniger intensiver Weise äußern kann. Die Indoeuropäer waren immer gezwungen, auf die örtlichen Bedingungen der Gebiete, in denen sie siedelten, zu reagieren. Und in manchen Fällen war es lebensnotwendig, eine einmal gefundene Überlebensstrategie beizubehalten. So geschehen bei den Spartanern, aber in anderer Weise auch bei den Germanen und Wikingern.

Das reine indoeuropäische Element wurde also durch ihre Wanderungen, durch Trennungen, Assmiliationen, Anpassungen, Verschmelzungen mit fremden Kulturen abgeschliffen und umgewandelt. Die Eigenart der Indoeuropäer driftete mit den Jahrhunderten und Jahrtausenden auseinander, veränderte sich, passte sich an, das innerste Anliegen offenbarte sich dort als Expansionen im geistigen Raum, hier als Expansion im Territorialen, woanders im Erkennen der ‚objektiven' Natur.

Spielen wir mit einem einfachen Szenario: Ein halbnomadisches Volk (die Kurgan-Stämme) dringen mit schweren von Ochsen gezogenen Wagen, mit domestizierten Pferden, auf denen man reiten kann, mit

Herden von Rindern, Schafen, manchmal Schweinen, mit Ausrüstung, mit ihren Familien, mit Frauen und Kindern, in neues Gebiet vor. In Gebiete, das von sesshaften Ackerbau betreibenden Stämmen bewohnt ist. Diese sesshaften Stämme sind nicht besonders kriegerisch veranlagt, was in der Natur ihrer Lebensbedingungen begründet ist. Sie kannten zwar das Pferd, hatten es aber nicht als Reittier domestiziert. Der heimische Acker band die Stämme an einen recht eng umgrenzten Ort. Mit wem wollte man Krieg führen? Nachbarstämme lebten weit genug entfernt, und eine Reise dorthin kostet Mühe, ist zeit- und energieaufwendig, vor allem müsste man die Äcker zurücklassen und vernachlässigen. Und was ließe sich durch einen solchen Kriegszug gewinnen? Welche Beute machen? Die Kosten-Nutzen-Rechnung ist für einen Eroberungs- oder Beutezug ungünstig. Sicher mag es so etwas auch unter Ackerbauern gegeben haben, aber eine identitätsstiftende Regel schien es nicht gewesen zu sein. Das ändert sich schlagartig mit dem Auftauchen von halbnomadischen Stämmen. Bei ihnen muss es wehrhafte Männer gegeben haben, Männer, die stets wachsam waren und schnell bei den Waffen gewesen sind. Die Herden mussten verteidigt werden, die Gebiete, in die man vordringt, sind neu und unbekannt, Feinde können überall lauern, Weideland muss verteidigt werden. Das Unbekannte, das Neue, das zu Erobernde ist das Ziel dieser Männer. Ganz anders bei den Ackerbauern, bei denen das Alte, Bewährte, der stets gleiche Ort, die ‚Heimat' als Ideal galt. Hier prallen fundamentale Unterschiede in der Vorstellung des Anstrebenswerten aufeinander. Kommt es zum Zusammenstoß, sind die kriegerischen Halbnomaden klar im Vorteil. Sie sind den Umgang mit den Waffen gewohnt, sind routinierte Kämpfer, sind abgehärtet durch jahrelange Wanderungen. Ihre Sozialstruktur ist auf die Kriegerschicht ausgerichtet, denn diese sind es, die den Erfolg und das Überleben auf den Wanderungen garantieren müssen. Das Zusammenspiel der Krieger muss reibungslos funktionieren, muss effektiv sein. Der Stärkste, der Erfolgreichste, der von den Göttern mit Glück Begünstigte ist Anführer, die Hierarchie ist geklärt, auch die Art der Machtkämpfe untereinander, ungeschriebene Regeln des Miteinanders unter den Kriegern werden zu etwas, das man später ‚Ehrenkodex' nennen wird. Identitätsstiftende Rituale wird es gegeben haben, man wird sich göttlichen Beistands versichert, mit magisch-mythischen Ritualen die eigene Kampfkraft generiert und erneuert haben wollen. Ihr Gott war ein Gott des Himmels, des Wetters, der Elemente, kein Gott, der an einen Ort gebunden ist, kein Gott der Erde, schon gar keine Göttin. Dieser Gott wird in den meisten indoeuropäischen Religionen der späteren Zeit in erneuerter Gestalt wieder zu erkennen sein. Auch in der Sprache finden wir seine Spuren: im griechischen *Theo* und natürlich in *Zeus*, im lateinischen *Deus*, im Sanskrit *Deva* und *Devi*, vielleicht sogar im nordischen *Tyr*. Dieses kämpferische und mit Sicherheit nicht zimperliche Volk trifft nun auf Bauernkulturen. Was passiert? Letztere können unterworfen werden, es ist aber auch denkbar, dass diese sich zur Wehr setzten, dass sie von den indoeuropäischen Stämmen lernten und ebenfalls wehrhaft wurden. Es ist denkbar, dass die Stämme der Halbnomaden und die der Bauern sich zunehmend vermischten. Wo sich indoeuropäische Stämme niedergelassen hatten, konnten sie Elemente der Kulturen übernehmen, die sie vorfanden. Die Stämme der Achaier und Pelasger, die in Griechenland einfielen, stießen an eine natürliche Grenze ihrer Wanderlust: das Mittelmeer. Sie wurden sesshaft. Ihre Siedlungen wurden zu wehrhaften Burgen; wir kennen Mykene, Tiryns, Amyklai und andere. Die Achaier und die anderen frühgriechischen Stämme lernten schnell, lernten Handel zu treiben, übernahmen bereitwillig Elemente der Kulturen, die sie vorfanden, sofern sie sie nicht einfach unterwerfen konnten. Die Ureinwohner Griechenlands wurden zu Hilfsvölkern, zu Sklaven, dienten den neuen Herren. Respekt aber hatte man vor etwa der minoischen Kultur Kretas. Eine hoch entwickelte Kultur, Handel treibend, die Schifffahrt beherrschend, unvorstellbar reich und einflussreich im Mittelmeerraum. Doch leider für eine Eroberung vorerst unerreichbar. Die Achaier begannen, Handel mit den Minoern zu treiben. Doch sobald man die ersten Schiffe erobert oder gebaut hatte, fiel man über Kreta her. Teile des sagenhaften Reichtums der minoischen Kultur fand man bei Ausgrabungen in den Ruinen Mykenes. Ob das Ende der minoischen Kultur tatsächlich auf die Raubzüge der Achaier zurückzuführen ist, ist historisch unsicher. Ein verheerendes Erdbeben könnte auch ein wesentlicher Grund für deren Untergang gewesen sein. Die Achaier aber übernahmen nicht nur den konkreten Reichtum in Form von Gold, Schmuck und anderen Artefakten, sondern auch Elemente der

Lebensart, der Religion, der Weltanschauung. Als die nächste Einwandererwelle von indogermanischen Stämmen in den Peloponnes einfiel – die der Dorer – waren die Mykener bereits zu sesshaft, zu träge, zu wenig veränderungsfähig, um den ungestümen und aggressiven Dorern wirksamen Widerstand entgegensetzen zu können.[31] Die Dorer sind die späteren Spartaner. Sie fanden ihre Art, sich vor widrigen Einflüssen zu schützen, entwickelten eine Kultur, die eine Problemlösung gegenüber den feindlich gesinnten Stämmen des Umlandes darstellte, eine Kultur strikter Abgrenzung durch Inzucht, ‚reines Blut', durch die Zucht einer unerbittlichen Kriegerkaste. Damit verloren letztlich auch sie ihre Fähigkeit, flexibel auf neue Probleme zu reagieren, und als Philip und Alexander, später die Römer Griechenland eroberten, versank Sparta in der Bedeutungslosigkeit.

Andere indoeuropäische Stämme trafen in anderen Regionen der Erde – in Nordwest- und Mitteleuropa, in Kleinasien, Zentralasien und Indien – auf ganz andere Herausforderungen, auf andere Kulturen mit anderen Weltsichten und Sozialstrukturen. Und überall entstanden aus dem Zusammenprall dieser Stämme neue Kulturen, die wiederum von den nachfolgenden Wellen indoeuropäischer Wanderung und Eroberung hinweggefegt oder radikal verändert wurden. Die Strategie der strikten Abgrenzung (wie in Sparta) entpuppte sich aus historischer Sicht als blockierend und sehr anfällig. Erfolgreicher waren kulturelle Entwicklungen dort, wo sich die Weltbilder der Invasoren mit denen der Einheimischen vermischten, wo das eine Volk im anderen aufging, wo Ackerbau und Viehzucht zusammengingen, wo das kriegerische, expansive Element mit dem Sesshaften und der Bodenbearbeitung und -bindung eine Fusion einging. Der Aufstieg der vormals unbedeutenden Stadt Rom legt Zeugnis darüber ab. Aber auch alle erfolgreichen Nationen des Abendlandes kennzeichneten sich durch diese Kombination.

---

31. Auch wenn die mykenische Palastkultur im 12. Jahrhundert v. Chr. abrupt endete, schienen aber nicht die Dorer dafür verantwortlich gewesen zu sein, sondern vermutlich die ‚Seevölker', deren genaue Identität bis heute unklar ist. Die einfache mykenische Kultur bestand auch nach den Attacken der Seevölker, was einwandernde Völker als Verursacher des Endes der mykenischen Kultur unwahrscheinlich macht, denn dann müssten wir kulturelle Spuren dessen finden, was aber nicht der Fall ist. Die Dorer waren also zum Ende der mykenischen Palastkultur vermutlich noch nicht in Griechenland (ca. 1200 v. Chr.), aber um 800 v. Chr. sicher.

Zuhause wurde durch Ackerbau die Lebensgrundlage gesichert, vor allem durch die Bauernschaft, die oft unfrei und in feudalistischen Verhältnissen lebte, während eine Aristokratie dem alten indoeuropäischen Expansions- und Eroberungsdrang durch Kriege, Diplomatie und Ränke (indoeuropäisches Erbe) einerseits, und Heiratspolitik[32] und Familienkonstrukte (Rudimente eines matriarchalen Erbes) andererseits unvermindert weiter nachging.

Von Göttern und Helden – der griechische Mythos

Die Mythen der Antike sind zu verstehen als ein kulturhistorisches Treibgut, das es an die Strände unserer Zeit geworfen hat. Wir sammeln sie auf und bewahren sie seit Jahrhunderten mit dem Bewusstsein, seltene Schätze gefunden zu haben. Sie durchdringen die geistigen Sphären unserer Kultur, bestimmen als bildgebende Dramaturgien theologische, künstlerische und später auch wissenschaftliche Sprachregelungen.[33] Die Mythen treten als Zeitzeugen der europäischen Vergangenheit in Erscheinung; sie bewahren die basalen Programme unserer Kulturseele. Auf einer geheimnisvollen Ebene transportieren sie überdies eine Haltung zum menschlichen Schicksal, die uns fremd geworden ist und die dennoch als halb vergessener Schatz in den dunklen Höhlen unseres kollektiven Gedächtnisses darauf wartet, wieder entdeckt zu werden.

In den Mythen der Antike finden sich einige seltsame Parallelen zu denen der indischen Kultur: Vermutlich handelt es sich um Spuren der gemeinsamen indoeuropäischen Ursprünge.

Ein Beispiel sei genannt: jenes der Schlangengöttin Echidna, die aufs Haar der indischen Göttin Naga Kanya gleicht. In der griechischen

---

32. „Nube, felix Austria, nube!" – Heirate, glückliches Österreich, heirate!, so das Credo, das die lange so erfolgreiche Politik der Habsburger charakterisierte. Erfolg meint hier ein langes und effektives Bestehen einer Dynastie, die mit dem Reich identisch ist. Ob das immer glücklich war, vor allem für die Bevölkerungen der betroffenen Länder und Provinzen, steht auf einem anderen Blatt.

33. Herakles` Entscheidung für die Tugend wurde von den Scholastikern des Spätmittelalters bemüht, die Ödipus-Sage von Sigmund Freud, um nur zwei Beispiele nennen.

Mythologie wird von Echidna berichtet, eine Vor-Olympierin, die Mutter der Hydra und des Cerberus, die sie mit ihrem Mann Typhon zeugte. Sie selbst ist von Hüfte abwärts eine Riesenschlange, von Hüfte aufwärts eine ‚schönwangige' Frau. Aus ihrem Rücken wachsen Flügel. Sie wohnt jenseits des Okeanos in einer dunklen Höhle und verschlingt mit unersättlichem Appetit alle, die sich ihr nähern.

In Indien gibt es Naga Kanya, zu Deutsch die Tochter der Schlangen. Diese Schlangen, Nagas, sind semigöttliche Wesenheiten, die gemeinsam mit anderen Wesen, wie den dämonischen Asuras, die Unterwelt bewohnen. Das Reich der Nagas ist unter der Erde, dort hüten sie Paläste mit wertvollen Schätzen. Die Nagas gelten (im Gegensatz zur griechischen Echidna, die auch einer schlangenähnlichen Familie entstammt, der auch die Hesperiden, die Moiren und die Medusen angehören) jedoch nicht als unheilbringend, sondern als ambivalent. Wenn Naga Kanya auftaucht, wird es Glück verheißend genannt. Naga Kanya ist von Hüfte abwärts Schlange, oben hingegen eine bezaubernd schöne Frau, aus deren Rücken Flügel wachsen. Naga Kanya ist eine historisch alte Göttin, für die es keine aktuellen Kulte mehr gibt – auch hier zeigt sich die Parallele zur griechischen Echidna, die zu den alten vorolympischen Göttern zählt.

Dass Echidna in der griechischen Version deutlich unheilvoller vorgestellt wird, ist ein bedeutender Aspekt, den wir weiter unten beleuchten werden. Eine andere Parallele zeigt sich in den Kentauren. Mischwesen, halb Mensch, halb Pferd, gefährlich, dem Trunk zugetan, für schöne Frauen gefährlich, weil lüstern und von sexuellem Eroberungswillen, aber auch musisch, vor allem musikalisch. Cheiron, der mythische Lehrer Achilleus`, ist eine Ausnahme, auch anderer Herkunft als die übrigen Kentauren. Etymologisch ist der Begriff des Kentauren mit dem indischen Gandharva verwandt. Diese sind ebenfalls Mischwesen, halb Mensch, halb Pferd. Wie auch schon im Fall der Echidna/Naga Kanya ist die Charakterisierung der Gandharvas deutlich positiver, jedenfalls neutraler als die ihrer griechischen Verwandten. Zwar wird auch hier vor ihrer Lüsternheit gewarnt, ihrer Neigung zur Ausschweifung, aber der Fokus liegt bei ihnen ganz klar auf der Musikalität. Noch heute tragen eine bestimmte südindische Musik und ihre Ensembles ihren Namen:

die Gandharva-Musik. Auch die Gandharvas sind mit dem Element Luft, mit dem Wind, durch den sie fliegend eilen, assoziiert.

Interessant ist, dass sowohl Echidna und Kentauren, als auch Naga Kanya und Gandharvas vorolympische beziehungsweise vorsanskritische mythische Wesen sind. Sie werden in den Mythologien jeweils als vor den klassischen Göttergeschlechtern existierend beschrieben. Hier wie da wird die präklassische semigöttliche Bevölkerung als in der Erde, im Wasser, in den Lüften (oder in allen Elementen) lebend und sich bewegend vorgestellt. Größtenteils handelt es sich um Mischwesen, um Wesen mit starken tierischen Attributen, Schlangenschwänzen, Flügeln, mit Tierköpfen oder Tierleibern. In der griechischen Mythologie sind es mehr als in der indischen Mythologie unheilvolle Ungeheuer, die ein Held irgendwann durch göttliche Unterstützung besiegt. Bellerophontes besiegt die Chimäre mithilfe des Pegasos, einem anderen Mischwesen, das ihm von Athene empfohlen und von Poseidon zur Verfügung gestellt wird. Perseus besiegt die Gorgo Medusa mit der Hilfe der Athene. In der indischen Mythologie mangelt es auch nicht an Kämpfen und Kriegen dieser präklassischen Mischwesen. Manchmal kämpfen diese untereinander, oft aber werden sie in einem Krieg von den klassischen Göttern oder den Rishis, den mächtigen Asketen, die selbst Macht über die Götter haben, besiegt. Die Nagas (Schlangenwesen, zu denen auch Naga Kanya gehört) werden von den Gandharvas angegriffen, bis die Nagas bei den Göttern um Hilfe bitten, die ihnen auch gewährt wird.

Es scheint, als wären die vorolympischen Götter und semigöttlichen Wesenheiten, die *Moiren*, jene Schicksalsgöttinnen, denen wir im nordischen Pantheon unter ihrem Namen Nornen wieder begegnen, *Nyx*, die Nacht, *Hekate*, *Selene*, *Thetis*, der *Okeanos*, die ‚Alten des Meeres', die *Graia*, *Erinnyen*, die *Gorgonen*, von deren drei Schwestern uns die *Medusa* die Bekannteste ist, die Schlangengöttin *Echidna* und viele andere, Reminiszenzen an eine dunkle Zeit vor dem Entstehen der Kultur der Griechen; als hätten halb vergessene Götter uns unbekannter Vorfahren in den Mythen als verzerrte Schemen überlebt, würden dort als Zielobjekte heroischer Mutproben der Helden herhalten müssen. Es ist auffällig, dass die meisten jener Vorolympier mit schlechtem Vorzeichen versehen sind, mehr noch, sie scheinen als Ungeheuer an sich, ohne jedes positive Merkmal, gefährlich, verschlingend. Es sind auch jene Vorolympier, die den vorsanskritischen Gottheiten so ähnlich sind – auch wenn sie dort wesentlich positiver beschrieben werden und sich dort das Bewahrenswerte dieser Wesenheiten deutlicher abzeichnet.

Dass die Vorolympier nützliche Attribute haben können, beweisen die Trophäen, die die Helden aus dem Kampfe mitbringen. Das abgeschlagene Haupt der Medusa leistet dem Perseus gute Dienste. Doch warum dieser mytho-narrative Rufmord, den wir bei Homer, Aischylos und Hesiod finden, und der – da diese drei für viele Jahrhunderte die Hauptquelle für die Mythologie der Griechen blieben – bis heute im Erscheinungsbild der griechischen Sagengestalten fortlebt? Die olympischen Götter wurden verehrt, ihre Abkömmlinge ebenso. Ein Großteil des Mythenschatzes aber rankt sich um die Abenteuer der Heroen, um ihre Aufgaben, die sie zu erfüllen hatten, um ihr tragisches Schicksal, von ihren Erfolgen und dem oft vernichtenden Preis ihrer Hybris. Die Alten aber werden zu dämonischen Ungetümen, die in den Sagen auftauchen, um den Triumph des Helden noch zu unterstreichen. Das Alte sollte überwunden werden, und es wurde überwunden. Immer wieder, in jedem Mythos der Helden. Herakles tötet Ungeheuer im Accord, überlistet Atlas, der ihm die goldenen Äpfel des Gartens der Hesperiden bringt. Der Hüter dieser Äpfel, Ladon, ein Bruder der Echidna, wird nach einigen Quellen getötet. Bellerophon tötet die Chimäre, auch Echidna selbst wird von Argos im Schlafe erschlagen.

Neben den Göttergeschichten ist Hauptthema der griechischen Mythologie das Abenteuer des Helden, jenes jungen Mannes, dessen Herkunft oft problematisch ist, der mit bestimmten Aufgaben betraut in die Fremde aufbricht, von weisen Gestalten wertvolle Hinweise auf geheimnisvolle Waffen oder Utensilien bekommt, ohne jene sein Unternehmen nicht zu schaffen sei, der Ungeheuer und Bestien tötet, oft als Lohn eine junge Frau von edler Herkunft zur Gattin erhält, manchmal sogar Herrscher eines Landes wird und dann doch am Zuviel, am ‚immer weiter' scheitert. Die Griechen hatten ein Wort dafür: Hybris, die Überschätzung seiner selbst, der Wahn, gottgleich zu sein oder werden zu können. So schmilzt der Wachs, der die Federn des Ikarus zusammenhält, als dieser der Sonne zu nahe kommt, während sein umsichtiger Vater Daedalus immer dicht über dem Meer fliegt.

Bellerophon, nach all seinen erfolgreichen Taten, will mit dem geflügelten Pegasus, dem Geschenk des Poseidon, zum Olymp fliegen, um unter den Göttern zu sein. Da schickt Zeus eine Bremse, die das geflügelte Pferd sticht, es aufbäumen und Bellerophon abwerfen lässt. Er landet in dornigem Gestrüpp, überlebt den Sturz verkrüppelt und erblindet und irrt für den Rest seines Lebens von den Menschen und den Göttern gemieden, durch karges Land.

Wie verschieden doch die antike griechische Kulturseele von der unseren ist, zeigt sich in der Tatsache, dass diese kein Geschichtsbewusstsein besaßen. Alles war ihnen Mythos. Einen Kalender, nach dem man lebte und nach diesem man sich selbst in einer historischen Position verorten konnte, gebrauchte man nicht. Geschichten um Ursprünge und Anfänge wurden erfunden und waren dementsprechend stets Ausdruck der Gegenwart. Die Geschichtsschreiber der Antike berichteten zumeist über zeitgenössische Ereignisse, kaum aber über Vergangenes. Das Vergangene galt den Griechen nichts. Die mythischen Geschichten waren ja auch nicht bewahrte Vergangenheit – im Gegensatz zur Geschichtsschreibung des Abendlandes – sondern blieben zeitlos, beschrieben Tatsachen jenseits der Zeit. Achilleus schlägt sich noch immer mit den Trojanern, tötet noch immer Hektor, wird noch immer durch den Pfeilschuss in die Ferse selbst getötet. Zeus verführt noch immer Leda wie schon zu allen Zeiten und Pegasos wird immer das unzähmbare Flügelross sein, und man bedarf auch noch immer des göttlichen Zaumzeugs der Athene, um es reiten zu können. Lykurg, der sagenhafte Gesetzgeber Spartas, war vermutlich von Anfang an eine mythische Gestalt, vielleicht sogar eine lokale Gottheit. Der Trojanische Krieg war Mythos, geschah also in der Vergangenheit, wie in der Gegenwart und wird (für die Griechen) auch künftig sein. Die Griechen hielten es nicht für nötig, auch nur einige wenige historische Fakten zusammenzutragen und zu bewahren. Mykene war bereits zu homerischer Zeit eine Ruine, doch niemand hielt es für nötig, in den Ruinen nach historischen Artefakten zu suchen. Sie hätten wertvolle Schätze gefunden! Aber sie ergötzten sich an den Mythen, die sich um die mykenische Zeit rankten. Sie verbrannten die Toten, ein deutliches Zeichen für das griechische Bewusstsein für die Vergänglichkeit: Was vorbei ist, ist vorbei; der Rest wird Mythos. Ganz anders übrigens die ägyptische Kultur, die ihre toten Pharaonen nicht nur begrub, sondern einbalsamierte, sodass wir noch heute vage Gesichtszüge erkennen können. Sie betrieben auch akribische Geschichtsschreibung; Vergänglichkeit war ihnen ein Greuel. Was das Verhältnis zur Vergangenheit, zum Bewusstsein des eigenen Werdens, anbelangt, ist der Okzident dem alten Ägypten näher als den Griechen.

Den Griechen galt die Gegenwart, der konkrete Augenblick, alles. Folgerichtig hatten sie auch kein Interesse an persönlicher Entwicklung. Wenn überhaupt, passierte sie ihnen. Die Vielzahl an Heldenmythen lässt oberflächlich gesehen auf das Gegenteil schließen, doch das ist ein Irrtum. Die Heldenreise des griechischen Heros, sei es Herakles, Theseus, Bellerophontes, Perseus, Odysseus oder Jason, galt nicht der Entwicklung, sondern der *Erfahrung*. Was sich entwickeln mochte, war ihnen ja schon immer vorhanden; was gibt es da zu entwickeln? Der Heldenmut konnte nicht entwickelt werden, er war nur noch nicht *erfahren* worden, nun galt es, ihm zu begegnen, ihn auszuleben – und so brach der Held ins Unbekannte auf. Odysseus war glücklich verheiratet, doch im konkreten Augenblick, als er auf Circes Insel wohnte, dachte er nicht im Traum daran. Er zeugte mit Circe und mit Kalypso, der schönen Höhlennymphe, Kinder, und niemand störte sich daran, weder er, weder Penelope, noch Homer, noch die Leser und Hörer der Odyssee. Das *Schicksal* wollten die Helden erfahren, wohl wissend, dass ihr Leben nur einen Augenaufschlag lang dauern würde. An diesem etwas zu ändern, kam ihnen nicht in den Sinn. Dass der Mensch sich selbst gestalten könne, dass er sein Bewusstsein in ungeahnte Höhen erweitern könne, war ihnen völlig unverständlich. Sie interessierten sich für das Individuum, ja, aber nicht im Sinne seiner Entfaltungsmöglichkeiten, sondern im Sinne dessen, was es *ist*, was ihm passieren würde, wie sein Schicksal sein mochte. Darin unterschieden sich die Menschen, die Heroen, von den Göttern, denn diese waren ewig, hatten kein Schicksal. Was diese taten oder nicht, würden sie ewig tun, hatten sie schon ewig getan. Vor dem Hintergrund dieses Schicksalsinteresses wird auch der oft tragische Verlauf der Mythen verständlich. Ein ‚Happy End', ein gutes Ende, musste ihnen gleichgültig, ja sogar verwerflich sein, denn das wäre kein Schicksal, das wäre ein naiver Eingriff in den Lauf der Dinge. Die Griechen in ihren Mythen nahmen das Schicksal so, wie es sich ja durch die Lebenserfahrung immer wieder zeigte. Da war jemand von den Göttern begünstigt, kam zu Erfolg, Ruhm und Freuden, um im nächsten Augenblick ins Verhängnis zu stürzen. Ödipus, so unser okzidentales Gerechtigkeitsempfinden, trug ja keine Schuld an dem versehentlichen Vatermord, und auch nicht am Inzest mit seiner Mutter, die er ja für eine fremde Königin hielt, und dennoch gab es für die griechische Seele keinen Zweifel an seiner Schuld. Diese war ja nicht abhängig vom Bewusstsein, vom ‚guten Glauben', wie unser Rechtsdeutsch es formuliert, sondern vom Schicksal: Durch diese Ereignisse *erfuhr* Ödipus sein Schicksal, und in diesem liegt diese Schuld. Er versteht durch dieses Erleben sein Schicksal und blendet sich, weil er begreift, dass er das damit verbundene Schicksal für die Stadt Theben, mit der das seine unauflösbar verbunden ist, nur durch die eigene Blendung, das Herausstechen der Augen, wenden kann. Und auch diese Blendung liegt in seinem Schicksal. Was für ein großes Schicksal, was für ein Verhängnis, und was für ein Mut!, so dachten die Griechen und erzählten sich diese Geschichte immer wieder. Ödipus war ein Heros, er hatte das Leben, das Schicksal erfahren, scheute sich nicht, all diese Unbill auf sich zu nehmen. Wir merken schon, dass der griechische Heldenbegriff von dem unseren abweicht. Mit Unverständnis stehen wir vor der Blendung des Ödipus, halten sie für unnötig, hatte er doch seine Schuld verstanden, hatte das Verhängnis der menschlichen Natur durchschaut. Unsere Helden würden vor Gericht auf mildernde Umstände plädieren. Weniger polemisch: Der okzidentale Held würde versuchen, das Schicksal zu bezwingen, es vielleicht noch Kraft seiner Gestaltungsfähigkeit zum Guten wenden. Kein Hagen von Tronje, kein König Artur, kein Beowulf, kein Dittrich von Bern würde sich selbst blenden, auch kein Friedrich der Große, kein Napoleon, kein Barbarossa. Die Griechen hatten keine Scheu vor dem Verhängnis, jedenfalls nicht im Mythos. Es war immer die Gestaltung der unmittelbaren Gegenwart, die sie berauschte. So störte man sich nicht daran, dass Herakles in Frauengewändern Weiberarbeit verrichtete, dass Odysseus sich blöde stellte, um nicht in den Krieg ziehen zu müssen. All das war Schicksal, all das zeigte die menschliche Natur. Auch Achilleus, als Held über jeden Zweifel erhaben, sollte vor dem Krieg in Frauengewändern und -gemächern versteckt werden. Wehe dem, der das lächerlich findet!

Wir finden die Gegenwartsbezogenheit der Griechen auch in der Mathematik, die sie hervorgebracht haben, einer reinen statischen Geometrie, ganz den Augenblick beschreibend – im doppelten Sinne: statisch und jeden Prozess vermeidend und ganz dem Anblick, der Ästhetik dienend. Ihr liegt die traumwandlerisch sichere Formensprache der Griechen zugrunde. Der Okzident entwickelte eine Mathematik, die Prozesse und Dynamiken wiedergibt, in ihr gibt es den Aspekt der Zeit, also der Entwicklung. In ihr ist Funktion, Abhängigkeit, Entstehung und Vergehen und Abstraktion.

Unmöglich auch, dass die Griechen Kirchen hätten hervorbringen können. Jede Form strukturierter Religiosität wäre ein Eingriff in den Schicksalsgedanken gewesen, der damit beschnitten würde. Die Polis war das Komplexeste, was sie sich an Ordnung und Struktur erlaubten. So galten ihre Kriege – und sie führten ständig blutige Kriege – auch nicht dem territorialen Gewinn, sondern der Beute, dem Ruhm, dem Herausfordern des Schicksals. Dass ihre Poleis Tochterkolonien gründeten, geht auf ein Erbe der indogermanischen Einwanderer zurück. Um die einfachen Strukturen ihrer Stämme zu erhalten, war es üblich, dass regelmäßig eine Schar von jungen Männern sich vom Mutterstamm trennte, um ins Unbekannte aufzubrechen, einen neuen Stamm zu gründen. Die griechischen Tochterstädte blieben der Ursprungsstadt stets verbunden, wurden aber dennoch eigenständige politische Einheiten, die auf ihrer Freiheit beharrten.

Ein Großreich, wie das der Perser, war ihnen unbegreiflich und suspekt. Selbst Alexander schuf keine Nation, kein Reich in dem Sinne, wie wir es verstehen, sondern er eroberte und zog weiter. Die Diadochenreiche, die Nachfolgereiche seiner Eroberungen, hielten sich nicht lange, sie zerbarsten aus Mangel an Erfahrung mit der Organisation solcher komplexen politischen Gebilde. Alexander war der letzte griechische Heros. Mehr als nur ein König und Eroberer, wie sein Vater Philip, sondern ein Held, der auszieht, sein Schicksal zu erfahren; nicht umsonst war sein Vorbild schon seit Kindestagen Achilleus, dessen Geschichten ihm sein Lehrer Aristoteles erzählte. Wir nennen die Summe seiner Eroberungen ein Reich, Großreich gar, aber dieses Reich hat keinen Namen, es umfasst keine Nation, keine Kulturseele, keine verbindende Religion, es kennt kein Ziel und es hat keinen historisch notwendigen

Ursprung. Es ist ausschließlich das Resultat des Heldenweges eines Mannes, Alexanders. Kein Wunder, das es ihn kaum überdauern konnte. Wir mussten uns ein wenig bei dem Makedonen aufhalten, denn er markiert das Ende der Polis, der klassischen Epoche der griechischen Stadtstaaten. Zwar existierten sie bis zur Eroberung durch die Römer weiter, doch ihre Idee, ihr innerstes Anliegen als Kulturseele hatte sich in Alexander erfüllt, mehr noch, es hatte Griechenland überrollt, immerhin war Alexander im Verständnis der Griechen keiner der ihren, stammte aus dem wilden, barbarischen Norden, aus Makedonien: ein Achilleus, der den altgriechischen Mythos nun aus der anderen Perspektive erleben ließ, der Sparta, Athen, Theben, Korinth nun zu einem Troja machte.

Augustus – Neujustierungen im Identitätsraum

Die Kulturseele der Polis hatte sich voll entfaltet, ihr war nichts mehr hinzufügen. Die Römer trugen die Idee über die Jahrhunderte weiter, ergänzten sie aber kaum um Neues. Auch deren Reich war keine Nation, der Staatsgedanke beschränkte sich immer auf die Stadt Rom, alles andere war Kolonie, Provinz, Einflusssphäre, *Imperium*, also Macht. Das antike Seelenleben zeigt sich bei ihnen als eine Wiederholung des Griechischen; auch sie waren ahistorisch, kannten kein Geschichtsbewusstsein, lebten im Augenblick. Die gesamte römische Geschichte ist schlicht in der Spätzeit der Republik und sogar noch im augusteischen Zeitalter erfunden worden, der Mythenschatz von den Griechen plagiiert oder von späten Schriftstellern erdichtet. Wir würden die Römer hier kaum erwähnen, wenn nicht ein bestimmtes Ereignis für das spätere abendländische Seelenleben von entscheidender Bedeutung gewesen wäre.

Im Jahr 27 v. Chr. ging aus den ewigen Machtkämpfen im Inneren des politischen Gefüges Roms ein Mann hervor, der die Geschichte Europas der nächsten zweitausend Jahre in eine völlig neue Richtung lenkte. Octavian, der anfangs unscheinbare Adoptivsohn Cäsars, hatte es geschafft, durch Klugheit, Nüchternheit, Klarblick und Skrupellosigkeit, seinen wichtigsten Konkurrenten, Marcus Antonius, auszuschalten. Er stand nun an der Spitze eines riesigen Reiches, dessen bisheriger

Mittelpunkt eine Polis gewesen war, die Stadt Rom. Bislang waren es immer die freien Bürger Roms gewesen, die das Schicksal der Stadt in den Händen hielten, genau wie in den griechischen Poleis. Mit Octavian änderte sich das. Mit beachtlicher Sensibilität gab er die Regierungsgeschäfte zurück in die Hände der Römer, in die des Senats. Dieser aber, gut instruiert in dieser Posse, bettelte den Erben Cäsars, Rom doch nicht im Stich zu lassen. Doch wie sollte man ihn nennen? Welchen Titel sollte er tragen? Es handelte sich um ein Novum in der antiken Geschichte. König? Eine schlechte Wahl; in der (frei erfundenen und geschönten) mythischen Geschichte der Stadt hatte das Königtum einen unguten Leumund, galt als eine Regierungsform vor der Zeit der Republik. Vermutlich finden sich in diesem Königsmythos Reminiszenzen aus der Zeit einer wahrscheinlichen etruskischen Herrschaft über Rom. Den Begriff des Kaisers kannte man noch nicht. Man nannte Octavian vorläufig *princeps*, die Spitze oder den Ersten des Staates. Später wurde er zu *Augustus*, zum Erhabenen. Was war nun das Neue, das hier erstmalig auftauchte? Das Seelenleben begann sich um eine Person zu drehen, nicht mehr um die Stadt an sich. Die Identifikation der Bürger verschob sich unmerklich: Die Gedanken begannen, um den *princeps* zu kreisen, immer weniger um Rom. Erst einmal war es die Idee an sich, die sich hier vorstellte. Dass nicht sofort eine solche Wende im kollektiven Bewusstsein herbeigeführt werden konnte, ist unzweifelhaft. Vermutlich wusste auch niemand die Bedeutung dieses Ereignisses richtig einzuschätzen, auch Augustus nicht. Aber die Idee war geboren. Augustus regierte lange, er starb im Jahre 14 n. Chr.. Es ist seiner ausgesprochen umsichtigen Regierung, seinem untadeligen Privatleben zu verdanken, dass diese junge Idee *eines Herrschers*, gleichsam von Gottes Gnaden (er wurde nach seinem Tod vergöttlicht, außerdem verweist der Titel *Augustus* auf göttliche Eigenschaft), nicht sofort wieder starb. Die Römer gebärdeten sich wie toll nach seinem Tod. Die Trauer schien echt gewesen zu sein. Zwei Generationen waren unter seiner Herrschaft herangewachsen, kannten nichts anderes. In Rom herrschte Frieden. Augustus selbst lebte ganz buchstäblich vorbildhaft, tugendhaft. Trotz seines unermesslichen Reichtums lebte er bescheiden, nahm an keinen Ausschweifungen teil, arbeitete hart und viel und ordnete die administrativen Verhältnisse. Rom funktionierte wie ein Uhrwerk. Es stand nun nicht mehr infrage, dass das Prinzip ‚Augustus' oder *princeps* fortgeführt werden musste. Eine Rückkehr zur völligen Souveränität des Senats war unmöglich geworden, die Zeitenwende unwiederbringlich eingeläutet. Selbst die unfähigsten Nachfolger, die bereits nach der dynastischen Idee (noch hundert Jahre früher in Rom undenkbar!) auf den Thron folgten, konnten daran nichts mehr ändern. Nur einmal stand diese neue Idee noch einmal auf der Kippe. Nach der Schreckensherrschaft des Caligula (noch immer aus dem julischen Haus, genau wie Cäsar und Augustus), eine Zeit, die wahrhaft traumatisierend auf alle Römer, ob arm oder reich, gewirkt haben musste, erwog man ernsthaft, das Prinzipat wieder abzuschaffen und die Republik zu erneuern. Das Bemühen blieb erfolglos, das Prinzipat wurde aufrechterhalten. Der dynastische Gedanke wurde zu einem der Grundstöcke der späteren abendländischen Geschichte.

Augustus erweiterte den Erlebensraum des Menschen um die Möglichkeit einer nicht-familiären, nicht an die Polis gebundenen Einbindung: einer *abstrakten* Verbindung. Augustus kennt man kaum unter seinem Namen (Octavian), die alten Helden immer, selbst Alexander. Aber Augustus (der Erhabene, so nannte sich Buddha!) ist kein Name, damit kein Ich mehr, sondern eine abstrakte Stelle, eine Funktion, eine Rolle, ein Kraftfeld, um das das Identitätsgefühl der Menschen beginnt zu kreisen. Es ist die Geburtsstunde der dynastischen ‚Nation', die die abendländische Geschichte bis ins 19. und 20. Jahrhundert hinein prägen wird, bis sie von den parlamentarischen Nationen (Frankreich probierte es 1791, scheiterte aber noch und springt sogar noch einmal zum anderen Pol – Napoleon) abgelöst wird. Mit Augustus wurde der Nation-Gedanke geboren! Was für ein machtvolles Wirken: Augustus greift in das Weltgeschehen ein und knirschend fügt es sich für die nächsten zweitausend Jahre seinem Griff.

Mit Augustus endet die Antike, deren Hauptanliegen die Freiheit des Individuums war. Aufgrund dieses Anliegens kannten die Griechen auch kein Yoga oder keine vergleichbare Psychotechnik. Die Freiheit des Individuums und der damit verbundene Schicksalgedanke schließen jede Psychotechnik[34] von vornherein aus. Denn Yoga strebt die

34. Eine amüsante Feststellung, dass der Begriff ‚Psychotechnik' aus dem Griechischen stammt.

Erkenntnis des Göttlichen an, will den Irrtum des Ichs überwinden und die dahinter liegende Wahrheit schauen. Die Griechen waren fasziniert vom Schicksal des Einzelnen. Darin unterschieden sich die Menschen von den Göttern. Mit Augustus koppelte sich das Schicksal des Einzelnen an das Kraftfeld, das von einem *princeps*, von dem Erhabenen (Augustus) ausstrahlt. Nicht die konkrete Heimat des Individuums, die Polis, die Landschaft, wurde zum Identitätsfaktor, sondern die Einflusssphäre der Dynastie. Deshalb können die Grenzen der künftigen Nationen sich wandeln, können verschwimmen. Die Herrscher kämpften um Einflussgebiete, und welche sie erobern konnten, dort waren die einzelnen Untertanen. So versank Europa seit dem späten Mittelalter in beständige Territorialkämpfe. In Griechenland waren es nie Territorialkämpfe (außer bei Philip und Alexander), sondern Beutezüge und Kräftemessen. Nur die Renaissance Italiens wiederholte noch einmal den antiken Gedanken an die Entfaltung des Individuums, nur mit einem entscheidenden Unterschied: Die Griechen forderten das Schicksal heraus, um sich selbst darin zu erfahren, Weiterentwicklung galt ihnen nichts. Es gab für sie nichts zu entwickeln, nur zu erfahren. Die *rinascita* hingegen interessierte das Entfaltungspotenzial, die individuellen Gestaltungskräfte: Was kann ein Mensch? Nicht: welches Schicksal hat er?

Eine weitere Zeitenwende hatte ihren Ursprung gleichzeitig mit Augustus: die Geburt des Christentums. Nicht die Religion an sich war das Entscheidende für das spätere Abendland, sondern die Tatsache ihrer straffen Organisation in einer Kirche (oder mehrerer konkurrierender Kirchen: anfangs die westliche Kirche unter dem Bischof von Rom und die östliche byzantinische Kirche, aus der später die Orthodoxe hervorgehen würde). Die Griechen verband zwar eine gemeinsame Religiosität, aber keine Kirche, keine strukturierte Organisation der Religion. Mit dem Christentum entstand, neben der Institution des *Augustus*, des *princeps*, ein weiteres Kraftfeld, mit dem sich der Einzelne identifizierte. Tatsächlich konnte sich die Macht der kirchlichen Institution nur entfalten, nachdem der Kaiser sie dazu ermächtigte, indem er das Christentum zur Staatsreligion erklärte. Mit diesem Akt begann eine das spätere Abendland entscheidend prägende, aber auch verhängnisvolle Fusion: die der weltlichen und die der geistigen

Macht. Die Grenzen dieser Machtbereiche waren lange nicht eindeutig gezogen, es gab Machtkämpfe, Intrigen, Diskreditierungen auf beiden Seiten. Tatsächlich aber entstand eine gegenseitige Abhängigkeit, in der weltliche Herrscher den Papst legitimierten, indem sie sich von diesem zum Kaiser krönen ließen, diese aber umgekehrt auch vom Segen des Papstes abhängig wurden. Hochpolitische und wirtschaftliche Unternehmungen fanden unter der Ideologie des päpstlichen Christentums statt; am bekanntesten sind wohl die Kreuzzüge, reine Eroberungskriege, an denen viele Parteien viel Geld verdienten, allen voran venezianische Kaufleute, die den mittellosen Kreuzfahrern Kredite gewährten, Schiffe ausrüsteten und die Versorgung übernahmen. Doch wir wollen nicht zu lange bei den historischen und politischen Dingen verweilen, interessiert uns doch das Seelenleben, die Kulturseele.

Das Bewusstsein des Einzelnen wandelte sich, die kollektiven Einstellungen der Menschen bauten sich über die vielen Generationen um. Das antike Erbe versank im Dunkel des Vergangenen, blieb aber in einem kollektiven Unbewussten nebelhaft in vager Erinnerung. Man bezog den langsam wachsenden kognitiven Neubau, dessen Grundmauern nun Nation und Religion hießen, die, allgemeiner gesagt, abstrakte gesellschaftliche Gebilde waren.

Nicht mehr das Schicksal des Einzelnen stand im Vordergrund, sondern das Schicksal band sich an eine größere Gemeinde: auf der äußeren Ebene an den Kaiser, der damit *die Nation war*, und auf der inneren, psycho-religiösen Ebene an die Kirche. Das Schicksal der Kirche war das Schicksal des Einzelnen. Nicht mehr das Individuum erfuhr sein Schicksal, sondern die Nation und die Kirche, die den Glauben repräsentierte. Wallenstein, Richelieu, selbst Napoleon, auch Karl der Große, Otto der Große, Friedrich der Große, alle Politiker, die gestaltend in die Geschichte eingriffen, taten das aus einer Einbindung in etwas Größeres heraus, auch wenn ihre persönlichen Absichten egoistisch gewesen sein mögen. Aber ihnen blieb gar nichts anders übrig, als aus der Identität mit einem schon existierenden Kraftfeld heraus zu agieren. So stellte sich Wallenstein in den Dienst der katholischen Liga, Napoleon agierte aus der Nation Frankreich heraus, Karl der Große für das Christentum, Friedrich für Preußen. Ihr Schicksal war immer auch das Schicksal des organisierten Systems, für das und aus dem heraus sie agierten. Das war in der Antike nicht so. Alkibiades kämpfte erst für Athen, dann für Sparta, dann wieder für Athen, hauptsächlich aber für sich selbst, und so wurde er auch wahrgenommen. 1500 oder 2000 Jahre später wäre er wegen Hochverrats gehenkt worden.

Die Geburt des christlichen Abendlandes

Europa war jene schöne Frau, die Zeus in Gestalt eines Stieres über das Meer aus Phönizien nach Kreta entführte. Etymologisch ist sie die ‚weitsichtige Frau', aus dem Phönizischen die ‚Dunkle' oder der ‚Abend'. Sie wurde zum Namensgeber für das Land der nördlichen Küsten des Mittelmeeres. In der Wahrnehmung der antiken und spätantiken Menschen, vor allem jener, die in Politik, Wirtschaft oder Kulturleben etwas zu bewirken hatten, spielte fast ausschließlich der Mittelmeerraum eine Rolle. Das Meer war durch die Schifffahrt schon längst kein Hindernis mehr, sondern ein Fortbewegungsraum, der die Einflusssphären Phöniziens, Griechenlands, Kleinasiens, Karthagos, Roms nah aneinanderrückte. Ägypten war den Griechen näher als Mitteleuropa, Karthago den Römern wichtiger als ganz Gallien. Die Mittelpunkte allen politischen und kulturellen Geschehens hatten sich im Mediterranen befunden: Athen, Alexandria, Karthago, Rom, Byzanz. Nördlich der Alpen war Niemandsland, der ‚wilde Norden'. Dort lebten Stämme, vereinzelt und weit verteilt, dort war alles Wald, Sumpf, Nebel. So die Wahrnehmung der antiken und spätantiken Welt. Teile des nordalpinen Raums hatte Rom erobern können, aber Nord- und Mitteleuropa war und blieb Peripherie eines Imperiums, das die Küstengebiete des Mittelmeeres umfasste.

Als Rom als imperiale Macht zusammenbrach, verschoben sich auch die geografischen Epizentren des Geschehens: Die spätantike römische Idee wurde im byzantinischen Reich noch Jahrhunderte weitergetragen, bis 1453, als die Muslime Konstantinopel einnahmen und damit der römischen Idee eines von einer Polis regierten Imperiums endgültig ein Ende bereiteten. Zwischenzeitlich, durch Karl den Großen um 800 herum, zeichnete sich die Geburt einer völlig neuen Kultur ab. Schauplatz war nun nicht mehr der Mittelmeerraum, sondern das kontinentale

Europa nördlich der Alpen. Dass da etwas ganz Neues entstand, zeigt sich allein schon durch die Namen, die wir verwenden: Das Römische Reich ist das Imperium einer Polis, Roms. Mit dem Byzantinischen Reich verhält es sich genauso. Zentrum war eine Polis, die alte griechische Siedlung Byzanz, und der Name der Stadt gab dem Reich auch seinen Namen. Im Namen des Fränkischen Reichs Karls hingegen verbirgt sich der Name eines Stammes, einer Ethnie, einer Volksgruppe. Gebräuchlich ist auch der Begriff des ‚Karolingischen Reichs'; hier sind Karl und seine Abkömmlinge selbst Namensgeber. Wir erinnern uns: Der dynastische Gedanke war durch Augustus zum ersten Mal aufgekommen und hatte als Idee Rom nicht wieder verlassen, hatte die primäre Identifikation mit der Polis schrittweise verdrängt und schließlich abgelöst. Die bindende Kraft, die eine Einflusssphäre zu erzeugen in der Lage ist, war nun nicht mehr eine Stadt, sondern die Idee eines Herrschers von besonderen Gnaden, eines Kaisers, einer personifizierten Staatsspitze, eines *princeps*. Doch eine Person reicht nicht aus, um so große Gebiete und weit verstreut lebende Menschen verschiedener Stämme unter die Bannkraft einer Identität zu zwingen. Wo eine Idee fehlt, entsteht keine Kultur, entsteht kein diese Person überdauerndes Reichsgebilde; die Raubzüge der Mongolen unter Dschingis Khan und der Hunnen unter Attila sind gute Beispiele dafür. Karl hingegen stützte sich auf eine *Idee*, die ganz Europa für die nächsten tausend Jahre zu einer einheitlichen Kultur werden lässt: das Christentum.

Die Meinungen darüber, ab wann man das Abendland so nennen sollte, gehen auseinander. Manche sehen seine Geburt in der italienischen Renaissance, andere früher oder auch später. Überzeugend ist Oswald Spenglers Vorschlag, die frühe Zeit des Abendlandes in der Gotik zu suchen. Spengler nennt denn auch das religiöse Fundament des Abendlands ‚gotisches Christentum'. Das noch ganz magische Urchristentum, das in den heißen Wüsten des Nahen Ostens aus den semitischen Kulturseelen entstand, hätte in Europa auf Dauer keine Chance gehabt. Eine Kulturseele schwebt nicht über dem besonderen Boden der natürlichen Heimat der Menschen, sondern gründet sich in ihm. Eine Kulturseele ist Antwort, ist Resonanz unzähliger Generationen auf die Eigentümlichkeiten des Landes, in dem sie leben, auf dessen klimatische und geologische Besonderheiten, auf Tier- und

Pflanzenwelt, auf die Rhythmik der Jahreszeiten. In die Kulturseelen brennen sich die Erfahrungen langer Winter oder heißer Sommer, schneebedeckter Berglandschaften, in denen alles Leben dem späten Frühling entgegenfiebert, oder entbehrungsreicher Trockenzeiten in steinernen Wüsten, in denen die fruchtbaren Oasen Lebenszentren sind. Das Urchristentum ist uns fast völlig unbekannt, und nichts wäre falscher, als uns eine Gemeinde nach mitteleuropäischem Vorbild vorzustellen. Das Temperament jener nahöstlichen Gegenden ist heißer, die Zeit dort vor etwa zweitausend Jahren war unruhig und explosiv. Die Evangelien wurden erst verfasst, als die Augenzeugen und Zeitgenossen Jesu begannen auszusterben. Matthäus schreibt für seine Landsleute nach dem Krieg mit den Römern. Lukas und Markus schreiben für die griechische Welt. Johannes steht den ‚Juden' schon so fern, dass er sie so nennt – als gehöre er nicht mehr zu ihnen. Das ekstatische Treiben der Wassertaufen durch Johannes den Täufer kommt den Tatsachen vielleicht recht nahe. Eine erste Wandlung erfuhr das Christentum durch die Missionen des Paulus, der selbiges für die antike Welt umformulierte. Doch auch das spätere römische Christentum Konstantins ist nicht das Christentum, das wir Abendländer kennen. Die antike Kulturseele assimilierte diese Religion auf die ihr entsprechende Weise, das Christentum wurde zu einem Agens der Aufweichung dessen, was Spengler noch, in Anlehnung an Nietzsche, die *apollinische* Kulturseele nannte. Erst nach den Völkerwanderungen, dem großen Purgatorium zwischen den Herrschaften zweier fundamentaler Kulturen, gebar sich erst zart und dann unübersehbar eine Kultur, die dem Seelenleben Mitteleuropas entsprach – und die das Christentum in sich als Ingredienz aufnahm. Das Christentum war ein Parcours, ein Bilderbogen mythischer Sprache, auf dem sich die Kulturen Ausdruck gaben. So wie sich die magische Seele des arabischen Raumes im Urchristentum explizierte, so wie sich die Kultur der Polis, also die antike Kultur, die im späten Rom ihren Untergang fand, im Christentum auf ihre Weise zeigte, so begann sich das mitteleuropäische Seelenleben im Christentum zu beheimaten, aber diesen mythischen Raum nach eigenem Gespür neu einzurichten. In der Romanik finden wir noch latinisches Erbe, auch in den frühen Kämpfen, aus denen später die großen Nationen Europas und damit der konkret-lebendige Ausdruck des

Abendlandes hervorgehen würden. In der Gotik sehen wir die frühe Kindheit des faustischen Abendlandes. In ihren außergewöhnlichen Domen und Kathedralen zeigen sich die Nationen mit ihren Veranlagungen und ihrer seelischen Bestimmung. Noch ist nicht abzusehen, wie sich diese entwickeln werden, noch liegt alles folgende, alle Kriege, alle Not und alles Verhängnis noch im Nichts der ungeformten Möglichkeiten. Wie man an kleinen Kindern bereits Temperamente und Begabungen beobachten kann, die sich aber in diese oder jene Richtung entfalten können, je nach den Umständen, sodass man ihren tatsächlichen Werdegang nicht vorhersagen kann, so kann man in den Zeugnissen der Gotik, die für uns noch sichtbar sind, die Anlagen der Kulturseelen Deutschlands, Frankreichs, Italiens, Spaniens noch rückblickend erkennen. All diesen Nationen ist die faustische, die abendländische, Kulturseele gemeinsam. Das Faustische durchdringt sie alle und zwingt sie in *eine* Richtung. Doch wie Geschwister, die sich gegenseitig kratzen, stampfen, beißen, entsteht eine scheinbare Zwietracht unter den Nationen, eine Zwietracht, in der sich das faustische Element in seinem Willen zur Tat, zur Eroberung und damit auch zur Nichtachtung der noch unerobertcn vermeintlichen Wildnis, selbst zum Verhängnis wurde.

Es ist erstaunlich, wie wenig wir über den Religionsstifter Jesus oder Jeshua wissen. Die Geschichtsschreibung erwähnt ihn gar nicht, wenn man von dem Vermerk Josephus` absieht, dass ein gewisser Jesus von Nazareth gekreuzigt worden sei. Doch Josephus war der Abstammung nach Jude, gehörte zum Kulturkreis Jesu. Die römischen Annalen wissen nichts von ihm. Historisch ist das verwunderlich, kennen wir doch viele Aufzeichnungen über Familien, historische, auch nicht so bedeutende Persönlichkeiten, nicht nur aus Rom, sondern auch aus den Provinzen. Die Evangelien sind weder Geschichtsschreibung noch Biografie, sie sind Offenbarung, Verkündigung. Doch vieles deutet auf eine auch historische Existenz von Jesus hin. Widersprüche in den Evangelien, eine nur schwer zu erklärende Ambivalenz der Person Jesu in den Schriften der Bibel, die man hätte vermeiden können, wenn alles nur Dichtung wäre. Doch unabhängig von der historischen Authentizität ist Jesus allein durch den Mythos eine zuhöchst wirksame Realität. Durch die Evangelien ist unser Jesus-Bild von der historischen Person ohnehin vollkommen abgeschnitten. Was für uns von Belang ist, ist der Jesus der Bibel. Dieser wurde rezipiert, seine Menschlichkeit und Göttlichkeit gedeutet, diskutiert, auf ihm ruhen alle Kirchen des Christentums und machten und gestalteten Geschichte.

Die Kulturseele der Polis war leblos geworden, erstarrt in kaum mehr ernst genommenen Kulthandlungen und Ritualen. Rom war nicht in der Lage gewesen, den wesentlichen Hunger der Seelen seiner eroberten Völker zu stillen, es brachte keine Idee, keine Mission. Sein Anliegen war rein materiell, war Territoriumsgewinn, Macht, Ausbeutung, in gewisser Hinsicht auch Kulturbringung. Nicht nur die semitischen Völker, auch die Gallier, Germanen, Thraker, Libyer, Lyder, Daker zeigten sich undankbar gegenüber den zivilisatorischen Errungenschaften Roms. Es waren nicht Wasserklosetts, Aquädukte, ausgebaute Straßen, rationale Rechtsprechung, was all diese Völker brauchten, sondern Sinn und Idee. Bislang hatten ihre regionalen Weltbilder diesen Hunger befriedigen können, dann aber kamen die Römer und zwangen sie in die Einflusssphäre einer Kultur, die selber schon keine Idee mehr hatte. Das Christentum des Paulus drang in diese weltanschauliche Ödnis und brachte das Feuer. Das Christentum besaß einen Marktvorteil unter den religiösen Strömungen jener Zeit, den auch der heutige Buddhismus für sich verbuchen kann: es war ursprünglich konfessionslos und an keine Ethnie, keinen Kulturkreis gebunden. Man musste nicht Jude sein, um Christ werden zu können, musste nicht einem Stamm angehören oder aus einer bestimmten Region stammen. Es hatte sich von einem Ursprung, dem Judentum, erfolgreich abgekoppelt und schwebte als Idee über allen bisherigen Haftungen und Bindungen. Christ konnte jeder werden und sein. Jesus` Reich war nicht von dieser Welt und es versprach Lohn und Genugtuung für alle irdische Mühsal. Ob Sklave, Knecht oder Freier, ob Aristokrat oder Plebejer, ob Bürger oder Unterworfener, das Christentum stand jedem offen, und es berührte alle sonstigen Zugehörigkeiten überhaupt nicht. Die römischen Kulte blieben vielen eroberten Völkern fremd, Rom versäumte es, eine das ganze Imperium überspannende und vereinende Idee zu erzeugen und zu proklamieren. Um Christ zu werden, genügte es, getauft zu werden und zu glauben. Keine andere Religion jener Zeit war derart offen und flexibel. Die Römer hatten dafür kein Gespür, und so ist zu erklären, dass sie die Gefahr, die im Christentum lauerte, nicht erkannten und es lange ignorierten. Die Christenverfolgungen begannen im Grunde zu spät, um es noch im Keim ersticken zu können. Der Gott des Christentums hatte mit dem jüdischen Jahwe kaum mehr etwas zu tun. Jahwe war Semit, war ein Gott der Wüste und des Nahen Ostens, seine Eigenschaften zu konkret, ja fast personifizierbar, als dass er eine Rolle außerhalb des Judentums hätte spielen können. Der Gott des Christus hingegen wurde abstrakt, eigenschaftslos, allumfassend, unerkennbar, aber in Gestalt seines Sohnes Jesus gütig, milde, vergebend, schützend, ewiges Heil versprechend. Die Sünden sind vergeben; das Menschenkind an sich, Jesus als Pars pro Toto, für *den* Menschen schlechthin stehend, hat für die Menschensünde gesühnt. So predigte Paulus und so wurde er verstanden von den Hörern. Im Römischen Reich war eine riesige Menschenmasse ohne sinnstiftende Einbindung in Größeres entstanden, ein ‚inneres Proletariat', so nannte Arnold Toynbee dieses Phänomen.

Unter einem ‚inneren Proletariat' versteht er (unabhängig von Arbeiterschaft oder dergleichen) die Menschen, die in der jeweiligen Kultur oder Zivilisation keine geistige oder psychosoziale Einbindung erfahren können, die unverstanden sind und bleiben, die vom sinnhaften Ganzen einer Kultur nicht mehr erfasst werden, die sich heimatlos fühlen, die, obschon in ihrer Geburtsgegend, kein Heimatrecht erfahren – sowohl im buchstäblichen als auch im geistigen Sinne. Doch ein *inneres Proletariat* kann kreativ werden, kann Ideen hervorbringen, die die Kultur zu Fall bringen. Im römischen Imperium um das erste Jahrhundert gehörte sogar eine überwältigende Mehrheit zu diesem *inneren Proletariat*, in einer seelischen Heimatlosigkeit vor sich hin lebend, ohne Sinn, ohne Zukunft. Eine Situation, die sich im heutigen Europa zu wiederholen droht.[35] Da das *innere Proletariat* von den kulturtragenden Ideen (so überhaupt welche vorhanden sind) ausgeschlossen ist, beteiligt es sich auch nicht am Erhalt der Kultur; sie ist ihm gleichgültig, mehr noch, sie ist ihm oft genug und mit Grund verhasst. Wenn es aber die offizielle Kultur nicht mitträgt, trägt es entweder gar nichts – was seelisch unbefriedigend ist – oder etwas Eigenes, welches notgedrungen der offiziellen Kultur konkurrierend und bedrohlich gegenübersteht. Das Christentum, von jeder Konfessionszugehörigkeit frei – wir reden vom Urchristentum! – war ein Kind dieses *inneren Proletariats*.

Es entstand an der Peripherie des Imperiums aus einer Kultur, die der römischen Idee ganz gegensätzlich war, und auch dort nicht von den Oberen, den Pharisäern und Hohepriestern, sondern aus dem zornigen Bemühen eines Außenseiters, eines Zimmermanns aus einem völlig unbedeutenden kleinen Nest namens Nazareth. Ein ehemaliger Pharisäer, vielleicht ein Zelot, ein Freiheitskämpfer, ein Gegner der Römer und Gegner des frühen Christus, der ihm nicht weit genug ging, wird dann die christliche Lehre verkünden: Paulus. Es wird oft von seiner Wandlung gesprochen. Ich sehe keine. Er wechselte nur das Lager, aber sein Anliegen blieb das gleiche, seine Mission änderte sich überhaupt nicht, nur die Form dieser. Kämpfte er vorher *gegen* die Römer und gegen den vermeintlich friedlichen Jesus, so kämpfte er nun *für* das Christentum. Doch für das Christentum zu kämpfen, heißt auch, der römischen (Nicht-) Idee etwas entgegenzusetzen. Sein Kampf wurde effektiver, ja weltgestaltend. Doch sein *thymos*, sein Zorn, war ungebrochen, lebte nur noch mehr auf. Er bereiste weite Teile des damaligen Imperiums, missionierte nimmermüde in Griechenland, Judäa, sogar in Italien und Rom. Er verband Gemeinden, vernetzte die neue Bewegung und spannte ein weltanschauliches Netz über alle Landschaften und ethnischen Unterschiede hinweg. Paulus war ein Kämpfer, und er blieb es auch nach seiner Berufung. Seiner Herkunft nach – wenig erstaunlich –

35. Die nordamerikanische Kultur und ihre Idee, des ‚american way of life', mit Idealen von Freiheit, Demokratie und protestantischem Christentum. Doch dieser ‚way' ist nicht der Europas, und dennoch folgen wir ihm wie einst die Kolonien und Provinzen Roms. Die europäische Kulturseele ist alt, vergreist und arm an Ausdruck geworden. Den amerikanischen Weg werden wir auf Dauer nicht übernehmen können, und eine Restauration des Abendlandes und seiner Ideale ist unmöglich geworden. Irgendwann wird innerhalb der seelisch heimatlos gewordenen Menschen Europas eine vereinende und die Seele befriedigende *Idee* auftauchen, und aus dieser wird auf dem europäischen Boden etwas Neues entstehen. Noch ist eine solche aber nicht absehbar. Noch sind wir in der Phase der Frustration, die zurzeit (2013) beängstigend zunimmt. Zorn entsteht, vor allem in den südlichen Ländern des Kontinents, denn dort verlieren immer mehr Menschen ihr Recht auf Sein, ihr Heimatrecht auf Einbindung und Sinnstiftung, sowohl in ihrem Land, als auch als Mitglied einer Gemeinschaft.

gehörte er als Jude dem *inneren Proletariat* an, war aber genauso verwurzelt im hellenischen Denken (er stammte aus Tarsus). Er verstand die Griechen, er verstand die Semiten, reden konnte er mit allen. Die vielleicht ursprüngliche Lehre des Jesus erfuhr hier ihre erste Metamorphose. Paulus hellenisierte die Sprache, befreite das Christentum von der magischen Durchdringung durch die arabische Kulturseele. Vergessen wir nicht: dort, in der arabischen, also magischen Kulturseele hat das Christentum seine eigentliche Herkunft.

Das Christentum ist eine autonome Sinnstiftung, die von unten her geschah. Als dreihundert Jahre später der erste römische Kaiser sich taufen ließ, reagierte er nur folgerichtig auf die Tatsache, dass das Christentum da bereits völlig konkurrenzlos als sinnstiftende Weltanschauung und Religion dastand. Das bedeutete nicht, dass bereits eine Mehrheit der Bevölkerung Christen gewesen wären. Das Christentum gewann nicht das Rennen um die dominierende Stellung in der Religionslandschaft, weil es sich so vehement gegen andere durchsetzte, sondern weil es im Imperium auf keine ernst zu nehmende Konkurrenz stieß. Keine andere Religion war so leidenschaftlich, sprach so sehr die innersten Sehnsüchte der Menschen an, war so freizügig, was die Bedingungen betraf, unter denen man ihm beitreten konnte.

Das Christentum war von Anfang an jenseits des hellenischen als auch jenseits des arabischen Lebensgefühls, es brachte etwas Neues in die Kulturen ein, eine neue Sprache der Seele, die zwar die hellenistische als auch arabische Kulturseele zu sprechen lernten, aber nur, um ihrem jeweiligen inneren Anliegen Ausdruck zu geben. Das erste Konzil in Nicea um 325 war noch durchdrungen vom arabisch-magischen Gefühl des *consensus*.[36] Kein Gedanke an quasi-parlamentarische Abstimmungen, sondern es war das Vertrauen in den gemeinsam zu erfahrenden Geist Gottes, den *consensus*, der die Entscheidungen bestimmte. Etwa tausend Jahre später, etwa auf dem Konzil von Konstanz, war davon nichts mehr zu spüren; da waren Faustiker am Werk. Doch dieser frühe, noch magische *consensus* entschied über den Kanon der Schriften, die als rechtmäßig in die Bibel aufgenommen wurden. Ein heiliger

36. Spengler, 2006, S. 623

Prozess, zu dem die faustische Seele, tausend Jahre später, nicht fähig gewesen wäre.

Im Jahre 1054 trennte sich die westliche, römisch-katholische Kirche mit dem Nachfolger Petri, dem Patriarch von Rom, von der östlichen, griechisch-orthodoxen Kirche mit dem Patriarchen von Konstantinopel an ihrer Spitze. Diese Spaltung (das sogenannte *morgenländische* oder *große Schisma*) mag politisch oder auch mit Auslegungsdifferenzen zu erklären sein, wesentlich aber für unsere Betrachtung ist ihre Folgerichtigkeit. Eine einheitliche Kirche von Konstantinopel bis Rom hätte kein Abendland, wie wir es kennen, hervorgebracht. Der Westen, mit Rom, hatte ganz andere Anforderungen zu bewältigen, war in einer völlig anderen seelischen wie politischen Lage als der Osten mit Griechenland und dem Byzantinischen Reich. Die Kulturen drifteten da bereits auseinander und jede dieser Kulturkreise rang um eine neue Sprache, rang um Ausdruck und Form. Im Westen hatte bereits Karl der Große vor über zweihundert Jahren den Mittelpunkt der Macht nach Mitteleuropa, nach Paderborn und Aachen, verschoben. Da war ein Rittertum entstanden, bereits erprobt im Kampf gegen die Magyaren, eine wahre Plage, die regelmäßig nach Deutschland eindrang. Heinrich, der Sachsenkönig, hatte die Reiterscharen abgewehrt, hatte Burgen zur Verteidigung errichten lassen, romanische rohe Bauten, trotzig, einfach und archaisch, nicht unverwandt der Burg des vorhellenischen Mykene. Sein Nachfolger Otto der Große war vom Patriarchen von Rom zum Kaiser gekrönt worden. Kaiser und Papst waren eine Allianz eingegangen: Der Kaiser beschützte den Papst, der Papst krönte den Kaiser.[37] Diese mitteleuropäischen Herrscher sahen in Rom die ideelle Grundlage ihrer Macht – nicht in Konstantinopel. Beide Sphären, die byzantinische und die römische, konnten sich künftig nur behindern und ihren jeweils richtigen Kulturausdruck blockieren. Die Trennung war also nötig und überreif. Die östliche Kirche wurde zur Grundlage des griechisch geprägten Byzantinischen Reichs, bis es von den osmanischen Muslimen 1453 erobert wurde (und fortan Istanbul heißen würde). Nach dieser Eroberung blieb die orthodoxe Kirche schutzlos zurück. Die Großfürsten der Kiever Rus übernahmen die Rolle des weltlichen

37. Seibt, 2002, S. 240

Verteidigers, und wir sehen hier schon, dass die orthodoxe Kirche zur Grundlage eines ganz anderen Kulturkreises werden würde. Der russische Großfürst Iwan III. (1462-1505) wurde zum Zaren, zum Verteidiger der Christenheit also. Das Wort ‚Zar' leitet sich wie unser ‚Kaiser' von Cäsar ab. Seine heilige Legitimation bezieht er vom Oberhaupt der orthodoxen Christenheit, in diesem Fall vom Patriarchen von Moskau. Moskau nannte man das ‚dritte Rom'[38] – welch ideellen Wert man doch Rom zuschrieb!

Was nun aber im westlichen Europa geschah – und im östlichen Europa, Kleinasien und Russland nicht – war nichts weniger als der Beginn eines alles durchdringenden Dualismus. Kirchliche (also geistige) und kaiserliche (also weltliche) Macht traten deutlich ins Bewusstsein und erzeugten einen wahrnehmbaren Gegensatz. Das Beispiel Karls und seiner späteren Nachfolger, der sächsischen Ottonen, machte Schule. Auch Könige ließen sich später vom jeweiligen Erzbischof krönen. Doch der Gegensatz wurde noch schärfer: Königtum wurzelt im Boden, ist also letztlich bäuerlichen Ursprungs.[39] Dort gilt Erbrecht, gilt Abstammung, gilt Verwurzelung. Im dynastischen Gedanken setzt sich diese Herkunft fort. Doch das Priesteramt ist weder erblich, noch an Abstammung gebunden. Zwar rekrutierte sich der Klerus in früher Zeit, etwa zur Zeit Karls bis zu den Ottonen, aus dem Adel, war sogar mit den Königs- und Kaiserhäusern oft verwandt und verschwägert, doch das änderte sich bald. Ein stärkerer Gegensatz ist kaum vorstellbar. Es kommt hier eine Macht zum Vorschein, die sich unabhängig vom Boden, also in einem metaphysischen Sinne unabhängig von Materie, von irdischem Diesseits, herleitete. Allein die Gottestreue oder Gottesfurcht, die kirchliche Bildung und die Priesterweihe entschied hier, nicht aber die geografische oder familiäre Herkunft, nicht Vermögen und eben auch nicht Erbrecht. Es entsteht hier eine Macht, die geistig ist,

38. Konstantinopel, das kurzzeitig auch Nova Roma hieß, galt als das ‚zweite Rom'.

39. Diese Feststellung betrifft die Dynastien ab Augustus, dessen Familie, die Julier, die erste unter ihnen bildete. Im vorchristlichen Mittel- und Nordeuropa war das Königtum durchaus nicht erblich, sondern beruhte auf dem Prinzip der Gefolgschaft. Die Christianisierung unter Karl dem Großen etablierte das dynastische Königtum dann in schrittweise in ganz Europa und verdrängte das Königtum der Gefolgschaften. Es soll nicht unerwähnt bleiben, dass andere Kulturen, etwa die ägyptische, den dynastischen Königsgedanken durchaus kannten.

ideell, und die in ihrer Existenz die Gegenthese zu aller dem Boden verhafteten Kultur bildet. Diese Macht steht seit dem Hochmittelalter gleichberechtigt neben der weltlichen, aber nicht in dem Sinne, dass sie in die weltlichen Belange eingreifen dürfte. Oft genug hat ein Kaiser oder König kirchlichen Ambitionen die Stirn geboten. Die Kirche war zu ihrem Schutz nach wie vor auf das Wohlwollen des Kaisers angewiesen. Dieser wiederum aber war in seiner Legitimation abhängig vom Segen der Kirche. Abgesehen davon zeigte sich die katholische Kirche als Kulturbringer. Sie organisierte Waldrodungen, unterstützte technische Fortschritte im Ackerbau (Wendepflüge, Dreifelderwirtschaft und anderes), zeigte sich als ideeller Bauherr in Form von Kirchen, Domen, Kathedralen. Die eigentliche abendländische Kultur wurde wesentlich von der katholischen, später auch von der protestantischen Kirche getragen. Schulen und Universitäten, Verbreitung der Schrift, von Bildung überhaupt, haben zu einem Großteil ihr Dasein den Kirchen zu verdanken. Das gotische Erbe zeigt sich am ehesten in den großen Sakralbauten, viel seltener in weltlicher Architektur. Der Vorwurf, die Kirche hätte die geistige Entwicklung des Abendlandes unterdrückt, aber wenigstens behindert, greift zu kurz; die Prozesse und Zusammenhänge sind viel zu komplex, als dass man einseitige Urteile fällen könnte. Fest steht, dass die Kultur des Abendlandes ohne die katholische Kirche überhaupt nicht möglich gewesen wäre. Doch, wie gesagt, die Zusammenhänge sind komplex. In dem ja von der Kirche selbst geförderten Dualismus von Geist und Welt liegt eine der tieferen Ursachen für die spätere merkwürdige Spaltung des europäischen Denkens in Religion und Wissenschaft; eine Spaltung, die weder die orthodoxe Kirche byzantinischer Prägung bis in die russische Zeit hinein, noch die islamische Welt kennt.

Hinzu kam, dass das katholische und später protestantische Christentum den *Individualismus* förderte. Auch das ist eine schwer zu akzeptierende Tatsache. Und hier nähern wir uns dem Kern der *faustischen* Kulturseele, ihrem *innersten Anliegen.*

Ein *innerstes Anliegen*, wie ich es nenne, ist eine Konsequenz aus dem Vorhandensein oder der Entstehung von Fähigkeiten der Wahrnehmung oder Informationsverarbeitung. Ein simples Beispiel: Wenn man *weiß*, dass es ferne Länder gibt, dass man diese bereisen kann und dass solche Reisen ein Gewinn für die eigene Person sein können, kann somit eine Reise zum *Anliegen* werden. Doch dieses Anliegen setzt entsprechendes Wissen voraus. Ein anderes Beispiel: wenn man weiß, dass man die Schärfe des Blickes intensivieren kann, zum Beispiel durch optische Hilfsmittel (Lupen, Brillen, Mikroskope), kann aus diesem *Wissen* ein *Anliegen* werden. Was ist nun zu Beginn dieser Kultur, die wir Abendland nennen, und die ihre Anfänge in der katholischen Christenheit zur Zeit der Romanik und vor allem der Gotik hatte, geschehen? Eine nur historische Betrachtung reicht nicht aus, um die Frage zu beantworten, vielmehr bedarf es einer Art Geschichts-Psychologie, die ihren Gegenstand in historischen Ereignissen findet, oder eine Psycho-Historie, also eine Geschichte der menschlichen Psyche.

Es ist, als ob an dem Rädchen eines Fernrohrs oder Mikroskops gedreht worden wäre, das unsere Sicht auf die Welt – in die große und in die kleine, in die innere wie äußere – scharf gestellt hätte. Was vorher noch ein verschwommenes Ganzes war, in großzügigen Formen und ineinanderfließenden Farben, zeigt sich nun in kontrastreicher Schärfe. Wer diese Schärfe nicht kennt, weiß auch nichts von Unschärfe, sondern nimmt hin, was er meint, zu sehen und zu erkennen. Doch das, was vorher ein unteilbares Ganzes zu sein schien, erweist sich nun als Konglomerat aus konturreichem Innenleben. Das unteilbare Ganze offenbart sich im Mythos. Seine Elemente werden nicht getrennt, nicht analysiert, sondern sie wirken als Ganzes, und ein Ganzes bleiben sie auch. Erst wenn der Blick schärfer wird, zeigen sich die einzelnen Elemente des Mythos; er entpuppt sich als, um es modern zu formulieren, System aus Subsystemen, welche wiederum aus Subsystemen bestehen, alle potenziell sichtbar, erforschbar, erkennbar, vielleicht sogar nutzbar, wenn man nur scharf genug in die Tiefe schauen könnte. *Dualistisches Denken* ist die erste Konsequenz dieses scharfen Blickes, eine erste emotional-kognitive Reaktion eines Geistes, der noch vom Mythischen geformt ist und sich nun mit Ungeheuerlichem konfrontiert sieht. Wenn ameisenhaft genug des Kleinen und ganz Kleinen gesammelt sein wird, wird auch der Dualismus vor der schieren Vielzahl der Einzelerkenntnisse kapitulieren und einer *Relativität* oder *Aperspektivität*[40] des Denkens Platz machen.[41] Wir betrachten aber den Übergang vom mythischen zum dualistischen Denken. Jean Gebser formulierte es so:

War das mythische Denken, so weit man es als ein ‚Denken' bezeichnen kann, ein imaginierendes Bilder-Entwerfen, das sich in der Eingeschlossenheit des die Polarität umfassenden Kreises abspielte, so handelt es sich bei dem gerichteten Denken um ein grundsätzlich andersgeartetes: es ist nicht mehr polar bezogen, in die Polarität, diese spiegelnd, eingeschlossen und gewinnt aus ihr seine Kraft, sondern es ist objektbezogen und damit auf die Dualität, diese herstellend, gerichtet, und erhält seine Kraft aus dem einzelnen Ich.[42]

Was der faustischen Seele hier geschah, war ein Hineingestoßenwerden in das Innere des ‚mythischen' Kreises – vielleicht aber war es auch ein kühner Sprung. Die faustische Seele stand nun inmitten der Polaritäten des Mythos – bislang bildhaft und flächig vor uns stehend, mit einem Blick erfassbar – und erfuhr sie erstmals als Gegensätze. Der faustische Mensch erfuhr sich nun als einer, der Entscheidungen fällen muss: Schaut er nach rechts, verliert er die Gegenseite aus den Augen und umgekehrt. Der Gegenstand seines Gewahrseins obliegt seiner Entscheidung, und diese kann er nur selbst fällen. Der antike reine Schicksalsgedanke griff nicht mehr; die Ereignisse, also auch das Wahrzunehmende und das zu Erfahrende, geschahen ihm nicht mehr nur, er hatte sich zu entscheiden, hatte abzuwägen, sich zu prüfen. Das Ich wurde zum Gestalter des Schicksals, in ihm lagen der Wille und die Fähigkeit, sein Seelenheil selbst zu verantworten. Das Ich als Entscheidungsinstanz über Schicksal: Der Individualismus war geboren. Dualismus und Individualismus gehen Hand in Hand; das Eine bedingt das Andere. Das Ich erfährt sich als eine substanzielle Größe: Auch wenn die Ereignisse und Wahrnehmungen sich ändern mögen, es bin doch immer ich, dem das widerfährt, und der sich für seine Blickrichtungen zu entscheiden hat. Das Gewahrsein verortet sich im Ich und erzeugt

---

40. Vgl. Gebser, 1973
41. Vieles deutet darauf hin, dass dieser Punkt erreicht oder zumindest nahe ist.
42. Gebser, 1973, 1. Bd., S. 128

damit eine stationäre Perspektive. Ich identifiziere mich mit festen Prinzipien, die mir die besten zu sein scheinen, und zementiere so mein Identitätsgefühl. Das Denken wird unterscheidend, von Prinzipien getragen, symbolisch und abstrahierend. Die kognitive Psychologie spricht von Rationalität. Die genannten Elemente bilden eine Quaternität, die das Feld des faustischen Seelenlebens umzäunt: *Dualismus*, *Rationalität*, *Individualismus* und *Perspektivität.*

Das Seelenheil liegt nun in meiner Hand, ich kann es auch vermasseln – die Selbstverantwortung entstand. Von schicksalhaftem Verhängnis konnte nun nicht mehr die Rede sein. Luther ließ dann alle Masken der individualisierten Religiosität fallen: Mit Beginn des Protestantismus wurde aus der alttestamentarischen Sünde die persönliche Schuld.

Durch den schärferen Blick in das Innere des polaren, mythischen Kreises zeigen sich plötzlich seine Inhalte. Diese erzeugen Neugier, erzeugen ein Anliegen, diese mental zu erfassen. Der Kreis des Mythos ist gesprengt und wird zum dreidimensionalen Raum, in dem sich der Mensch, nun ein Einzelner, als ein Ich, bewegt. Bevor er nicht die vollständige Fülle all dessen, was der (vormalige) Kreis des Mythos birgt, erkannt hat, erschließt sich ihm nicht der zusammenhängende Sinn. Statt dessen erscheinen ihm plötzlich Widersprüche, Gegensätze, zwischen denen er selbst navigieren muss. Der Mythos umfasste *alles*, aber auf eine nur ahnungsvolle, nicht im Einzelnen bewusste Weise. Das, was im Mythos nebelhaft erahnt wurde, wird nun gesehen, erkundet, tritt durch gerichtete Aufmerksamkeit in das Gewahrsein des Menschen. Doch dieser Weg der Analyse, also der Trennung, des Scheidens der einzelnen Phänomene, ist langwierig und mühselig, ja eine Sisyphusarbeit, und das *Ganze* lässt sich daraus nicht leicht erschließen. Die ahnungsvolle mythische Wahrnehmung musste durch *Glauben* ersetzt werden. Man sah das Ganze nicht mehr, kannte es nicht mehr, und dennoch würde jede Sinnstiftung im Leben verloren gehen, würde man es leugnen. Deshalb die Überzeugungsarbeit der Kirche, jenes ‚du *musst* glauben', das war intuitive Ahnung und eine gefühlte Notwendigkeit. Der Blick ins Innere des (vormals mythischen) Kreises ließ sich nicht mehr rückgängig machen, war nun einmal geschehen, und so ließ man sich fesseln von der Betrachtung der Natur, von ihren kleinen Details, die später in den Naturwissenschaften akribisch notiert werden würden.

Wer sich zu sehr auf die Details konzentriert, droht den Blick für das Ganze zu verlieren. Diese intuitive Wahrheit führte zu den Machtkämpfen – eigentlich auf mentaler und weltanschaulicher Ebene, oft genug aber mit harten Konsequenzen für das ganz irdisch-konkrete Leben – zwischen der Fraktion derer, die das detailreiche Innere der Welt zu erkunden trachteten und der Fraktion jener, die die Gefahr witterten, dass das *Ganze* damit vollkommen aus dem Blick geraten könnte. Letztere beharrten auf dem *Glauben*, erstere verstanden diesen schon nicht mehr und proklamierten, dass die Welt nur zu verstehen wäre, wenn man nur hinreichend lange die Welt in ihren Einzelheiten, ihren Phänomen und Gesetzmäßigkeiten erforschte.

Das *Ganze* aber, das man aus dem Bewusstsein zu verlieren drohte, erhielt eine Chiffre: Gott, das Göttliche, Gottes Wege und anderes. Gott war nun freilich nicht zu erforschen, und da man begann, als einen *Beweis* nur noch zuzulassen, was auf dem Wege der methodischen Erforschung des Details erbracht werden konnte, gehörte Gott (und damit das *Ganze*) bald nicht mehr zu den Gegenständen des rationalen wissenschaftlichen Denkens. Im Geist des Abendlandes begann jene verhängnisvolle Trennung zwischen Wissenschaft und Religion. Die vollständige Säkularisierung der Wissenschaften begann zwar erst mit der Aufklärung, Symptome dieser Trennung aber gab es auch vorher. Galilei ist ein Beispiel. Aber auch schon zur Zeit der *rinascita* wusste man recht genau zu unterscheiden, welche Tribute man der Kirche zu leisten hatte, und wo man das nicht tun musste und auch nicht sollte.

Andere Kulturen haben übrigens, wenn auch auf ihre ganz spezifische Weise, diesen scharf gestellten Blick, der den Kreis des Mythos sprengt und das Detail sichtbar werden lässt, auch erlebt und gekannt.

Die Geburt der Athene aus dem Kopf des Zeus zeigt die Geburt des ‚zornigen' Denkens. Der Kreis des Mythos (Zeus` Kopf) zerbirst, die Erde bebt (die alte Ordnung ist erschüttert), die Sonne hält in ihrem Lauf inne (der Kreislauf ist unterbrochen). Immer wenn die natürlichen Kreisläufe unterbrochen werden, Kulturen also vor massive Herausforderungen gestellt werden, zerbricht der mythische Kreis, der Blick wird schärfer, er sucht fieberhaft nach Lösungen. Im antiken Griechenland ist es Aristoteles, der das unterscheidende Denken an sich sogar untersucht hat, und dessen Regeln für geistige Assoziation und Logik für die abendländische Philosophie grundlegend wurden. Doch es sind die Römer erst, die die *ratio* zur Grundlage allen praktischen Handelns machten. Jede Kultur findet ihre eigene Form, und Wiederholungen dürfen wir nicht erwarten. Wenn die hellenische Kultur den Kreis des Mythos unterbrach, dann auf ganz andere Weise als die Abendländer. In der hellenischen Kultur war es ein Prozess, der erst in der Spätzeit eintrat; an sich ist sie eine vom Mythos zutiefst geprägte Kultur. Das Abendland hingegen beginnt mit dem Aufbrechen des mythischen Kreises, und seine Geschichte ist die Geschichte des unruhigen (beunruhigten) Geistes, der sich als Individuum in der Vielfalt der Welt wiederfindet, der sich zur Gestaltung der Welt und des Schicksals nicht nur ermächtigt, sondern auch genötigt sieht. Daher auch die *faustische* Kulturseele, denn Faust ist der eigentliche abendländische Mythos, sowohl in der mittelalterlichen Volksbuchfassung als auch in Goethes Dichtung. Der Mephisto, der satanische Verführer, ist der Geist des Unterscheidens, die Ratio, das Drängen nach Mehr, nach Weiter. Faust als der abendländische Mensch gestaltet sich sein Schicksal durch seine individuellen Entscheidungen. Das ruft die Agitatoren für die eine oder andere Richtung auf den Plan. Im Hellenismus wäre ein Mephisto nicht mehr als eine lächerliche, nicht allzu gefährliche Gestalt gewesen, den Faunen nicht unähnlich, denn die Griechen *erfuhren* ihr Schicksal, die Abendlander entscheiden es. Das ist Fluch und Segen.

Auch die yogische Kulturseele hat den Kreis des Mythischen mehr als einmal gesprengt. Nur waren seine Lösungen ganz andere als die der Griechen und die der Abendländer.[43]

Die dualistische Tendenz der Wahrnehmung lässt Gegensätze ans Licht treten, die in rein mythischen, also symbolisch wahrnehmenden, Kulturen noch miteinander verwoben sind. Zeus ist nicht gut und nicht böse, er ist nicht unheilvoll und nicht Heil bringend; er *ist*. All die scheinbaren Widersprüche vereinen sich in seiner Gestalt, in den Sagen und Mythen, im Bild, das man sich von ihm macht. Doch der analytischere Blick des dualistischen Denkens führt eine Trennschärfe in die Sichtweise ein, die die im Symbol enthaltenen Widersprüche klar benennt. Sie werden deutlich, bekommen Namen und Wirkung, man

43. Ausführlicher dazu weiter unten im Kapitel *Die yogische Kulturseele*, S.204.

reagiert auf sie, ist ihnen ausgesetzt. Man sucht Schutz auf der Gegenseite, wenn das ‚Böse' von einem Besitz zu ergreifen droht. Die apollinische (hellenische) Kulturseele kannte das ‚Böse' nicht, wohl aber das Verhängnis, das unglückliche Schicksal, das aber immer auch glücklichere Tendenzen in sich trug. Doch die faustische Seele erkannte die Pole der Kontinuen und verwandelte das polare Denken in ein dualistisches. Polares Denken ist vielgestaltig; Kontinuen verschiedener Couleur überkreuzen sich und hinterlassen ein vages Gefühl von Schicksal gestaltenden kosmischen Kräften, denen der Mensch ausgesetzt ist. Dualistisch aber ist ein Denken, dass die Gegensätze erkennt. Polares Denken kennt keine Gegensätze, nur Pole, die innerhalb eines Kreises liegen, es kennt nicht den Zwang zur Entscheidung. Dualistisches Denken hingegen schon. Die wahrgenommenen Gegensätze lassen kaum Kompromisse zu, sie zwingen zu einer Entscheidung, deren Verantwortung ganz beim Einzelnen liegt. Und so erzeugt der Dualismus auch den Individualismus. Es ist nicht zufällig, dass die am meisten von christlichen Interpreten beachtete griechische Sage die des Herakles ist. Der Grund liegt weniger in all seinen Heldentaten – auch andere griechische Helden vollbrachten ähnliche Leistungen – sondern in seiner Entscheidung zwischen Tugend und Laster. Wir erinnern uns: Ihm begegnen die beiden in Gestalt von Frauen, schön, gepflegt, geschminkt, geschmückt, verheißungsvoll und verführerisch das Laster, abgehärmt, gebückt, wenig einladend und Mühe versprechend die Tugend. Herakles entscheidet sich für die Tugend. Nur durch diese Entscheidung bekommen seine Taten Wert für das christliche Denken. Durch diese Entscheidung rücken sich alle seine Taten in das Licht von Aufgaben, die von den christlichen Interpreten im Sinne der Tugend gedeutet wurden: von Grund auf lasterhaft, jähzornig, von sexuellen Leidenschaften geführt, beginnt Herakles seine einzelnen Laster Schritt für Schritt zu besiegen, bis er schlussendlich seine Haut, das eigentliche Ego, den Selbstsinn, verliert und dadurch vergöttlicht wird. Doch diese heraklische Entscheidung ist nicht typisch apollinisch, sie ist für die Griechen eher Ausnahme als Regel. Wir werden weiter unten noch sehen, dass die christliche Deutung nur eine von vielen möglichen ist. Doch genau diese Interpretation wirft ein erhellendes Licht auf den faustischen Charakter: Er ist nicht nur dualistisch (Tugend und Laster,

Gott und Teufel, geistige Macht und weltliche Macht, Materie und Geist, Dom und Palast, Christentum und Heidentum), er ist ebenso individualistisch. Die Entscheidung zwischen den Gegensätzen obliegt nun dem Einzelnen, nicht mehr dem Schicksal (wie bei den Griechen). So werden auch Verdammung und Absolution, Weihe, Taufe, Exkommunikation und Kommunion, Individuen gewährt, und nicht etwa Familien, Städten, Ländern oder Dynastien. Der Kirchenbann traf immer ein Individuum, nicht aber dessen Familie, und es war auch nur das Individuum, das mit Sühne und Buße diesen wieder rückgängig machen konnte. Heinrich IV. musste persönlich und barfuß dem Papst hinterher reisen, um dessen Vergebung dann in Canossa zu erhalten. Die großen Dome der Gotik sprechen eine eindrückliche Sprache. Sie sind steingewordenes Ego, aber nicht im Sinne eines selbstsüchtigen Egoismus, sondern im Sinne der Bewusstwerdung der individuellen Existenz des Menschen. Zwischen den großen unvereinbaren Gegensätzen, von denen das eine nicht gleichzeitig auch das andere sein kann, steht derjenige, der sich entscheiden muss, steht jemand, der sich seiner selbst bewusst wird, weil nur er derjenige ist, der für sich selbst die Entscheidung in seinem Inneren, in seiner Seele und seinem Geist fällen kann. Die Dome kleiden die ‚richtige' Entscheidung in Stein: Alles strebt nach oben, selbst die Form der Fenster, die die herkömmliche Rundbogenform nach oben aufbrechen und damit eine Spitze entstehen lassen, die wie ein Pfeil die Richtung deutlich macht. Auch im Inneren des Doms weicht der Rundbogen dem Spitzbogen; die Fassaden wiederholen an allen Stellen, über und neben dem Portal, an den Seiten, entlang des Daches, auf dem Dach, in Form der Türme und noch durch Verzierungen an diesen, die Aufwärtsbewegung. Alles an den Domen atmet Streben, atmet Bemühung um den richtigen Weg, verweist auf die Entscheidung für Gott und gegen den Teufel.

Werfen wir einen kurzen Blick auf deutsche und französische gotische Kathedralen, jenen ersten Kulturausdruck des christlichen Abendlandes. Kein Dom ist bezeichnender für die deutsche Kulturseele als der Kölner. In der Gotik mit dem Bau begonnen, im 19. Jahrhundert fertiggestellt, dazwischen eine Generationen währende, mal ruhende, mal aktive Baustelle. Auf vielen historischen Darstellungen sieht man einen Baukran, der sich über die Zeiten nicht zu verändern schien. Im Inneren der Kathedrale klare und nüchterne Schönheit. Die in den Heiligen Schriften überlieferten Sachverhalte werden in der Kunst der Steinmetze und Bildhauer akribisch dokumentiert. Raum für mystische Spekulationen gibt es nicht. Ernsthaft und sachlich wird dargestellt, was Fundament des gotischen Christentums ist. Die deutsche Seele zeigt ihre Veranlagung zu Ruhe und Sachlichkeit, zu rationaler Dokumentation, zur historischen Genauigkeit. Zugleich aber offenbart sich auch die grundlegende Behinderung der deutschen Seele, die man allegorisch in der Unterbrechung der Bautätigkeit, der Verhinderung des Fertigstellens erkennen kann. Erst das 19. Jahrhundert, das die stets verhinderte deutsche Seele spät, viel zu spät!, zur Einheit und Ausreifung bringen will, stellt fertig, was nie fertig werden kann, wenn es nicht bereits in der Zeit ihrer eigentlichen Lebendigkeit, in der Gotik, abgeschlossen werden konnte.

In den französischen Kathedralen, etwa in Notre Dame in Paris und im Dom von Chartres, offenbart sich die Veranlagung der französischen Kulturseele. Mystische Spekulation finden wir, eine Freiheit zur gewagten Idee, vor allem aber Fantasie. Auf einem Relief, das das Abendmahl zeigt, sitzt neben Jesus eine Frau. In Köln undenkbar. In Chartres gibt es einen Altar für die Schwarze Madonna. Auf den Böden im Kirchenschiff sind komplexe Labyrinthe eingearbeitet, Insignien eines verborgenen Heilsweges, Raum für Spekulation, für das Uneindeutige lassend.

Doch so sehr die Unterschiede zwischen den Anlagen der deutschen und französischen Gotik auch zur Betrachtung reizen mögen, der entscheidende Punkt ist das Gemeinsame, ist der Überbau im Weltbild, der ganz Mitteleuropa damals zu einer Kultur verschmelzen ließ. In den Kathedralen, egal ob in Frankreich oder Deutschland, zeigt sich das Streben nach oben in einer ganz eindeutigen Formsprache der Architektur. Jede Bewegung der Konstruktion zeigt nach oben, scheint den Stein, die Skulpturen, den Blick des Besuchers ins Unendliche ziehen zu wollen. Die Kathedralen sind Allegorien für das innerste Anliegen des Abendlandes, für das Erobern des Raumes, für das Hinausstreben, für das Expansive an sich. Dieser Expansionsdrang zeigt sich in der Mystik, in der Religion, in der Metaphysik, den Wissenschaften, den Künsten, der Politik und dem späteren Kolonialismus. Nichts soll bleiben, wie es ist. Alles muss sich einer Entwicklung, einer Entfaltung unterziehen. Und wohin diese Entfaltung zielt, ist von Anfang an klar definiert: hinaus über das Gegenwärtige, hinein ins Mehr, ins Weiter, einen Zielpunkt gibt es nicht, der Entwicklung ist keine Grenze gesetzt.

Die orthodoxe Kirche von Byzanz, aber auch später Russlands, kennt diese Formensprache nicht. Dort ist es die Rundkuppel, sind es später die ‚Zwiebeltürme', die auf den *bergenden* Charakter von Kirche und damit von Christentum verweisen. Den Osmanen fiel es leicht, aus der Hagia Sophia eine Moschee zu machen, ihre Architektur allein ist dem islamischen Denken viel näher als dem christlich-abendländischen. Die orthodoxe Kirche versammelt die Christen in ihr und birgt sie wie in einer Höhle; es ist dort Gott, der die Christen zu einer Einheit werden lässt, und die Sprache der Architektur entblößt, was nicht ausgesprochen wird: den Appell zur Demut und Bescheidenheit, zum Bescheiden in dem, was man bereits ist; alles andere ist von der Gnade des Höchsten abhängig. Ganz anders im gotischen Christentum. Zwar eint die Kirche auch alle Christen zu einer Gemeinde, aber der Raum ist nach oben *offen*, fordert zur Selbstprüfung auf, zur Entfaltung, zum Streben, zur Veredelung seiner menschlichen Seele. Doch wo es ein oben gibt, gibt es auch ein unten, und so wird beides zur Chiffre für die unversöhnlichen Gegensätze. Während im Hinduismus *Shiva* sowohl Erschaffer und höchstes Bewusstsein als auch Zerstörer sein kann, und *Mahadevi*, die große Göttin, sowohl sanft und mütterlich als auch zerstörerisch und totbringend auftritt, bringt der Teufel *nur* die Verdammnis und Gott *nur* das ewige Heil. Die Entscheidung für das *Oben* ist immer auch eine Entscheidung gegen das *Unten*. Der Heilige Georg kämpft gegen den Drachen, das Ursymbol archaischer Kräfte der Erde. Auf den meisten Abbildungen befindet sich der Drache auf dem Boden und Georg über ihm, meist auf einem Pferd; der Lanzenstoß kommt von oben und richtet sich nach unten.[44] Es ist die Macht der Erde, der irdischen Hülle, des Körpers und all seiner triebhaften Leidenschaften, der hier der Todesstoß versetzt wird. Auch hier ist es bereits verinnerlichtes dualistisches Denken, das die Ausschließlichkeit bedingt: Nur der

---

44. Der Drache als Himmelssymbol, wie im alten China, ist hier nicht gemeint. Vielmehr ist der Drache mit der Schlange verwandt, die auf dem Boden kriecht und im Christentum mit dem Teufel, mit Satan, assoziiert wird.

Geist ist göttlich, denn der Körper mit seinen Trieben und Bedürfnissen hat noch niemanden der Gottessphäre nähergebracht. Im Gegenteil, Geist und Körper werden zu dualistischen Gegensätzen.[45] Zwar wusste man durchaus, dass auch der gottesfürchtigste Mensch einst durch die geschlechtliche Vereinigung von Mutter und Vater gezeugt wurde und auf zutiefst körperliche Weise vom Weib geboren werden musste, doch das ist Resultat der Erbsünde, des Aufstandes gegen Gott, gegen den reinen Geist. Indem sich Adam und Eva über das Gebot Gottes hinwegsetzten, zeigten sie, dass ein *eigenes* Bedürfnis (etwa die Neugier) ihnen wichtiger war als Gottes Wille: das Ego und sein Wille war geboren. Der Mensch ruhte nicht mehr in Gottes Geist, sondern im eigenen, im Ego, im Ich. Seitdem ist es ein weiter Weg zurück zur geistigen Heimat, ein Weg, der im Körper beginnt, über das Ego führt, bis dieses sich selbst aufgibt und damit läutert und letztlich als unsterbliche (aber individualistische) Seele wiedergeboren wird.

Die Schärfe des Blicks, so sagten wir, lässt Gegensätze erkennbar werden, die Entscheidungen notwendig machen. Das wiederum lässt das Individuum in aller Schärfe und Kontur ins Bewusstsein treten. Es ist nicht so, dass andere Kulturen kein Bewusstsein eines Ichs gekannt hätten, nur stand es dort nicht so dringend im Vordergrund; deren innerstes kulturelles Anliegen war ein anderes. Das Ich, also das Individuum, wird mit der Geburt des Abendlandes mit der Last der Eigenverantwortung, der Selbstentwicklung (die nicht erst ein Gebot unserer Tage ist) und eines immerwährenden Entscheidungsnotstandes befrachtet. Gerade die religiös untermauerte Entscheidung für das *nur Gute* erzeugt einen seelischen Konflikt, der für die westliche Welt zunehmend problematisch werden wird. Der seelische Erlebensraum war im Mythos noch kreisförmig; das Mythologem umfasste in einem großzügigen Zirkel die ganze Vielfalt menschlicher Eigenschaften, verbunden mit Kräften, die man als göttlich, kosmisch, naturmächtig verstand, und die das oft verhängnisvolle Schicksal des Menschen gestalten – für ihn selbst oft unabänderlich. Selbst Zeus, das mächtige Haupt der Götter, ist

---

45. Dieser Dualismus ist keine reine Erfindung des Abendlandes, sondern eine okzidentale Rezeption eines ursprünglich manichäischen Konzepts von Dualismus. Sein Ursprung liegt in der vorchristlichen ‚magischen' semitischen und arabischen Kultur. Der ‚rationale' Dualismus des Abendlandes wird im Folgenden diskutiert.

den Mächten dieses Schicksals unterworfen. So wägt er vor dem entscheidenden Kampf das Schicksal von Hektor und Achilleus ab. Dass Hektor sterben würde, war nicht Zeus` Entscheidung – er *erkundete* nur dessen Schicksal. Er hätte an ihm nichts ändern können. Auch die vorchristliche germanische Welt kannte dieses Schicksal, dem der Mensch unterworfen ist. Das Würfelspiel, *pertho*, galt nicht nur der Unterhaltung, sondern auch der Erkundung des höheren Willens. Gewann man sicher, dann war das Schicksal mit einem, man stand in der Gunst des Glücks. Auch der Begriff des *Orlögs* verweist auf den Schicksalsgedanken. Mit *Orlög* ist mehr als nur die Heimat gemeint. Vielmehr markiert es die Position eines Menschen in der Welt des Schicksals, die ihm angemessen ist. Da gab es kein Weiter, sondern ein Finden. Hatte man diese Position gefunden, etwa als Krieger, als Eroberer, als Handwerker, Künstler oder als Häuptling, wäre jede ‚Weiterentwicklung' von Übel, weil man sich von der optimalen Passung zwischen eigener Person und den Umständen, also vom Schicksal wieder entfernen würde. Entwicklung wurde vielmehr verstanden als ein Mitschwimmen im Strom des Schicksals, als ein sich einfügen in das große Muster der Webarbeit der Nornen (die den griechischen Moiren so sehr ähneln). Eine der Nornen ist *Skuld*, und deren Fäden sind die Entscheidungen des Einzelnen, dessen Handeln und Tun. Doch ihr Garn verwebt sich mit denen ihrer Schwestern *Urd*, die die groben und geheimnisvollen Linien des Kollektiven, der tiefen Vergangenheit webt und ein weiträumiges Schnittmuster erzeugt, und *Verdandi*, die die Muster der Familie und des Clans webt. Ein Knoten, eine Masche, eine Tönung nun ist der Mensch, aber auch Träger des Willens der Nornen, denn sein Leben ist der gewebte Zwirn von *Skuld*. Und meint man letztlich sein Schicksal gefunden zu haben, zeigt sich, dass die Nornen unermüdlich weiterweben …

Das christliche Abendland erzeugte das eigenverantwortlich entscheidende Individuum. Das Ich, das strebend einem Ziel entgegenwirkt, das so hoch gesteckt ist, dass nur noch der Weg das Ziel sein kann, nicht aber das Erreichen des Ziels. So ist der christliche Mensch verstrickt in Sünde, ist per se nicht, was er sein könnte, und lebt aber unter dem Imperativ, diesen Weg aufnehmen zu müssen. Schlimmer wurde es, als der Protestantismus eine nur scheinbar freiere Religiosität einforderte. Tatsächlich verhärtete sich das Dilemma noch. Der Protestantismus schaffte die Klosterkultur ab, ein verhängnisvoller Schritt. Nun war das Streben des sündhaften Menschen, aus eben dieser Sünde herauszukommen, allein möglich im Leben in einer eigentlich säkularen Alltagswelt. Keine Beichte konnte einem nun Absolution erteilen. Die Eigenverantwortung für das Seelenheil nahm strengere Konturen an. Aus *Sünde* wurde *Schuld*. Während in der Sünde noch das kollektive Erbe steckt, ist die Schuld rein persönlich. Da lässt sich nichts mehr teilen; die Verdammnis, die man unter Umständen auf sich lädt, ist die eigene und bleibt es. Die lebensfrohe Vielgestaltigkeit der *rinascita*, ja noch des katholischen Barock, wäre im Protestantismus unmöglich gewesen. Im Katholizismus darf das Streben nach einem sündefreien Leben auch einmal ruhen, in den meisten Fällen wird einem vergeben. Im Protestantismus wird der Mensch zu einer Mündigkeit verdammt, zu der er noch gar nicht fähig sein konnte, weil es an kultureller Reife fehlte, an konkreten Methoden, der *Schuld* Herr zu werden. Es entstand ein psychologisches Problem, das erst Jahrhunderte später ein Wiener Nervenarzt klar benennen würde, und für das es erst in der Folgezeit Lösungen geben würde. Es ist das Problem der Verdrängung des Unerwünschten. Ein schicksalsschwerer Irrtum der lutherschen Zeit: dass man mit einer Entscheidung und der entsprechenden disziplinierten gottgefälligen Lebensführung das *Andere*, das *Unerwünschte* beseitigen und auslöschen könne. Ja, man entschied sich für ein gottgefälliges Leben, denn andernfalls drohte Schlimmes, Verdammnis etwa post mortem, oder die Anklage wegen Ketzertum noch diesseits.[46] Doch das, wogegen man sich also entschieden hatte, lebte weiter, blieb im psychischen Verborgenen. C.G. Jung würde später den Begriff des ‚Schattens' dafür einführen. Der Teufel, begrifflich als Klammer um alles gezogen, was nicht gottgefällig (richtiger: der Kirche gefällig) war, lebte und gedieh prächtig. Die Menschen spürten (wie auch heute) ihre Triebe, die Stimme des Körpers, der Affekte, des Zorns, der Begierde, und es gab keine Möglichkeit, diese auszuschalten. Die Kirche behauptete, man müsse eben noch mehr beten, noch mehr dem Herrn dienen, Buße tun und

46. Auch wenn die Häresie-Prozesse offiziell zur Reinigung der fehlgeleiteten Seelen dienen sollten und die Verbrannten und anderweitig Getöteten damit angeblich ‚gerettet' wurden, dürfte eine solche kirchliche Intervention zur Seelenrettung den Betroffenen eine eher grausige Aussicht geboten haben.

dergleichen mehr – allein, alles vergebens. Die katholische Kirche verfiel sogar auf die Geschmacklosigkeit, Sünden gegen Geld zu vergeben: der Ablasshandel. So stand das christliche Abendland vor einem neuen Problem, einer großen Veränderung der Gegebenheiten, für das es Lösungen suchen musste. Nur dass diesmal das Problem nicht eines der äußeren Bedingungen war, sondern eines, das als Folge seiner eigenen Weltanschauung in den psychischen Innenwelten entstand: die Schuld und damit das Unbehagen an der Welt und am eigenen Leben. Verfolgte man an dieser Stelle den roten Faden weiter, würde man der frühen Psychologie begegnen, vornehmlich der Psychoanalyse, und weiter über Jungs komplexe Psychologie und die Gestaltpsychologen, über die universitäre Forschung ebenso wie über die experimentelle Phase der 1950er bis 1980er Jahre, in der aktuellen Therapeutik landen, deren seriösestes Merkmal der psychische Integrations-Anspruch ist, also die Versöhnung der schatten- und lichthaften Fragmente des seit der christlichen Gotik zerborstenen Ichs.

Doch vorerst müssen wir zwei andere Gedanken weiter verfolgen: denen des Individualismus und des rationalen Denkens. Wir wiesen schon darauf hin: Das Individuum ist keine Erfindung des Abendlandes, wohl aber der *-ismus*, zu dem er geworden ist, die fiebrige Konzentration auf ihn. Das ganze katholische Christentum, und mehr noch der spätere Protestantismus befördert ihn einerseits und gründet andererseits auf ihm. Es ist im Abstand von mehr als tausend Jahren schwer zu beurteilen, ob der Individualismus eine Folge des katholischen Christentums ist, oder das katholische Christentum, wie alle anderen psychosozialen Phänomene seit jener Zeit nur auf ihn reagierte. Vielleicht beides in wechselseitiger Verschränkung. Die katholische Kirche versuchte sich auf psychischer Ebene des Individualismus zu bemächtigen. Sie reklamierte Hoheitsrechte in Bezug auf die Bestimmungen dessen, was ein Individuum zu sein hatte, was es tun und lassen sollte; und wenn es sich schon entfalten musste, dann in eine Richtung, die der Katholizismus diktierte. Bald oblag der Kirche das Bestimmungsrecht über alle Domänen des Lebens, über die Legitimation von Krieg und Raub, über Familienleben, Sexualität und damit Fortpflanzung, über das Gemeindewesen, über politische Entscheidungen, die letztlich ja von ‚Christenmenschen' gefällt werden mussten. Vielleicht ohne es zu wollen, stärkte und beschleunigte damit die Religion den Trend der psychischen Vereinzelung. Die Geister, die sie rief, wurde sie nicht wieder los, schlimmer noch, das Gespenst des Individualismus ließ sich nicht beherrschen, es machte sich von den dogmatischen Fesseln mehr als einmal frei und versuchte sich selbst in fröhlicher Trickstermanier, so etwa während der *rinascita* in Italien. Es kann für brave Christenmenschen sicher nicht richtig sein, mit Giftmord und Lüge, mit Intrige und Leidenschaft Politik zu machen, es kann auch nicht im Sinne des Christentums gewesen sein, wenn Päpste sich Mätressen hielten, rauschende Feste feierten, überhaupt allen Sinnesfreuden nachgingen. Ein dionysisches Lebensgefühl blühte auf und mit geheuchelter Frömmigkeit machte man dort, wo es nötig schien, die offizielle Verbeugung vor der Kirche. Doch die ganze Malerei und Skulptur jener Zeit atmete einen leidenschaftlichen Eros, der nicht nur Sublimierung war, sondern dem Zeitgefühl ein konkretes Bild gab. Selbst Madonnenbilder bestachen durch Schönheit, durch die Schönheit der Frau, des Weibes, sie weckten Sehnsucht, Erotik, Begehren. Man beachte den Wandel der spätgotischen Malerei, noch bei Giotto, mit ihren steifen, noch ikonisch wirkenden Figuren, hin zur Renaissance-Malerei mit ihren starken Bewegungen. Botticellis *Geburt der Venus*, das wohl bekannteste Gemälde jener Zeit, ist eine unverhohlene Demuts- und Hingabegeste an einen eigentlich unchristlichen und heidnischen Impuls. Damit ist nicht die vordergründige Tatsache gemeint, dass die Göttin der Erotik und Sinnesfreude dargestellt wurde, sondern die ganz offensichtliche Verehrung, die das Gemälde herausfordert. Es hat Altar-Charakter. Auf späteren Gemälden (man denke an Caravaggio) sind die Figuren allesamt Handelnde. Jeder Arm, jede Bewegung des Rumpfes, des Kopfes, jede dargestellte Handlung ist aktiv und vom Menschen gewollt und beabsichtigt. Kein Gott lenkt das Geschehen, selbst Jesus erläutert in realistischem Setting, nämlich einfacher Holztisch, Kerzenschein, bäuerliche und menschengemachte Einfachheit, seinen Zuhörern etwas auf eine ganz individualistische Weise. Er scheint sachlich, seine Handbewegung ist individuell, nichts deutet auf Verklärung hin, nichts auf das Durchdrungensein von göttlicher Mission, die ihn nur zum Medium machen würde; dort ist er kein Stereotyp, sondern ein einzigartiger Mensch. Ganz anders ein Bild von Rembrandt mit gleichem Inhalt, auf dem Jesus wie in Trance zu sprechen scheint, und seine Individualität also aufgibt.

Der Individualismus, den die Kirche beherrschen wollte, sprengte immer wieder die Ketten der Zucht und zeigte seine dunkle Seite: den Egoismus. Die Kirche forderte einen idealistischen Individualismus, der vom Einzelnen die Hingabe an das rein geistige Göttliche verlangte. Sie vergaß dabei, dass die Elemente des menschlichen Seelenlebens, die man als sündhaft bezeichnete, nicht einfach auszuschalten sind, dass sie vielmehr ein autonomes Eigenleben beginnen, wenn man den Blick des Bewusstseins von ihnen abwendet. Im Protestantismus zeigte sich ein unnachgiebigeres Regime über das Seelenleben, scheiterte aber letztlich am gleichen Problem. Die Kirche *wollte* den Individualismus, aber nach ihrem Ideal; sie verdrängte die andere Seite der Medaille, die Tatsache nicht beachtend, dass beide Seiten dennoch erst gemeinsam eine Münze bilden. Man schaue sich die monumentalen Gemälde Rubens` mit nüchternem Auge an. ‚Das Große Jüngste Gericht', das in der Münchner Alten Pinakothek zu sehen ist, zeigt Fleischmassen, sich windend, ineinander verschlungen, eine düstere Erotik, die durch das eigentliche Verbot eine zuhöchst sexualisierte Atmosphäre erzeugt. Es ist zuhöchst ‚unanständig' und das im wörtlichen Sinne. Das Tabu ist gewahrt durch den Titel und das Sujet; kennte man aber dieses nicht, zeigen sich gewundene nackte Leiber in fleischigen Farben, detailreich und damit eine explizite Ästhetik erzeugend, die die ganze abendländische Kultur als ein hässlicher Schatten begleiten wird. Sie setzt sich fort in Ingres` ‚Türkischem Bad' und findet ihren pervertierten Abschluss in der zeitgenössischen Pornografie. Hintergrund ist das Tabu der Sexualität, das eben diese zu einer solchen macht und nicht zu einer Erotik. Michel Foucault arbeitete sehr präzise den Unterschied zwischen einer *scientia sexualis* und einer *ars erotica* heraus. Die westliche Welt kenne nur erstere, also eine Wissenschaft der Sexualität, nicht aber eine Kunst der Erotik, wie etwa die islamische und frühhinduistische Welt. Der Reiz der Sexualität besteht im Abendland im Überschreiten der Grenzen des Tabu, in der hinduistischen Welt (der Zeit der großen Tempel von Khajuraho und Konarak) hingegen in einem Entfalten der Erotik in all der unendlichen Vielfalt ihrer Möglichkeiten. Der Grund liegt in der Behauptung der Versündigung, denn Sex ist Teil des Körpers, des

Leibes, der *unteren* Welt, jener, die den verhängnisvollen Gegensog auszuüben schien, der das Aufwärtsstreben ins rein Geistige behinderte. Gemäß des dualistischen Empfindens der Gegensätze, die keine Abstufungen kennen, muss das *Untere* also des Teufels sein. Da sich nun aber der sexuelle Impuls schwerlich aus dem menschlichen Gefühlsleben verbannen lässt, dennoch tabuisiert, schlimmer noch, zur Sünde erklärt worden ist, sucht er sich andere, nicht offene Wege. Der Sexus maskiert sich. Er schleicht sich ein in eigentlich andere Themen. Er durchdringt alle Lebensbereiche. Er verhält sich wie alle Triebe, die drängend aber unbefriedigt sind. So wird aus einem metaphysischen Sujet, wie das Jüngste Gericht eines ist, ein doppelbödiges Motiv. Doch argumentativ ließe sich Rubens nicht beikommen. Natürlich müssen die Fallenden nackt sein, denn sie zeigen ihre unverhüllte Natur als Sündige und damit Verdammte. Und natürlich lässt sich annehmen, dass sie auch sexuell gesündigt haben, was ließe sich also gegen sein Gemälde sagen? Die Argumente dafür, dass es unverhohlen sexuell ist, weiß erst die viel spätere Psychoanalyse hervorzubringen.

Der Individualismus wehrte sich gegen alle Versuche der Kirchen, ihn zu domestizieren. Gleichzeitig bot die Kirche alle ihr zur Verfügung stehenden Mittel auf, sich als erfolgreicher Dompteur zu zeigen. Leider kannte sie die eigentliche psychische Grundstruktur eines Individuums zu wenig, sodass sie sich in ihren Methoden irrte – und auch selbst vor den Abgründen des Individualismus nicht gefeit war. Durch Verbote und Strenge, durch Strafe und Drohung erzeugte man keine frommen Christenmenschen, sondern Heuchelei und Lüge. Dabei ist die beabsichtigte Heuchelei nicht einmal das größere Problem, sondern die unbewusste Lüge, die eigentliche Selbstlüge – eine Notlösung für ein psychisches Problem, das die Kirchen erst erzeugt hatten und mit dem der Einzelne nun zurechtkommen musste.

Sinnesfrohe Zeiten und wütende Ausbrüche des Verdrängten zeigten sich immer wieder sporadisch, bis sie von rigiden Epochen wieder zurückgedrängt wurden. Der Geist der *rinascita*, den wir als Renaissance kennen, blieb erst auf Italien beschränkt. Im nordalpinen Europa ließ man sich nur von der Formensprache inspirieren, nicht aber vom eigentlichen Wesen der Renaissance, die weniger eine ‚Wiedergeburt' der Antike war, sondern eher eine ‚Anknüpfung' an das wenige Bekannte aus der Antike, vor allem aber an den Geist der individuellen Freiheit, den man meinte, in den Überlieferungen der Antike zu finden. Als dieser Geist das nordalpine Europa erreichte, war die Formensprache der Renaissance längst überholt und wir befinden uns in der Hoch-Zeit des Barock. Auch hier wieder die Sinnesfreude, wenn auch beschränkt auf die Oberschicht. Auch hier ein Schwelgen im Oberflächlichen, im Ästhetischen, mit großer Neugier gegenüber kuriosen Neuerungen auf allen Gebieten. Es ist immer ein Zeichen von nicht-frommen Zeiten, also von Zeiten, in denen die strengen Gebote der Kirchen nicht allzu ernst genommen wurden, wenn Frauen eine wichtige Rolle in der Gesellschaft und in der Politik spielten. Das war in der italienischen *rinascita* der Fall[47] und auch im französischen Barock.[48] Frauen spielten noch zur Zeit Napoleons eine nicht zu unterschätzende Rolle, aber nach 1813 weder in Frankreich noch in Deutschlands *Biedermeier*. Nach dem exzessiven Schwelgen der französischen Oberschicht in der reinen Sinnesfreude (man beachte auch die exzessive Architektur des Barock, seine Mode, die Malerei, die Musik, vor allem die Mozarts), in einem Meer aus ästhetischen Empfindungen (aisthesis, griech.: wahrnehmen, empfinden, und zwar mit allen Sinnen), brach ein ganz anderer Vulkan auf, der aus dem verdrängten Unbewussten einer ganzen Kultur etwas Tabuisiertes hervorspie: die Lust an der Grausamkeit, an der Rache, an der sinnlosen Gewalt, am Blutrausch. Die französische Revolution fegte das als schmarotzerhaft empfundene *ancien régime* mit beispielloser Konsequenz vom Spielfeld der Geschichte.

Doch in den Ereignissen um die Französische Revolution kulminierten mehrere kollektive psychische Tendenzen. Da ist die Frustration der Massen, vor allem des angewachsenen ungeheuren Proletariats der großen Städte, allen voran Paris, deren dunkle Seite nun entfesselt wurde. Da ist aber auch der Drang der intellektuell orientierten Aufklärung, in Frankreich das *siècle des Lumières*, ‚das Jahrhundert der Lichter', aus der Passivität der reinen Theorie hervorzukommen und auch in der politischen Gestaltung wirksam zu wirken. Die Gegensätze

47. Der italienischen rinascita galt die üppige und ‚weibliche' Frau als Ideal, nicht die zarte und körperlich androgyne Jungfrau. Vgl. Friedell, 2009.

48. Man vergegenwärtige sich die politisch oft relevante Rolle der Mätressen mancher Könige. Wir kennen ihre Namen, ihren Einfluss, und auch ihre Freiheiten.

hatten sich auf extreme Weise verschärft, und das auf allen Ebenen. Der Prunk und Reichtum kontrastierte mit der Armut weiter Teile der Bevölkerung. Aus dem Milieu einer intellektuellen Minderheit wuchs der Druck auf Umsetzung einer vernunftorientierten Utopie, die sich als Gegensatz zum Absolutismus des Königshauses und der Aristokratie verstand. So lieferten die Ideale der *les lumières*, der Aufklärer, die weltanschauliche Rechtfertigung für die Revolution.

Rufen wir uns noch einmal die Prämissen in Erinnerung: Kulturen entstehen, indem Menschengruppen Lösungen für Probleme aufgrund von Veränderungen (zum Beispiel des Klimas oder das Auftreten neuer Feinde) finden. Diese Lösungen können nun wiederum Probleme und Veränderungen hervorrufen, für die Lösungen gebraucht werden. Der kontinuierliche Anpassungsprozess einer Kultur an die Herausforderungen, ihre Problemlösungen und die daraus erwachsenden neuen Probleme usw. erzeugen die lebendige und organische Dynamik einer Kultur, die in ihrer Art eine ganz eigene und unverwechselbare Sprache des Ausdrucks und ihren inneren Stil findet. Bestimmte erworbene Kompetenzen einer Kultur werden unter Umständen bestimmend und beginnen einen unumkehrbaren Drang zur Selbstentfaltung oder Selbstaktualisierung. Im Falle des christlichen Abendlandes nannten wir diesen aus seinem eigenen Innern geborenen Stil und sein aus dem nur erfühl- und erahnbaren seelischen Hintergrund wirkenden Drang das *Faustische*; und dieses wird zum innersten Anliegen dieser Kultur. Dieses innerste Anliegen ist das unabwendbar Schicksalhafte, das, wenn es besiegt ist, die Kultur zerfallen lässt, und das, solange es in den Gesellschaftsstrukturen noch eine Ausdrucks- und Aktualisierungsgrundlage findet, die Kultur weiter in einer sich stetig verändernden Dynamik halten wird. Das Faustische ist geboren aus der dualistischen Eigenart der kollektiven Weltsicht. Die dualistische Weltsicht erzeugt Gegensätze und inmitten dieser das Individuum. Der Individualismus und damit auch sein Streben sind Merkmale des Faustischen. Dieses Streben bedingt aber auch einen unauslöschlichen Forscherdrang, den Wunsch, zu wissen, was die Welt im Innersten zusammenhält, wie es in Goethes *Faust* so treffend heißt. Nicht erst in den Zeiten der Französischen Revolution, sondern schon seit dem 17. Jahrhundert hatten die christlichen Kirchen die expansive, die faustische Kraft des Geistes nicht mehr im Griff. Hatte die katholische Kirche noch den Individualismus gefördert, und sich selbst als Bindeglied, als Brücke zwischen dem Göttlichen und dem Individuum eingerichtet, so hatte sich der individuelle Geist längst im Verborgenen von den geistigen Banden der kirchlichen Dogmen gelöst. Man forschte durchaus nicht mehr nur ‚nach oben', sondern wandte den Blick in die Niederungen der Materie. Die Kirchen unterschätzten den Wissenszuwachs der Forscher, ließen sich in verhängnisvoller Eitelkeit nicht nur einmal von dienernden Widmungen wissenschaftlicher Schriften täuschen. Der faustische Intellekt ließ sich nicht mehr stoppen. Er begann sein Weltbild aus sich selbst zu schaffen, begann sich von den kirchlichen Weltbildern zu emanzipieren. Gott im Himmel? Die Erde als Mittelpunkt? Der französische König von Gottes Gnaden? Diderot, Rousseau, Voltaire, in Deutschland Lessing – und dann Kant: mündig sei derjenige, der ohne Führung eines anderen seine eigene Vernunft zu benutzen weiß. Aber auch: Dass die vom Menschen erkannten Naturgesetze mitnichten aus der Natur stammten, sondern aus unserem Verstand, der sie der Natur überwirft, mehr oder minder sinnstiftend. Die sogenannten Aufklärer waren eine kleine Minderheit, kein Zweifel, aber sie bildeten den Kern des faustischen Anliegens, der sich auf Dauer nicht zurückdrängen ließ. Das absolutistische *ancièn règime* war die Blockade, die dem Schicksalhaften der faustischen Kulturseele entgegenstand. Je starrer sie wurde, desto mehr wuchs der Druck und desto heftiger der Durchbruch. Bezeichnend, dass in Preußen dieser Druck nicht so stark war. Friedrich der Große – und dabei ist unklar, ob er sich der Zeichen der Zeit wirklich bewusst war – lockerte die Blockade des Geistes zumindest in dem Maß, dass er dem faustischen intellektuellen Druck einige Bewegungsfreiheit einräumte. Er verkündete Religionsfreiheit, Voltaire konnte in Preußen (und an Friedrichs Hof) Asyl finden, in nicht-politischen Belangen schuf Friedrich die Zensur ab. Aber bleiben wir bei unserem Anliegen, das Wesen der Kulturseele zu erfassen, so weit es uns möglich ist.

Die Aufklärer und *les lumières* riefen die Vernunft als maßgebliches geistiges Werkzeug aus und wendeten sich dabei – ohne es konkret auszusprechen – gegen den Primat der Glaubens. Die Kirchen hatten ernsthafte Konkurrenz bekommen, eine Konkurrenz, die ihre geistige Macht bald brechen würde. Freiheit, Gleichheit und Brüderlichkeit wurden zu

Schlagworten für die gesellschaftlichen Grundlagen des künftigen Europas und Nordamerikas. Auf dieser Grundlage sollte sich der Individualismus voll entfalten können, sollte ungehindert der forschende Blick in das Innerste der Natur geworfen werden können, sollte das expansive Streben des faustischen Menschen in allen Lebensbereichen ihren ungehinderten Ausdruck finden, so die Forderung der Aufklärer. Die Universitäten Europas führten die Naturwissenschaften als Fakultäten ein (bislang waren die Studiengänge auf Theologie, Medizin, Recht, alte Sprachen und die sogenannten sieben freien Künste beschränkt). Die naturwissenschaftliche Forschung wurde aus ihren Fesseln befreit, Widmungen an den Papst wurden unnötig. In Nordamerika bewies man, dass die Demokratie eine funktionierende Staatsform sein konnte; deren Revolution war erfolgreicher als die französische.

Demokratie verhieß Freiheit, die Freiheit des Individuums natürlich. Jeder konnte sich entfalten, konnte zeigen, was ein tüchtiger Mensch alles erreichen konnte. Handel und Unternehmen erfuhren neue Blüten. Die Technikentwicklung – ein grundsätzlich abendländisch-faustisches Phänomen, das in diesem Ausmaß keine andere Kultur kannte – explodierte, Maschinen, die den Menschen Arbeitsschritte abnehmen konnten, wurden erfunden und gebaut, was wiederum neue Fabriken und Manufakturen bedingte, die diese Maschinen bauen oder ihre Rohstoffe besorgen und bereiten mussten. Die Arbeiterschaft wurde zu einer ungeheuren Masse. Doch wie mit ihr umgehen, wenn doch der Fabrikbesitzer maximalen Gewinn machen wollte? Hier stand die westliche Welt vor einem neuen Problem, für das sie Lösungen finden musste. War der Arbeiter von den Idealen Freiheit (nämlich zur Entfaltung seiner individuellen Natur), Gleichheit (aller Rechte) und Brüderlichkeit ausgeschlossen? Man unterschätzte die schiere Masse der Arbeiterschaft. Vor allem in Demokratien, wo das Wahlrecht jedem Einzelnen eine gleichberechtigte Stimme zubilligte, wurde das zum Problem. Marx, in vielen Analysen sicher brillant, täuschte sich in zwei Prognosen: Nämlich dass von der Arbeiterklasse ausgehende Revolutionen zu einer sozialeren Gesellschaft führen würden – sie führten ausnahmslos in Diktaturen; und dass nur der Kommunismus das Dilemma der Ausbeutung der Arbeiterklasse lösen könne – tatsächlich zeigte sich, amazon.de

Ein Gruß von Steffen Otto:

Hier auch einen kleinen Nikolaus für Dich als Dankeschön für deine schon jahrelange bibliothekarische Unterstützung.... und auch einfach, weil ich das Buch toll finde. Liebe Grüße Johanna

Grußnachricht zu **Das stolze Licht: Wie Zorngeborene die Welt erschaffen**

amazon.de

SD33Jm1KsN

Anne Mierisch D33Jm1KsN/-1 of 1-/std-de-dom-dp/11974362 A2

Lieferschein für
Ihre Bestellung vom 5. Dezember 2014
Bestellnr. 028-0099813-4261127
Lieferscheinnr. D33Jm1KsN

Geschenk von
Steffen Otto

Ship to:
Anne Mierisch
Rothenburger Str. 30
Dresden, Sachsen 01099
Deutschland

Menge	Artikel	Fach
1	**Das stolze Licht: Wie Zorngeborene die Welt erschaffen** Taschenbuch. Thiele, Matthias. 8494314718	(** P-1-A334B250 **)

Wir hoffen, dass Ihnen Ihr Geschenk gefällt und würden uns freuen, Sie schon bald bei www.amazon.de begrüssen zu dürfen.

Amazon EU S.a.r.L, 5 Rue Plaetis, L-2338, Luxembourg
Bitte beachten Sie: Dies ist nicht die Adresse für Rücksendungen.

0/D33Jm1KsN/-1 of 1-//Hermes-Gera-Direct/std-de-dom-dp/11974362/1208-20:45/1205-21:32 Pack Type : A2

dass eine andere Lösung sich durchsetzte, und zwar die des Konsumismus und der Dienstleistungsgesellschaft.

Als Rousseau vom Individuum und seiner eigentlichen, nämlich inneren, Freiheit sprach, konnte er nicht ahnen, dass dereinst der Fernseher und noch später der Computer und das Internet erfunden werden sollten. Individualismus hieß bei ihm vor allem Einzigartigkeit des Einzelnen. Die Gleichheit, jenes Schlagwort der Revolution, bezog sich auf die Gleichheit der Rechte, die jedem diese Einzigartigkeit ermöglichen sollte. Doch statt Individualismus im rousseauschen Sinne brachte das Industriezeitalter nur deren dunkle Seite, den Egoismus und die Gleichschaltung der Menschen hervor.

Darauf lohnt es sich, einen Blick zu werfen. Der reine Individualismus ist ein schwärmerischer Gedanke, ein Gedanke, der Menschen umtreibt, die ihn für sich schon halbwegs verwirklicht haben, und die genügend freie Zeit haben, um sich nach freier Entscheidung einem Selbstbildungsprozess zu unterziehen. So waren es auch nie die Bauernschaft, die Arbeiterschaft oder die Handwerker und Händler, die idealistische Gedanken in die Welt setzten, sondern Menschen aus der Minderheit der Gebildeten und der durch freie Zeit Begünstigten. Was sie sich erdachten, war gültig nur für sie. Die Ideale der Französischen Revolution kamen aus einer kleinen von Zeit und Bildung privilegierten Gruppe; selbst die Initiatoren der Revolution waren Angehörige eines gebildeten Bürgertums, Anwälte, Ärzte. Die ‚Gründungsväter' der Vereinigten Staaten von Amerika waren humanistisch gebildet, sie kannten das (idealisierte) Bild der Antike. Das alte Rom geisterte in den Köpfen von Jefferson, Washington, aber auch in dem von Napoleon umher. War es im ersten Fall die *res publica*, so war es im Falle Napoleons der Cäsarismus, der als Leitstern das Handeln bestimmte. Die Architektur spricht noch heute gut sichtbar davon: Man denke an den Stil des *Empire* in Frankreich, aber auch an das Kapitol, das Kongressgebäude und andere Bauten in Washington. In Europa siegte noch einmal eine Restauration der alten Verhältnisse nach dem alliierten Sieg über Napoleon, dem Cäsar des Abendlandes. Doch Geschehnisse sind irreversibel, eine Restauration wird immer ein Zerrbild des einmal Gewesenen werden. Die Industrialisierung intensivierte sich in atemberaubender Geschwindigkeit. Menschen, vormals Bauern, begannen nun in

Fabriken zu strömen. Eisenbahnen begannen das Land zu durchziehen, Städte bekamen immer mehr die Physiognomie, die wir heute kennen. Doch was industriell hergestellt wird, muss auch verkauft werden. Märkte wurden erschlossen, das Kriegswesen revolutionierte sich, der tradierte Kampf Mann gegen Mann verschwand, das Material, die Granaten und Kanonen, übernahmen das Zerstörungswerk. Hier wie da, im Militärischen wie im Zivilen, wurde der Mensch zum ausführenden Organ, wandelte sich vom Agierenden zum Reagierenden, wurde zu einem Funktionsparameter. Und weiter, weiter, nicht stehen bleiben! Aus der faustischen Kulturseele war ein Ungeheuer, ein Moloch, geboren, eine Maschine, die am Laufen gehalten werden musste. Kapitalmärkte wurden zum Begriff, Börsen, internationale Märkte; es entstand ein ungeheurer Reichtum in den Händen Weniger, vor allem in Amerika. Längst waren jene zu den eigentlichen Machthabern dieser Welt geworden. Die Parlamente mit ihren gewählten Bürgern, ohne den geringsten Einblick in die tatsächlichen Verhältnisse von Macht und Struktur, wurden zu willfährigen Gehilfen der Finanzkönige. Heute nennt man so etwas florierende Wirtschaften, und es hat sich der Glaubenssatz durchgesetzt, dass eine solche überlebenswichtig sei, mehr noch, sie wurde zum eigentlichen Ideal der ganzen westlichen Welt. Wachstum, Fortschritt, bezogen auf das System von Produzieren, Kaufen, Verbrauchen, plapperte bald jeder nach.

Die Struktur des Abendlandes, sowohl in ihren äußeren Formen von dualistischen Kräftezentren (z.B. Kaiser – Kirche) als auch in ihrer inneren seelischen Form, bestand als ein antagonistisches Element noch bis 1914. Doch der eklatante Widerspruch zwischen der neuen und der alten Zeit war nicht überbrückbar. Das neue System fegte das alte hinweg – nicht aus Hass, nicht aus Überzeugung, sondern aus schlichter Notwendigkeit und Folgerichtigkeit. Niemand des neuen Systems hatte etwas gegen Königshäuser: so hübsch pittoresk! Man kann sie sich halten wie Pfauen auf dem Hof oder wie Museen, denn wenn das neue System schon selbst keine Kultur hervorbringen konnte, so schmückt man sich doch gern mit dem, was einmal war. Die Liebe zum Museum zeigt sich immer dann, wenn die Gegenwart keine eigene lebendige Kultur mehr hervorbringt. Kultur bekommt ein Platz im Archiv, wohl eingehegt und von den Mauern des Museums von der lebenswirklichen Welt abgeschirmt.[49]

Die neue und die alte Welt krachen in den beiden großen Kriegen des 20. Jahrhunderts aufeinander. 1945 war alles anders. Das abendländische Europa gab es nicht mehr. Es kristallisierten sich schnell zwei Arten heraus, wie das neue System (jener Moloch, den ich weiter oben *die Maschine* nannte) gehändelt werden konnte. Da war auf der einen Seite der freie Markt, der über wachsenden Konsum das System aus Produktion, Verkauf, Gewinn am Laufen hielt, und auf der anderen Seite die diktatorische Zentralisierung aller Entscheidungen über Produktion, Verteilung und Konsum. Beide Formen der Anpassung an die neuen Gegebenheiten waren effektiv, aber eine dieser Anpassungen (Problemlösungen für Veränderungen) erwies sich als effizienter. 1989 kam es zum Showdown der beiden Kontrahenten und der freie Markt blieb Sieger.

Als historischer Grundriss mögen diese schnellen Entwürfe reichen, denn unser Anliegen ist der Blick in das *Seelenleben* der Kulturen. Doch die Seele einer Kultur kann nur erahnt werden, wenn man die Rahmenbedingungen kennt. Das Abendland, als lebendiger Ausdruck seiner Kulturseele, existiert nicht mehr. Die faustische Kulturseele hingegen schon, auch wenn sie in den Seelen der Menschen langsam aber sicher einer neuen, noch geheimnisvollen Seelenstruktur weicht. Es ist mitunter erstaunlich, wie wenig die neue Situation in der Welt, ihre Folgen für das Seelenleben und ihre Formensprachen, mit denen es sich Ausdruck gibt, den Menschen bewusst sind. Die Einheit Europas: ein immer wieder in der Geschichte dieses Kontinents anzutreffendes Anliegen. Was eint Europa? Die Antwort auf diese Frage wurde immer wieder anders gegeben. Karl der Große sah als das einende Element das katholische Christentum. Napoleon eine rechtssichere und zentrale Ordnungsstruktur. Und heute? Eine Geldwährung. Es ist verblüffend, wie in jeder öffentlichen Debatte ‚Europa' mit der Geldwährung Euro gleichgesetzt wird. Doch fragen wir einmal nach der Religion, nach der ‚Sorgfalt der Pflicht', dem eigentlichen bindenden Element, das auch die Seelen der Menschen eine Gemeinschaft fühlen lässt!

---

49. Sloterdijk würde hier wohl von einer Immunreaktion sprechen: das Alte, Museale muss aus Gründen der Gesundheit des Systems isoliert werden.

3 Der Status Quo: Fragmentierte Erlebensräume

Mammon – Geld als Religion

Die traditionellen Religionen Europas kämpfen gegen ihren schwindenden Einfluss. Ihr welterklärendes Netz, geworfen in die Unendlichkeit, scheint den religiösen Appetit der Allgemeinheit nicht mehr stillen zu können. Religiosität, verstanden als das Bedürfnis der Menschen, sich selbst als eingebunden in die Ganzheitlichkeit des Universums verstehen zu dürfen, bleibt nichtsdestoweniger Bestandteil des psychischen Inventars. Das Geheimnisvolle, Unergründliche behält seine Sogkraft jedoch nur, wenn es mit der Lebenswirklichkeit enge Beziehungen pflegt.

Traditionelle Religion sei zumindest wieder eine Sehenswürdigkeit, so der Philosoph Peter Sloterdijk. Ja, sie ist eine Sehenswürdigkeit, ihre Tore stehen weit offen, man schlendert darin herum, aber man wohnt nicht darin. Man wohnt ja auch nicht im Dresdner Zwinger.

Aber neben ihrer neuen Eigenschaft als Sehenswürdigkeit ist Religion auch zu einem Vergnügungspark geworden. Im Museum hat man vielleicht einen Führer, man ist in der Gruppe oder allein, auf jeden Fall aber ist man bemüht nichts zu berühren, man ist von bewundernder aber distanzierter Scheu. Im Vergnügungspark darf man, ja soll man alles anfassen, ausprobieren. An der Schießbude wird auf Blechdosen geschossen, doch dieser Prozess dient nur dem Schießbudenbetreiber – der Akt des Schießens bleibt eine Als-ob-Übung. Die Sensationen reihen sich dicht an dicht, nicht nach inhaltlicher Stimmigkeit sortiert, sondern nach der merkantilen Potenz des Betreibers. So ist Religion heute ein Vergnügungspark für die Konsumenten und ein kapitales Geschäft für die Betreiber. Ihr Zweck hat sich gewandelt, von Rückbindung keine Spur, es sei denn, man räumt dem Musealen auch diese Bedeutung ein. Erst jetzt ist Religion wirklich tot.

Das Gefühl der Religiosität allerdings drängt in den Menschen noch immer oder gerade deswegen; es lässt sich durch die musealen Religionsmärkte nicht befriedigen. Wo also zeigt es sich? In den Yoga- und Meditationskursen nicht, die sind Teil des Vergnügungsparks. Im Vergnügungspark zeigt sich das Göttliche niemals, auch nicht die damit verbundene Demut wirklicher Religiosität. Also halten wir Ausschau nach Demutssymptomen. Wenn nicht nur Personen, sondern ganze Staaten, Regierungen, Nationen, sogar Kulturkreise sich in Demut beugen, darf man doch den Adressaten dieser Demutsbezeugungen als Gegenstand aktueller Religion verdächtigen – auch wenn man ihn nicht so nennen würde. Es ist das Geld. Das Geld, das sich zu einer abstrakten, quasi übernatürlichen Größe entwickelt hat. Die Gier nach Goldtalern, auch Kisten voll von ihnen, legitimiert das Geld noch nicht als eine Religion. Es ist der abstrakte, ja metaphysische Charakter, den das Geld seit Ende des 19. Jh. zunehmend eingenommen hat. Kein Mensch versteht das Finanzsystem, selbst Fachleute können bestenfalls Prognosen wagen, die Wege des Finanzsystems sind unergründlich. Die Deutungshoheit über das Geschehen am Finanzmarkt obliegt wenigen Insidern; deren Methode ist die Statistik und deren Aussagen immer nur Wahrscheinlichkeitsprognosen, genau wie die der Auguren Roms. Die alte Religion ist tot, von ihr spricht man im Volk noch manchmal und einige unverbesserliche Traditionalisten halten wie einst Cato den republikanischen Gedanken hoch, manchmal belächelt, manchmal mit dem Respekt, der einem Museumsstück gebührt.

Ratingagenturen stufen Staaten nach ihrem Wert ein und Regierungen zittern vor deren Bewertungen. Eine *res publica* ist das schon lange nicht mehr, und eine Demokratie erst recht nicht. Der *demos* wählt Repräsentanten, deren Aufgabe es ist, dem Finanzmarkt zu dienen und eventuelle Hiobsbotschaften auf der Agora zu verkünden. Diese Politiker sind in ihrer Funktion Bittsteller, die wie in Gebeten den Willen des Gottes Mammon zu ergründen versuchen und ihr Handeln danach ausrichten. Die Pythia der Ratingagenturen verkündet den Spruch der Wahrheit. Religion hat, wenn sie wirklich lebendig sein soll, etwas Konkretes in der Wahrnehmung der Gläubigen. Es ist ein Indiz für Vollendung einer Religion, wenn sie in aller Ruhe ergründet werden kann, da sie sich nicht mehr verändert. Der Mammonkult aber ist zuhöchst lebendig, seine Kraft liegt in der Unvorhersehbarkeit dessen, was aus ihm heraus passieren kann. Damit ist er auch nicht ergründbar. Das Christentum hingegen kann ergründet werden, deshalb gibt es Theologie. Und während man diese betreibt, kann man sich darauf verlassen, dass sich seine Parameter nicht währenddessen verändern. Das Christentum als

Religion mag durch Rituale gepflegt werden (*religio*: die Pflege des Kults), aber es ist längst keine Säule des Gemeinwesens mehr. Man schmückt sich vielleicht mit ihr, sie ist ein Regelwerk, das dem Alltag Struktur gibt; man geht zu Weihnachten in die Kirche, zu Ostern gibt es Feiertage, christliche Werte sind in der deutschen Verfassung verankert. Kaum jemand aber lebt noch danach. Den Christengott muss man suchen, sich ihm nähern, er nähert sich nicht mehr uns. Ganz anders mit Mammon, oder, wie er heute genannt wird, dem Finanzsystem. Wir nähern uns ihm nicht, das ist unnötig, es nähert sich uns, es umhüllt uns, es ist eine metaphysische Wirklichkeit, die ihre Wirkungen in der diesseitigen Welt zeigt. Das ist ein Kennzeichen echter und gegenwärtiger lebendiger Religion: Ihre Wahrheit zeigt sich unabhängig davon, ob man daran glaubt oder nicht, ob man es für Religion hält oder nicht, man kann es mögen oder nicht, aber seine metaphysische Wirklichkeit ist unzweifelhaft. Wenn die alten Griechen mit Zeus oder Poseidon haderten, geschah da das aus echter Religiosität. Odysseus mochte Poseidon vielleicht nicht mögen, aber seinem Wirken war er unzweifelhaft ausgesetzt.

Die Bundeskanzlerin Angela Merkel wird die Ratingagenturen auch nicht mögen, aber sie akzeptiert deren Ansagen voll und ganz. Der Unmut Griechenlands richtet sich gegen Deutschland, kaum aber gegen den Finanzmarkt, nicht gegen die Ratingagenturen, kein Mensch käme auf die Idee, denen einen Vorwurf zu machen. Nun gut, Helmut Schmidt vielleicht. Aber dem Cato spendete man auch Applaus, hielt ihn aber letztlich für gestrig.

Brüche in Wert und Sinn

Die Rolle der katholischen und später der protestantischen Kirchen wird oft unterschätzt. Zu einseitig wird ihre hemmende Funktion auf naturwissenschaftlichen Wissenserwerb und die Entfaltung individueller Freiheit betont. Doch sie war auch immer ein Korrektiv gewesen, das einer entfesselten weltlichen Macht Einhalt gebieten konnte. Oft genug ist sie dieser Aufgabe nur schlecht nachgekommen. Doch in dem dualistischen Machtgefüge von Kirche und weltlichen Herrschern stand der Kirche immer ein Druckmittel zur Verfügung: das der Exkommunikation und des Kirchenbanns. Seit dem Niedergang des kirchlichen

Einflusses fehlt ein dem weltlichen Streben entgegengesetztes Korrektiv. Das rein Weltliche kann sich nun ungebremst entfalten. Die Kirchen konnten verbindliche Werte installieren, auch wenn diese oft genug nicht eingehalten wurden, auch von den Kirchen selbst nicht, aber diese Werte existierten und man maß sich daran. Dieser eben nicht aus der weltlichen Macht kommende Wertekanon wurde innerhalb der letzten hundert Jahre ersetzt durch ein ungesund flexibles Wertesystem, das aus der weltlichen Macht selbst hervorgegangen ist und ihr dementsprechend nach dem Mund redet. ‚Geiz ist geil' steht an den Litfaßsäulen, und dieser und ähnliche Sprüche ersetzen die Werte, die aus einer der weltlichen Macht *opponenten* Kraft hervorgebracht wurden. Die Kirchen predigten Freigiebigkeit (auch wenn sich kaum jemand danach richtete), und schufen somit eine von weltlichem Gewinn unabhängige Werte-Direktive; kurz, sie bildeten ein Gegengewicht zum reinen Materialismus. Da nun aber der Materialismus selbst das Wertesystem hervorbringt, wird ‚Geiz' eben ‚geil', der vormalige Bürger wird von Politikern in aller Öffentlichkeit, und ohne das als Beleidigung zu meinen, als ‚Verbraucher' bezeichnet, der allgemein gebetsmühlenartig psalmodierte Satz vom Wachstum meint ganz klar *wirtschaftliches* Wachstum, also mehr Produktion, mehr Konsum, mehr Verbrauch, und nichts anderes. Das ist unser aktuelles Wertesystem. Alles andere, was manch öffentliche Stimme hervorbringen mag, ist entweder hoffnungslos idealistisch und wird als Alibi gern beklatscht, oder es ist reine Heuchelei.

Doch in den Menschen hungern die Seelen nach Sinnstiftung. Die christlichen Werte sind sicher für viele Menschen an sich akzeptabel, allein es fehlt ein nachvollziehbarer weltanschaulicher Unterbau, aus denen diese glaubwürdig hergeleitet werden können. Der Blick in die Details dieser Welt – das faustische Anliegen – hat das christliche Weltbild aus den Angeln gehoben. Mit diesem christlichen Weltbild, das als naiv und falsch wahrgenommen wird, lässt auch diese Werte zweifelhaft werden. Man muss ihnen vertrauen können, doch wie kann man das, wenn die kirchlichen Propagandisten diese Werte mit einem Weltbild begründen, das heute als absurd gelten muss? Das neue Weltbild, das aus den Erkenntnissen der Wissenschaften entstanden ist, bringt keine Werte hervor. Schlimmer noch, etwa die Evolutionstheorie Darwins hat oft genug als Begründung für geradezu unmenschliche Werte herhalten müssen, ebenso die genetische Vererbungslehre. Und so wird dieser Mangel an verlässlichen Werten und an einem sinnstiftenden kohärenten Weltbild zu einem drängenden Bedürfnis für immer mehr Menschen. Man sucht in den alten Weisheitstraditionen, in den angeblichen prähistorischen Weltbildern (die wir gar nicht kennen können; sie sind Hervorbringungen von Anthropologen oder schlicht Wunschdenken, das mehr über unseren Mangel aussagt als über jene frühen Kulturen), erliegt dem Sog der konsumorientierten Esoterik, die diesen Mangel geschäftstüchtig mit vereinfachenden naiv-magischen Weltsichten bedient, oder man mündet in einer Endlosschleife psychologisierender Selbstreflexion. Der Mythos vom Weltuntergang zur Wintersonnenwende 2012 offenbart das tiefe Bedürfnis nach einem Ausweg aus dem seelischen Dilemma. Dankbar stürzte sich die eine Hälfte auf einen sogenannten ‚Quantensprung', der alle Probleme auf magische Weise lösen sollte, die andere Hälfte hoffte auf das fatalistische Ende der Menschheit, was beängstigende Ähnlichkeit mit dem weichen Suizid aufweist, der nicht zum Ende führen soll, sondern ein verzweifelter Hilferuf ist. Hier der Hilferuf einer haltlos gewordenen Seele, die in der strukturlosen Unendlichkeit dahintrudelt.

Das augusteische Zeitalter gilt als die kulturelle Blüte des Römischen Reiches. Nach Lukrez und Horaz welkte die philosophische Blüte dahin, nur Seneca als später Nachzügler trieb noch einmal Knospen wie bei uns die späten Rosen, wenn der erste Schnee fällt. Gleichzeitig verlor die römische Religiosität an Einfluss, auch wenn die Cäsaren diese zu erhalten versuchten. Kulte aus dem Osten wurden populär, man versuchte sich im Isis- oder Mithraskult. Namenlose Heilsbringer wurden schnell bekannt und versanken wieder in der Bedeutungslosigkeit. Kommt uns das bekannt vor? Das Abendland hatte seine Blüte, anders aber als im Römischen Reich. Von Bach bis Mozart blühte die Musik, Beethoven schuf die letzten Rosen, die im späten Herbst blühten. In verschiedenen Ländern trieb die Malerei in einsame Höhen, in Italien im 15. Jahrhundert, in den Niederlanden etwas später. Die Literatur und Philosophie als die zur kognitiven Reflexion fähige Kunst erreichten in Deutschland mit Goethe und Schiller ihren Gipfel. Nietzsche war ihr später Aufräumer. Die traditionelle Religiosität in Form des gotischen

Christentums siecht dahin, die Menschen experimentieren mit fremden Kulten und spirituellen Konzepten. Spengler sprach bereits in den 1920ern abfällig vom ‚Salonbuddhismus'.

So ist die Larmoyanz der humanistisch gebildeten Konservativen zu verstehen, die die Grundlagen ihrer kulturellen Identifikation dahinschwinden sehen. Ihr Wissen um Kultur und Historie des Abendlandes wird zu einem rein geistigen Ideal, das keinen Widerhall in der Wirklichkeit mehr findet. Ich spreche nicht von den ‚rechten' Demagogen, die die sogenannten christlichen Parteien in Deutschland vertreten und die ihre Phrasen mediengewandt zu verbreiten verstehen. Die tatsächlichen Konservativen, die letzten Abendländer, schweigen zumeist, man hört sie kaum noch, wer weiß, ob es sie überhaupt noch gibt. Vielleicht war Spengler der Letzte von ihnen.

Nüchtern betrachtet nützt es nichts, dem Verwelken der abendländischen Kultur hinterher zu weinen, sie ist Geschichte. Dass sie ihren Abschluss gefunden hat, lässt sich an einem einfachen Phänomen erkennen: Wir überschauen die abendländische Kultur von ihren Anfängen bis zu ihrem Ende, wir können die ersten zarten Knospen, die früh angelegten Eigenschaften rückblickend sehen, in der Gotik, wir verstehen ihren ganz eigentümlichen Drang nach dem Vorwärts, dem Weiter, dem Mehr, sei es in der Politik, in der Religion, der Philosophie, in den Künsten, immer dieser Drang nach ‚Oben', nach dem „Weiter und noch Weiter". Das Psychogramm dieser Kulturseele entwarf Goethe im *Faust*. Wohl in Anlehnung an das Werk nannte Spengler die abendländische Seele die ‚faustische Kulturseele'. Sie ist ein ganz eigenständiger Seelen-Typus, nicht zu vergleichen mit der altgriechischen Kulturseele, deren Mythos das ‚Apollinische' ist, das sich in ein dynamisches Spannungsfeld mit dem Dionysischen brachte. Letzteres spart Spengler in seiner Betrachtung der alten Griechen aus und reduziert sie auf das Apollinische; er wird den Griechen damit nicht gerecht. Das Apollinische erhält seinen Charakter nur durch den Gegensatz zum Dionysischen. Zwischen diesen beiden Polen lebte die Kulturseele der Antike. Das Göttliche ist ihnen genauso Soma (Körper) wie auch das Menschsein, beide stehen sich gegenüber, das Ergebnis ist Freiheit – die Freiheit zur Selbstentfaltung, wie sie in den Poleis zur Blüte kam, aber auch die Freiheit, das Menschsein mit all den (von uns Faustikern so genannten) Abgründen zu ehren und zu leben, da zeigt sich die dionysische Seite. Von einem solchen Menschseins-Entwurf ist die faustische Seele weit entfernt. Dem Abendland ging es um die Annäherung an einen idealen Punkt, ausgehend von der Konzeption einer Dualität, nicht einer Polarität. Die Dualität schafft ein Wertesystem, negativ-positiv, schwarz-weiß, Teufel und Gott, Unwissenheit - göttliche Einsicht, Körper-Geist. Das Sein an sich anzunehmen, ist des Abendländers Sache nicht. Es erscheint ihm unvollständig, primitiv, ja sogar teuflisch. Irdische Materie – unser aller Ausgangspunkt – gilt es zu überwinden, zu geistigen Höhen treibt es ihn, und die irdische Materie erscheint ihm darin als Hindernis. Diese grundsätzliche Haltung durchdringt alle Domänen des abendländischen Seins. Ein kleines Reich genügt nicht, immer ist da ein Streben nach Eroberung zugunsten eines Ideals. In der Antike führten die Athener durchaus Krieg, aber um Eroberung neuen Landes ging es ihnen dabei nicht. Die Beute wurde nach Hause geschafft, nach Athen. Ihr Ideal war Freiheit. Alexander der Große mag die östliche Welt erobert haben, aber es war ihm immer Makedonien, immer der griechische Geist, um den es ging. Ihn trieb wohl nichts nach Hause. Er blieb auch eine Ausnahme, und es ist bezeichnend, dass sich die abendländische Geschichtsschreibung ihn als Ideal auserkor und nicht etwa Lysander, den Spartaner, den kaum ein Abendländer kennt. Alkibiades, der schillernde Athener, der Athen mehrfach verriet, zu den Spartanern überlief, wieder zurückkehrte, galt den Griechen als ‚großer Mann', Alexander blieb ihnen fremd. Uns wiederum ist Alkibiades verdächtig, ein unzuverlässiger Springinsfeld, seine Größe ist uns nicht erkennbar, den Griechen der Antike hingegen schon.

So schauen wir als ‚Faustische' mit unseren Augen auf die Geschichte anderer Kulturseelen, und verstehen sie nicht. Unser Blick ist verzerrt, so wie auch der Blick der anderen Kulturseelen verzerrt ist, wenn sie auf Fremdes blicken.

Fragmentierung

Das dualistisch-rationale Denken, Eigenschaft des Faustischen, erkundet die Welt, indem sie sie analysiert. Analysieren heißt ‚trennen'. So trennt der rationale Geist die (noch mythisch empfundene) Ganzheit auf und zerlegt sie in immer winziger werdende Einzelteile. Eine ungeheure Menge an Wissen über das Detail, über das Zerlegte, häuft sich an und erzeugt neuen Handlungsraum: Die Welt kann gestaltet werden. Physikalische Kräfte werden somit nicht nur erkannt und erforscht, sondern in neuen Technologien nutzbar gemacht: erst Dampfkraft, später Elektrizität und Atomkraft.

Die schiere Datenflut sogenannter wissenschaftlicher Erkenntnisse gaukelt uns großes Wissen vor. Doch was nützen uns all die kleinen Details, wenn man sie nicht zu einem sinnhaften Ganzen zusammenzufügen vermag? Zwar vermögen wir komplexe Maschinen zu bauen, können also mithilfe unserer Erkenntnisse gestaltend in die Materie eingreifen und sie zielgerichtet umformen, aber über Wissen von größeren Zusammenhängen, die all die untersuchten Phänomene zu einem sinnhaften Ganzen zu verschmelzen vermögen, verfügen wir nicht. Wer in einem Wald immer im Detail forscht, erst den Baum, die Rinde dann, die einzelnen Zellulose-Fasern, die Atome und immer weiter in die Tiefe des Mikrokosmos, verliert nicht nur den Wald als Ganzes aus dem Blick, sondern damit auch die ursprüngliche Sinnhaftigkeit, die den Forscher mit dem Wald, aber auch mit seinem Tun und Handeln, seinen Absichten und Zielen, verbindet.

Aus den Analysen – Trennungen – entsteht die Vielfalt der Details. Eine Folge ist die Fragmentierung des Seins und des Selbsterlebens. Das Ich des Menschen, jene Instanz, mit der er sich vollkommen identifiziert, wird zu einem mikroskopischen Punkt, von dem immer mehr Attribute abgespalten und ausverlagert werden. Das Selbst zeigt sich als ein Schwarm frei und unverbunden durch eine Sinnleere schwebender Fragmente, Trümmer eines vormals verbundenen Ich-Komplexes. Erst diese Fragmentierung des Ichs macht die moderne Dienstleistungsgesellschaft in dem Maße möglich, wie wir sie heute erleben. Immer mehr Ich-Fragmente werden de facto dem Ich nicht mehr zugerechnet, sondern als distale Bedingungsfaktoren gesehen. Beispiel Gesundheit: Die Verantwortung für die eigene Gesundheit wird von vielen Menschen vollständig aus dem Ich-Raum hinaus verlagert, wird zu einem Bedingungsfaktor gemacht, für den andere die Verantwortung übernehmen sollen. Man investiert in die damit entstehenden Institutionen von Gesundheitswesen und Krankenkassen mit monatlichen Beiträgen, die –

dem Ablasshandel der katholischen Kirche nicht unähnlich – das unbewusst beklemmende Gefühl eines schlechten Gewissens kompensieren. Vom Gesundheitswesen wird als Gegenleistung ein Produkt namens Gesundheit erwartet. Gesunderhaltung setzt ein gewisses Maß an präventivem Verhalten voraus, an einfachem Wissen über die sogenannten ‚Hausmittel', doch solches anzuwenden, hieße, das Fragment ‚Gesundheit' zumindest in vernünftigem Maße wieder in den Ich-Raum zu integrieren. Ähnliche Beispiele finden wir im Bereich der Bildung und der Pädagogik. Dass Bildung etwas ist, das man selbst steuern und leisten kann, also eine Selbst-Kompetenz ist, ist kaum noch Teil landläufiger Überzeugung. Stattdessen übernehmen Fortbildungsinstitute, Weiterbildungspflichten in fast allen Berufszweigen, Umschulungen, immer rigider werdende Lehrpläne in Schulen und nun auch in Universitäten[50] die Gestaltungs- und Entscheidungsgewalt über die Lernprozesse des Einzelnen. Was nicht zertifiziert ist, wurde auch nicht gelernt; wo kein Zettel vorweisbar ist, muss die Kompetenz fehlen. Es ließen sich leicht noch weitere Beispiele aufzählen, die von den Fragmentierungen unseres Selbst-Erlebens zeugen: etwa sich persönlich mit den Unwägbarkeiten des Lebens auseinanderzusetzen, was an die Versicherungsgesellschaften delegiert wird, von denen wir mit großzügigen Beiträgen Ablass von der Sünde dieser Unterlassung erwarten; über das materielle Vermögen und wie es genutzt wird, selbst zu bestimmen, statt diese Entscheidungen vollständig an die Banken zu delegieren; vom Boom der digitalen Partnerbörsen, die unsere Paarungsauswahl managen; von Radio, CD und Internet, die unsere Musikalität übernehmen; Kino, TV, Internet, die uns die lästige Mühe eigener Fantasie bereitwillig abnehmen, und dergleichen mehr. Die Ursache hinter all diesen Phänomenen ist in der zunehmenden Fragmentierung der Psyche zu suchen. Was sich vom Ich abspaltet, soll von fremden Mächten (Gesundheitswesen, Versicherungen, Banken, Bildungsinstituten etc.) verwaltet werden. Und es soll gut verwaltet werden, immerhin bezahlen wir dafür. Die Beruhigung liegt in der Höhe der finanziellen Beiträge, in der Anzahl der Fortbildungszertifikate, der Art der abgeschlossenen Versicherungen. Das Ich verliert die *Beziehungen* aus den Augen, die es

---

50. Nach dem ‚Bologna'-Prozess, im Zuge dessen die Studiengänge europaweit angeglichen werden sollen und zu stark verschulten Studien führen.

mit den losgelösten Fragmenten verbindet und überträgt die Sorge für selbige unpersönlichen – dadurch erst möglich gewordenen und entstandenen – Institutionen. Je mehr Fragmente aus dem zerberstenden Ich sich lösen, desto kleiner und unbedeutender wird das Ich, und desto größer sein Bedürfnis nach einem Gefühl eines Eingebundenseins. Statt eines metaphysischen Konzepts von einem einbindenden Ganzen hängen wir heute in einem Netz aus konkreten Einbindungssystemen, die trügerisch sind: Netze aus Institutionen und Dienstleistern, die entweder aus der gleichen Unwissenheit heraus oder ganz schamlos diesen Bedürfnisnotstand bedienen und ausnutzen.

Wenn das sinnstiftende Ganze verloren geht, steht der einzelne Mensch, das Individuum, allein vor einer erdrückenden Übermacht. Dort, auf der einen Seite, das Universum, riesig, wie man uns berichtet, wohl 15 Milliarden Lichtjahre Ausdehnung, Tendenz steigend, aber allein dieser Planet in seiner Unermesslichkeit würde schon genügen, um den Mensch – auf der anderen Seite – sich klein und unbedeutend, ja insuffizient empfinden zu lassen. Die Mitmenschen sind in den allermeisten Fällen Konkurrenten, potenzielle Bedrohungen, und vor allem in unfassbarer Überzahl. In dieser Überzahl wird es mit großer Wahrscheinlichkeit jemanden geben, der mir überlegen ist. Und auf einem globalen Markt wird dieser jemand eine Rolle spielen. Meine Chance, ihm zu entgehen, ist gering. Wer also bin ich? Wie klein bin ich? Man könnte einwerfen: Das war schon immer so. Nein, denn das Große war immer gemeinsam mit dem Menschen eingebunden in einen sinnhaften Zusammenhang, an dem der Einzelne teilhatte. Um es zu illustrieren: Steht mir plötzlich eine große Armee wütender Krieger gegenüber, werde ich mit Recht existenzielle Angst bekommen und auf mein Leben nichts mehr geben. Das ändert sich aber sofort, wenn ich mich als Teil dieser Armee sehen darf. Meine existenzielle Angst löst sich auf, ich fühle mich eingebunden in einen größeren und damit wirkmächtigeren Zusammenhang und gewinne an Zuversicht und Kraft. Religionen geben in aller Regel eine befriedigende Antwort (sofern man ihr glaubt) auf die Frage nach dem sinnstiftenden Zusammenhang, der mich als Einzelnen einschließt. Die Chiffre für das große Ganze, Gott, liebt mich, sagt das Christentum, und mein Leben hat durch diese sinnvolle Einbindung einen Sinn und einen Wert; gleichzeitig bin ich geschützt und (von diesem großen Ganzen) angenommen. Auch mein Mitmensch ist Teil dieses sinnhaften Ganzen, und das erzeugt Nächstenliebe. Das Christentum ist also ein durchaus sinnvoller Weltentwurf, der dem erwachenden erkennenden Geist des Menschen fürsorglich eine seelische Sicherheit gibt. Vielleicht sagen Sie: ja, aber eine falsche Sicherheit! Nun, was ist richtig, was ist falsch? Was ist Wahrheit?, fragte Pontius Pilatus den Jesus im Verhör, und er wollte die Frage rhetorisch verstanden wissen. Wenn wir das große Ganze sowieso nicht erfassen können, weil es eben zu groß für unseren kleinen Verstand ist, muss jedes Bild falsch sein, das wir uns von ihm machen, und das einzige, das bleibt, ist der Glaube, dass es eben jenes sinnstiftende Große gibt, das mich als seinen sinnhaften Teil umfasst und einschließt. Wie ich das aber nenne und skizziere, ist letztlich gleichgültig. Vielleicht gibt es ja dieses größere sinnstiftende Ganze auch nicht, aber es ist *sinnvoller*, davon auszugehen. Wir werfen vielleicht in das Nichts die Idee eines großen sinnhaften Ganzen und glauben dann, dass die von uns geworfene Idee schon vorher da war – aber es lässt uns das Leben ertragen. Wir Menschen brauchen Sinn, brauchen das Gefühl einer Ganzheit. Es reicht für die meisten Menschen zu *wissen*, dass es diese Ganzheit gibt, zum Beispiel indem sie sich von Kirchen und Priestern überzeugen lassen – aber es beruhigt die Seele, weil es ein Grundbedürfnis des Menschen befriedigt.

Fehlt diese Ganzheit, wird die Welt fragmentarisch. Die Fragmente stehen unverbunden und sperrig nebeneinander und erzeugen in ihrer Vielfalt Verwirrung und Angst. Und so verhält es sich auch mit dem Seelenleben der Menschen, das zu erkunden die Wissenschaft Psychologie sich aufgemacht hat.

Die Fragmentierung der Psyche – Seelenkunde ohne Seele

Verliert man das Große aus den Augen, verliert man auch die Sinnstiftung, die den Einzelnen in das Große vertrauensvoll einzuweben in der Lage ist. Wir schauen in die Seele und doch scheint sie sich uns immer wieder zu entwinden; sie wird uns nicht fassbar. Das Problem auch hier: Die Fragmentierung entsteht durch uferlose Analyse, durch Zerschneiden und noch einmal Zerscheiden des schon Zerschnittenen. Von

Seele keine Spur, könnte man meinen. Doch der Blick der psychologischen Forschung hat sich nach innen gewendet, in das Räderwerk des Seelenlebens. Zu behaupten, man sehe keine Seele, wäre als behaupte man, man sehe keinen Wald, wenn man in ihm steht und den Baum, dessen Rinde, die Zellulose und die Atome auseinandergenommen hat. Von einer ‚Seele' ist in der akademischen Psychologie tatsächlich keine Rede. Dort sammelt man Fakten, unendlich viele Befunde über Kleines und Kleinstes. Die Psychologie als Wissenschaft hat sich seit ihrem Entstehen[51] an den Methoden der sogenannten harten Naturwissenschaften orientiert. Somit hat sie sich freiwillig verpflichtet, die Tradition des Positivismus, der materiellen Ausrichtung, fortzusetzen; sie ist von dualistischem rationalen Denken durchdrungen. Sie folgt dem Imperativ von Vielfalt als Folge von Zerstückelung. Ein Symptom dessen ist die sich immer mehr verästelnde Spezialisierung. Auch in der psychologischen Forschung ist man entweder Entwicklungspsychologe, weil man einen Ausschnitt aus diesem Feld erforscht, oder Neuropsychologe, weil das Verhalten des Zentralnervensystems in Abhängigkeit zu psychischen Phänomenen untersucht wird, oder Organisationspsychologe oder dieses oder jenes. Kaum einer weiß, was in den nachbarlichen Domänen vor sich geht. Das erzeugt einerseits immer mehr Detailwissen, versperrt aber andererseits immer mehr den Blick auf größere, nur interdisziplinär erfassbare Zusammenhänge. Man sammelt Daten, Befunde, immer mehr, immer weiter muss der Blick reichen – faustisch! – versäumt es aber, diese Daten in einen Zusammenhang zu stellen. So bleibt die Wissenschaft Psychologie fragmentarisch – und so bleibt auch das Seelenleben des modernen Menschen fragmentarisch. Fragmentarisch meint das Nebeneinanderexistieren von unverbundenen Aspekten, herausgerissen aus einer ursprünglichen, wenn auch nur mythisch erahnten Ganzheit.

Es ist von ganz entscheidender Bedeutung, dass man den Zusammenhang zwischen dem Verlust des Ganzheits-Gefühls und des Sinn- und Wertevermögens versteht.

Nichts ist bezeichnender als Konsequenz aus dem zerteilenden dualistischen Denken als das Entstehen der *Systemtheorie.* Die Systemtheorie

---

51. 1879 durch die Gründung des ersten experimentalpsychologischen Labors in Leipzig durch Wilhelm Wundt.

sollte zusammenfügen, was als Fragmente entdeckt worden war, sollte Sinn herstellen. Ihre Grundannahme ist dem Ganzheitsgefühl vollkommen gegenteilig: sie ist atomistisch, geht von unverbundenen Elementen aus, die sich erst durch bedeutungstragende oder -erzeugende Interaktionen miteinander verbinden, und so größere Einheiten, eben Systeme, bilden. Systeme verbinden sich zu noch größeren (Meta-)Systemen und werden als Subsysteme Teil dessen. Die Systemtheorie ist dementsprechend ein Versuch, aus dem Dilemma des dualistischen Denkens herauszukommen, nur leider offenbart auch sie kein sinnstiftendes ‚großes Ganzes', sondern fügt ganz demiurgisch auf eigene Faust zusammen, was das dualistische Denken erst aus größeren Zusammenhängen herausgerissen hat. Wenn man die Systemtheorie nicht als philosophisches Erklärungsmodell, sondern nur als Werkzeug zum Verständnis nicht allzu komplexer sozialpsychologischer Phänomene nutzt, ist sie ausgesprochen brauchbar. Als weltanschauliches Fundament, ja auch nur als Metamodell zur Erklärung von ontologischen und teleologischen Fragestellungen taugt sie allerdings nichts, denn sie löst das eigentlich dringende Problem nicht: das des vertrauenswürdigen Sinns des Lebens, der als allgemeine Richtschnur unser Handeln bestimmen kann.

Es gibt jenseits der akademischen Psychologie, nämlich in der praktischen der Psychotherapeuten, durchaus gegenläufige Tendenzen. Deren Ursprung liegt in C.G. Jungs *Komplexer Psychologie*, in der er die von Freud eingeführte Dualität von ‚unbewusst' versus ‚bewusst' durch die Einführung des *Selbst*-Begriffs aufsprengt. Das *Selbst* ist mehr als nur die Summe aus unbewussten und bewussten Aspekten des Menschen, es ist vielmehr ein Ganzes, wenn auch ein persönliches, in dem sich Bewusstes und Unbewusstes gegeneinander kontrastieren, ergänzen, ineinandergreifen, sich verweben, miteinander neue Bedeutungsebenen erschließen. Das *Selbst* zieht einen Kreis um die freudschen Gegensätze, umfasst darin die Gegensätze wieder, statt sie weiter voneinander zu entfernen. Man könnte annehmen, Jung wäre zum mythischen Denken (wir erinnern uns: der mythische Kreis, der Polaritäten umfasst) zurückgekehrt. Das wäre der Fall, wenn er damit die rationale Untersuchung beendet hätte. Vielmehr aber behält er diese bei, leitet aus ihr sogar die Notwendigkeit ab, in das rationale Weltverständnis den *mythischen Kreis* zu integrieren. Ein für seine Zeit ungeheuerlicher Schritt, der vielleicht seine anhaltende Popularität sowohl unter Fachleuten als unter Laien erklären mag. Jung bediente einen ungestillten und drängenden Appetit des Menschen, nämlich den nach Sinn, auch wenn man ihn nicht verstehen mag. Man muss nur wissen dürfen, *dass* es ihn gibt. Man mag sich nicht verstehen, auch unser Unbewusstes mag uns in weiten Teilen Rätsel bleiben – aber allein das Wissen, dass aus dem Selbst heraus ein sinnhafter Lebensfaden gesponnen wird, dass das Seelische aus dem Hintergrund her wirkt und unser Leben gestaltet, ist schon Trost und Beruhigung. Der Haken nur ist, dass eben dadurch jenes Selbst gleichsam numinosen Charakter, also eine quasigöttliche Funktion, erhält. Der Sinn entspringt einer Quelle in unserem Innern, im Kern des Individuums, nicht etwa in einer überpersönlichen Kraft, die mehr als nur das Individuelle umfassen könnte. Das Selbst wird zu einer Wiedereinführung der Gottesfunktion, nämlich als ‚innerer Gott', [52] von dem man Richtung und Sinn erhofft, und der den Verlust des äußeren Gottes kompensieren soll. Dieser jungsche Ansatz bringt zwei Phänomene hervor, von denen einer im buchstäblichen Sinne heilsam ist, nämlich das Bemühen um innerpsychische Integration, und der andere den Egozentrismus unterstützt, nämlich durch das damit entstandene Diktat zur Selbstfindung. Der Integrationsgedanke ist heilsam dadurch, dass er den Trend zur Analyse, also zur Zerteilung und damit zur weiteren Fragmentierung unseres Seelenlebens, umkehrt und ins Bewusstsein heben will, was ins Unterbewusste verdrängt wurde. Bewusstsein heißt auch Kontrolle, und dem *autonomen* Charakter unbewusster Aspekte wird somit der Boden entzogen. Das Verdrängte kann in ein erweitertes Ich-Konzept auf sinnvolle Weise aufgenommen werden, bekommt dadurch Stimmberechtigung und Wertschätzung, und verliert seinen Charakter als Gegenspieler des bewussten Ichs.[53]

Doch der Schattenseite des *Selbst*-Begriffs begegnet man in der inflationären Selbstschau, dem Selbstfindungsstreben so vieler Suchender, an

---

52. Vgl. Gebser, 1973, 2. Bd., S. 533ff.

53. Der Begründer der Gestalttherapie, Fritz Perls, sah in der Integration des Abgespaltenen in der Psyche die Hauptaufgabe von Psychotherapie. Sein Ansatz ist ein prototypisches Beispiel für den Integrationsgedanken in den Therapieformen. Aber auch verschiedene andere körperorientierte Verfahren und weitere folgen diesem Ansatz.

denen das Leben und die Gelegenheiten vorbeirauschen, weil ihr Blick beharrlich in das Innere, wo doch das vermeintliche Selbst zu finden sein müsse, gerichtet ist. Die Selbsterkenntnis an sich, das *Nosce te ipsum,*[54] ist damit nicht gemeint, sondern die zwanghafte Fixierung auf den Irrglauben, dass da, im Inneren, so etwas wie ein substanzieller Kern zu finden sei, wenn man nur lang genug danach suchte. Diese zwanghafte Nabelschau, die noch kein Problem lösen konnte, auch nicht das des Vertrauens in einen übergeordneten Sinn, ernährt mittlerweile eine Milliardenindustrie mit umfangreichem Büchermarkt, Seminarangeboten, Therapien seriöser und nicht seriöser Art, esoterischer Heilsversprechen und vielem mehr.

Die Psychologie konnte das große Problem unserer Zeit, nämlich der zunehmenden Fragmentarisierung und der Zuwendung zum nur Materiellen, der jeder umfassendere Sinnzusammenhang fehlt, bisher nicht lösen. Aber sie bietet Ansätze, die wir weiter verfolgen wollen.

Dualistisches Denken zwingt zu einer Trennung von Leib und Seele, von Körper und Psyche. Und so existieren zwei Heilkunden nebeneinander, die einander fremd sind, sich wiederum als Gegensätze wahrnehmen, sich gegenseitig gering schätzen und keine Verbindung einzugehen in der Lage sind: Medizin und Psychologie, extremer noch Psychiatrie und psychologische Psychotherapie. Wer Spezialist ist, kann nur wenig, das aber ausgesprochen gut. Vor allem aber verliert er das Ganze aus dem Blick. Wenn die Psychologie heute das Bemühen zu einer Ganzheitlichkeit beweist, indem sie von einem bio-psycho-sozialen Ansatz spricht, ist es doch nur ein Ansatz aus ihrem Inneren, aus ihrer hoch spezialisierten eng umgrenzten Domäne heraus; sie will diesen Ansatz allein finden. Nur selten ein Gedanke daran, sich mit anderen Domänen zu vernetzen, die doch die fehlenden Bausteine liefern könnten.

Es wird keine Einzelwissenschaft sein, die das Problem auf effektive Weise lösen kann, denn allein die Existenz von Einzelwissenschaften ist bereits Symptom der Fragmentierung, oder wie Mircea Eliade einmal fragte: warum Wissenschaften und nicht Wissenschaft?[55] Die Lösung des Problems liegt nicht in einer anderen Vorgehensweise oder

---

54. „Erkenne dich selbst."

55. Zu finden in: Eliade, 2012.

Methodik der Wissenschaften, auch nicht in einem Austausch von Zielen und Verbindlichkeiten, sondern in der Überwindung des dualistischen Denkens, das seinen Zweck lange erreicht hat und, wenn man es fortführe, in einen Weltentwurf aus chaotisch unverbundenen Einzelatomen in Psyche und Welt münden würde, in dem wir jede Verantwortlichkeit für uns selbst wie für die Welt und die Lebewesen darin zu Tode analysiert hätten. Aus dem dualistischen Denken muss etwas Neues entstehen, eine umfassendere und komplexere Art, die Welt wahrzunehmen, die in der Lage ist, Sinnentwürfe herzustellen, die dem Leben zugewandt sind.

Auch ist es ein Symptom faustischen, dualistischen und rationalen Denkens, die Psychologie als Einzelwissenschaft aus der eigentlich übergeordneten Philosophie herausgelöst zu haben. Mittlerweile wurde auch die Psychologie in weitere, kleinere und winzige Spezialwissenschaften gesplittet. Nachdem der Gedanke an das ‚Göttliche', jene Chiffre für ein unerkennbares und damit nur zu glaubendes sinnhaftes Ganzes, verworfen wurde („Gott ist tot! Gott bleibt tot! Und wir haben ihn getötet! Wie trösten wir uns, die Mörder aller Mörder?"),[56] blieb in der Unendlichkeit nur ein Nichts – kein Wunder, dass die Philosophie mit dem Nihilismus antworten musste. Wenn aber die Annahme einer Sinnhaftigkeit der Existenz des Menschen innerhalb des Ganzen nicht mehr haltbar ist, musste sich die Wissenschaft vom Menschen auch auf sich selbst, einzig auf seinen erklärten Forschungsgegenstand, auf das Individuum, das ‚Ungeteilte', zurückziehen. ‚Seele' wurde zu einem eher allegorischen Begriff, verlor an Konkretheit, und meinte forthin die Struktur der Persönlichkeit eines Menschen. Die Psychologie kommt ohne die Annahme einer Seele als einer Entität aus, und müsste nun richtiger ‚Personen- und Verhaltenskunde' heißen.

Und doch gibt es innerhalb der vielen Richtungen der Psychologie Tendenzen, die den strengen rationalen Dualismus, der allem abendländischen Denken zugrunde liegt, überwinden können. Eine haben wir schon genannt: den Begriff des *Selbst* aus der jungschen Komplexpsychologie. Eine weitere Tendenz finden wir in dem Vermögen der Psychologie, mit Assoziationen zu arbeiten. Dieser Assoziationismus

---

56. In: Nietzsche, *Die fröhliche Wissenschaft*, Drittes Buch, Aphorismus 125 „Der tolle Mensch".

weicht die strenge positivistische Sicht auf, sprengt den rationalen Dualismus. Durch Assoziationen können bestimmte Phänomene auch für Anderes stehen, mehr noch: sie verweisen auf umfassendere, abstrakte Sinn- und Bedeutungsebenen, die auch Widersprüchliches in sich vereinen können. In der Assoziation verliert das Einzelphänomen, das immer auch seinen Gegensatz mitformuliert, an Schärfe und Festigkeit. Es wird auf etwas dahinter Liegendes verwiesen, dem mehr Wirklichkeit oder Wirkmächtigkeit zugesprochen wird, als dem Phänomen an sich. Ein Phänomen könnte ein Traum mit gut erinnerbarem Inhalt sein. Doch erst die Deutung, so die tiefenpsychologische Ansicht, die alle möglichen Assoziationen des Träumers, dessen Lebenslage, archetypische Wirkkräfte und anderes berücksichtigt, gibt dem Traum Sinn und Richtung. Auch der Mythos, das Märchen, die Legende und Sage, können auf diese Weise untersucht werden. Dieses Vorgehen ist nicht mehr dualistisch; es ist synkretistisch. Das mythische Denken nahm den Mythos als eine Wahrheit. Vergessen wir nicht: Mythisches Denken ist ahistorisch, es mag zwar den Zeitstrahl kennen, misst ihm aber im Seelenleben keine Bedeutung bei. Der Mythos ist dementsprechend ewig, aber nicht im Sinne einer extrem verlängerten Zeitspanne, sondern im Sinne des außerhalb der Zeit Existierenden, des nicht an Zeit Gebundenen. Das an die Vorstellung einer linearen Abfolge von Zeit gebundene rationale Denken verortet den Mythos, wie einem inneren Zwang folgend, in eine Frühzeit, in Zeiten eines Anfanges, einer kaum noch erinnerbaren Prähistorie. Aus diesem Grund nahm das rationale Denken den Mythos als seriöse Quelle für Wissenschaft auch nicht mehr ernst. Er wurde zu etwas, das man Kindern erzählt oder sich selbst daran ergötzt. Seit die Wissenschaft von Urmenschen weiß, Faustkeile datiert und anderes, ist die Genesis als Schöpfungs- oder Ursprungsgeschichte obsolet geworden. Die Genesis kann als Datenquelle in den Wissenschaften vom menschlichen Ursprung keinen Platz finden. Erst der Assoziationismus der Psychologie kann den Mythos wieder in das wissenschaftliche Denken hineinnehmen. Die biblische Geschichte von der Schöpfung offenbart nun zum Beispiel die Entstehung des Ichs: aus der psychischen Symbiose zwischen Kleinkind und Eltern (der Garten Eden und die Unschuld von Adam und Eva) erwächst die Erkenntnis einer eigenen, identen, Wesenheit – des Ichs. Die Schlange – Symbol für die weit in die Tiefe der Phylogenese hineinreichende dunkle kollektive Erinnerung, chthonisch, erdhaft, dem materiellen Urgrund verbunden, auf dem sie, die Schlange, kriecht – zwingt dem Einzelnen die Fortsetzung der Ich-Entwicklung auf. Adam und Eva essen von der verbotenen Frucht, und die Welt teilt sich – mit ihnen als kleinen Individuen, erwacht als eigenständige Wesen, zwischendrin. Über ihnen der Geist, das Männlich-Väterliche, unter ihnen die Materie, die Erde, das Weiblich-Mütterliche. Sie ‚sind des Todes', denn nun wissen sie um die eigene Vergänglichkeit, im Gegensatz zur ganz dem Augenblick verpflichteten tierischen, pflanzlichen und magisch-mythischen Seele: die Erkenntnis, die das Leben zu einer fatalistischen Sache macht, und für die es eine Lösung braucht. So beispielsweise könnte die assoziative Psychologie mit dem Mythos umgehen.[57] Tatsächlich aber ist diese Tendenz im Augenblick eben nicht mehr als genau das: ein Assoziationismus. Dieser lässt sich von Ähnlichkeiten der Struktur unterschiedlicher Mythen, Sagen, Theorien, Kunstprodukten und ähnlichem leiten und folgt den Parallelen dieser Ähnlichkeitsstränge. Er wird solange bloße Assoziation bleiben, wie es ihm an einer überbauenden Theorie, einem alles umgreifenden Weltbild mangelt. Der gedankliche Wurf, der hier verlangt wird, ist gewaltig; seine Netze müssen in die Unendlichkeit geworfen werden können, hinaus ins noch nicht Erforschte und ins nicht Erforschbare, nur so erhalten diese Assoziationen Zielgerichtetheit und Sinn. Andernfalls bleibt es beim Vergleich zwischen Einzelfällen, dem Feststellen von Ähnlichkeiten, doch diese Ähnlichkeiten stehen dann ebenso problematisch im Geistesraum: was mit ihnen tun? Welchen Sinn haben sie? Erzeugen sie einen? Bleiben wir bei dem Beispiel der Genesis. Man kann diese Geschichte im Sinne der ontogenetischen Ich-Entstehung deuten. Die Parallelen in der Struktur der beiden Geschichten sind hinreichend ähnlich. Beide Geschichten? Ja, denn auch die moderne, wissenschaftliche Theorie der Ich-Entstehung ist eine Geschichte, die man sich erzählt. Freud war der erste Barde, der diesen Gesang anstimmte, und

57. Norbert Bischof, in seinem Buch ‚Das Kraftfeld der Mythen', interpretiert Mythen aus den unterschiedlichsten Kulturkreisen hinsichtlich ihrer Aussagefähigkeit über die Ich-Entwicklung. Er findet Mythengruppen, die die frühe Kindheit allegorisieren, die mittlere „tricksterhafte" Kindheit, die Pubertät und Adoleszenz und die frühe Erwachsenenzeit, in der der Held auszieht, eine eigene Identität zu finden.

seitdem hat dieser Gesang genügend Nachahmer gefunden. Wir haben also einen freudschen Gesang über Ich-Entstehung und einen Mythos über einen Garten Eden, einen Gott, eine Schlange und zwei vormals unschuldig-unwissende Menschen. Wir finden Ähnlichkeiten in der Struktur dieser beiden Erzählungen und isolieren diese Ähnlichkeiten aus den beiden Geschichten. Wir betrachten nun nur noch die Formulierung der Ähnlichkeit. Diese Ähnlichkeit bildet nun eine dritte Geschichte, die abstrakt genug ist, sie mit allen möglichen anderen Geschichten, Mythen, Sagen, ja auch Träumen und Kunstwerken in Beziehung zu setzen. So wird aus fragmentierten Einzelteilen schrittweise ein neues Ganzes, aber kein vollständiges, es bleibt ein Ganzes unter vielen anderen ‚ganzen' Teilen. Doch wie diese zusammenzufügen sind, bleibt rätselhaft. Es entstehen semantische Systeme, also geistige Erklärungs-Systeme, die ihren Ausgang wieder nicht in einem Gefühl der Ganzheit hatten, sondern in einem ursprünglichen Atomismus, in dem es nur unverbundene Einzelteile gibt – hier Geschichten und Erklärungen – die sich erst in einem auto-konstruktiven Akt zu kleinen Ganzheiten verbinden, zu Systemen. Da es sich aber von Anfang an wieder um autokonstruktive Akte handelt, ist das Sinnproblem nicht gelöst. Jeder autokonstruktive Akt lässt sich zu einer Illusion erklären. Als Sinnstiftung ist der Assoziationismus also ungeeignet, wenn er vom Kleinen, vom Mikrokosmischen, ausgeht und den Makrokosmos unverändert als chaotische Sinnleere wahrnimmt. Man kann das Mikrokosmische so weit aufblähen wie man will – er wird dennoch immer ein Teil des Ganzen bleiben, und solange er keine sinnstiftende Einbindung in eine Konzeption des Ganzen erhält, bleibt die Verlorenheit des Individuums bestehen; damit auch seine Unsicherheit bezüglich Sinn und Ziel; und damit auch letztlich seine Unsicherheit über Verantwortlichkeit und Wert. Nach C.G. Jung mag das Ich zwar in ein größeres Konzept eingebunden sein, in das Selbst, aber nun kreist alles um dieses Selbst, und es vermag noch immer nicht den Blick in das Nicht-Ich oder Nicht-Selbst zu werfen. Dort aber entsteht erst Sinn und Verantwortung.

Ich habe exemplarisch die Wissenschaft Psychologie herausgegriffen, um das Problem der Fragmentarisierung zu umreißen. Die gleichen Probleme findet man aber auch in allen anderen Domänen, in der Politik, der Wirtschaft, der Ökologie, der Anthropologie, der Medizin, den

Künsten, im sozialen Miteinander, im modernen beruflichen (oder aktueller: jobmäßigen) Selbstverständnis, in Erziehung und Bildung der Kinder, der Sicht auf Alter, Sterben und Tod. Und in allen diesen Feldern zeigen sich auch bereits Lösungsansätze, zeigen sich Bemühungen, die Probleme zu lösen, von Minderheiten nur hervorgebracht, oft ungehört, aber sie existieren. Behalten wir im Auge, dass umwälzende Veränderungen bisher immer von Minderheiten ausgelöst wurden.

All die Probleme in diesen Bereichen entstehen durch die Bewusstseinsqualität des dualistischen Denkens, das sich dem Detail im Konkreten, also sinnlich Erfahrbaren zuwendet und alles Metaphysische beiseite lässt, und im daraus resultierenden Individualismus, der in seiner Extremform das Individuum als isolierte Entität sieht und zunehmend seine Einbindung in das Ganze verloren hat.

Leben und Tod als Gegensätze oder als Pole eines Ganzen?

Die Vorstellung, tot zu sein, hatte für die antiken Griechen nichts Reizvolles. Als düstere Schatten schweifen die Seelen der Toten durch den Hades, wie Odysseus während seines flüchtigen Blickes in die Unterwelt erfahren muss, und selbst Achilleus` Schatten gesteht ihm, dass ihm sogar lieber sei, als Tagelöhner zu dienen als hier unten dieses schattenhafte Dasein fristen zu müssen. Die Zauberin Kirke, mit der Odysseus eine pikante und geheimnisvolle Liaison eingeht, ist es, die ihm diesen Blick in den Hades gewährt. Die antiken Griechen konzipierten den Tod, obschon sie ihn nicht gerade herbeisehnten, nicht als Gegensatz zum Leben, sondern umfassten Leben und Tod zu einer polaren Einheit. Die Unsterblichkeit, die einem Menschen möglich war, betraf entweder, aber in sehr seltenen Fällen, die Vergöttlichung, etwa die des Herakles, in den überwiegenden Fällen aber die Unsterblichkeit des Ruhmes als Heros. Dieser Ruhm, das Nicht-Vergessenwerden, bedarf einer Wesenheit, deren Lebensdauer die des einzelnen Menschen überdauert, denn nur diese kann die Erinnerung an den Heros bewahren und pflegen. Diese Instanz war die Polis. Das Leben der antiken Griechen drehte sich um ihre Zugehörigkeit zur entsprechenden Polis. Nicht wenige Athener behaupteten nach der Schlacht von Marathon gegen die Perser, dass sie Theseus gesehen hätten, den sagenhaften Heros der

Stadt, wie er mit wehendem Helmbusch den Hopliten vorausgeeilt wäre, das Schwert und den Speer gegen die Perser gerichtet. Die Lokrer hielten in ihren Hoplitenreihen immer einen Platz frei für ihren Heros, Ajax (oder Aias), bekannt aus der Ilias, von dem sie annahmen, dass er mit ihnen kämpfte. Es war die Polis, mit der sich die Griechen identifizierten, und die ihnen mehr galt als alles andere. Unsterblichkeit hieß, dass die Polis ihren Namen nicht vergaß und mit Ritualen und Kulten ihren Genius bei sich behielt.

Für die christliche Kultur galt die Identifikation mit weltlichen Instanzen nicht mehr viel, sondern das Größere, mit dem man sich im Innersten verbunden fühlte, war Jesus Christus. Der Tod wurde zu einem Übergang in das göttliche Himmelreich, sofern man sich nicht allzu sehr versündigt hatte. Hier richtet sich Unsterblichkeit auf die Annahme einer Instanz namens Seele, die vom Körper zumindest nach dem Tode unabhängig wurde. Das Sterben und der Tod wurden zu einer Angelegenheit seelischer Hygiene, um die Seele für die Wiederauferstehung in den Geist Gottes zu bereiten. Für diesen psychohygienischen Akt standen die Priester mit Segnungs- und Absolutionsverfahren bereit.

Doch der rationale Dualismus kann nur in Gegensätzen denken. Nachdem durch die Rationalität die christlichen Argumente für die Existenz Gottes unglaubhaft geworden waren, verlor das Christentum an Bindungskraft für das Seelenleben der Abendländer. Sogenannte Gottesbeweise, scheinbar logische Begründungen, die eine Existenz Gottes zwingend machen sollten, wie etwa die *quinque viae*, fünf Wege einer solchen Argumentation, aufgeschrieben von Thomas von Aquin, waren leicht widerlegbar oder ließen alternative Antworten zu.[58] Diese christliche transzendente Welt, in der allein Unsterblichkeit möglich wäre, verblasste zunehmend. Der Schwerpunkt der Identifikation verschob sich über die Jahrhunderte unmerklich von der Zugehörigkeit zur

---

58. Diese fünf Argumente sind: die Bewegung, die einen ersten Beweger voraussetzt; die Kette von Ursachen, die eine unverursachte erste Ursache bedingt; Möglichkeit und Notwendigkeit: warum gibt es etwas und nicht nichts; die Abstufung der Dinge, die zwangläufig in einem Superlativ endet (höher, am höchsten); dass die Dinge offensichtlich einem Ziel dienen. Für alle diese Argumente gibt es mittlerweile wissenschaftliche Alternativerklärungen.

christlichen Theologie hin zum Individuum. Wenn also Unsterblichkeit wünschenswert sein sollte, dann könnte man sie nur in sich selbst suchen, dort aber zeigt sich kein Weg. Selbst die jungsche Formulierung eines das bewusste Ich übersteigenden *Selbst*, das noch genug Unbekanntes und Höheres für den Erkundungsdrang des Individuums bereitstellte, konnte schwerlich Garantien für eine mögliche Unsterblichkeit bieten. Warum und wie sollte es die Lebensspanne des Individuums überdauern? Der Individualismus ist aus psychischer Sicht nun auf seinem Höhepunkt angekommen, er ist bereinigt von funktionalen Neben-Identitäten. Reduziert auf sich selbst, fehlen ihm Trost gebende Instanzen, die glaubhaft wären. Hinzu kommt das dualistische Gegensatzdenken, das zwingend jedem Gedachten seinen Gegensatz hinzufügen muss. So verlieren Leben und Tod ihre mythische Einheit und bedingen sich als schärfste, sich gegenseitig ausschließende Gegensätze. Links, so könnte man es bildhaft sagen, von uns ist der Tod, rechts das Leben, wir dazwischen und das erfordert eine Entscheidung aus uns selbst heraus für eine nächste Bewegung: entweder nach links oder nach rechts. Der Fluch unserer faustischen Seele. Im Allgemeinen entscheiden für uns für das Leben – und diese Entscheidung zieht unausweichlich die Entscheidung *gegen* den Tod nach sich. Es ist als wären wir in den mythischen Kreis gesprungen und hätten seine Einheit damit gesprengt. Was vorher, im Mythos, noch als Einheit, wie ein kreisförmiges Bild, wahrgenommen wurde, wie ineinander verlaufende Farben, helle und dunkle, weiche und beißende, bedrohliche und beruhigende, miteinander ein komplexes und vollständiges Bild erzeugend, in dem es keine Gegensätze gibt, sondern Kontrastierungen, die überhaupt erst einen Charakter des Bildes werden lassen, wird nun durch den tollkühnen Sprung hinein in das Bild auseinandergerissen. Was vorher Kontrast war, als wir noch draußen standen, wird nun zum Gegensatz. Elemente, die vorher nur gemeinsam auf eine symbolische Wahrheit hindeuteten, schließen sich nun gegenseitig aus. Aus der Einheit Leben/Tod wird der Gegensatz Leben – Tod.

Der Blick in die aktuelle Lebenswirklichkeit verrät es. Der Tod wird vermieden, verdrängt, alles was an ihn erinnert, wird weggeschlossen, aussortiert, bekämpft. Vorgehensweisen einer Kultur sind nie nur pragmatische Entscheidungen, sie sind immer auch sichtbares Zeichen der kollektiven Psyche und damit des Anliegens der Kultur. Der ‚Lebensabend' in Altersheimen ist zur Regel geworden. Man könnte mit Sloterdijk von einer gesellschaftlichen Immunreaktion sprechen, die das störende Element, nämlich die Alten, isoliert und unschädlich macht. Dabei sind es gar nicht die alten Menschen, die eine Gefährdung der kollektiven Psyche sind, sondern das, was sie verkörpern: die Nähe zum Tod, aber auch den Verweis auf die Vergangenheit. Die ideelle Zuwendung zur Zukunft und die Abkehr von der Vergangenheit und damit die Orientierung an Jugend oder Lebensaltern, die als vital gelten, ist ein Merkmal, das auf den Einfluss einer neuen, noch jungen Kultur, der amerikanischen, verweist. Doch dazu später. Bleiben wir beim Tod mit seiner Eigenschaft als Gegensatz zum Leben. Die Alten werden weder gehört noch gefragt. Es ist einzig die Demokratie, durch Wahlstimmen der immer mehr werdenden Alten, die zumindest in Fragen der Gesetzeslage, etwa bezüglich Rentenansprüchen und anderem, die Anliegen der Alten unserer Gesellschaft im Auge behält. Bis auf wenige Ausnahmen ist es nicht mehr üblich, Alte um Rat zu fragen. Sie gelten dann als rüstig, wenn sie die aktuellen Moden mitmachen. Lebens- und Arbeitserfahrung gelten auf dem Arbeitsmarkt kaum etwas; je älter man ist, desto geringer die Wahrscheinlichkeit, eine neue Arbeitsstelle zu finden. Man mag einwenden, dass die rasante Entwicklung von Technik und Anforderungen in Berufen die Kompetenzen der Alten anachronistisch werden lassen. Aber auch diese rasante Entwicklung, die heute überholt sein lässt, was gestern noch der letzte Schrei war, ist Symptom und verweist auf den gleichen inneren Kern der heutigen Zivilisation des Westens. Das Weiter, immer Weiter, ist Symptom einer kollektiven Flucht; fast scheint es, als bauten wir eine überdimensionierte Mauer aus Ideologie und Technik, die uns vor dem Tod, vor der grausigen Erkenntnis der Vergänglichkeit abschirmen soll. Eine überbordende Apparate-Medizin verlängert künstlich das Leben der Alten, ohne gleichzeitig für entsprechende Lebensqualität sorgen zu können. Für die Medizin ist der Tod der klar definierte Feind, und alle Mittel werden genutzt, um diesen Feind in Schach zu halten. Dass das oft auf Kosten der Lebensqualität und der Würde des Menschen geschieht, ist kein Geheimnis und steht zunehmend in aktueller Diskussion. Es wirkt ein wenig, als schlügen die Mediziner eine gigantische Schlacht (die von

Anfang an verloren ist, denn der Tod holt jeden), in der die Patienten die Fußtruppen und das Kanonenfutter sind. Doch auch hier: Wer in Gegensätzen denkt, hat kein Auge für Ganzheit. Leben und Tod sind eins, und ohne das eine wäre das andere nicht denkbar.

Der Tod als erfahrbares Phänomen, als etwas, das seinen Platz in der sichtbaren Wirklichkeit hat, ist in eine verstohlene Verborgenheit verbannt worden. Sterile Krematorien verbrennen völlig maschinell die Leichen, niemand bekommt etwas zu Gesicht. Das Sterben findet in den isolierten Intensivstationen und Altersheimen statt. So ist der Schock mancher westlicher Reisender zu erklären, wenn sie in Varanasi an den Ghats, den von Treppen und Plätzen gesäumten Ufer des Ganges, an den sich die Stadt mit ihrem Zentrum drängt, die Scheiterhaufen sehen, auf denen die Toten verbrannt werden. In voller Öffentlichkeit, sieben oder acht Feuer, die Leichen liegen bereit, Feuerholz wird gewogen, Abschied nehmende Familien, Priester, Touristen, Besucher, Müßiggänger, Yogis, Meditierende bewegen sich dort fast wie auf einem Jahrmarkt. Feine Ascheflöckchen landen auf der Kleidung und es riecht nach brennendem Holz und Fleisch. Manche Leichen werden in den Fluss geworfen, so Kinder und Sadhus. Es kommt nicht selten vor, dass man einem Hund begegnet, der einen Totenschädel im Maul hat. Wenn der Tod keinen Platz mehr in der kollektiven Wahrnehmung hat, ist eine solche Erfahrung für einen westlichen Menschen ein krasser Tabubruch. Die heile konstruierte Welt, in der der Tod ausgeblendet ist, bricht zusammen, man wird konfrontiert mit einer unabwendbaren Lebenswirklichkeit. Entsetzlich, könnte man meinen. Aber ist die verzerrte Vorstellung von der Welt und dem Leben nicht entsetzlicher, wenn sie auf einer Augenwischerei beruht, aus der es nur ein erschütterndes Erwachen geben kann? Die Wahrheit ist dann entsetzlich, wenn sie ein zu einseitiges, illusionäres Weltbild zur Korrektur zwingt.

Wenn man den Tod leugnet – besser: verdrängt – neigt man dazu, zu leben, als wäre man unsterblich. Und dennoch wirkt das Verdrängte aus dem Unbewussten, das *Wissen* um den Tod, die Vergänglichkeit verschwimmt durch den willkürlichen Akt der Verdrängung zu einer nebelhaften bangen Ahnung, die aber umso unheilvoller, weil unkontrolliert, in das Empfinden, Denken und Handeln eingreift. So durchzieht die westlichen Kulturen neben dem gegenwartsbezogenen, von allen

Medien unterstützten Hedonismus und Konsumismus und der innovationsfrohen Zukunftszugewandtheit eben auch ein düsterer apokalyptischer Grundton; als müsse man, wenn man noch leben wolle, jetzt leben und das in vollen Zügen. Aus der Einseitigkeit der Lebenssicht, die eben den Tod und alle Vergänglichkeit ausklammert, entsteht ein merkwürdiger Appetit nach dem Fehlenden, und eben dieser wird in den düsteren Zukunftsszenarien von Klimawandel, Totalüberwachung und Terrorismus – vor wenigen Jahrzehnten noch, aber heute im Abklingen oder irrelevant das Ozonloch, der Kommunismus (oder der Imperialismus, je nach Lage in den politischen Blöcken) oder der Atomkrieg – immer wieder bedient. Wir kennen das Phänomen aus der Psychopathologie: Wenn jemand seine eigene sexuelle Neigung verdrängt, wirkt dieser Appetit aus dem Unbewussten und durchdringt sein ganzes Fühlen, Denken und Handeln, oft zum Beispiel im leidenschaftlichen Kampf gegen die vermeintliche sexuelle Verderbtheit anderer. Ähnlich auch die verdrängte eigene aggressive Neigung, die sich so oft bei sogenannten ‚Friedenskämpfern' finden lässt. Das Verdrängte, das dennoch per se zur Ganzheit gehört, zwingt dann auf Umwegen zur Beschäftigung mit seinen Themen. Eine Gesellschaft, die das Alter (weil es den Ruch des Todes haben kann), das Sterben und den Tod ausklammert, beschäftigt sich zwanghaft mit der Gegenwart und etwas abgemildert mit der Zukunft. Denn Letztere verheißt, dass es weitergeht, und Erstere, dass wir am Leben sind. So versichern wir uns unserer gesellschaftlichen Existenz durch immer neue Bedrohungsszenarien, mit Nachrichten über Skandalöses, kurz: mit etwas, das in uns gemeinsame Empörungsgefühle wachruft. Über diese wird die Gemeinschaft einer Nation, die sich heute weitgehend über die Reichweite ihrer einschlägigen Medienkanäle definiert, hergestellt. Dass es nicht die Inhalte der Nachrichten an sich sind, die die primäre Rolle spielen, sondern ihr Empörungspotenzial, lässt sich daran ermessen, dass völlig Belangloses, wie das Fälschen von akademischen Arbeiten von öffentlichen Personen, gemeinsam mit bedeutsameren Informationen über geopolitische, oft kriegerische Umwälzungen, in einer Reihe genannt werden und dass einstmals Angst erzeugende Berichte, etwa über Atomwaffen (die vor wenigen Jahrzehnten ganze Generationen in Ost und West traumatisiert hatten, und die es ja heute noch gibt), nun kaum noch für Aufregung sorgen. Sie haben ihr Empörungspotenzial erschöpft.

In all dem zeigt sich Ablenkung, ein Pfeifen im dunklen Keller, ein zwanghaftes Beschäftigthalten des Geistes. Das Individuum macht dankbar mit, es hat keine Alternative. Nur im Hinwenden der Aufmerksamkeit auf das Außen, auf das beständig Aufregende, lässt sich der verdrängte Gegensatz weiter im Dunkel des Unbewussten und Ungewussten belassen. Doch die Folgen sind verheerend. Weder der physische Organismus noch die Psyche lassen sich auf Dauer ohne Schaden dieser ständigen Aufregung und Anspannung aussetzen. *Stress*, aus dem englischen Wort für ‚Spannung' hergeleitet und in alle Sprachen übernommen, ist der generelle Zustand der westlichen und verwestlichten Gesellschaften. Es ist ein Irrtum anzunehmen, Stress sei ein Phänomen, das Einzelne beträfe, vielmehr markiert er eine umfassende Symptomatik, die geradezu singuläres Merkmal unserer Zivilisation geworden ist. Im *Stress* stehen nicht nur die Individuen, sondern ganze politische Gefüge, das Wirtschaftssystem, das mediale System mit allen Domänen von Entertainment und Information, das Bildungssystem, das Arbeitsleben. Die meisten Problemlöseversuche betreffen nur die Verringerung akuter Überspannungen, ähnlich wie Krankschreibungen, nicht aber dem allgemeinen Zustand der Gesellschaft als eine, die gestresst ist, die überspannt ist. Die Spannungszustände entstehen durch Leugnung dessen, was Gegensatz des Wünschenswerten ist. Wünschenswert sind Leben, Gesundheit, Wohlstand, soziale Gerechtigkeit, Jugend, Fitness und was es mehr an populären Schlagworten gibt. Doch keine Gedanken werden daran verschwendet, dass zu den genannten Idealen auch deren Gegensätze gehören: Tod, Krankheit/Versehrtheit, Armut, soziale Ungleichheit/Ungerechtigkeit, Alter, mangelnde Fitness, also ein ungenügendes Gerüstetsein für die Anforderungen der Gesellschaft. Nur rationales dualistisches Denken konzipiert diese Phänomene als Gegensatzpaare. Ebenso wäre möglich, sie jeweils als eine Einheit zu sehen, einen Kreis, der ein Thema mit allen seinen möglichen Facetten umfasst. In einem jeden Kreis gäbe es Stärken und Schwächen, Vorteilhaftes und Nachteiliges, gäbe es Ressourcen und Verluste, Schönheit und Abstoßendes, gäbe es Wahrhaftigkeit und Unaufrichtigkeit. Jugend etwa: sie ist schön, weil sie frisch und blühend ist, aber sie ist auch unreif und naseweis; sie ist voller Zukunft und Hoffnung, aber sie birgt in sich auch künftige Enttäuschungen; sie ist der Gewinn der Möglichkeiten des frühen Erwachsenenlebens, in dem einem noch die Welt offensteht, sie ist aber auch der Verlust der Kindheit; sie ist wahrhaftig, wenn sie zu all dem stehen kann und sie ist unaufrichtig, wenn sie sich älter oder jünger machen will. Das Alter ist schön in seiner Weisheit und Ruhe, in den Lebenswirren, die sich als Erfahrung in jede Furche des Gesichts graben und vom Schicksal zu berichten scheinen; es kann wahrhaftig sein oder unaufrichtig, wenn es nicht angenommen wird, wenn es sich vom Jugendwahn einer ganzen Gesellschaft korrumpieren lässt; Gewinn ist ihm die Weisheit, die Erfahrung, das Wissen, das Zeugnis über das gelebte Leben, Verluste mögen körperliche Schwäche oder die Einsamkeit sein, wenn die Freunde sterben. Jugend und Alter sind nicht Gegensätze, sondern Teile desselben Kreises an Bedeutung, Pole innerhalb einer Sphäre einer psychophysischen Realität. Ähnlich verhält es sich mit dem vermeintlichen Gegensatzpaar Gesundheit – Krankheit. Beide Begriffe sind keine Realitäten. Es gibt keinen absolut gesunden Menschen, denn der ‚gesunde Mensch' ist ein medizinisches Ideal, das auf einer statischen Sicht auf den Menschen beruht. Menschen aber verändern sich ständig, wie alles in der Natur, und die eigentliche Kraft liegt in der beständigen Anpassungsfähigkeit an Veränderungen, die mit eigenen Veränderungen reagiert. Dabei gilt es, ein Gleichgewicht, eine Balance zu wahren, und zwar in zweierlei Richtung: die Balance *innerhalb* der psychophysischen Regulation und die Balance *zwischen* Umgebung und Mensch. Diese Regulationen verlaufen nie optimal, sondern hinreichend, chaotisch, unvorhersehbar. Krankheit ist Ausdruck einer misslingenden Regulation entweder innerhalb des Organismus oder zwischen Organismus und Außenwelt. Sie kann aber auch Ausdruck des Herstellens von Balance sein. Es gibt bereits – leider zu wenig beachtet – Ansätze in den Gesundheitswissenschaften, die ein solches Denken berücksichtigen. Eines ist das der sogenannten *Salutogenese* von Antonovsky. Dort geht man von einem Kontinuum zwischen Gesundheit und Krankheit aus, das Ausdruck des Bemühens des Menschen um die immer wieder aufs Neue herzustellende Balance ist. Niemand ist entweder absolut gesund oder absolut krank, behaupten Antonovsky und seine Mitstreiter, sondern mehr oder weniger, vor allem aber wird dort die Prozesshaftigkeit und nicht der statische Zustand betont. Die Prozesse, die während einer Krankheit ablaufen, können durchaus sehr gesund sein, eben weil sie die verlorene Balance wiederherzustellen vermögen. Jede Krankheit hat nach diesem Denken eine Funktion, einen Sinn und Zweck innerhalb der Regulationsprozesse von Körper und Psyche. Ist eine Dysbalance nicht mehr hinreichend auszugleichen, so dass es zum Tode kommt, öffnet sich ein neuer Kreis: der von Leben und Tod. Und auch hier haben beide Aspekte Sinn und Berechtigung, sind beide jeweils Begründung und Ursache des anderen. Erst der Tod lässt uns das Leben so definieren, wie wir es tun, lässt es uns intensiv und lebenswert erscheinen (den meisten jedenfalls), denn die Zeitspanne des individuellen Lebens ist begrenzt, ist damit Geschenk und Gnade, und selbst wenn es voller Unbill und Unglück sein sollte: Ewig dauert es ja nicht, der Tod ist immer nur ein Augenzwinkern weit weg, und irgendwann noch nicht einmal das. Gehen wir in unserer Betrachtung über das Individuum, also über uns selbst, hinaus, erscheinen uns Tod und Leben als ein und dasselbe. Der Tod beendet nicht das Leben, sondern ermöglicht es, indem er den Nährboden für ein ständig neues Entfalten des Lebens bereitet. Das Individuum stirbt, nicht aber das Leben. Also sind Leben und Tod auch keine Gegensätze. Es ist der absolute und völlig entfesselte Individualismus, der zu diesem Gegensatzpaar gelangt, gelangen *muss*. Dass der Tod das Leben bedingt, wussten auch die Menschen der griechischen Polis, denn der Tod eines Heroen lässt die Polis stark und mächtig werden, der Tod eines Heroen schützte das Leben der Polis.

Transzendentale Wirklichkeit oder Nichts

Es stellt sich eine grundsätzliche Frage, die in ihrer Art, auch wenn sie sich an *alles* richtet, doch wieder dem faustischen Bewusstsein entspricht:

Gibt es eine alles umfassende Realität, uns verborgen, scheinbar endlos, sozusagen eine *transzendentale Wirklichkeit*, in die hinein der Mensch erkundend und erfahrend oder sogar gestaltend und frei, sein Bewusstsein erweitern kann? Oder ist da ein amorphes, apsychisches Nichts, *Nihil*, in das der Mensch als Conquistador eindringt, ihr immer wieder Stücke entreißt, sie urbar macht, wie einem dichten Urwald Rodung und Ackerland? Nur dem faustischen Bewusstsein des Abendlandes ist diese Frage eigen. Selbst wenn Buddha zum Ende der hinduistischen Hochkultur alle Annahmen der brahmanischen Religion hinweg fegt, die substanzielle Existenz der Seele bestreitet, damit natürlich auch die ‚Seelenwanderung', den Kosmos von allen Göttern, Geistern und Götzen reinigt, und ihn quasi leer zurücklässt, so ist dieser Kosmos doch nicht leer im Sinne des *Nihil.* Er ist *Shunyata*, doch das heißt nicht *Nichts*, es heißt *Leere*, und Leere meint leer von Inhalten, denn alle Inhalte sind flüchtig, vergänglich, demnach nur Erscheinungen, und nicht nur das: sie sind Erscheinungen des menschlichen Geistes, denn er ist es, der diese Erscheinungen wahrnimmt, interpretiert, ihnen im Geiste Form und Bedeutung gibt. Buddha fragt nach der letzten und einzigen Substanz, nach dem Unvergänglichen, nach dem, was der Zeit und der Formung nicht unterworfen ist. Doch seine Antwort ist eben nicht pessimistisch, ist kein Nihilismus, sondern verweist auf etwas. Dieses sei aber nur zu erkennen, wenn man die menschliche Form, also die gewohnte Wahrnehmung aufgibt, den Mut hat, sich ins vollkommen Unbekannte zu stürzen. Was man dann findet, ist etwas, das jenseits von Zeit, von Werden und Vergehen, also auch jenseits von Ich und Selbst, von Seele und Göttlichkeit, existiert. Was Buddha meint, ist weniger eine Transzendenz der Bewusstseins, als vielmehr eine radikale Revolution, ein radikales Loslassen von allem, was dem Ich als Halt dient, eine totale Befreiung. Das entspricht aber dem Denken der yogischen Kulturseele, nicht dem der faustischen. Wenn der im rationalen Dualismus befangene Abendländer diese Frage stellt, entwirft er gemäß seiner tausendjährigen Natur ein Gegensatzpaar: Da ist etwas, was auch immer – oder da ist nichts, *radikal* nichts. Sein und Nichtsein – das ist abendländisch, faustisch; darin gründet die ewige Unruhe des Faustikers, die bange Angst, dass doch alles Vergebens sein könne. Es ist die tief in den abendländischen Seelen verwurzelte Befürchtung, dass der Gegensatz zu dem, was als wünschens- und anstrebenswert gilt und wofür man sich entschieden hat, einen doch noch hinunter ins Verderben ziehen könnte. Damit aber muss man rechnen, wenn man das absolut Gute und damit auch das absolut Böse erfindet. Der vollkommen reine, gütige Christengott erzeugt durch seine Existenz sein Gegenteil. Dieses

Gegenteil wird zu einer wirkmächtigen Instanz in den Seelen, vor der man sich ängstigt und vor der man sich glaubt, schützen zu müssen. Dieses Denken ist der yogischen Kulturseele fremd. Kein Gott war dort je nur gut oder nur böse, ja ‚gut und böse' sind Begriffe, die im yogischen Denken bezüglich der Welterklärung keine Rolle spielen.[59]

Doch für uns ist die Frage nach einer transzendenten Wirklichkeit versus das Nichts (*Nihil*) zentral. Befänden wir uns inmitten einer transzendenten Wirklichkeit, sähen wir uns in das große Ganze eingebettet. Es stellte sich nur noch die Frage, inwieweit wir uns darin frei bewegen können. Die Griechen hätten geantwortet: gar nicht, unser Schicksal ist von den Moiren festgelegt, nicht einmal die Götter könnten dagegen etwas tun; uns bleibt nur, mit Mut und Unerschrockenheit dieses Schicksal zu erfahren, uns ihm zu stellen, vielleicht machen wir uns die Götter gewogen, auf dass sie uns einiges Unbill abnehmen, aber das grundsätzliche Schicksal ist Teil des von Moiren gewebten Teppichs des Lebens, wie könnte sich da ein Fädchen selbstständig machen?

Und wir? Was antworten wir? Gott ist tot, Gott ist tot … ja, Nietzsches Blick auf den ‚tollen Menschen', auf den außer Rand und Band Geratenen, ist unser Offenbarungseid. Nietzsche hat das Schlimmste, was uns passieren konnte, in diesen kurzen Worten zusammengefasst. Der Nihilismus hat schon Antwort gegeben, genauso die materialistischen Naturwissenschaften, auch die Wirtschaft, die Politik, die Sozialwissenschaften haben votiert. Ergebnis: mehrheitlich das Nichts. Wir sind geworfen auf uns, wie Kinder, deren Eltern nicht mehr da sind. Wir haben uns freigemacht von allen Rückbindungen, von aller Scheu und hoffen darauf, dass schon alles gut gehen möge. Kinder, die mit scharfen Waffen, ätzenden Giften, dem Feuer spielen.

Sicher war ‚Gott' nur eine Idee, vor allem die Vorstellungen, die man sich von ihm machte. Andernfalls wären die nie aufhörenden Feindschaften zwischen den drei abrahamitischen Religionen nicht zu erklären. Gott war eine Idee, eine Arbeitshypothese, die in ihrer Personifizierung oft zu buchstäblich verstanden wurde, und damit die Konstituierung eines Gegensatzes provozierte: Die Behauptung eines

---

59. Ausführlicher weiter unten im Kapitel *Die yogische Kulturseele*, S. 204.

Absolutums, das nicht die Ganzheit umfasst, führt zwangsläufig in die mentale Formel des Dualismus.

Aber hinter dieser Idee stand die implizite Überzeugung von einer existierenden Ganzheitlichkeit, einer ursprünglichen Verbundenheit von allem – das schloss den Menschen mit ein –, eine Überzeugung, die nun in Zweifel steht, eine Sicherheit, die wegbricht, und vor allem eine ethische Rückbindung, die die Menschen vor ihren schlimmsten Tendenzen bewahrte. Diese ethische Rückbindung (egal, ob sie auf naiv-religiösen Prämissen beruhte) existiert nicht mehr und ein von Menschen gemachter tauglicher Ersatz ist nicht in Sicht. So haben der faustische Mensch und seine unmittelbare Tochterkultur, die amerikanische, jede Scheu verloren. Die ‚titanischen' Kräfte – zur Vorbeugung von Unheil, sagen die Mythen, in der Erde sicher verborgen – hat der Mensch befreit. Ihre Kräfte will er nutzen, doch beherrschen kann er sie nicht, schon die fossilen Brennstoffe nicht, geschweige denn die Atomkraft. In das Buch des Lebens, an dem man kein Buchstaben ändern darf, so die Mythen, greift der Mensch ein, indem er das Genom verschiedenster Lebewesen manipuliert und ‚in Unordnung' bringt. Die Anwendung der Psychologie zur Beeinflussung der Mitmenschen, – in der Werbung, dem sogenannten NLP,[60] in der Mitarbeitermotivation in Unternehmen, in den Medien etc. – ist das, was man vor wenigen hundert Jahren ‚Verhexung' genannt hätte, eine unheilvolle, weil manipulative, in die seelische Freiheit des anderen eingreifende ‚Zauberei'.

4 Aperspektivität: Die Überwindung der stationären Perspektive

Absolutes und relativistisches Denken

„Singe den Zorn, Göttin, des Peleussohnes Achilleus …", so beginnt die Ilias, jene erste Dichtung der griechisch-abendländischen Seelengeschichte, und in ihr ist bereits der Samen zur späteren faustischen Seele enthalten. Das griechische *menis* bedeutet Zorn und Mut und ist

60. Neuro-linguistisches Programmieren.

stammverwandt mit *menos*, Vorsatz, Zorn, Mut, Kraft. Durch die gemeinsame indogermanische Etymologie finden wir eine Verwandtschaft zum lateinischen *mens*, das nicht nur mit Zorn und Mut, sondern auch mit Denken, Gedanke, Verstand, Absicht übersetzt wird. Zorn und Denken verweben sich zu einer gemeinsamen Bedeutungseinheit. Denn was ist Denken anderes, als ein auf ein Ziel gerichtetes Bewältigen der Welt. Das Denken wird zum Schwert, zum kognitiven Werkzeug, der Gedanke zu einer Lanze, wie sie von Achilleus auf ein klar fixiertes Ziel geschleudert wird. Blinde Wut ist bloßer Affekt, eine animalische Triebregung, die den Menschen noch nicht zum Menschen machen würde. Es ist der gerichtete Zorn, der keine Wut mehr ist, sondern ein energetisches Aufwallen, eine Freisetzung von psychischer Energie, die die geistige Vorwegnahme des Wünschenswerten (das Ziel) mit einem alle Widerstände der zufälligen Natur bezwingenden Kraftakt zur Realität werden lassen will. Achilleus schlägt nicht wild um sich, sondern seine Hiebe sitzen dort, wo er sie platziert sehen will, seine Lanze durchbohrt das Ziel, das kein zufälliges ist. Achilleus ist nicht der Wütende, ist kein Berserker,[61] sondern das (aus mythischen Augen gesehene) Symbol eines zornigen, weil aufbegehrenden, Widerständen trotzenden, gerichteten Denkens, mit dem der Lebenswelt des Raumes der Willen der menschlichen Vorstellungskraft aufgezwungen werden soll. Einige griechische Verben, die auf die Wurzel *me* oder *men* zurückgehen, bedeuten ‚zürnen, grollen' einerseits und ‚verlangen, begehren, trachten, streben, ersinnen' andererseits; etwa das Verb *medomai*: ‚an etwas, auf etwas denken', gerichtet, zielorientiert und absichtsvoll.[62] *Zorniges Denken, gerichteter Zorn*: Es wird Zeit, dem Begriff des Zornes eine schärfere Kontur zu geben. Sieht man im Zorn nur die antreibende Energiebereitstellung des psychophysischen Apparates, messbar in Hautleitwiderstand, Herzrate, Muskeltonus etc., wird man ihm nicht gerecht. Jedes Tier besitzt diese (in der Biologie sogenannte) Orientierungsreaktion, die physiologisch dem akuten Stresszustand entspricht. Zorn muss mit

61. Der „Berserkergang" war eine altnordische Trancetechnik, die die blinde Wut unter Ausschaltung des gerichteten Denkens aktivierte. Wut und Zorn sind hier strikt voneinander zu trennen.

62. Zu einer ausführlichen Darstellung dieser etymologischen Zusammenhänge: Gebser, 1973, 1. Band, S. 127ff.

Denken, ja mit der Bewusstheit über das zu erreichende Ziel verbunden sein, andernfalls würde er sich ausschließlich in instinktivem Flucht- oder Angriffsreflex entladen. Achilleus, Agamemnon, Menelaos, Diomedes, Odysseus und all die anderen nahmen aber lange Fahrten auf sich, um zum Gegner zu kommen, harrten zehn Jahre aus, statt wieder abzureisen; in ihrem Kampf geht es nicht mehr um zoologische Reflexe, es geht um ein Ziel, eine Vorstellung vom zu Erreichenden, das noch in der Zukunft liegt (in sehr weiter sogar), und diese Zielvorstellung ist nicht nur kognitiver Gedanke bar jeder Emotion, nein, er ist durchtränkt mit Zorn, mit jener Energie, von der sich nicht sagen lässt, ob sie das Ziel entweder erreichen helfen soll, oder es überhaupt erst bedingt. Gedanke und jene Energie sind eins, eines ohne das andere nicht denkbar. Tatsächlich reichte in der Antike *ein* Wort, um beides zu umgreifen. Das *zornige Denken*: Affekt und Gedanke sind keine so separaten Eigenschaften, wie früheres analytisches und kategoriales Denken sich vormachte. Aus der neueren Hirnforschung wissen wir, dass beides ohne das andere nicht geht, dass beides unauflösbar miteinander verbunden ist.[63]

Das *zornige Denken* ist absolut. Es kennt keine Relativität. Jeder kognitive Impuls kommt aus dem Menschen, im besonderen sogar aus dem Individuum.[64] Es gewinnt seine Gültigkeit aus sich selbst und ist keiner anderen Perspektive Rechenschaft schuldig. Die antike Weltsicht sah im *thymos*, neben dem Eros, eine der grundlegenden Triebfedern menschlichen Handelns. Es ist der Zorn, aber auch der Behauptungswille, der Wille zur Selbstaktualisierung (um mit dem humanistischen Psychologen Carl Rogers zu sprechen), der Wille, seinen eigenen Wert über das Urteil der Mitmenschen zu erfahren. So ist es der Ruhm, den Achilleus anstrebt, denn in ihm spiegelt sich der Wert seiner Taten.

Das absolute Denken, das seiner Grundnatur nach *zornig* ist, hat nicht nur die antike Weltsicht und Geschichte entscheidend geprägt, sondern auch die abendländische. So wie im Mythos der Antike ahnungsvoll das Mentale vorweggenommen wurde, wie eine Vision des Künftigen, das

---

63. Vgl. Ciompi, 2005. Darin spricht der Autor von fraktaler Affektlogik.

64. Es soll darauf hingewiesen werden, dass auch die Worte *man*, *Mensch*, *humanus*, das indische *manu* (Mensch, Denkender, Messender) der gleichen indogermanischen Wurzel entspringen. Vgl. Gebser, a.a.O.

als Same bereits im mythischen Denken vorangelegt war, so scheint das absolute rationale Denken in sich ahnungsvoll bereits eine umfassendere Form des Welterkennens anzukündigen: das relative Denken, aperspektivisch und integrierend, dem wir uns im Folgenden zuwenden.

Indizien einer Aperspektivität und Relativität des Denkens

Aus der Eingebundenheit in den mythischen Kreis der Polaritäten, in denen scheinbar Gegensätzliches ineinanderfloss und erst gemeinsam ein Ganzes zu bilden vermochte, sprang der Mensch in den Raum, fand sich selbst darin als Individuum und machte seine Ziele und Wünsche zum Absolutum seines Handelns. Die noch mythische Zeit, ihrer Natur nach zyklisch, wenn es um Tod und Leben ging, und zeitlos, wenn Götter und Heroen in die Ewigkeit kollektiver Erinnerung und Generationen überdauernden Wiedererzählens[65] eintraten, diese mythische Zeit wurde zum Zeitstrahl, zu einem linearen Ding, zu einem geometrisch Erfassbaren, *verräumlicht.* So wurde aus dem mythischen Menschsein ein mentales (und in seiner abendländischen Form rationales) Menschsein. In seinem *Zorn* zeigt sich die psychische Energie, der Wille zur Ausformung dessen, was dem Menschen möglich ist. Der *Zorn* ist Eigenschaft des mentalen Menschen, denn sein Denken richtet sich ins Unbekannte. So ist auch seine Perspektive immer einseitig: Perspektiven des Unbekannten kann man nicht einnehmen. Doch so wie der Mensch aus dem mythischen Kreis in den (damit entstandenen) Raum und damit in sein individuelles Ich sprang, so wird er auch den Kreis des Ichs sprengen und aus ihm heraus in eine umfassendere Aperspektivität treten. Der enge absolute Bezugspunkt der *einen*, meist individuellen, Perspektive wird aufgelöst und andere Perspektiven treten gemeinsam ins Gewahrsein des Menschen. Aperspektivisch meint nicht unperspektivisch, meint nicht das Aufgeben der eigenen Perspektive zugunsten anderer. Es meint ein gleichzeitiges Gewahrsein aller relevanten Perspektiven, jedoch nicht in einem pluralistischen Sinne. Letzteres ist rational, wenn auch sehr ausdifferenziert. Was hier gemeint ist, ist das Gewahrsein des *Durchscheinenden*, des implizit in allen Perspektiven Enthaltenen. Es ist

65. Mythos: von *mytheomai*, reden, sprechen, sagen.

die Wahrnehmung dessen, was im magischen Ritual, in der mythischen Sage, in der rationalen Analyse gleichermaßen und gemeinsam hindurchscheint. Jean Gebser sprach von *Diaphanie* (das Durchscheinende) oder *Diaphainon*, einem offenen geistigen Gewahren und Wahren. Er spricht von Transparenz als Eigenschaft des aperspektivischen Bewusstseins; Transparenz insofern, als dem Menschen seine verschiedenen Bewusstseinsstrukturen ganz gegenwärtig und durchsichtig werden. In der Aperspektivität kann es dem Menschen gleich sein, ob es das magische Wort und das magische Ritual, die mythische Sage oder die rationale Theorie ist, aus der er das Eine hindurchscheinen sieht. Die Bedeutungen werden gleich, nur die Sprachen sind anders. In der hinduistischen Puja liegt eine unsagbare, weil keine Worte kennende Wirklichkeit, etwa wenn der steinerne Lingam des Gottes Shiva verehrt wird, der in der yoniförmigen Schale ruht, ewig, formlos, still. Und der gleiche unsagbare Sachverhalt zeigt sich im Mythos, wenn Zeus sich mit Alkmene vereinigt, um Herakles zu zeugen. Und wieder scheint die gleiche wortlose Wirklichkeit hindurch, wenn von Körper und Geist, von Materie und Bewusstsein, vom Leib-Seele-Problem auf rationale Weise die Rede ist. Die Aperspektivität würde sich ähnlich auch im sozialen Umgang zeigen: Nicht nur meine Perspektive ist mir gewahr (aber sie ist mir bewusst), sondern gleichzeitig auch die der Anderen; aus den verschiedenen pluralistischen Perspektiven wird ein Geflecht eines umfänglicheren Ganzen, das nun die Wahrnehmung und das Verhalten leitet.

Die frühe Tiefenpsychologie machte den Anfang einer Revolution des Bewusstseins, indem sie die Blickrichtung vom Außen auf das Innen lenkte, aber auch, indem sie den (den Rationalismus konstituierenden) Dualismus überwand, vor allem durch die Arbeiten C.G. Jungs. Gleichzeitig zeigte die Physik durch die Arbeiten Einsteins, Bohrs, Heisenbergs und anderer, dass ein absoluter Standpunkt in der Beschreibung des Universums, sei es im Kleinen oder im Großen, nicht aufrechterhalten werden konnte. Der Begriff Raumzeit ist eigentlich ein unglücklich gewählter, denn in ihm liegt die Anmutung, als wären Zeit und Raum noch immer zwei unabhängige, ja sogar duale Größen, die nun in einer gemeinsamen Theorie aufgehen würden. Tatsächlich zeigte Einstein die Einheit von dem was man Raum, mit dem was man Zeit nannte (und noch nennt). Eigentlich bedürfte es eines neuen Wortes, um benennen zu können, was Einstein und seine Nachfolger meinten. In der Kunst, vor allem in der Malerei zeigten sich Ansätze von Aperspektivität am ehesten in der abstrakten Malerei Picassos,[66] die streng genommen nicht abstrakt ist, sondern *gleichzeitig*.[67] Die Musik des Abendlandes kennt die beiden grundlegenden Tongeschlechter Dur und Moll, ein Gegensatzpaar, vollkommen dualistisch gedacht,[68] auch wenn in den Kompositionen oft genug das Bestreben nach Überwindung der Dualität zu spüren ist. Dass aber auch in einer dualistischen Mentalität das Größere, Unsagbare, durchscheinen kann, bewiesen Bach, Mozart und andere. Es passt in unsere Zeit (und wäre undenkbar in vergangenen Jahrhunderten im Abendland), dass einige Komponisten an der Überwindung des Dualismus von Dur und Moll arbeiteten. Die Zwölftonmusik Stockhausens und Schönbergs sind Resultate dieses Bemühens, wenn auch (hoffentlich) nicht das letzte Wort.

Auch in der Anthropologie und Ethnologie ist seit Wilhelm Wundts ‚Völkerkunde' zumindest ein frühes Bemühen um Überwindung der gewohnten eurozentrischen Perspektive erkennbar, ein Bemühen, das vor allem in Mircea Eliades Arbeiten einen für europäische Verhältnisse ungewöhnlichen Grad an Unabhängigkeit erreichen konnte. Oswald Spenglers Versuch, Kulturen (auch die abendländische) gleichberechtigt nebeneinanderzustellen, haben wir weiter oben schon ausführlich besprochen. Freilich ist das alles bis heute nur ein Bemühen, nicht ein Erreichthaben. Liest man Fachbücher europäischer Autoren über

---

66. Dass auch Picasso selbst das so sah, berichtet Jean Gebser, der mit Picasso befreundet war.
67. Abstrakt sind zum Beispiel Pollock oder der späte Kandinsky. Man meint oft „gegenstandslose" Malerei, wenn man abstrakte Malerei sagt, aber der Begriff des „Gegenstandslosen" ist, weil er eine Verneinung ist, ungünstig. In Picassos scheinbaren Verschiebungen von Gesichtsmerkmalen zeigt sich eine ursprünglich zeitliche Abfolge: jemand dreht seinen Kopf. Picasso fing diese Bewegung mittels einer Gleichzeitigkeit auf, in der etwa die Nase noch zur Seite zeigt, die Augen aber schon nach vorn zum Betrachter.
68. Zum Vergleich: Persische Musik kennt neun Tonarten. In den Ragas indischer Musik wird mit kleiner und großer Terz gleichermaßen innerhalb einer Melodie oder Sequenz gespielt. Kleine und große Terz entscheiden in der europäischen Musik über Dur und Moll: kleine Terz einer Tonleiter führt zu Moll, große Terz zu Dur.

andere Kulturen, ist es oft mühselig, zwischen den eurozentrisch wertenden Zeilen eine Ahnung der wirklich anderen Kultur hindurchschimmern zu sehen. Ein empfindliches Thema ist beispielsweise immer wieder das indische Kastensystem, das in europäischen Fachbüchern über die Kultur Indiens regelmäßig verurteilt wird. Ob mit Recht oder nicht, ließe sich erst einschätzen, wenn der europäische Geist seine eigenen gesellschaftlichen Strukturen ohne selbstwertdienliche Verzerrungen betrachten und einordnen kann, um dadurch erst zu einer wirklichen freien Neugierde bezüglich der fremden Gesellschaften gelangen zu können. Die Philosophie, vor allem durch die Franzosen Foucault, der mit erstaunlicher Objektivität Tiefenstrukturen europäischer Gesellschaftsorganisationen herausarbeitete, etwa über Sexualität oder Strafmaßnahmen, und Derrida, der die Tiefenstrukturen der Sprache aus ihrer scheinbaren Selbstverständlichkeit heraushob, um sie zu sezieren, überraschte mit einer neuen Strenge, die den kognitiven Absolutismus europäischen Denkens überwand, indem sie ihn zum Untersuchungsgegenstand machte, statt sich (wie bisher) von ihm beherrschen zu lassen. Foucaults Arbeiten finden eine gewisse Fortsetzung in Peter Sloterdijks Philosophie der durch Handlung, Wahrnehmung und Kommunikation entstehenden Sphären oder Räume und in seiner Philosophie der Immunsysteme, die die Grenzen jener Sphären konstituieren. All diese Arbeiten, auch die Günther Anders` über die Hörigkeit des modernen Menschen von Technik und Medien, sind Versuche, die Selbstüberhöhung abendländischen Denkens zu dekonstruieren. Folge dieses geordneten Rückzugs aus der absolutistischen Selbsterhöhung ist ein philosophisches Ruinenfeld des abendländischen Selbstverständnisses. Beginnend bei Nietzsche, dann über Marx (dessen Klassen- und Kapitaltheorie den damaligen historischen Trend des Westens ein für alle Mal diffamierte), Adorno, Günther Anders, bis zu Foucault und Derrida zeigt sich ein *zorniges* Dekonstruieren bisheriger europäischer Selbstverständlichkeiten. Die Kraft des Denkens wandte sich nun kritisch dem eigenen Nest zu, begann seine Architektur nach Fehlern und Unmöglichkeiten zu untersuchen, nicht mehr nur an den Oberflächen (die leicht zu korrigieren wären), sondern vor allem in den Tiefen, dort wo die Wurzeln des Übels im bisher Verborgenen wucherten. Mit dieser selbst gestellten Aufgabe konnte diese Philosophie natürlich keine

Lösungen hervorbringen; ihr Anliegen war vielmehr das Aufzeigen dessen, was einer Korrektur bedurfte.

Das *menos*, das zornige Denken, hat sich gegen die abendländische Kultur selbst gerichtet; leider von der Masse der Menschen und ihren demokratisch gewählten Entscheidungsträgern ungehört. Das zornige Denken aber, das die eigene Perspektive so kritisiert und dekonstruiert, kann seiner Natur nach diese Perspektive nicht verlassen; es zerfleischt sie nur. Um aus der singulären Perspektive hinaustreten zu können in eine Aperspektivität, ist das zornige Denken das ungeeignete Werkzeug; es kann sich selbst in seiner Ungenügendheit erkennen und damit den Boden bereiten für eine neue Qualität des Bewusstseins, indem es seinen Hoheitsanspruch aus eigener Erkenntniskraft aufgibt. Aber es selbst kann diese neue Qualität nicht aufbringen. Eine neue Qualität des Denkens oder des Bewusstseins würde weniger eine Bewusstseins*erweiterung* zur Folge haben als eher eine Bewusstseins*intensivierung*.[69] Den *quantitativen* Radius der faustischen Lichtung zu erweitern hieße, dem inflationären Trend des faustischen Strebens jede Grenze zu nehmen; und es scheint so, als wären wir auf diesem Planeten an genau diesem Punkt angekommen.

Und tatsächlich scheint in den zornigen Analysen der modernen Philosophen dort das Bedürfnis nach Überwindung von Dualismen, von Zweiwertigkeiten also, durch, wo sich das zweiwertige Denken als unüberwindliche Hürde erweist. Mit Carl Friedrich von Weizsäcker könnte man sagen, die Probleme, die von einem bestimmten Paradigma nicht gelöst werden konnten, haben sich derart angehäuft, dass eine Revolution in der Luft liegt.[70] Von Weizsäcker berichtete von seiner Beobachtung, dass ein neues Paradigma in den Wissenschaften genau dann entsteht, wenn die anstehenden Probleme und Widersprüche mit dem alten Paradigma nicht mehr gelöst werden können. Es komme dann zu einer revolutionären, oft sehr schnellen Ablösung des alten durch ein paradigmatisches neues Denken. So geschehen sei es etwa bei der Ablösung des newtonschen Verständnisses von Physik, das über einen langen Zeitraum hinweg die Probleme bewältigen konnte, die physikalische Lösungen erforderten. Mit der Zeit aber entstanden neue Herausforderungen,

---

69. Vgl. Gebser, 1973, 1. Band, S. 166.
70. Vgl. Möbius, Sciurie, 1989, S. 210.

Probleme und Fragestellungen, die das newtonsche Weltbild nicht befriedigend lösen konnte. Es entsteht ein kritischer Punkt, an dem sich ein neues Paradigma bereits vorbereitet und erkennbar wird. Die eigentliche Umwälzung geschieht dann schnell und trägt den Charakter einer Revolte. Am Beispiel der Physik war es die Zeit Einsteins, Heisenbergs, Bohrs und Plancks, die innerhalb kürzester Zeit das alte Paradigma ablöste und nun ihrerseits eine Plateauphase einläutete. Diese wird solange währen, wie dieses Paradigma in der Lage sein wird, für befriedigende Lösungen zu sorgen. Es werden sich aber auch dann Probleme anstauen, die zu einem ferneren Zeitpunkt den Durchbruch eines neuen, geeigneteren Paradigmas zur Folge haben werden. Kurzen Umwälzungsphasen folgen also lange Plateauphasen in der Wirkmächtigkeit wissenschaftlicher Paradigmen, so von Weizsäcker. Vor einem solchen Durchbruch lassen sich Anzeichen von Ungeduld unter Wissenschaftlern erkennen, von gehäuften unbeantworteten Fragen – Indizien dafür, dass ein altes Paradigma überholt ist; dass es dringenden Bedarf an neuen Denkfiguren gibt. Was den philosophischen und metaphysischen Bereich angeht, vernehmen wir seit einigen Jahrzehnten, eigentlich seit Nietzsche, ein solches dumpfes Grollen. Die Ordnung der Dinge, wie das rationale Abendland sie aufgestellt hat, sorgt für Ungeduld unter den Denkern. Michel Foucault bewies, dass dieses Denken alt genug ist, um es unter archäologischer Motivation freizulegen. Was bleibt, ist die ernüchternde Erfahrung mentaler Behinderungen durch überholte Denkfiguren; mit musealen Exponaten lässt sich nur unbefriedigend arbeiten. Der Kern dieses alten Denkens, eines Denkens, das den Okzident über tausend Jahre hinweg beherrscht hatte, war die Perspektive, genauer die Einzelperspektive, und damit verbunden der Individualismus. Um einer Einzelperspektive weitere hinzufügen zu können, ist man gezwungen, andere Perspektiven zeitlich und/oder räumlich versetzt einzunehmen. Die dabei entstehende Differenz wurde durch logische Kausalerklärungen überbrückt. Das Individuum macht dabei die Erfahrung seiner Singularität und Kohärenz. Denn mag sich auch die Perspektive ändern, wenn man einen Schritt beiseitetritt oder zu einem späteren Zeitpunkt auf den Betrachtungsgegenstand schaut, es ist doch immer das *Ich*, das diese Erfahrung macht. Gemessen an den Veränderungen meines Betrachtungsgegenstandes, meiner Gedanken darüber, der logischen Schlussfolgerungen, die sich ändern mögen, erscheint das Ich recht stabil und erzeugt die Illusion einer gewissen unveränderlichen Substanzhaftigkeit. Dieses Denken mag gereicht haben, um mechanische Technologien zu erzeugen, um Wirtschaft und Politik in Gang zu halten, aber es zeigt seine Schwäche angesichts mikrokosmischer (Quantenphysik) und makrokosmischer (Relativitätstheorie) Phänomene. Hinzu kamen kybernetische Erkenntnisse, die den Schluss auf autopoietische Erzeugungsmechanismen von Kognitionen eines Menschen zuließen. Der radikale Konstruktivismus eines Heinz von Foerster (eines Kybernetikers) nennt Wahrnehmung die ‚Selbstbeschreibung des Gehirns'. Von einem substanziellen Ich bleibt da nicht viel übrig. Die Neuroforschung wiederum reduzierte das Ich auf eine kognitive Funktion, der sie sogar bestimmte Gehirnregionen[71] zuordnete. Was bliebe übrig vom Ich, wenn dieser durch Läsionen außer Kraft gesetzt würde?

Den allgemeinen Dualismus zu überwinden, war geheime oder offene Sehnsucht der wichtigsten Philosophen des 20. Jahrhunderts, etwa von Camus und Sartre, von Deleuze und Sloterdijk.

Gilles Deleuze`s Rhizomatik versus Platons hierarchischer Baum

Der französische Philosoph Gilles Deleuze brachte die Denkfigur des Rhizoms ein, um den vernetzten Charakter von Wissenselementen herauszustreichen und vom bisherigen hierarchischen ‚Baum'-Bild zu losen. Wissen, so Deleuze, ist nicht verästelt, erzeugt keine Äste, die von mächtigen Stämmen abzweigen, sondern ist als verschlungenes Netzwerk zu denken, ähnlich dem rhizomatischen Geflecht von Pilzkulturen unterhalb des Waldbodens, aus dem heraus sie nur durch sporadisch sicht- und sammelbare Hervorbringungen erahnt werden können. Die Weltentwürfe von Kulturen mit dem von Platon vorgeschlagenen hierarchischen Baum-Modell beschreiben zu wollen, hieße etwa im Falle des Abendlandes einen christlichen Stamm anzunehmen, sich gabelnd in die Äste des Katholizismus und Protestantismus, aus diesen wieder neue Äste und Zweige von Philosophie, Wissenschaft, Kunst und Sozialregeln wachsen lassend. Das rhizomatische Bild hingegen würde unseren Blick auf das Abendland (und andere Kulturen) grundsätzlich

71. Der dorsolaterale präfrontale Cortex, kurz DLPF-Cortex.

umformatieren. Von Stämmen, Ästen und Zweigen wäre keine Rede und kein Bild mehr, stattdessen von Netzen, deren Knotenpunkte durch ihren *traffic*, ihre informative Verkehrsdichte, ihre Bedeutung erhalten. Ein Knotenpunkt mit starker Frequentierungs- und Vernetzungsdichte würde zu unzähligen anderen Knotenpunkten führen, ähnlich wie man heute im Internet durch *links* von einer Website zur anderen surft. Wollte man ein kulturelles Topogramm des Abendlandes erstellen, erwiese sich die Religion des Christentums als eine Suchmaschine, welche die mannigfaltigen Verbindungen zu fast allen Ausdrucksformen der Kultur auflisten könnte. Ihr Preis: Neutrale und gewichtungsfreie *links* dürfen nicht erwartet werden.

Deleuze ist radikaler als Oswald Spengler, wenn er zwar dessen Organismus-Bild aufgreift, aber vom Pflanzenhaften (mit Wurzeln, Stämmen, Zweigen und Blüten) hinüberwechselt zum Pilzhaften ohne Kopf, ohne Rumpf, ein Lebendigsein einzig durch die Komplexität von Vernetzung und Verschaltung. Wir kennen ein solches Denkbild aus der Neurologie und ihrer Beschreibung des Gehirns als benutzungsabhängiges Geflecht aus Milliarden miteinander synaptisch verbundener Neuronen.

Die von Platon hierarchisch gedachte Organisiertheit von Weltwissen schrieb und schreibt den Philosophen und Wissenschaftlern die Form ihrer Traktate, Artikel und Fachbücher vor: Von einem ‚roten Faden' ausgehend, splitten sich die Unterkapitel ab, um doch von sanfter Hand immer wieder zum Stamm einer anfänglichen Idee zurückgeführt zu werden. Stringenz in Theorie, Methode, Befund und Interpretation. Anerkennt man das rhizomatische Denkbild, würden Schriften und Rhetoriken assoziativ werden; sie ließen sich leiten von den möglichen Assoziationen und Verknüpfungen rhizomatischer Kanalisierungen. Man würde diesen Pfaden folgen, nicht wissend, wo man landet; Weltwissen würde sich entpuppen als ein unendliches Labyrinth, dessen Peripherien unerkundbar blieben. Es gäbe weder Zentrum, noch Rand; der ‚rote Faden' wäre die Spur, die man selbst durch das mentale Vagabundieren hinterlassen und erzeugt hat. Das Abwandern des Wissensnetzwerks wäre gleichzeitig ein Erzeugungs- und Umwandlungsprozess des Netzes selbst. Jede Verknüpfung verstärkt sich mit ihrer Benutzung. Reine Erkundung aus der Distanz wäre unmöglich.

Einen Versuch einer den Dualismus überwindenden Aperspektivität unternahm der deutsche Philosoph Peter Sloterdijk mit dem Ausrufen einer sphärologischen Philosophie, eines Paradigmas, das sich der Denkfigur eines Raumes bedient, der durch Interaktionen verschiedener Elemente entsteht, und mit dem Versiegen eines solchen Informationsflusses sich wieder auflöst. Dabei steht nicht der Raum als unabhängige Größe im Vordergrund, in dem sich geeignete oder ungeeignete Dinge abspielen, vielmehr wird der Raum, die Sphäre also, beschrieben als das Kraftfeld, das entsteht, wenn Beziehungsmuster welcher Art auch immer wirksam werden. Beispielsweise ist die Beziehung zwischen Mutter und Säugling ein solches Beziehungsgeflecht, das die Sphäre einer emotionalen Dyade erzeugt. Diese emotionale Dyade wird durch das erstmalige Benutzen (durch Mutter und Säugling) zu einem Muster, einer Schablone, die ihr eigenes Wiederherstellen erzwingt. Es erzeugt eine Disposition, der sich nachfolgende Beziehungen einzuordnen haben. Im Vordergrund stehen somit nicht mehr die beiden Individuen, also zwei statische Entitäten, zwei Ichs, sondern die dyadische Sphäre, die sich auch nach einem eventuellen Austausch der Protagonisten aufrecht zu erhalten weiß. Nicht mehr das Ich hat Primat in Sloterdijks Sphärologie, sondern die dynamische Beziehung zwischen nunmehr mindestens drei Elementen: dem Ich, dem anderen Ich und der Differenz zwischen beiden, die nicht nur als simpler Unterschied verstanden wird, sondern als aktives Kraftfeld, das beiden erst Sinn und in gewisser Weise Existenz verleiht, und damit einen Raum erzeugt. Die Einzelperspektiven, die in klassischer Betrachtung nur nacheinander fokussiert werden konnten, lösen sich auf und weichen einer Aperspektivität, die dem Ich nur soviel Gewicht beimisst, wie es seinem Beitrag als Teil eines größeren Ganzen entspricht.

Im Folgenden soll der Grundgedanke der Aperspektivität verdichtet werden.

Wir erinnern uns: Dem mythischen Bewusstsein begegnet der Kreis der Polaritäten, die ineinander verschwimmen und fraktale Muster bilden. Der Mythos berichtet von Göttern, deren Güte und deren Grausamkeit in ihrer personifizierten Gestalt und ihrem Handeln eine Einheit bilden. Von Heroen, die siegreich sind und scheitern, die heldenhaft sind und gleichermaßen Schwächen haben. Herakles war dem Trunk und der Völlerei zugeneigt und wollte einer schönen Frau nicht Nein sagen. Und dennoch ist er der Prototyp des antiken Helden per se. Bellerophon besiegt die Chimäre, vermag es, den Pegasus zuzureiten, macht sich die Götter gewogen und ist auf der ganzen Linie ein Gewinner, bis er an seiner eigenen Hybris scheitert. Leben und Tod, das Reich der Unterwelt und das der Menschen sind in gewissen Grenzen durchlässig, eines bedingt das andere, beides gemeinsam bildet einen Themenkreis. Mit einem kühnen Sprung versetzt sich der Mensch spätestens seit der *rinascita* in Europa in den Kreis hinein, findet sich wieder inmitten der vormals miteinander verwobenen Kreiselemente, findet rechts von sich dies, links von sich das, er sprengt den Kreis damit und wird entscheidungspflichtig. Der Blick nach rechts schließt den Blick nach links aus. Was ihm damit begegnet, sind Einzelphänomene, Teile eines Ganzen, doch das Ganze verliert er aus dem Blick. Der Buddhismus verneint die Substanz der Welt und bejaht das Nichts, besser: die Leere. Das gotische Christentum verneint die reflexive Spekulation über das Nichts und verkündet das Sein als Grundessenz des Göttlichen. Das Sein und das Nichts werden zu Gegensätzen, die als Metadualismus über allen weiteren Gegensätzen schweben. Inmitten dieser Gegensätze steht der Mensch und erkennt sich als entscheidungstragendes Individuum. Er selbst wird sich zum Thema, gewinnt Bedeutung: Die Entscheidungspflicht wirft ihn auf sich selbst zurück. Der Individualismus ist geboren. Das Individuum findet seine Identität in der Verankerung mit dem erwählten Gegenstand: ‚Ich bin Christ', ‚Ich bin Moslem', ‚Ich bin Rationalist', ‚Ich bin Bach-Liebhaber', ‚Ich bin Deutscher, Engländer' und was noch alles. Dualismus heißt Zweiwertigkeit. Und so entstehen Abgrenzungs- und Selbstschutzsysteme des Kreuzzugtyps. Der Mensch nimmt eine Perspektive ein und verneint damit für sich alternative Perspektiven. Die Illustratoren dieser von perspektivischer Zweiwertigkeit geprägten Zeit (in Europa) waren die Maler, die mit Beginn der Renaissance seit Giotto die Perspektive in die Gemälde einführten. Die perspektivische Malerei, auch wenn sie im Laufe der Jahrhunderte verschiedene Stilepochen hervorbrachte, blieb doch in ihrem Kern bis ins ausgehende 19. Jahrhundert seiner Perspektivität treu. Wo der Maler eine Perspektive einnimmt, kann er keine andere darstellen. Stellte er die Staffelei nur wenige Meter neben seinen Ort, hätte er bereits eine andere Perspektive eingenommen, müsste gegebenenfalls ein neues Bild malen. Seit dem Impressionismus interessierten sich einige Künstler für die Frage, wie man unterschiedliche Perspektiven gleichermaßen und gleichberechtigt darstellen könnte. Claude Monet fand eine Lösung, die auf die Dauer nicht befriedigen konnte (obschon sie einige der schönsten Kunstwerke der europäischen Geschichte hervorgebracht hatte). Er suchte sich ein Motiv, das im Grunde banal ist und in seiner Oberflächenstruktur das ideale Objekt war, um unterschiedliche Lichtphänomene eindrucksvoll wiederzugeben. Er wählte Heuhaufen: rund, um Licht bis Schatten bruchlos darstellen zu können; mit komplexer Textur (Heu), und immer an gleicher Stelle. Sodann malte er sie bei Sonnenschein, im Trüben, am Morgen, am Tag, zu unterschiedlichen Jahreszeiten etc.

Die Expressionisten, etwa die ‚Brücke'-Maler oder die des ‚Blauen Reiters' um Franz Marc, versuchten, die Macht des Außens zu brechen, indem sie dieses zur Spiegelfläche dessen machten, was in ihnen selbst passierte – diesem gaben sie Ausdruck.

Doch erst Pablo Picasso vermochte es, unterschiedliche Perspektiven auf *ein* Bild zu bekommen, indem er nacheinander passierende Momente, etwa einer Bewegung, in die Gleichzeitigkeit des Gemäldes zwang: Das Auge schaut noch nach rechts, während die Nase bereits nach vorn, zum Betrachter zeigt – hier ist eine zeitungleiche Bewegung in eine Zeitgleichheit der Darstellung übersetzt worden. Picasso verneinte damit das Primat der *einen* Perspektive, die an *einen* Ort zu *einer* Zeit gebunden ist. Er mobilisierte die Wahrnehmung.

Es ist kein Zufall, dass Nietzsche mit den ehernen Konventionen des perspektivischen Zeitalters aufräumte, indem er die ‚alten Götzen' zerschlug. Und es ist auch kein Zufall, dass mit Oswald Spengler erstmals der Versuch einer nicht-wertenden Geschichtsmorphologie gewagt wurde. Und ebenso gehören in diese Aufzählung die Relativitätstheorie Einsteins, die neben ihrer physikalischen Aussage auch philosophisch dem Absoluten die Hoheit entzog und diese der Relativität zusprach. Dass des Weiteren Welle und Teilchen gleichermaßen Eigenschaften des Lichts sein können, brachte erstmals die Realität des reinen Prozesses zur Sprache und löste das Denken vom Stationären. In der Politik begann sich die pluralistische Demokratie durchzusetzen, vor allem natürlich nach 1945, die bereits die reine zweiwertige Dualität zu überwinden schien, indem sie die duale Gegensatzpaarung zugunsten einer polyvalenten Aneinanderreihung von Einzelelementen ablöste. Nicht mehr zwei Dinge stehen sich als Gegensatzkonstruktion gegenüber, sondern eine Vielzahl von Dingen, die sich jeweils in Kontrast zum Rest setzen, bestehen nebeneinander, verstehen einander aber nicht, halten sich aber an die Regeln. Pluralismus ist nicht Aperspektivität; er ist nur eine Polyvalentierung des ursprünglichen Dualismus.

Schauen wir wieder zu den Illustratoren der Epochen: Als der in Leipzig geborene Künstler Hans Hartung im Paris der Vierziger Jahre Farbbüchsen gegen die Leinwand schleuderte, wurde die *art informel* geboren, eine Kunstrichtung, die die Macht des Bildes, respektive seiner Diktate von Konvention und akademischer Lehre, von Kunstgeschichte und rationaler Planung, brechen sollte. Der Zufall sollte regieren, und damit die innere Affektlage des Künstlers: der Prozess an sich hinterließ Spuren auf den Gemälden. Das *Actionpainting* eines Jackson Pollock in New York setzte diese Entwicklung noch radikaler fort.

Die spontane Geste des Künstlers wurde zur ausdruckgebenden Instanz innerpsychischer Dispositionen – Affekte, Lüste, Haltungen, Einsichten – und führte zu visuellen Sensationen, die sowohl das Publikum als auch den Künstler gleichermaßen überraschten. Das künstlerische Produkt zeigte sich als Seismograf psycho-tektonischer Bewegungen des Künstlers. Yves Klein ließ bemalte Menschen über Leinwände rollen; auf der Leinwand blieben die Spuren der Gleichzeitigkeit aufeinanderfolgender Momente.

Paradoxerweise sind es die Abstraktionen der Formlosigkeit, die sich als substanzieller erweisen als die konkrete Form. Das Gegenständliche muss Schnappschuss bleiben, ein flüchtiger Augenblick, archiviert in einem Kunstwerk, das über die Tatsache der Vergänglichkeit seines Gegenstandes hinwegtäuscht. Die *art informel* erweist sich mit ihrer Reduktion auf die Prozesse der Wandlung als Kronzeugin des Wesentlichen. So wie die Einführung der Perspektive in die Malerei zur Zeit der Renaissance die Fläche überwand, so überwindet die *art informel* den eingefrorenen Moment des Gegenständlichen und führt zu einer Aperspektivität, die die Differenz zwischen den Perspektiven zum Gegenstand des Realen macht. Was der Surrealismus bereits andeutete – das Extrahieren und Kunstfähigmachen unbewusster Kräfte – wird durch das Primat der Geste radikalisiert. Willkür, Zufall, Einfall und Zerstörung sind die Elemente des Informellen; das ästhetische Gespür des Künstlers überwindet rationale Formalien und justiert sich an der Schönheit der augenblicklichen Schöpfung.

Gerhard Richter war es, der der *art informel* eine Dimension der Leidenschaftslosigkeit hinzufügte, indem er die Geste auf das Verstreichen der Farbe mit einem Rakel[72] beschränkte. War die Geste vorher noch Ausdruck der affektiven Bewegungen des Künstlers, so treten nun auch diese zurück und überlassen den schöpferischen Impuls den Gesetzen von Kinetik und Farbvermischungen.[73]

---

72. Ein großer Spachtel, oft in der Größe des Bildes, mit dem über die noch nicht trockene Farbe gestrichen wird.

73. Dennoch ist eine Aperspektivität in der Malerei damit nicht erreicht. Vielmehr illustriert Gerhard Richter den Zeitgeist, der den Menschen zunehmend aus der Perspektivität hinausdrängt, ohne eine brauchbare Alternative zu kennen. Indem Richter sowohl das Diktat des Objekts bricht, als auch den impulsiven Einfluss des Künstlers auf ein Minimum reduziert, führt er die Malerei in ein Niemandsland zwischen Perspektive und Aperspektivität, und zwischen Objekt und Subjekt. Die spürbare Abwesenheit von Emotion in seinen Werken zeigt nicht Integration, sondern Elimination an. In einer Aperspektivität verschmelzen Subjekt (A) und Objekt (B) zu einem Kontinuum (C), wobei C die Elemente A und B umfasst und um die oszillierenden Eigenschaften von C ergänzt. Was soll nun eine Kunst ohne A und B? Das eigentlich integrierende Element C bliebe eine sinnentleerte Hülse; A, das Subjekt fände sich entkoppelt vom Ganzen als verloren trudelndes Element in einem seelenlosen Raum wieder, in welchem B, das Objekt, als ferner und unerreichbarer Meteor einsame Kreise jenseits jeglicher Beziehungs-Gravitationen zöge. Eine wirkliche Aperspektivität umfasst immer Individuum *und* Kontext, Subjekt *und* Objekt. Erst diese Umkehrpunkte auf dem verbindenden Kontinuum erzeugen die Ganzheit der Aperspektivität, die zu einem integralen Bewusstsein fähig ist. Zum Begriff des ‚integralen Bewusstseins': siehe Kapitel *Der integrale Bogen – die Integration innerpsychischer Fragmente.*

In anderen Domänen erkennen wir inhaltliche Parallelen: Der schweizer Kulturphilosoph Jean Gebser veröffentlichte in den 1950er Jahren seine Vision einer ‚Geschichte des Bewusstseins',[74] in der er den Begriff der Aperspektivität einführte. Jean Paul Sartre verweist in *Das Sein und das Nichts* auf die Überwindung des Dualismus durch das reine Seiende, indem er beispielhaft den elektrischen Strom anführt, der kein Gegenstück kenne. Der Dualismus von Sein und Erscheinung hätte kein ‚Bürgerecht' mehr in der Philosophie.[75] Der etwa zeitgleich lebende Albert Camus spricht von einer Philosophie des Absurden, und dass man sich Sisyphos als einen glücklichen Menschen[76] vorstellen müsse: Die letztgültige Sinnlosigkeit aller Ziele mache das Bemühen an sich zu einer genussfähigen Angelegenheit. Mit der Überwindung der Konzentration auf die Ziele überwindet Camus ebenso den Zwang zur Identifikation mit einem Teil einer Zweiwertigkeit.[77]

Ist das Hoheitsrecht dualer Identitäten aufgehoben, wird das wahrnehmende Bewusstsein beweglich. Es löst sich aus den Verankerungen seiner vormaligen Identifizierungen und beginnt auf mobile Weise im Kreis der Gegebenheiten zu navigieren. Es vagabundiert vom Sein zum Nichts, vom Leben zum Tod, vom Tod zum Leben – es erfährt die Differenz zwischen den Gegensätzen als neue Realität, die das Primat der Gegensatzelemente endgültig aufhebt. Das Prozesshafte, das zwischen den Gegensätzen als beständiger Flow an Information und Austausch stattfindet, dringt mit aller Macht ins Bewusstsein, mehr noch, es wird durch die Beweglichkeit des Bewusstseins *erfahren*. Nicht mehr Gott oder Teufel haben Bedeutung, sondern das dynamische Geschehen dazwischen, das beide miteinander verbindet und letztlich zu ihrer phänomenologischen Einheit führt. Der vormalige Entscheidungsnotstand des perspektivischen Menschen ist aufgehoben. Eine Entscheidung erübrigt sich, wenn die vermeintlichen Gegensätze als ein zusammengehörender Komplex ins Gewahrsein treten. Das aperspektivische

---

74. Gebser, Ursprung und Gegenwart, 1973.

75. Sartre, 2009, S. 10.

76. Camus, 2014, S. 145.

77. "Glück und Absurdität sind Kinder ein und derselben Erde. Sie sind untrennbar. [...] Der Kampf gegen Gipfel vermag ein Menschenherz auszufüllen. Wir müssen uns Sisyphos als einen glücklichen Menschen vorstellen." Camus, 2014, S. 144f.

Bewusstsein ist in erster Linie ein bezeugendes Bewusstsein, kein parteiergreifendes. An erster Stelle steht nicht mehr die Identität, sondern das Gewahrsein.

Mit dem Entwurf einer ‚Sphärologie' versucht Sloterdijk ein Grundgerüst aperspektivischer Weltsicht aufzustellen. Die Sphäre, gedacht als Raumbild, umfasst die Elemente, die durch ihre Beziehungen zueinander den Raum konstituieren. Wirft man ein Blick auf die Sphäre, so stellt sich die Frage nach der Identität, also nach der Entscheidung für oder gegen einen stationären Standpunkt, nicht mehr. Der Raum an sich ist wesentlich und umfasst, um bei den schon bekannten Beispielen zu bleiben, Sein und Erscheinung, Tod und Leben, Sein oder Nichts:

„ … also lassen wir nicht nur das Sein zu, sondern auch das Nichts. Sein ist und Nichts ist. Neben Ja und Nein gibt es nun auch auf der theoretischen Ebene immer eine dritte Option. Wir geben dadurch der Realität der Differenz den Vorzug vor dem Wert der Identität und lassen den Unterschied, das Einzelne und das Nichts real sein. Damit ist der Rückführung des Einzelnen in die eine Substanz ein Riegel vorgeschoben, der lokal-monistische Moloch wird nicht länger gefüttert."[78]

Ein Beispiel möge illustrieren, wie sich eine Aperspektivität des Gewahrseins zeigen kann. Gewöhnlich ist unser Bewusstsein an den Zeitstrahl gebunden, was uns zu einer Art historizierender Interpretation von Gegebenheiten zwingt. So nehmen wir Kinder als ‚jung' im Vergleich zu uns, aber als ‚spät', gemessen an unserer eigenen Geburt, auf dem Zeitstrahl wahr. Die Alten, vor allem die schon Gestorbenen, die Ahnen, genießen in vielen Kulturen besondere Verehrung. Man bringt ihnen, zum Beispiel in China, Opfer dar und versichert sich des Wohlwollens ihrer Seelen. Diese Art der Wahrnehmung ist immer perspektivisch, weil sie einen absoluten Fixpunkt braucht, von dem aus wahrgenommen und interpretiert wird, und dieser Fixpunkt ist unser eigenes Leben, unsere Zeit, letztlich damit unser Ich. Kann man sich von diesem Fixpunkt lösen, entsteht eine aperspektivische Wahrnehmung, frei und überschauend, indem sie in einem ständigen Fluss des Gewahrseins ihren Beobachterstandpunkt ändert (oder gar keinen hat). Die Generationen, unsere Kinder und Ahnen, bewegen sich nun in

---

78. Sloterdijk, 2006, S. 314f.

unserem Gewahrsein in einer Gleichzeitigkeit. Wir wissen um das Leben und überschauen es als einen ‚Block', nicht als eine lange Folge von Ereignissen. Ist das Bewusstsein an einen Fixpunkt gebunden, ist es gezwungen, sich von diesem Fixpunkt aus wegzubewegen, sich ihm wieder anzunähern, damit das Gefühl einer Kausalität erzeugend. Urahnen sind dann weit weg, die eigenen Kinder oder Eltern recht nah, am nächsten aber unsere Gleichaltrigen, Partner, Freunde, Geschwister. Diese Nähe ist trügerisch, denn sie erzeugt eine Verzerrung in der Einschätzung der Personen, die ‚weit weg' sind (gemessen an Entfernungen auf dem Zeitstrahl). So neigt man gern zu einer Abwertung der eigenen Kinder (‚ach, die Kinder!'), auch wenn diese schon erwachsen sind und erfolgreich ihr Leben meistern. Am deutlichsten zeigt sich diese Verzerrung bei Lehrern: Allein die Tatsache, dass sie es mit Kindern zu tun haben, verhindert ihnen den Gedanken, dass diese intelligenter sein könnten als sie selbst. Doch ein Kind, so die Schlussfolgerung aus einem aperspektivischen Gewahrsein, ist niemals nur Kind, es ist auch in seinem Potenzial schon Erwachsener, schon Greis. Einstein war immer Einstein, als Kind wie als Erwachsener. Der Lehrer geht davon aus, dass Kinder ‚noch nicht so weit sind' wie er selbst, denn sie müssen all das noch lernen, was er schon weiß. Tatsächlich aber ist sein Wissen keineswegs ein Indiz für Intelligenz, sondern bestenfalls für seine Fähigkeit, Fakten auswendig zu lernen. Wir bekommen sofort mehr Respekt vor Kindern, wenn wir uns vergegenwärtigen, dass da ein Kind vor uns steht, das in seiner Zeit als Erwachsener deutlich kompetenter, intelligenter oder einflussreicher sein könnte als wir selbst. Ähnlich verhält es sich mit den Ahnen: Auch sie waren zu einer Zeit Kind, waren Pubertierende, machten Fehler oder nicht, waren Erwachsene, die sich mit ähnlichen Alltagsproblemen herumschlugen wie wir selbst. Nichts wäre falsch daran, von seinem Großvater oder Urgroßvater zu denken, er sei ein rechter Lausbub gewesen. Und nichts hindert uns daran, unserem achtjährigen Kind voller Respekt zu begegnen, wenn wir merken, dass dessen Intelligenz unsere übersteigt. In diesem Fall zeigt sich, dass unsere elterliche Aufgabe darin besteht, das Kind bestmöglich so sein zu lassen, wie es ist, es zu fördern, ihm Input zu geben etc., keinesfalls aber es werden zu lassen, wie wir selbst sind. Auf eine Formel gebracht könnte man etwas überspitzt sagen: Ich bin nicht jünger als mein

Urgroßvater, denn er war Kind, Jugendlicher, Erwachsener und Greis; und ich war Kind, Jugendlicher, Erwachsener und werde Greis sein, vielleicht weiser, vielleicht weniger weise als er. Man könnte hier einwerfen: Er weiß nichts von uns, der für ihn künftigen Generation, wir aber von ihm. Dieser Einwand ist leicht zu entkräften, indem man sich vergegenwärtigt, dass er wiederum seine Groß- und Urgroßeltern kannte, von denen wir hingegen nichts mehr wissen.

Wenn man einen Menschen gut kennt, die Umstände seiner Kindheit, sein Werdegang in Schule und Beruf, seine Familiengeschichte, seine vielleicht fragwürdigen Entscheidungen usw., ist es möglich – vor allem in meditativen oder kontemplativen Zuständen – dessen Leben als einen ‚Block' zu sehen, als eine Gleichzeitigkeit der Ereignisse dieses Lebens, ähnlich einem dynamischen, sich in abstrakter Bewegung befindlichem Gemälde. Durch ein solches aperspektivisches Schauen wird plötzlich ein tiefes Verständnis möglich, eine Einsicht in das zwingende Schicksal, das sich im Leben dieses Menschen entfaltet. Eine solche Sicht stimmt versöhnlich und kann uns von Groll und Schuldzuweisungen freimachen.

Ähnlich verhält es sich mit den Kulturen, die wir kennen. Weit zurückliegende gelten als primitiv, als Vorläufer unserer eigenen, als weniger entwickelt. Doch diese Sicht gründet sich in der Verhaftung auf dem Zeitstrahl, der keine Gleichzeitigkeit der Wahrnehmung ermöglicht, sondern nur ein Nacheinander. Dieses Nacheinander bezieht sich nicht auf die objektiven Ereignisse, sondern auf den Ablauf unserer Erkenntnisprozesse. Unser Erkenntnisprozess, unser Denken, ist es, das nur in einem Nacheinander zu denken vermag. Die Kognitionen werden nebeneinander gestellt und nacheinander im Verstand bearbeitet, dann zueinander in Bezug gesetzt und so entsteht eine Folge von Ereignissen, die in erster Linie nur Produkt unseres Denkens sind; wir nennen es Kausalität. Die Kausalitätsgesetze sind im Grunde weniger Gesetze, die die Wirklichkeit beschreiben, als vielmehr Ausdruck der Art unseres geistigen Erkenntnisapparats, der nur so zu denken in der Lage ist. Ob die These namens ‚Kausalität' tatsächlich die Wirklichkeit erschöpfend beschreiben kann, lässt sich von einem rein perspektivischen Bewusstsein noch nicht hinreichend beantworten. Aperspektivisches Bewusstsein sieht Kulturen jenseits des Zeitstrahls, wenn es um deren

Bewertung geht. Bewertung braucht wieder einen Maßstab, und da der Maßstab oft genug wir selber sind, sind diese Bewertungen lediglich Ausdruck unserer Selbstkonzepte. Doch man kann Kulturen auch anders wahrnehmen, etwa wie es Oswald Spengler getan hat, indem er ihnen ein gleichsam pflanzenhaftes, organisches Dasein mit Jugend, Blüte und Vergehen bescheinigt. Damit werden alte Kulturen nicht mehr nur zu Vorläufern der eigenen Gegenwart degradiert, sondern zu kulturellen Erfahrungskollegen, die andere Wege gingen, aber auch ihre Antworten auf die dringenden Probleme von Materie und Geist fanden. Manchmal bessere, manchmal weniger gute, als jene Antworten, die wir finden. Jede Kultur, so erkennen wir, hat ihr eigenes Anliegen, ihr ganz eigenes Seelenleben, ihre Antworten auf ihre Fragen. In der aperspektivischen Schau sehen wir sie tatsächlich ein wenig wie Pflanzen auf einem Feld, oder wie sich entfaltende und wieder zusammensinkende Gebilde, Ausdruck eines lebendigen Entfaltens und Geschehens auf diesem Planeten. Tritt man noch ein paar Schritte zurück, sieht man den pulsierenden Rhythmus des Planeten (dessen Teile eben auch die menschlichen Kulturen, ja die Spezies Mensch überhaupt sind) und man kann sich des Eindrucks kaum noch erwehren, dass die Erde an sich schon ein lebendiges Wesen, ausgestattet mit der Lebensenergie und einer Art Bewusstsein, einem Gewahrsein, einem Erfahren seiner selbst, ist.[79]

Aperspektivisches Bewusstsein verschließt sich dem Magischen und Mythischen nicht, aber es verhält sich nicht nur aus gutem Willen heraus integrierend, sondern durch die zwingende Kraft seines Gewahrseins. Ein solches Bewusstsein kann gar nicht anders, als im magischen Ritual das Eigentliche und damit Wahre hindurchschimmern zu sehen, und es kann auch nicht anders, als im Mythos die übermächtigen Strukturen bindender Archetypen des Seelenlebens zu erkennen. Mehr noch, es nimmt diese Strukturen wahr als die Story des Mythos; es muss nicht

79. Lovelocks` Gaia-Hypothese postuliert den Planeten Erde als einen lebendigen Organismus. Leider hat es seine Theorie nicht in den Kanon der *scientific community* geschafft. Die meisten mythischen Kulturen kennen mindestens eine – oft weibliche – Gottheit, die für die Erde steht. Die Inder kennen sogar eine Göttin, die explizit das Land Indien verkörpert. Die antiken Griechen kannten mehrere Göttinnen der Erde, am bekanntesten sind Gaia, Rhea und Demeter.

analysieren, es sieht beim Hören oder Lesen des Mythos bereits auf geheimnisvollen parallelen Überholspuren des Geistes den abstrakten Kern, die eigentliche Offenbarung im buchstäblichen Sinne. Denn jeder Mythos ist eine Offenbarung, ein bildhaftes Aufblättern der den Menschen in seine Form zwingenden abstrakten Muster. Der rationale Geist kann müde werden und den Ethnologen magische Rituale langweilen, da er an seine Theorien über magisches Denken in Stammeskulturen gebunden ist. Der aperspektivische Geist hingegen steht mit immer wieder staunender Zustimmung vor dem magischen Ritual. Sein transparentes Bewusstsein sieht die Oberfläche des Rituals, sieht die Kräfte dahinter, sieht die Hingabe der Praktizierenden, die geheimnisvolle Verbindung, die sich zwischen Hingabe und den Kräften aufbaut, sieht die Stimmigkeit (oder Unstimmigkeit), weiß, dass da Harmonie ist, und weiß um die Richtigkeit all dessen. Der aperspektivische Geist ist zustimmend und bejahend, aber nicht aus Güte oder guter Absicht, sondern weil es seine Eigenschaft ist. Sein Verständnis muss nicht in Kommunikationstrainings als *soft skill* erlernt werden; es geschieht ihm. Er findet überall und zwischen den vermeintlich unpassendsten Dingen Querverbindungen, doch sein Interesse ist nicht rational, sondern es ist staunendes zur Kenntnis nehmen; was ihn, als er noch rational war, langweilte, bekommt eine neue Faszination. In der Musik ist Metaphysik, in der Malerei Physik, Psychologie ist auch Kunst, Architektur ist Formgebung von seelischem Anliegen. Im Alltag kann er das Bild von eingepferchten Tieren nicht ausblenden, wenn er vor einem Wurstregal steht, eine Packung Kaffee fächert einen Reigen an Bildern auf, in denen auch die Frage nach den Erntearbeitern enthalten ist. Angesichts abgasreduzierter Autos in Europa sieht er die ausrangierten alten Autos in afrikanischen Großstädten herumfahren und dort ihr Gift verteilen.

Und doch ist ein Wollen zu einem solchen Bewusstsein nötig. Die bisher etablierten Bewusstseinsmodi – weniger komplex, weniger einfassend – sind bequemer, weil routinisiert. Es ist erstaunlich zu beobachten, wie konkretes Denken (jenes, das Jean Piaget als Charakteristikum für Schulkinder ab dem sechsten Lebensjahr angibt) im Erwachsenen oft zum Small Talk aktiviert wird, aber in bestimmten Situationen, in denen es erforderlich ist, problemlos in den komplexeren Modus formalen rationalen Denkens (etwa in der Mehrheit von

Wissenschaftlern) umgeschaltet werden kann. So verhält es sich auch mit aperspektivischem Bewusstsein. Man kann es aktivieren, wenn es einmal etabliert wurde, und man kann es auch ausschalten, indem man einen Gang herunterschaltet. Zum Lösen hochgradig vernetzter Probleme und Herausforderungen ist es allerdings unverzichtbar.

Die aperspektivische Wende

Wir stehen heute vor den Überresten des mythischen Bewusstseins, vor all dem mystisch-bildhaften Material, das im Zuge der Rationalisierungen, durch Aufklärung, Säkularisierungen, positivistisches Wissenschaftsverständnis, durch den kühnen Sprung ins Detail, in das Innerste des mythischen Kreises, für tot, oder doch zumindest für falsch erklärt wurde. Aristotelische Himmelskonstruktionen, von den christlichen Theologen zu einem Schalenmodell aufgepeppt, in dessen Mitte das Niederste – die Erde, mit dem Menschen darauf und den verfehlten Seelen in den Kreisen der Hölle darunter, im Erdkern – platziert wurde, sind nunmehr Kuriositäten. Erst die umfassendste Schale war die Heimstatt Gottes, schlicht unerreichbar für den sich umsonst bemühenden Erdenbewohner. Falsch, sagen die Wissenschaftler nach Kopernikus und Keppler, da oben sind keine Schalen und schon gar kein Gott. Die Theologen geben nach erbitterten Widerstand ihre Bastion der Geozentrik auf, und konzentrieren sich auf einen anderen Stützpunkt: statt Geozentrik nun Theozentrik. Solchen theografischen Modellen lässt sich mit profaner positivistisch-objektiver Wissenschaft nicht beikommen. Doch die ihre Mündigkeit einfordernde menschliche Vernunft kontert – mit Freud beginnend über die Konstruktivisten und heute die Neurowissenschaftler – indem sie Gott, Religion, Mystik, Meditationspraxis zu einer menschlichen Eigenart, wenn auch einer schrulligen, bündelt, und in den neuronalen Netzen nach Arealen sucht, die dann aktiv werden, wenn Psalmen gesungen, wenn meditiert oder gebetet wird. ‚God in the brain' hieß etwa ein Forschungsprojekt der Universität Niemegen vor einigen Jahren, in dessen Zuge das religiöse Empfinden im Gehirn nachgewiesen werden sollte. Psychoanalytische Theorien versuchen, Religion als eine psychodynamische Funktion zu erklären: das übermächtige Elternimago aus der Kindheit finde im Gottesglauben seine Fortsetzung. Nein, Gott als übermächtige, objektive Instanz ist tot, wie Nietzsches ‚Toller Mensch' erschüttert ausruft, und wir sind seine Mörder. Das gottesorientierte Überzeugungssystem wurde vom wissenschaftsorientierten ersetzt. Aber noch immer ist die Neigung des Menschen, sich überzeugen zu lassen, die eigene Empirie zugunsten vehementer Beteuerungen der als geistige Autoritäten empfundenen Eliten zurückzustellen, brandaktuell. Diese geistigen Autoritäten waren einst Theologen, heute sind es Wissenschaftler. Das mystische Element im Menschen wurde als glaubwürdiger Erfahrungszugang entwertet, wurde zu Halluzination, zu psychotischem Symptom, zu Wahnvorstellung oder Aberglauben. Pantheons, wie das der Hindus oder der antiken Griechen, werden geachtet und respektiert, wie man Museumsstücke bewundert – Relikte einer Vergangenheit, angesichts derer man sich im eigenen Fortschrittsbewusstsein sonnen kann.

Dieser für tot erklärte riesige Komplex an mystisch-religiöser Erfahrung und Tradition allerdings ist dann regenerierungsfähig, wenn wir ihn als Bilder unserer geistig-kollektiven *conditio humana* begreifen. Wir reiben uns verwundert die Augen nach dem Erwachen in einer Welt der menschlichen Autopoiese, einer auch geistigen und spirituellen Selbstgestaltung, von der wir erst jetzt zu ahnen beginnen, dass schon immer wir selbst ihre Urheber waren, dass nicht Gott uns, sondern wir Gott geschaffen haben. Diese autopoietische Gotteskonstruktion erweist sich als Bildgebung einer kollektiven Zielstellung: Wohin können wir Menschen es schaffen? Oder etwas anders: Welche Macht in uns befähigt uns zu autopoietischen Welterschaffungen? Das Gotteselement wird zu einer kollektiv-psychischen Blackbox, in der sich die Quellcodes des menschlichen Bewusstseins verbergen. Etikettiert wird die Blackbox mit Beschriftungen vom Typ Gott, Brahman, Allah, Jahwe, entfernter auch Logos. Aus den noch unerforschlichen Quellcodes leiten sich variantenreiche Kernprogramme ab, deren Namen wir aus den polytheistischen Pantheons kennen, aber auch aus den Engelshierarchien der abrahamitischen Religionen: Da ist die Rede von Apoll, Artemis, Athene, Ares oder Aphrodite, von Shiva, Durga, Vishnu, Krishna, Kali, Saraswati oder Lakshmi, von den Erzengeln, Cherubimen, Seraphinen oder von der Mutter Gottes. Ihre Wohnorte und Wirkstätten, ihre Wege und Ziele erzeugen gemeinsam eine kollektive Landkarte des menschlichen

Geistes: Hier offenbaren sich die Spuren der Conquistadoren ins Nichts, hier zeigen sich die ausgetretenen Pfade spiritueller Handelsbeziehungen und Grabenkämpfe. Dies alles für tot zu erklären, ist aus rationalistischer Sicht korrekt, denn nichts davon ist objektiv wahr, nichts ist intersubjektiv messbar, nichts davon bliebe bestehen, wenn es keine Menschen gäbe, die diese Pfade immer wieder aufs Neue austreten. Überwindet man aber den Entscheidungsimperativ zwischen ja und nein oder richtig und falsch, und betrachtet man stattdessen die Relationen zwischen Mensch und Weltbild, dann verweben sich die beiden Komponenten zu einer Einheit, zu einem Kontinuum, zu einem Beziehungsgeflecht, das sowohl die Tatsache eines erschaffbaren Weltbildes, die Qualitäten der Weltbilder und den Menschen mit seiner Neigung und auch seiner offenkundigen Fähigkeit, solche Weltbilder zu erzeugen, einschließt.

Diese aperspektivische Wende wird möglich durch die Selbstermächtigung des Menschen, in kreativen Hervorbringungen, auch und gerade kollektiver Art, das *Diaphane* – das Durchscheinende, das Gemeinte, das nicht konkret benennbar und ausdrückbar wäre – zu erkennen. Als man erkannte, dass die mythischen Weltbilder wörtlich genommen nicht stimmten, verneinte man in einem Zuge alles. Damit erstarb jeder Sinn, jeder Wert und jede Einbindungsmöglichkeit. Der Bedrohung einer solchen existenziellen Leere, dem zwangsläufig daraus folgenden Verlorensein in einem unendlichen, entgrenzten Kosmos, entzog sich der Mensch von der Moderne an durch eine explizit zelebrierte Außenaufmerksamkeit. Die Konsumkultur unserer Tage ist deren Symptom.

Eine aperspektivische Wende, so sie denn stattfindet, wäre mehr als eine Revolution, denn eine bloße Umwälzung der Gegebenheiten, hier der des Bewusstseinsmodus`, wäre nichts anderes als eine Aufforderung, Anderes zu denken. Es geht aber nicht darum, Anderes zu denken, sondern um eine radikale Erweiterung der Grundlagen des Denkens, der Intelligenz im wörtlichen Sinne des ‚Einsehens'. Der Kern dieser Wende ist die Befreiung aus der stationären Perspektive, also aus der Verankerung des Bewusstseins mit identifikationsfähigen Inhalten jeder Couleur. Alles, was gedacht wurde und gedacht werden kann, scheint das noch dualistische Bewusstsein zu einer Entscheidung zu zwingen: Wenn ja, dann muss alles andere, vor allem sein Gegenteil, falsch sein. Diese

Treue gilt bislang als moralisches Gut, man wird integer geheißen, zuverlässig, und dergleichen mehr. Kein Gedanke daran, dass genau darin eine selbst verordnete Beschränkung unserer Intelligenz liegen könnte. Warum nicht Perspektiven nebeneinander existieren lassen? Warum es nicht versuchsweise für möglich halten, dass unser Bewusstsein zu Bewegungen fähig ist? Warum die Aussicht nicht beim Laufen selbst genießen? Warum stehen bleiben müssen, um einen Panoramablick zu erhaschen? Warum nicht das Nacheinander von Momentaufnahmen zu einer Gleichzeitigkeit der Wahrnehmung verschmelzen?

Der integrale Bogen – die Integration innerpsychicher Fragmente

Wir sprachen über die aperspektivische Wahrnehmung im Außen, in sozialen und kulturellen Kontexten. Das Grundmuster wiederholt sich im Innenraum des Ichs. Das Ich ist eine Klammer, die fragmentarische Identitätsfiguren zusammenhält. Fragmente, denen wir, und nicht selten auch Psychotherapeuten, substanziellen Charakter zuschreiben, für die wir personifizierte Bilder finden. Neuere Strömungen innerhalb des Therapeutikmarktes werden nicht müde, die Einwohner des Ich-Raumes konkret zu benennen. Da ist vom inneren Helden, vom inneren Kind, vom inneren Mann und der inneren Frau, vom inneren Gott die Rede. Eine Tendenz, die mit der bildreichen Archetypenlehre C.G. Jungs ihren Anfang nahm. Aus dem Konzept der Anima wurden pikante Frauengestalten, aus dem ‚alten Weisen' malerische Eremiten, aus dem Heldenmythos je nach kindlicher Prägung Recken vom Siegfried- oder Dirty Harry-Typus. Diese figuralisierte Sicht verführt zu einem quasi-sozialen Umgang mit den inneren Fragmenten. Nicht wenige Therapeuten versuchen, an fehlkonstruierten Gestalten zu feilen, sie zu stärkeren, funktionierenderen Angestellten der Firma Ich umzugestalten. Hier offenbart sich die Anwendung eines alten perspektivischen Denkens, einer Sicht der Dinge, die den Phänomenen Substanz zusprechen will.

Nehmen wir an, der erotische Trieb in einem Menschen sei – vielleicht durch ein Traumbild – zu einer inneren faun- oder satyrähnlichen Figur geronnen. Der Träumer erschrickt durch dessen animalisches Äußeres, will seine Triebnatur kontrollieren lernen, will den Satyr zu einem sozial verträglichen domestizierten Tier umzüchten. Nicht ganz ohne Grund glaubt er, damit mehr Erfolge beim anderen Geschlecht verbuchen zu können. Doch der Satyr ist eine Funktion innerhalb eines oszillierenden Geflechts aus den psychischen Fragmenten. Er verliert seine gewohnte Form durch die kommunikativen Pfade zwischen den Fragmenten. Verändert sich der Satyr, verändert sich das ganze Netzwerk aus Trieb, Denken, Fühlen. Verändert sich der ‚innere Held', verändert sich das ganze Netzwerk aus den figuralisierten Knotenpunkten im Geflecht des Ichs, also auch der Satyr. Es ist nicht die innere Triebnatur, die das Problem darstellt, sondern das dynamische Gleichgewicht aus allen Fragmenten. Das Ich ist kein Hochhaus, in dem auf verschiedenen Stockwerken substanzielle Mieter wohnen, sondern eine wabernde Masse, deren Schwingungen an einer Stelle sich wie Wellen im intrapsychischen Raum fortsetzen und eine chaotische Bewegung erzeugen – nicht unähnlich den Bewegungen der Oberfläche eines durch Sturm aufgepeitschten Meeres. Nicht der Satyr ist das Problem, sondern die Welle, die zwischen Trieb und Denken, Begehren und sozialisierten Vorstellungen hin und her schwappt und beide Enden dieser Bewegungslinie in Schwingung versetzt. Weder der Satyr noch der Denker sind von Substanz, einzig die kraftvolle Bewegungslinie dazwischen, die beide Pole mit einfasst. Die Fragmentierungen der Psyche haben ihre Ursache im dualistischen Bewusstseinsmodus: Wir sind entweder das Eine oder – zu einem anderen Zeitpunkt – das Andere. Der Identifikationspunkt des Ichs ist von vornherein mobil – wir alle kennen das. Das Schuldgefühl, das uns manchmal überkommen mag, wenn der Satyr nächtens seine Kreise zog, liegt im gegenteiligen Pol begründet, in den das Identitätsgefühl nach dem Aufwachen überwechselt, jener Pol, der ganz und gar nicht Satyr sein will, der ihn auf Distanz hält, nicht *er ist*. So wechseln wir ständig unsere Identitätspole und merken es oft nicht: von erziehendem Vater (oder Mutter) zu Satyr zu Denker zu Moralist zu einem spirituell Interessiertem zu einem Kumpel von Freunden zurück zum fürsorglichen Vater und wieder zu Satyr. Die schnellen Wechsel sind kein Zeichen von Integrität, sondern von starker Fragmentierung, von einem aus den Verankerungen gerissenen psychischen Blatt im Wind der sozialen Hinweisreize.

Jean Gebser meinte, eine aperspektivische Wahrnehmung führe zu einem *integralen* Bewusstsein. Ein treffender Begriff, wenn man seine mathematische Allegorie hinzuzieht: Das Integral vermag es, den Flächeninhalt zwischen einer beliebig geformten Kurve und der x-Achse (die waagerechte Achse im Koordinatensystem) präzise zu bestimmen. Es umfasst einen Inhalt auf eine ganzheitliche oder besser vollständige Weise. In Bezug zum Bewusstsein wird hier ein Integral gebildet zwischen den Urgründen des psychischen Seins, den archaischen Anfängen eines dämmernden Bewusstseins (die x-Achse) und den gegenwärtigen Identifikationskurven, die das magische und das mythische Level in der Mitte des durchschrittenen Raumes zurückgelassen haben, und sich nun auf einem rationalen, formalen oder gar postformalen Niveau eingeschwungen haben. Das Integral umfasst alle Zwischenräume des Psychischen und bringt sie in eine vereinheitlichende Formel. Das rational-perspektivische Bewusstsein wird dann integral, wenn es das archaische, magische und mythische (und all deren Figurationen von ‚Mutter', ‚Kind', ‚Held' bis zum ‚alten Weisen' etc.) in sich hinein zu nehmen vermag; wenn die Perspektiven nicht wechseln müssen, um magisch zu fühlen, mythisch zu sehen, rational zu denken, sondern wenn das Gefüge zwischen all diesen Bewusstseinsebenen und Figurationen, also das Integral, zum Identitätsort wird. Ein Ort freilich, der nur als Metapher räumlich gedacht werden kann, aber nicht räumlich ist. Der archaische Satyr wird zum Bestandteil jenes psychischen Raumes, der durch fortschreitende Entwicklung entstanden ist und hatte seinen Geburtsort im Archaischen. Seine Kraft wirft Wellen auf die (entwicklungspsychologisch) nachfolgenden Figuren, auf das Rollenselbst (das brave Kind), auf den Helden (der seine Identität sucht und erringt), auf den inneren Vater, die innere Mutter, auf den inneren Gott. Erst diese Wellen geben diesen Figurationen ihre Gestalt, und sie selbst werfen Wellen zurück, machen den Satyr hässlich in seinem Trieb oder anziehend in seinem Eros. Die Integration bezieht sich auf das Erkennen des inneren Zusammenhangs der Fragmente, auf die Einsicht, dass ihre Fragmentierung ein Irrtum der Selbstwahrnehmung ist, und dass sie immer schon ein Ganzes bildeten, ein Ganzes, dass aus dem Ineinanderfließen der äußeren – sozialen und kulturellen – und inneren Wellen besteht.

Wir als Kinder des Abendlandes finden uns nicht anders als Mitglieder anderer Kulturen inmitten der Wirrnisse wieder, die unweigerlich entstehen, wenn Kulturen ineinanderfließen und zu einer Meta-Lichtung gerinnen.

Eine Kultur, im Sinne der römischen *cultura* (das Pflegen und Bestellen des Ackers), ist mehr als nur das Vorhandensein der Lichtung; vielmehr verweist der Begriff auf die Fähigkeit, die Lichtung sinn- und maßvoll zu beherrschen. Es reicht nicht, die Lichtung ins Unermessliche auszuweiten; ihre Räume müssen gepflegt werden können. Etymologisch ist der römische Begriff der *cultura* agrarischer Herkunft. Der landwirtschaftlich Informierte weiß, dass sich eine plötzlich vervielfachte Ackerfläche mit herkömmlichem Gerät kaum noch bewirtschaften lässt. Von einer ‚Kultur' darf in diesem Sinne erst gesprochen werden, wenn die diesbezüglichen Räume – geografisch, kulturell, geistig und sozial – von den Einwohnern der Lichtung auch effektiv gehandhabt und beherrscht werden können. Die Lichtung ist weit, sogar global geworden, eine Kultur hingegen konnte sich auf ihr noch nicht etablieren.

Auf den vergangenen Seiten skizzierten wir eine geistige Biografie des Abendlandes, umrissen die Folgen seiner Errungenschaften – Perspektivität, Individualität, dualistische Rationalität – und entwarfen eine Vision eines aperspektivischen Bewusstseins, das sich als möglicher Folgeschritt aus dieser geistigen Entwicklung ableiten lässt. Der Modus des Gewahrseins, oder anders: Die Kunst, die eigene Perspektive zugunsten einer Mobilität des Bewusstseins aufgeben zu können, wird sich vermutlich als unumgänglich erweisen, wenn die globalen Bedingungen überschaut und kontrolliert werden sollen. Diese eigene Perspektive war bisher unter kulturellem Vorzeichen für Europäer rein abendländisch, also dualistisch-rational und individualistisch. Mit diesem Rüstzeug wird sich keine geeignete globale *cultura* errichten lassen.

Das eigentliche abendländische Kulturerbe ist mittlerweile museal geworden, es ist für Historiker, Archäologen und Kulturwissenschaftler interessant; sagen wir es kurz: es ist Geschichte. Eine Geschichte aber, die durch ihre zeitliche Nähe noch deutlich nachwirkt, die unsere Seele durchdringt, unsere Sprachen kennzeichnet, an den Schulen gelehrt wird.

Der entscheidende Unterschied zu der bisherigen Geschichte aller Kulturen ist die nunmehr vollzogene Globalisierung, die Ende des 15. und Anfang des 16. Jahrhunderts mit der spanischen Entdeckung Amerikas, der Umseglung Afrikas durch Vasco da Gama und der Erdumseglung Magellans ihren Anfang nahm und heute durch weltumspannende interdependente Kommunikations-, Energiegewinnungs- und Fortbewegungsnetze etabliert ist. Eine ganze Reihe alter Kulturen an ganz unterschiedlichen Entwicklungspunkten steht gleichermaßen vor der Herausforderung, in diesem globalen Netzwerk zu navigieren. Zwei diametrale Trends sind zu erkennen: Abgrenzung und Assimilation. Globalisierung findet auf mehreren Ebenen statt, und da es mehrere Ebenen sind, gibt es noch kein diese Ebenen verbindendes globales Bewusstsein, auch wenn Einzelne ein solches durchaus propagieren und vorzuleben versuchen. Diese Ebenen betreffen Wirtschaft, Kultur, Politik, aber auch Wissenschaft, Erkenntnisgewinn, Metaphysik. Bisher sind diese Domänen in ihren globalisierenden Trends untereinander unverbunden; schwer genug scheint es, auch nur in einer Domäne eine globale funktionierende Kommunikation aufzubauen.

Die von Europa abgespaltene Kultur Nordamerikas entwickelte aus dem unternehmerischen Kapitalismus englischer Prägung eine neue deutlich potentere Finanzkraft, die nach den Weltkriegen auf Europa zurückgeworfen wurde, sodass wir von einer Amerikanisierung Europas sprechen können, so wie vorher von einer Europäisierung Amerikas. Diese Amerikanisierung ist im Grunde nur als Zweiergespann europäischen Erbes und amerikanischer Innovation vorstellbar. Hier zeigt sich die Schwierigkeit, von einer rein amerikanischen Kultur auszugehen. Dieses Phänomen wäre geschichtlich nicht neu, wenn es sich auf Europa und Nordamerika begrenzen ließe. Ähnliches geschah, als Rom Griechenland eroberte. Neu ist die globale Note, die diese tiefenstrukturelle Allianz begleitet. Das amerikanisch-europäische Wirtschaftssystem griff in alle Länder dieses Planeten hinein und revolutionierte sowohl Wirtschafts- als auch Sozialstrukturen. Das Hervorbringen mächtiger Technologien, und hier sind vor allem Kommunikations- und Fortbewegungstechnologien gemeint, ist ein Merkmal der europäischamerikanischen Kultur, nicht aber zum Beispiel der hinduistischen Kultur Indiens oder der muslimischen Kultur des ganzen arabischen und nordafrikanischen Raumes. In diese dringen aber diese Technologien den Politik- und Sozialraum gestaltend ein und erzeugen unauflösbare Widersprüche zwischen den dort etablierten Kulturstrukturen und dem technologischen Fremdkörper. Die islamische und die hinduistische Welt stehen damit vor einer Zerreißprobe. Einer Zerreißprobe, die noch dadurch erschwert wird, dass sowohl Produktion als auch Konsum dieser Technologien nur auf dem Fundament einer relativ freien Marktwirtschaft und einer politischen Struktur, die ihr diesen nötigen Freiraum verschafft, möglich sind, und das ist die Demokratie westlicher Prägung. Die Vereinigten Staaten machen auch keinen Hehl aus ihrer vermeintlichen Mission, die Demokratie (als Segen) in alle Welt zu tragen. Europa mit seiner schweren, durch Kriege traumatisierten Vergangenheit hält sich mit solchen Parolen etwas vorsichtiger zurück, doch das Heuchlerische daran zeigt sich in konkreten Krisensituationen, in denen Europa letztlich doch beweist, dass es sich politisch den Vereinigten Staaten verpflichtet weiß, und von ihrer Politik zu profitieren hofft.

Wie sehr politische Entscheidungen in das kulturpsychologische Leben eingreifen können, erleben wir derzeit in Europa. Die wirtschaftspolitische Entscheidung, Europa durch eine Währung zu vereinen, hat zu tiefen Gräben zwischen den Nationen in der Wahrnehmung der Menschen geführt. Geld an sich ist schon ein rationales, der Finanzmarkt sogar ein abstraktes Element; das ist nichts, was ein geistig-emotionales Identitätsgefühl entstehen lassen kann. Im Gegenteil werden Ressentiments, Neid, Gier wach, Schuldzuweisungen und Rechtfertigungen gehören zur Tagesordnung. Am Beispiel Europas zeigt sich die Unverbundenheit des Wirtschaftsdenkens mit anderen Bereichen des Lebens. All diese unverbundenen Domänen sind Teilbereiche eines Ganzen, die nur dadurch Teilbereiche sind, weil sie so gehandhabt werden. Einen Teilbereich aber zum Motor für eine ganzheitliche Integration machen zu wollen, muss scheitern, wenn alle anderen Bereiche ignoriert werden. Bevor man Wirtschaft, Kultur und Sozialleben zu einem bewusst erlebbaren Ganzen gestaltet, bedarf es eines all das umfassenden Fundaments, und das ist eine grundsätzliche

Haltung, eine allgemeine Einstellung, die tief in der Seele errungen werden muss. Hinter integrativen Bemühungen – seien sie individuell, kulturell, Nationen übergreifend wie in Europa oder gar global – muss immer eine grundsätzliche ethische Einstellung stehen, die aus dem seelischen Hintergrund Wahrnehmung, Entscheidung und Handlung leitet. Diese Haltung muss gekennzeichnet sein von einer allgemeinen Disposition zur Achtsamkeit. Aus dieser Haltung erst erwächst die Wahrnehmungsfähigkeit für eventuelle Probleme, für Verantwortlichkeit und natürlich für vernetzte, also systemische Konsequenzen unseres Tuns. Eine solche Haltung mit der Einführung einer gemeinsamen Währung, also auf der Basis von Geld, erzeugen zu wollen, ist natürlich Unfug. Die Motivation zu diesem Schritt ist auch weniger kulturell und Völker verbindend als rein wirtschaftlich zu verstehen.

Etablierte äußere Systeme sind verdinglichte psychische Dispositionen. In einer globalen Welt, in der Menschen unterschiedlichster kultureller Herkunft miteinander zu tun haben, greifen die etablierten Strukturen sowohl im Außen als auch im psychischen Innen nicht mehr. Bleibt man bei einem rein perspektivischen Bewusstsein, wird auch bei größtmöglicher Toleranz kein wirkliches Verständnis für den anderen aufkommen können. Das Resultat einer solchen Toleranz ist Gleichgültigkeit und Interesselosigkeit am Anderen. Diese sind als psychisch notwendige Schutzmechanismen zu verstehen, um sich gegen unverarbeitbare Informationen abzuschirmen. Diese beiden Haltungen führen aber auch zu einer Gleichgültigkeit gegenüber sich selbst, zu einem Vermeiden der Ausgestaltung der eigenen Person. Aus dieser Gleichgültigkeit wird Einförmigkeit. Der Individualismus westlicher Prägung zeigt diese Tendenz sehr deutlich: Aus dem Ideal einer Vielzahl gleichberechtigter entfalteter Persönlichkeiten, die eigentlich eine bunte Vielfalt zur Folge haben müsste, ist eine graue Masse inmitten von Ikeamöbeln geworden, ein ‚Schaum', wie Sloterdijk sagt, in dem jede kleine Blase von ihrer Einzigartigkeit und Individualität überzeugt, und doch – durch einen Blick von außen – von seinem Blasennachbarn im Schaum nicht mehr zu unterscheiden ist.

Wissend um die Möglichkeit der Loslösung der Verankerung des Bewusstseins aus einer stationären Perspektive wagen wir eine vorsichtig tastende Mobilität unseres Denkens und Betrachtens. Wir gleiten im

Folgenden auf den oszillierenden Differenzen hinüber in die Sphären einer bislang fremden Kultur, der indischen; einer, die wir gern in verschiedener Hinsicht als uns gegensätzlich konstituieren. Doch was sind Gegensätze anderes als die Endpunkte eines Kontinuums, in dessen Spannungsfeld wir unsere Identität verorten? Wir folgen den Rhizomen, den Vernetzungen von Elementen von Weltwissen, und zeichnen eine Spur nach, die weniger die indische oder yogische Kultur beschreiben will, sondern vielmehr unsere neuen Denk- und Taträume erkundet. Dabei sind es die Augen des Abendländers, die das Fremde und Neue sehen. Es ist die zerberstende Kultur in uns, die sich mit den Bruchstücken der anderen Kulturexplosionen zu einer neuen Sphäre verschmelzen will, einer Sphäre, deren Dimensionen wir noch kaum erahnen können, deren Radius mehr als die Summe aus denen von Okzident und Orient betragen wird. Wir versuchen, wir probieren, wir erkunden einen Möglichkeitsraum. Die weißen Flecken auf den Globen dieser Welt zeigen sich in den psychografischen Räumen; hier ist noch eine Conquista möglich. Es sind die Meere des Bewusstseins, die überquert werden können. Die Conquista unserer Zeit ist eine Psychonautik.

III Sieben Sphären des Gewahrseins

Individuierte Psychonautik – Conquista ins Innerpsychische

Der Individualismus abendländischer Prägung ist unter den vielen Kulturen dieses Planeten über die Zeiten hinweg ein bemerkenswertes Novum. Bis zu Beginn der Neuzeit mit dem Ende der italienischen *rinascita* fanden Menschen ihre Identität, indem sie sich in die Spurrillen der kulturellen Tradition einfügen ließen. Was schon immer getan wurde, galt als richtig; das Neue, Innovative hingegen war verdächtig. Individuen, von denen es keine zweiten ihrer Art gab, galten der Gemeinschaft als gefährlich und zersetzend. Kinder und Jugendliche wurden durch Lehrer, Eltern und Priester eingewiesen in die jeweils kulturelle Wahrheit. Doch was, wenn dieser pädagogische Input die Innovation fordert? Was, wenn der Imperativ zur Individuation bereits Teil des Sozialisierungsprozesses wird? Eine Kultur, die den Individualismus hervorbringt, muss damit rechnen, an einen Kulminationspunkt dieser Individuierungsdoktrin zu gelangen. Es deutet vieles darauf hin, dass wir in diesen Tagen diesen Punkt erreicht haben. Die individuelle Einzigartigkeit ist zur Norm geworden, und bereits Kinder werden in Kindergärten und Schulen, in Elternhäusern und Freundeskreisen auf die Verteidigung ihrer Einzigartigkeit eingeschworen.

Doch die Gewissheit, der einzige seiner Art zu sein, lässt die Idee der Individualität – von Rousseau noch schwärmerisch und visionär als eine Gemeinschaft selbstbewusster und entfalteter Figuren eigenen Typs beschrieben – auch leicht in einen vulgären Egoismus kippen, in dem die eigene unmittelbare Bedürfnisbefriedigung zur Priorität erklärt wird. Das Gemeinwohl – obschon nur auf diesem ein solcher Egoismus ausgelebt werden kann, und es leicht einzusehen ist, dass man sich diesen Ast nicht absägen sollte – verkommt zu einer bestenfalls hinzunehmenden Rahmenbedingung, über deren Missstände man meint, sich mit Recht aufregen zu dürfen. Der Radius der eigenen Perspektive verengt sich auf das kleinste vorstellbare Maß: die Wahrnehmung und Berücksichtigung der eigenen Bedürfnislage, egal wie absurd oder wichtig diese sein mag und ungeachtet ihres Ursprunges.

Es liegt in der Natur des Individualismus, dass er sich zunehmend unempfänglich für tradierte Werte und gemeinwohlstiftende Regeln erweist. Deutlicher formuliert: Das Gesetz individueller Selbstbestimmung ist zunehmend selbst zu einer tradierten Werthaltung geworden, die seit wenigen Generationen wie selbstverständlich weitergegeben wird. Daraus erklärt sich der seit wenigen Jahrhunderten stetig wachsende Innovationstrend des Abendlandes und damit verbunden seine Programm gewordene Zukunfts- und Fortschrittsbereitschaft.

Gott, seit dreitausend Jahren der Begriff für das Erhabene,[80] für das Wirken des sinnstiftenden Ganzen, dem der Mensch unterworfen ist, in das er sich aber auch eingebunden fühlen darf, hat nunmehr seine Aufgabe an andere Ideen abgegeben: Im Außen an das verworrene Finanzsystem, dem sich Politik, Wirtschaft und Privatleben unterwerfen, aber auch an die seit 1945 stabile Idee der globalen Katastrophe, die sich in regelmäßigen Abständen häutet und sich in immer neue Bedrohungsszenarien gewandet;[81] im Innen an eine substanzielle Ichhaftigkeit mit einem vermeintlichen Kern eines ‚göttlichen' oder ‚höchsten' Selbst.

Die Lichtung[82] aus Kultur und geistigem Weltentwurf, die wir als vernunftbegabte Menschen bewohnen, hat sich verändert. Ihre Topografie lässt sich mit der klassischen Theologie kaum mehr glaubwürdig beschreiben, geschweige denn ließe sie praktikable Antworten auf die Herausforderungen zu. Doch ihre Ersatz-‚Religionen', der Glaube an die abstrakten Flüsse sich selbstregulierender Finanzmärkte oder schlimmer noch, das kollektive Damoklesschwert der stets präsenten Katastrophe, sind eher Zufallsprodukte des demiurgischen Weltentwurfs, sind Anzeichen einer pathologischen Überforderung des Menschen, der ohne hinreichende Navigationsinstrumente auf der ins Globale geweiteten Lichtung sich zu bewegen gezwungen ist. Gemeint ist ein Navigationsinventar geistiger Art, das jeder konkreten Handlung vorausgeht. Psyche steuert das Verhalten. Doch was, wenn die geistigen Instrumente der Psyche auf kleine Radien insularer Lichtungen geeicht sind, und angesichts des Größeren versagen? Das geistige Inventar, von

80. Seit dem Beginn der monotheistischen abrahamitischen Religionen.

81. Vgl. Sloterdijk, 2009, S. 701.

82. ‚Lichtung' im Heideggerschen Sinne: der Mensch als Lichtung, dem sich das Sein zeigt und vor dem es sich verbirgt.

dem hier die Rede ist, entsteht gemeinsam mit dem Wachsen und Entfalten der Kultur, in die es eingebettet ist. Die Art des Bewusstseins der Menschen ist eine Anpassungsleistung an die Anforderungen, die die Kultur bereitstellt, und diese wiederum ist in ihrem Werden abhängig von den Bewusstseinsmodi, die sie in den Mitgliedern ihres Kulturraums hervorbringen lässt. Die grundlegende Justierung des Bewusstseins ist im Falle des Abendlandes dualistisch, rational und perspektivisch. Perspektivität und Individualismus bilden eine sich gegenseitig bedingende Einheit. Dies also ist die Art, in der der abendländisch geprägte Mensch die Welt zu sehen gewohnt ist, in der er die Herausforderungen wahrnimmt und in welcher er Lösungen sucht und praktiziert. Die Perspektivität bringt es mit sich, dass neben der eigenen (individualistischen) Perspektive andere bestehen; Perspektiven, die sich in dualem Gegensatz zur eigenen positionieren. Die Perspektivität lässt Innen und Außen entstehen, lässt Eigenschaften des Fremden zur Bestätigung eigener Merkmale werden, lässt von richtig und falsch sprechen. Das Fremde wird durch die verzerrende Brille des eigenen Vorwissens, der eigenen Überzeugungen und Einstellungen wahrgenommen. Eine solche Art der Wahrnehmung dient der Selbstbestätigung, nicht aber dem adäquaten Verstehen des Anderen. Ich wiederhole es: die Lichtung hat sich verändert. Die bis vor nicht einmal hundert Jahren insularen Kulturplateaus verschmelzen innerhalb kürzester Zeit zu einer globalen Lichtung.

Wenn wir über mögliche Lösungen für die massiven Herausforderungen unserer Zeit – allem voran die multidimensionale Globalisierung – nachdenken, muss der psychischen Grundbedingung namens Individualisierung Rechnung getragen werden. Es darf nicht erwartet werden, dass Menschen dieser Art sich Autoritäten beugen werden. Jede von außen kommende Indoktrination wird vom Individuum als Angriff auf die Immunität der eigenen Meinung, eigenen Einsicht und eigenen Werte begriffen werden. Ein Wandel des Bewusstseinsmodus wird demzufolge nur auf dem individuellen Feld vorgenommen werden können. Sich überzeugen lassen von den Berichten mystischer Conquistadoren war lange der geeignete *modus operandi*, um die Mitglieder einer Kultur auf diese einzuschwören. Unter Individualisten aber wird es nur eine mögliche Conquista geben können: die in die eigenen Sphären der subjektiven Perspektiven und Wahrnehmungen. Die Freiheit des

Individualismus – und gleichzeitig seine ungeheure neue Schwierigkeit – besteht darin, sich seine conquistadorischen Weltentwürfe selbst erringen zu müssen (und zu dürfen). Das Netz, das der Einzelne in die Unendlichkeit wirft, wird selbst geknüpft sein, auch wenn die Seile aus den Beständen der Überlieferungen stammen mögen.

Das globale Plateau, das sich seit so kurzer Zeit erst etabliert hat, wartet auf Menschen, die mit einem darauf navigierungsfähigen Bewusstsein ausgestattet sind. Ob wir die Zeit haben, den langwierigen evolutionären Wegen von Anpassung und Aussortierung zu folgen, um zu einem solchen Bewusstsein zu gelangen, ist mit gutem Grund zweifelhaft.

Um das Etablieren eines intensiveren Bewusstseins zu beschleunigen, ist nur ein Weg denkbar: der Aufbruch des individualisierten Menschen zu einer aktiven und selbst gesteuerten Psychonautik in eigener Sache. Durch den christlichen Einfluss – den katholischen, mehr noch aber durch den protestantischen – ist der Abendländer mit der Eigenverantwortung für das Seelenheil bereits hinreichend vertraut und damit vorbereitet für eine Conquista in die subjektiven Weiten seines psychischen Innenraums. Allein die Frage nach der Motivation stellt sich: Welches Ziel ist es wert, eine solche innerpsychische Odyssee auf sich zu nehmen? Welches ist für uns das Goldene Vlies, das einst Jason und seine Gefährten sein magisches Schiff besteigen ließ? Auch wenn ein an den globalen Problem- und Handlungsraum angepasstes intensiveres und aperspektivisches Bewusstsein notwendig sein sollte, wird dieses Motiv kaum greifen. Häufige Motive für die Arbeit an sich selbst sind – wie bereits weiter vorn diskutiert – die Beseitigung eines empfundenen Mangels im Leben und der Kompetenzgewinn im sozialen Wettbewerb. Warum nicht ein weiteres Motiv vorschlagen: die Lust an der Selbstgestaltung? Warum nicht die Potenziale menschlicher Intelligenz und Wahrnehmung bis an die Grenzen ausloten, einfach, weil es möglich ist?

Eine Psychonautik in eigener Sache ist mehr als nur die psychische Expansion mentaler und perzeptiver Fähigkeiten; sie ist immer auch eine Demonstration dessen, zu was der Mensch an sich fähig sein kann. Die Heldentaten des Achilles bewiesen nicht nur ihm selbst, was sein unbändiger Wille bewirken konnte, sondern auch durch die bis heute andauernde Nacherzählung allen, die Willens waren zuzuhören und sich ein Beispiel zu nehmen.

Der individualisierte Mensch der Jetztzeit reagiert empfindlich, wenn es darum geht, ihn zur strikten Befolgung von Traditionen zu bewegen. Eine innerpsychiche Conquista wird demzufolge kaum auf tradierten Wegen erfolgen können. Der postmoderne Psychonaut ist ein Individualreisender. Seine Reiseführer schlagen selten Routen vor, markieren aber wichtige Stationen und beschreiben die Besonderheiten des Reiselandes, die es besonders zu beachten gilt. So setzt sich das *Nosce te ipsum,*[83] das ‚Erkenne dich selbst', aus verschiedenen Komponenten zusammen, ohne deren gemeinsame Beachtung eine innerpsychische Conquista nicht möglich wäre: Es gilt einerseits die starken Bindekräfte zu erkennen, die den Psychonaut an seinen etablierten Status quo von Perspektive, Denken und Fühlen fesseln und praktikable Methoden zur Hand zur haben, um diese sinnvoll aufzulösen und andererseits das Ausweiten des Erkenntnishorizonts voranzutreiben. Ersteres ist etwa im therapeutischen Umfeld als Defizitbeseitigung, zweiteres als Wachstumsorientierung bekannt.

Sondiert man die Regale nach tauglichen Reiseführern, stößt man meist auf Angebote professioneller Veranstalter quasi-psychonautischer Unternehmungen vom Typus der Pauschalreise. Die Routen sind verbindlich, die Aufenthalte von vornherein festgelegt, die Verkehrsmittel im Vorfeld bereits gebucht und bezahlt. Die Conquista wäre von Anfang an eine Nachahmung der psychonautischen Wege von Vorgängern, in deren Fußstapfen man sich bewegte. Der eigene potenzielle Weg bliebe ungegangen. Wonach wir also Ausschau halten, ist ein hinreichend freies Modell, das dem eigenen Weg genügend Freiraum und den individuierten Psychonauten seine eigenen Pfade ins Unterholz schlagen lässt. Auf der Suche nach einem solchen Modell müssen, ja dürfen wir uns nicht beschränken auf die Literaturen des Abendlandes. Die Kulturen, wir sagten es bereits, verschmelzen zunehmend, und ihre Traditionsfragmente schweben derzeit noch unverbunden im kollektivmentalen Raum. Es liegt an uns, wie wir diese auswählen und zu einem sinnhaften Ganzen zusammenfügen.

---

83. Im griechischen: *gnothi seauton.* Dieser Satz ist als Inschrift im Tempel zu Delphi bekannt geworden.

Was psychonautische Bestrebungen angeht, empfiehlt sich der südasiatische, vornehmlich der indische Kulturkreis. Durch die enorme Vielfalt metaphysischer Schulen und spiritueller Sekten in den letzten Jahrtausenden können wir dort bezüglich geeigneten Materials fündig werden.

Wir werden im Folgenden auf der Basis des Chakra-Systems des Yoga versuchen, eine säkularisierte Karte zu erstellen, die in sieben einander umfassenden Sphären die Weite von Bewusstseinshorizonten beschreibt. Für Kundige des Yoga beeile ich mich hinzuzufügen, dass es sich nicht um eine authentische Explikation des yogischen Chakra-Systems, sondern um eine freie Adaption handeln wird. Ziel ist das Skizzieren einer Karte von Perspektiven-Horizonten unter Einbezug abendländischer, antiker und indischer Komponenten. Das Chakra-System stellt die siebenstufige Struktur als Gefäß zur Verfügung, das sowohl mit den Zutaten multikultureller und mehraltriger Überlieferungen und Mythen, als auch mit aktuellen Zeitbezügen gefüllt sein wird.

Zum besseren Verständnis wird es hilfreich sein, zuvor auf einige wesentliche Unterschiede der abendländischen und indischen Kultur einzugehen. Der Blick auf die mystischen Traditionen der indischen Kultur ist allein deshalb ertragversprechend, weil diese seit ehedem jenseits des Individualismus ihre Conquista in die unendlichen Weiten des Kosmos unternahm. Da es uns um die Befreiung aus der stationären Perspektivität des individualistischen Selbstgefühls geht, lohnen Einblicke in die Mystik des Yogas.

Die Mystik der yogischen Kulturseele

Die Kulturseele des indischen Raumes nenne ich *yogisch*, buddhistisches Denken eingeschlossen. Das faustische Weltgefühl der Tat treibt den Abendländer zu Expansionen, zu Eroberungen im Niederen wie im Höheren. Selbst im Nihilismus eines Cioran zeigt sich die Tendenz zur Tat: das unendliche Nichts, sinnlos, formlos, inexistent, wird zum eroberungsbereiten Raum, in den die Mystiker und Philosophen eindringen, um ihm Erlebensraum abzuringen. So wie die Spanier, Portugiesen und Engländer die Welt eroberten, also in unbekanntes Land vordrangen, um diesem Lebens- und Erlebensraum abzuringen, um der Wildnis, die ein Nichts war in den Augen der von ihrer eigenen Kultur geprägten Conquistadoren, den Stempel des Vertrauten aufzudrücken, um darin handeln zu können, so dringt auch der abendländische Mystiker in das Nichts vor, dringt der Wissenschaftler in das Niemandsland bisher undurchschaubarer Natur vor, dringt der Künstler in den Raum von Schaffensmöglichkeiten vor,[84] kultiviert ihn, macht ihn urbar, fruchtbar, bewohnbar, erlebbar, gestaltbar.

Die indische Kulturseele, die ich *yogisch* nenne, kennt den Willen zur Tat nicht in dem Ausmaß wie das Abendland. Die Voraussetzung jeder Tat, die in ihrem Kern Expansion ist, im geistigen wie im körperlichen, ist die der Kulturseele inhärente Überzeugung, dass es außerhalb der Lichtung des bekannten Seins einen zu erobernden Urwald gibt, unbewohntes Land, Wildnis. Der Abendländer sieht außerhalb Europas nur Wildnis, deren Bewohner ‚Wilde' sind. Diese tief verwurzelte Überzeugung führt den Europäer und sein Denken noch heute. Die yogische Kulturseele kennt keinen ‚wilden' Raum, kein cioranisches Nichts, in das man tätig, erobernd hineingreifen könnte. Für den Abendländer ist in der Wildnis außerhalb Europas noch niemand. Die ‚Wilden' gelten als ‚Niemand', sie sind letztlich Tiere, Rohstoffe, Kuriositäten. Man erinnere sich an die überhebliche Milde, mit der die Engländer die Einheimischen ihrer Kolonien behandelten, die sie nicht davon abhielt, sie im Bedarfsfall abzuschlachten wie kranke Tiere. Die Unbewohntheit der wilden Welt gestattete es den Abendländern, sie zu vereinnahmen und zum Atelier ihres Gestaltungswillens zu machen. Für den christlichen Abendländer ist die Welt letztlich unbeseelt, auch wenn ihre Theologie von Gott und Heiligem Geist sprechen mag. Doch dieser christliche Gott schwebt über allen Sphären dieses unbewohnten Nichts und lässt einen klaffenden Abstand aus ödem Nichts zwischen sich und der Menschenwelt. Von diesem Gott, besser aus einem Vers eines alten religiösen Buches eines Wüstenvolkes des Nahen Ostens, leitet der Abendländer für sich das Recht her, die wilde Welt, sei sie geografisch oder metaphysisch, nach seinem Willen zu gestalten. Der christliche Gedanke stehe dieser Grundhaltung entgegen, könnte man einwenden.

84. Kunst in Indien orientiert sich eher an der Tradition, an hergebrachter Formensprache und Ausführungstechnik. Das ‚Kreative', im Sinne von Neuschöpfungen, genießt dort nicht den gleichen Stellenwert wie im Europa der letzten hundert Jahre.

Treffender wäre zu sagen, gerade das Abendland mit seiner expansiven Kulturseele hatte das Christentum als dämpfendes Element auch dringend nötig.

Die *yogische* Kulturseele kennt den wilden Raum nicht. Während für die Faustiker die abstrakten Sphären des Geistes nur am äußeren begrenzenden Rand (Gott), in einem mittleren schmalen Streifen (Menschen) und in der Hölle (die Verdammten) bewohnt sind, und der unendliche Zwischenraum zur tätigen Formung zur vollständigen Verfügung steht, gilt der yogischen Seele aller Raum von den umfassendsten Radien göttlichen Geistes, über semigöttliche, halb-erwachte Wesenheiten bis hin zu den Menschen und unter diesen auch die Sphären noch dunklerer Bewusstheit bis hin zur Tier- und Pflanzenwelt, als belebt, als besetzt. Der yogischen Kulturseele käme es nicht in den Sinn, in abstrakte Sphären gestaltend einzugreifen, um aus ihnen eine annehmbare Philosophie zu hauen. Diese Sphären sind seiner Überzeugung nach bereits gestaltet, sind bewohnt, beseelt. In ihnen wohnen Intelligenzen, Wesen, die seiner eigenen Bewusstheit überlegen sind. Selbst in den indischen materialistischen Philosophien gibt es nichts zu erobern, statt geistiger Wesen sind es dort Ideen, ist es universelle Intelligenz oder Bewusstheit, die – die Sphären aufsteigend – immer leuchtender, immer bewusster sind, und dennoch im gleichen Dilemma der Täuschung leben wie die Menschen.[85] Erst die höchste Sphäre birgt eine Intelligenz, die weiß, dass alle Intelligenzen in allen Sphären zu ihr gehören, ihre Ausläufer, ihr Ausfließen aus dem Ursprung, sind. Wie gelte es da etwas zu

85. Die christliche Theologie kennt ebenfalls multiple Sphären, die den ‚Raum' zwischen Menschenwelt und Gott ausfüllen. Etwa beschreibt eine Darstellung von Robert Fludd (17. Jahrhundert) die Sphären ausgehend von der Erde im Mittelpunkt, über die einzelnen Elemente, sodann die Sphären der Planeten, dann neun Sphären von Engeln unterschiedlicher Gottesnähe, und schlussendlich die göttliche Sphäre an der äußersten Peripherie. Allerdings hat dieses Modell den Glauben und das Seelenerleben der Christen kaum erreicht. Zudem verhedderte es sich mit einem eklatanten Widerspruch: dem einer Geozentrik, in der Gott an der Peripherie wohnt, und einer Theozentrik, in welcher Gottes Adresse die Mitte ist. Beide Sphärologien sind offensichtlich Produkte unterschiedlicher Perspektiven, die, obschon beide räumlich gedacht werden, nicht versöhnt werden können. Festzuhalten bleibt, dass die theologische Sphärenkonstruktion noch immer genug leeren, von Menschen zu gestaltenden Raum übrig lässt. Dazu: Sloterdijk, Sphären: Globen, 1999, S. 465 – 581.

erobern? Der Weg durch die Sphären ist dem Menschen nicht verschlossen, er kann ihn beschreiten, aber nicht erobernd, sondern verstehend. Er folgt Pfaden, die längst angelegt sind. Philosophie ist den Yogikern keine gestaltende Kraft, die einem leeren Raum eine Schöpfung abringt, sondern eine Kartografie von Wegen, die von Anbeginn durch den höchsten Geist und seinen Emanationen angelegt sind. Diese Wege gilt es nicht zu schaffen, sondern zu finden. Es gilt nicht, in einen metaphysischen Urwald Schneisen zu hauen, sondern den Pfaden zwischen den Lichtungen zu folgen. Dem Yogiker existiert nicht eine (heideggersche) Lichtung, sondern eine unendliche Vielzahl von ihnen, darunter – die Sphären des Geistes aufsteigend – Lichtungen unfassbaren Umfangs und unvorstellbaren Lichts. Um diese überhaupt betreten zu können, ertragen zu können, muss der Yogiker seine Wahrnehmungsfähigkeit und seinen Bewusstseinsradius über das menschliche Maß hinaus erweitern. In diesem ganz fundamentalen Weltentwurf wurzelt das yogische Bemühen, das sich in den verschiedenen Formen des Buddhismus, in den vielfältigen Sekten des hinduistischen Yoga, sogar in dem von der indischen Kulturseele stark beeinflussten islamischen Mystizismus, zeigt. Der achtfache Pfad des Buddha, die letzte der vier edlen Wahrheiten, oder der achtgliedrige Pfad des von Patanjali beeinflussten Raja-Yoga,[86] die Lehren der Tantras, die Meditationen der Shaivas oder Shaktas, die harten Methoden zur Selbstbeseitigung der Aghora-Yogis und Nath-Yogis, der Vajrayana-Buddhismus Nordindiens und Tibets, all diese Traditionen bieten ein jeweils umfangreiches Kompendium an Wegweisern, Anleitungen, Versuchsanordnungen, die nur dem einen Zweck dienen: die Wahrnehmung des Geistes auf ein Maß zu weiten, das dem Yogiker gestattet, sich aus den Begrenzungen des gewöhnlichen Menschseins zu befreien, um die Wege der höheren Sphären zu beschreiten, sich damit vom Menschsein zu lösen und ein legitimer Einwohner der transpersonalen Sphären zu werden.

All diese Anleitungen setzen am Istzustand des gewöhnlichen Alltagsmenschen an, und führen ihn schrittweise hinaus aus der limitierten Sphäre des Menschen, hinein in umfänglichere Sphären, und von dort in noch umfänglichere Sphären. Dort ist allerdings kein Niemandsland, der

86. Auch Ashtanga-Yoga genannt. Ashtanga: achtgliedrig.

Geist erfindet sich nicht schöpferisch (wie bei den Faustikern). Vielmehr macht sich der Yogiker auf, zu seinem Ursprung zurückzukehren, der ihm ursächliche Heimat ist, zu einem Ursprung, der nicht im Kleinen, etwa in Atomen, Molekülen, Aminosäuren, seinen Anfang hatte und sich inflationär, Systeme bildend, ausdehnt, sondern im Übergroßen, im All-Umfassenden. Sein Bewusstsein ist nicht etwas, das es zu entwickeln gilt, sondern zu befreien. Das Bewusstsein ist von Anfang an vorhanden, mehr noch, es ist Essenz, Ursache, Zweck und Ziel gleichermaßen. Das Menschsein zeichnet sich durch Verhüllung des Geistes, durch geistiges Anhaften an Illusionen, aus. Ziel des Yogikers ist es, die Begrenztheit des Menschseins zu beseitigen, indem er die Schleier der Täuschung lüftet, und der zu werden, der er in seiner Essenz schon immer war, ist und sein wird. Ziel ist Befreiung, nicht Erlösung. Der Faustiker strebt nach Erlösung, er erträgt das Los nicht, das Los seiner sündhaften Existenz, das ihn von Gott trennt. Für den Yogiker ist es kein Los, das er zu tragen hätte, sondern ein schlichter Irrtum des Geistes, eine Selbsttäuschung, aus der zu befreien jedem Menschen prinzipiell und immer möglich ist. Der Faustiker strebt danach, sein Selbst zu finden, und wenn dies bedeutet, sich vorläufig zu entselbsten, so doch zu dem Zweck, ein höheres, umfänglicheres Selbst zu erringen, eines, in dem das Göttliche sich beheimaten kann. Und doch bleibt es ein Selbst, eine Entität. Dem Yogiker ist der Gedanke, eine Entität zu sein, fremd. Ihm wird durch Berichte von Mystikern aus Jahrtausenden versichert, dass jede Idee eines Selbst, einer Entität, eines Individuums, und sei es das einer Seele, Ausdruck seiner Unwissenheit ist. Letztlich, so wird ihm berichtet, gibt es kein Selbst, kein Ich, keine Seele. Es gibt nur ein göttliches Bewusstsein, das sich aus sich selbst heraus vervielfältigt, dadurch kleine Bewusstseinsfunken aus sich stieben lässt, die sich als Mensch, Geist, Semi-Gottheit, Dakini, Dämon, Tier wahrnehmen. Diesen Irrtum aufzulösen, ist das Bestreben des Yogikers. Der Yogiker vervollkommnet nicht sein Selbst, wie der Faustiker, sondern er arbeitet an der Loslösung von allen Bedingungen, die ihn in diesem Irrtum verhaften lassen.

Das hinduistische Pantheon trägt der starken Moralität der indischen Gesellschaft Rechnung, etwa in der Darstellung der meisten Göttinnen, die licht, strahlend, treu, behütend und schützend wirken, und der indischen Frau als Vorbild für ihre Rolle als Mutter und Ehefrau dienen. Doch mit traumwandlerischer Intuition weiß der Hinduismus um die Unvollständigkeit dieses Frauenbildes. Frau bedeutet in Indien Mutter, bedeutet Große Mutter, bedeutet Ausdruck der Großen Göttin. Doch intuitiv weiß man, dass die Große Göttin, Mahadevi, nicht nur behütend und lebensspendend ist. Sie ist Spiegel der Natur und aus dieser weiß die indische Kulturseele von der wilden Ambivalenz der Natur. Sie lässt gedeihen, lässt wachsen, spendet Leben, ist Grundlage jedes Lebens, aber sie nimmt auch Leben, ernährt sich von Leben, ist Tod und Verlöschung, ist Verderben, ist Grausamkeit, Krieg, Kampf, Verlust und Niederlage. Die Natur nährt den Tiger, wenn er ein Reh reißt, aber in der gleichen Szene nimmt sie Leben und tötet das Reh. Und so stehen neben den positiv-mütterlichen Göttinnen (etwa Parvati, Lakshmi oder Saraswati) auch die Göttinnen des Todes, des Verderbens. Kali ist die Bekannteste unter ihnen, aber nicht die Einzige. Sie trägt eine Girlande aus Totenköpfen um ihren Hals und in ihren vier Händen hält sie die Waffen, mit denen sie vernichtet und zerstört. Aus ihrem Mund hängt eine lange und schrecklich vom Blut ihrer Opfer rote Zunge. Ihre Eckzähne sind lang und spitz wie die eines Raubtieres. Sie wohnt auf den Cremation Grounds, den Leichenverbrennungsstätten und nährt sich vom Tod. Eine andere Göttin, deren Ikonografie für europäische Augen furchtbar wirkt, ist Chhinnamasta. Mit einer Sichel hat sie sich selbst geköpft, hält ihren noch blutenden Kopf auf einem Tablett in der anderen Hand. Aus ihrem Halsstumpf strömen drei Ströme ihres Blutes, zwei davon in die Münder von zwei sie flankierenden semigöttlichen weiblichen Gestalten, den Yoginis, der dritte in ihren eigenen Mund. Sie steht auf einem Paar im Liebesspiel und im Hintergrund heulen die Schakale auf der Verbrennungsstätte. In diesem Bild ist alles enthalten, was der indischen Vorstellung von Natur bedeutsam ist: die Zeugung neuen Lebens, also der fortpflanzungsorientierte Sexus, der Tod, die Nährung aller Wesen durch ihr eigenes Blut, und das Nähren ihrer selbst durch den temporären Tod eines Aspektes von ihr. Gleichzeitig wird diese Nährung erst möglich durch das Abtrennen des Kopfes, des unterscheidenden Verstandes. Das Bild dieser Göttin entspricht der Vorstellung von *Prakriti*, der materiellen und dennoch lebendigen Natur, wie sie die Samkhya-Philosophie, die dem klassischen Yoga zugrunde liegt, versteht. Die oft widersprüchliche und uns paradox scheinende Vielfalt indischer Philosophie ist Teil ihrer Eigenart. Eine uns Abendländern fast unbegreifliche Eigenart. Der mexikanische Literaturnobelpreisträger Octavio Paz beschreibt in seinem Essay *Im Lichte Indiens*[87] sehr anschaulich diese Eigenart anhand des Gleichnisses der Mahlzeiten: In Europa folgen die Gänge eines Mahles nacheinander in klarer Reihenfolge. In Indien wird alles gleichzeitig serviert. Nicht Trennung und Reihenfolge, sondern Vermischung, Vermengung, Nebeneinander stellen, sind das Wesen der indischen Kultur. So können in der Philosophie Monismus und Dualismus nebeneinanderstehen, so können einzelne Gottheiten im Bhakti-Yoga oder in monistischen Sekten wie dem Shivaismus aus Kaschmir verehrt werden, ohne die anderen zu leugnen. Ein Yogi kann Jesus Christus als einen Guru verehren, ohne Buddha, Krishna oder Shiva abzulehnen. Mircea Eliade beschreibt in seinem *Indischen Tagebuch*,[88] wie ein Sadhu in Rishikesh 1930 einer europäischen Reisenden Augustinus` Bekenntnisse als wertvolle mystische Literatur empfiehlt. Eliade berichtet von den Einsiedlern, die verschiedenen Sekten oder Schulen anhingen und sich gegenseitig mit der Lobpreisung des jeweils vom anderen verehrten Gottes oder Gurus begrüßten. Für die Sadhus kein Widerspruch ist doch das Göttliche für sie letztlich unsagbar und in jedem Namen spiegelt sich die Verehrung dessen wider.

Auch wenn Buddhismus und Hinduismus unterschiedliche Religionen sein mögen, beide sind Hervorbringungen der gleichen Kulturseele. Das fundamentale Streben ist gleich. Der Begriff des Yoga wird sowohl von hinduistischen als auch von buddhistischen Schulen in Anspruch genommen. Yoga, so die landläufige Übersetzung, hieße ‚Joch', und meine das ‚Anjochen', das Disziplinieren des Geistes. Tatsächlich ist ‚Joch' keine Übersetzung. Vielmehr haben die Wörter Yoga und Joch die gleiche etymologische Wurzel aus dem Indoeuropäischen. Doch das Indoeuropäische ist keine Sprache mehr, wenn es denn jemals eine homogene, auch gesprochene Sprache gewesen sein sollte. Die Bedeutungen von Yoga und Joch haben sich mit Sicherheit voneinander entfernt. Übrig geblieben ist ein vager Bedeutungskern, ein abstrakter Hinweis auf Disziplinierung. Yoga meint also in erster Linie eine

87. Paz, 1999
88. Eliade, 1996, S. 341

Disziplinierung des Geistes, mithin der ganzen bewusstseinsfähigen Existenz – und diese Bewusstseinsfähigkeit wird im Yoga ausgesprochen weit definiert; sie kann ins Universelle reichen. Die Disziplinierung des Geistes geht mit dem Bemühen um konsequente Achtsamkeit einher; Achtsamkeit, die Konzentration voraussetzt. Allen überlieferten Formen des Yoga ist die konzentrierte Achtsamkeit gemeinsam. *Bhakti*-Yoga, der Yoga der liebenden Hingabe an eine Gottheit, verlangt gegenüber der verehrten Gottheit beständige Achtsamkeit. Das Leben steht ganz in seinem Dienste. *Jnana*-Yoga, der Yoga der Erkenntnis, verlangt höchste Konzentration während der Einsichtsmeditationen. *Hatha*-Yoga trainiert den Yogi in der Achtsamkeit gegenüber allen psycho-physiologischen Prozessen, die ein Spiegel seines Bewusstseinszustandes sind.

Im Vajrayana-Buddhismus, wie er in Tibet verbreitet war, im indischen Ladakh sogar heute noch anzutreffen ist, zeigt sich das gleiche Bild. Der Meditierende ist in seiner Eigenschaft als ein an sich Arbeitender ein Yogi. Die wohl mysteriöseste (und im Westen die meisten Missverständnisse hervorrufende) Form des Yoga ist der Tantra-Yoga. Tantras sind mystische Texte, deren Inhalte manchmal präzise, manchmal chiffrierte Anleitungen zur Übung mit dem Ziel der endgültigen Befreiung bereitstellen. Tantras gibt es in hinduistischen Sekten, etwa dem Kaschmir Shivaismus oder dem Shaktismus; auf Tantras berufen sich Nath- und Aghora-Yogis, aber auch der tibetische Vajrayana-Buddhismus. Wie sehr sich beide Glaubenssysteme gegenseitig beeinflusst haben, und wie sehr die spirituellen Bemühungen beider Richtungen kompatibel sind, zeigt die gegenseitige Assimilation personifizierter Kräfte (Gottheiten), wie etwa die der Göttin Tara. Sie ist im Buddhismus die Essenz des Mitgefühls Buddhas, aus einer Träne des Mitgefühls des Buddha entstanden, nun Beschützerin, Nährende, das Leben Bewahrende, den Tod Überlistende; manchmal eine schöne erwachsene Frau, manchmal mädchenhaft und voller Liebreiz, manchmal aber auch furchtbar und kämpferisch. Diesen kämpferischen Aspekt nahm das nordindische hinduistische Pantheon in sich auf, und aus Tara wurde dort eine schreckliche Göttin, in ihren Eigenschaften der Kali sehr ähnlich.

Liest man die Sutras und Tantras des Kaschmir Shivaismus und vergleicht diese in ihrer weltanschaulichen Essenz mit dem Buddhismus, lässt sich schwer eine deutliche Grenze zwischen beiden Weltentwürfen ziehen. Der Buddhismus (abgesehen vom tibetischen Buddhismus, wo die Sache komplexer ist) vermeidet personifizierte Kräfte, also Gottheiten, bleibt oft an der Grenze zum Philosophischen, auch wenn er in einigen Ländern eindeutig Religion ist. Der Shivaismus benutzt metaphorisch den Gott Shiva, um auszudrücken, was im Buddhismus der Buddha-Geist meint. Die Shivaiten mögen einer anderen Schule angehören, ja sogar in einer anderen Religion wurzeln, sie mögen den Buddhismus verachten oder ihn respektieren, mögen über ihn nachdenken oder ihn ignorieren; Tatsache ist jedoch, dass der Shivait den Buddhismus *verstehen* kann, wenn er willens ist, sich mit ihm zu beschäftigen. Und zwar weil der Shivait von der gleichen Kulturseele durchdrungen ist, wie auch der (indische, nepalesische oder tibetische) Buddhist. In Varanasi leben seit Jahrhunderten Hindus, Moslems, Buddhisten und Christen ohne nennenswerte Schwierigkeiten nebeneinander. Sie entstammen (sofern sie keine Besatzer oder Zugezogene sind) alle der gleichen Kulturseele, und das macht es ihnen prinzipiell möglich, den religiösen Zugang des jeweils anderen zu verstehen, sofern sie dieses Verständnisses willens sind.

Durch portugiesischen Einfluss ist Goa (an der Westküste Indiens) christlich geprägt, Hindus sind in der Minderheit. Und doch erscheint dem Abendländer auf Besuch das goanische Christentum fremdartig. Die Kirchenbesuche erinnern eher an hinduistische Pujas denn an christliche Gottesdienste. Zu Weihnachten erschallt überall „Happy Birthday to you … Jesus Christ …“ und auch in leuchtenden Schriftzügen aus Lichterketten bekommt man den Satz überall zu lesen. Wohnt man als Europäer einem Gottesdienst bei, spürt man die Fremdartigkeit, das *nicht* Abendländische. Man spürt: Es ist eine Art hinduistisches Christentum, ein Christentum, auf das die *indische,* die *yogische Kulturseele* antwortet. Es ist nur ein scheinbares Paradoxon, dass dem christlichen Abendländer eine deutsche Gemeinde aus Buddhisten in München oder Berlin näher steht als die christliche Gemeinde in Goa oder Kerala. Es sind die Kulturseelen, die hier in Resonanz treten, die aufeinandertreffen, sich als fremd oder verwandt empfinden. Katholiken und

Protestanten haben sich zur Zeit des Dreißigjährigen Krieges gehasst, nichtsdestotrotz sind sie immer verwandt gewesen; der eine hätte den anderen immer verstehen können; sie alle waren Gewächse des *einen* – abendländischen – Bodens.

Christentum in Goa oder überhaupt in Indien, sofern von Indern gelebt und nicht von eifrigen Missionaren, ist den Prinzipien und Werten des Bhakti-Yoga ähnlich, ähnlicher jedenfalls als dem in Europa gelebten Christentum. Bhakti-Yoga heißt Liebe und Hingabe zu einer Gottheit. Im Hinduismus bedeutet das keineswegs ein Leugnen aller anderen Götter, sondern eine persönlich bedeutsame Entscheidung für eine Gottheit aus einem reichen Pantheon. Dieser ausgewählten Gottheit (oder umgekehrt: der auswählenden Gottheit) widmet man sein Leben, lässt sich von ihr führen, leiten, unterwirft sich ihrem Willen, meditiert über sie, kontempliert über sie, betet sie an, feiert Pujas für sie. Die Gottheit leitet den Gläubigen auf dem Weg zur Befreiung aus dem Rad der Wiedergeburten, aus Samsara. Denn wer, wenn nicht eine Gottheit, wüsste den Ausweg?

Bei den goanischen Christen lässt sich eindrücklich beobachten, was passiert, wenn die yogische Kulturseele ein fremdes, hier abendländisches, Kulturgut assimiliert.

Die Chakras – Bedeutungsbündel im Pranamaya-Kosha

Der *Pranamaya-Kosha* (der subtile Leib des Menschen) ist durchzogen, so die yogische Vorstellung, von feinen und feinsten Kanälen, den Nadis, und sieben Energiezentren, den Chakras. Manchmal findet man in der yogischen Literatur, vor allem in buddhistischen, aber auch in einigen hinduistischen Texten nur fünf Chakras. In diesem Fall sind die ersten beiden und die letzten beiden zu jeweils einem Chakra zusammengefasst. Es gibt noch eine Reihe weiterer Chakras, die manchmal erwähnt werden, aber wir werden uns hier auf die sieben bekannten beschränken.

Wenn man sich die psychische Bedeutung der Chakras vergegenwärtigt, drängt sich eine scheinbare Ähnlichkeit mit westlichen Konzepten der Persönlichkeitsentwicklung auf. Und doch gibt es einen entscheidenden Unterschied: die yogische Kulturseele hält nicht viel vom Individualismus; im Gegenteil ist die ganze Mystik Indiens durchdrungen von der Idee des Nicht-Selbst. Auch in den Alltag dringt diese grundsätzliche Haltung ein und gestaltet das soziale (zumindest traditionelle) Leben. Der Einzelne gilt nicht viel; es sind die Familie, die Kaste, die Religionszugehörigkeit, seit der Unabhängigkeit 1947 auch die Nation, die Priorität genießen. Der Einzelne fügt sich in diese sozialen Strukturen und geht seinen vorgegebenen Aufgaben nach. Kinder etwa werden im Gegensatz zu westlichen Gesellschaften in der Erziehung eher für Gemeinschaftssinn als für Eigenleistungen gelobt.[89] So verwundert es nicht, dass eine sequenzielle Entwicklungstheorie, also eine Theorie, die in verschiedenen aufeinander aufbauenden Sequenzen eine bestimmte Entwicklung beschreibt, der yogischen Kultur weniger die Entwicklung des Individuums zum Gegenstand hat (wie im Westen), sondern vielmehr die Schritte zu beschreiben sucht, die nötig sind, um aus dem Irrtum des Ichs *hinaustreten* zu können. Es sind immer wieder Versuche unternommen worden, das Chakra-Konzept in Bezug zu westlichen Entwicklungstheorien zu setzen. Doch sie gehen von einem Missverständnis aus. Sie meinen, im Sinne einer überall und immer gleichen grundsätzlichen Philosophie, einer *Philosophia perennis*, dass die Abfolge der Chakras den gleichen Gegenstand haben müsse, wie die Entwicklungsstufen, die der Westen benannt hat. Wir müssen mit dem Begriff der *Philosophia perennis* vorsichtig umgehen, er kann schnell inflationär zu viel umfassen. Die Chakra-Lehre und die Theorien Freuds und später Jungs über Entwicklung sind schon deshalb unterschiedliche Konzepte, weil sie ein ganz anderes Ziel im Auge haben. Freud schrieb über die Entwicklung des Kindes ausgehend von der oralen Unbewusstheit des Säuglings bis hin zu den normalen (und/oder dysfunktionalen) Entwicklungsstufen der Pubertät. Ihm ging es um eine allgemeingültige Beschreibung der Entwicklung des Ichs. Jung erweiterte diesen Ansatz und erklärte die um Schatten- und Anima-Archetypus integrierte vollindividualisierte Persönlichkeit zum Ziel von Entwicklung. Das Chakrakonzept, das eindeutig yogischen Ursprungs ist und aus einer mystischen und spirituellen Tradition kommt, hat nun nichts weniger im Sinn als eine voll integrierte Persönlichkeit. Ganz im Gegenteil zielt es auf die

89. Vgl. Michaels, 2006, S. 117ff.

Auflösung von jedem Identitätsbewusstsein mit einer wie auch immer gearteten Persönlichkeitsstruktur ab. Noch nicht einmal eine individuelle Seele wird gelten gelassen. Jeder Hauch von Ich-Identität gilt den Yogikern als Wurzel des Übels, als Ursache des Leidens (*dukkha*). *Ahamkara* (Skt. ‚Ich-Macher') und *Ahimana* („Einbildung' und ‚Selbstbehauptung', durchaus im buchstäblichen Sinne gemeint: das Selbst wird behauptet) werden gleichgesetzt. Das Ich zur Entfaltung zu bringen, das wahre Selbst als eine unabhängige und eigenständige Wesenheit herauszuschälen, ist der yogischen Seele völlig fremd. Ihr geht es um den Weg hinaus aus dem leidvollen Irrtum eines Ichs, aus dem Labyrinth eingebildeter Verstrickung der eigenen Person. Denn wenn es keine Person gibt, gibt es auch keine Verstrickung, sondern nur Gottes Tanz, *lila*. So zeigen die Chakras in ihrer aufsteigenden Folge einen Weg auf, sich schrittweise von der Identifizierung mit einem eingebildeten Ich oder Selbst zu lösen, bis mit der bewussten Befreiung und Öffnung des höchsten Chakras die Einheit mit dem einen Göttlichen realisiert wird.

Nun könnte man einwenden: Hat nicht jeder Mensch also solche Chakras und Nadis, einen Körper und einen geistigen Leib, gefüllt mit ganz eigenen Inhalten? Die Yogiker verneinen das. Die Form ist sicher von Mensch zu Mensch verschieden, aber eben aufgrund seiner Irrtümer und Verstrickungen, und da diese keine Dauer haben, sind sie letztlich nicht von Substanz. Die Substanz selbst aber, nennen wir sie vorsichtig Energie oder Lebenskraft, also *Prana*, ist nicht individuell, sondern immer aus nur einer Quelle, nämlich der göttlichen Energie, der *Shakti*. Würde man also zur Begründung seiner Individualität diese Substanz heranziehen wollen, wäre man auf verlorenem Posten, denn eben diese ist allen Wesen und allen Erscheinungen gleich. Griffe man stattdessen auf die spezielle Form dieser Energie zurück, um sich selbst zu begründen, wäre man ebenso in argumentativer Enge, denn diese Form wandelt sich ständig. Um aber aus dem Dilemma genau solcher Fragen herauszukommen, werden die Chakras als Wegmarken für den Pfad hinaus aus der Ich-Illusion gesetzt. Jedes Chakra markiert damit eine Etappe auf dem Weg der Erkenntnis- und Einsichtsfähigkeit, an der man sich selbst prüfen kann, ob der Weg hinaus noch der richtige ist.

An diesem Punkt stellt sich die Frage, ob nicht die westliche Psychologie bisher die Entwicklung des Individuums beschrieben hatte, um auf diesem Weg letztlich auch zu einer These des Nicht-Ichs zu gelangen? Die konstruktivistischen Ideen lassen das vermuten. Vor allem aber die neuere Philosophie, etwa eines Thomas Metzinger, die auf Hirnforschung und kognitiven Konstruktivismus Bezug nimmt, kommt zu dem Schluss, dass ein Selbst im substanziellen Sinne gar nicht existiere; dass das Ich bestenfalls als eine Art Navigationsinstrument zu verstehen sei, das sich aber bereits in verschiedenen sozialen Situationen unmerklich neu konfiguriere. Sich mit diesem Navigationsinstrument zu identifizieren, sei ein kognitiver, aber notwendiger Irrtum, um im Alltag bestehen zu können. Doch man beginnt langsam zu verstehen, dass Nützlichkeit einer Täuschung nicht mit Wahrheit gleichzusetzen ist.

Der strikte Monismus[90] indischer Mystik musste ein ebenso striktes Postulat eines *Anatman*, eines Nicht-Selbst aufstellen, um in sich kohärent zu bleiben. Auch der lebendige Anteil des Menschen in der ‚dualistischen' Samkhya-Philosophie (siehe vorherige Fußnote), *purusha*, entstammt schlussendlich einer einzigen Quelle, *Brahman*, beziehungsweise gelangt er am Ende zu einem Bewusstsein, das mit dem höchsten Göttlichen identisch ist, *satchitananda*. Wir werden noch sehen, ob nicht in diesem Konzept und jenem des westlichen neurologischen und/oder kognitiven Konstruktivismus etwas gemeinsames *durchscheint*, jenes Konkret-Wirksame, von dem Jean Gebser sprach.

Behalten wir aber im Auge, dass jedes Konzept eben nur ein Konzept ist, ein geistiges Modell der Wirklichkeit, die wir nicht eins zu eins

---

90. Es gibt sowohl monistische als auch dualistische Philosophien in Indien, so wie dort überhaupt die ganze Bandbreite philosophischer Modelle anzutreffen ist, auch ein atheistischer Materialismus. Doch auch der Dualismus der Samkhya-Philosophie ist kein Dualismus, der mit dem faustischen Denken vergleichbar wäre. *Prakriti* (Natur) und *Purusha* (Geist oder Bewusstsein), die Grundlagen des samkhyaschen Dualismus, lassen sich leicht zu einem Monismus vereinen, so geschehen im Shivaismus von Kaschmir, wo die Natur zu einem Ausdruck von *Shakti* wird, die wiederum ein Aspekt des einen und allumfassenden Bewusstseins, *Shiva*, ist. Dualistisch ist die Samkhya-Philosophie zwar durch die Behauptung zweier Komponenten, die die Welt ausmachen, aber sie sind keine Gegensätze, sie bilden nicht das Gegenteil des jeweils anderen, und der Mensch steht auch nicht zwischen ihnen, zur individuellen Entscheidung gezwungen, sondern das an ihm, das lebendig ist, ist immer *purusha*. Und somit geht es wieder um die Frage nach Befreiung und nicht wie im Westen nach Erlösung von einer generellen Sündhaftigkeit.

abzubilden in der Lage sind. Modelle sind Übersetzungen von Einzelerfahrungen oder Erkenntnissen in eine kommunizierbare Form; sie sind also eher Sprache als Einsicht. Das gilt für europäisches Denken genauso wie für Indisches. Es geht uns hier nicht um eine Entscheidung zwischen yogischem oder faustischem Denken, zwischen hinduistischer und abendländischer Formensprache, sondern um das Sondieren einer Möglichkeit, in all diesen Konzepten etwas Konkretes, etwas Wirkliches (wenn auch nicht objektiv Wahres), also Wirkendes, durchscheinen zu sehen. Wechseln wir nur die Perspektive vom faustischen Blickwinkel zum yogischen, ist uns nicht geholfen; wir bleiben perspektivisch, es würde dann, wenn eine solche kognitive Konversion überhaupt möglich wäre, eben das Faustische zum Fremden werden. Eine wirkliche Aperspektivität aber ist nicht durch Konversion, auch nicht durch rationale Vergleiche oder beschreibendes Nebeneinander- oder Gegenüberstellen zu erringen, sondern in einem ganz eigenen inneren Prozess einer bereitwilligen Achtsamkeit und bewussten Aufmerksamkeit, deren Grundlage eine empirische Geistesschulung ist. Wir kennen solche Geistesschulungen aus unserer eigenen Kultur, etwa aus den Exerzitien des Ignatius von Loyola, den Predigten Meister Eckharts, oder der sogar schon stark psychologischen ‚Dunklen Nacht' des Johannes vom Kreuz. Wir kennen die lateinischen *meditatio*, *contemplatio* und das Gebet, auch die Selbstprüfung, die sich heute in der allgemein etablierten Forderung nach Selbstreflexion wiederfindet. Und wir kennen eine starke schulende, besser übende Praxis aus der yogischen Kultur, angefangen mit Konzentrations- und Einsichtsmeditationen, Übungen der Achtsamkeit gegenüber dem Körper (Hatha-Yoga), dem Geist (Raja- und Jnana-Yoga), dem Gefühl des Herzens (Bhakti-Yoga), der vitalisierenden Lebenskraft (Tantra- und Kundalini-Yoga), um nur einige zu nennen.

Geistesschulungen und Achtsamkeitstechniken sind also nichts Neues, und wir können auf diese Menschheitserfahrungen zurückgreifen, auch wenn es um das Etablieren einer neuen und zeitgemäßen Bewusstseinsqualität und Bewusstseinsintensivierung geht. Unser Ziel ist es nicht, Yogis im traditionellen Sinne zu werden, denn das würde erstens die Probleme unserer Zeit nicht lösen und zweitens keine wirkliche Aperspektivität hervorbringen. Und wir können auch keine traditionellen Abendländer bleiben, wenn wir die Herausforderungen, die die gewaltigen Umwälzungen in der aktuellen Menschheitsentwicklung mit sich bringen, bewältigen wollen.

Es bedarf bereits eines Minimums an aperspektivischem Bewusstsein, um das *Diaphane*, das Durchscheinende, noch nicht Sagbare, in den Traditionen, Mythen, Wissenschaftstheorien, Theologien und Philosophien wahrnehmen zu können. Sind wir aber dazu in der Lage, könnten wir zu einem allgemeinen vorläufigen Entwurf eines aperspektivischen Bewusstseins auf der Basis einer in den Alltag getragenen Achtsamkeits- und Geistesschulung gelangen. Dies ist unser Ziel; Methode soll sein, in etablierten traditionellen Systemen das gemeinsam Durchscheinende zu finden. So werden wir das Chakra-System nicht übernehmen, sondern in ihm und unserer (abendländischen, faustischen) Deutung das gemeinsame Durchscheinende zu erkennen versuchen. Wir werden zudem sehen, dass auch im griechischen Mythos einige Parallelen zum yogischen Entwurf und zur abendländischen aktuellen Philosophie und Psychologie zu finden sind.

Zunächst müssen wir Theorie und Tatsache voneinander trennen. Die Theorie stellt ein Modell vor, das knappgehalten ist, indem es sieben subtile Energiezentren postuliert und deren Verbindungen erklärt. Implizit ist der Theorie der subtile, also nicht sinnlich erfahrbare und damit auch durch positivistische Wissenschaft nicht zu beweisende Beschreibungsgegenstand. Doch was ist die Tatsache hinter dem Modell und hinter der Theorie? Welcher Gegenstand wird da beschrieben? Und welche Tatsachen verbergen sich hinter den einzelnen Chakras?

Das Chakra-System ist zuhöchst komplex. Es ist keine explizite Entwicklungstheorie, und doch weist es einen gangbaren Weg durch die Entwicklung des Bewusstseins. Es ist keine Kosmogonie, und dennoch ist in ihm eine vollständige kosmogonische Architektur enthalten. Die einzelnen Chakras mögen als Energiezentren bezeichnet werden, und doch entfaltet sich ihr Potenzial an Bedeutungen über den nur-energetischen Sachverhalt hinaus. Es ist abstrakt, und doch beinhaltet es eine sehr konkrete Beschreibung von Tatsachen, die das Leben und das Sein an sich bedingen.

Die Chakras beschreiben die Tatsachen des Lebens und des Bewusstseins. Das System ist nun so aufgebaut, dass es dem Bewusstsein hilft, diese Tatsachen schrittweise zu verstehen. Somit umfasst ein jedes

Chakra einen neuen möglichen Bewusstseinsradius, der dadurch entsteht, dass der Praktizierende das Chakra in allen seine Bedeutungsebenen geistig durchdringt. Jedes Chakra verweist dann einerseits auf eine allgemeine Tatsache des Lebens und – in der empirischen meditativen Schau des Einzelnen – auf welche Weise der Praktizierende in dieses Thema verstrickt ist; die Inder würden sagen, wie sein Karma ist.

Wenn wir im Plural von Tatsachenräumen sprechen, meinen wir den menschlichen Geist und seine Wahrnehmungsfähigkeit, der sich den Tatsachen nur schrittweise nähern kann, um sie zu erfassen. Tatsächlich müsste man den Singular benutzen, Tatsachenraum, wenn wir von der Wirklichkeit sprechen. Doch so, wie man auch von Seminaren oder Unterrichtsstunden spricht, die dem Studenten oder Schüler einen Sachverhalt schrittweise nahebringen sollen, sind die Chakras als sieben Kurse zur Einführung in den Tatsachenraum der menschlichen Möglichkeiten zu verstehen. Deren Grenzen sind mehr weniger willkürlich gezogen; die Erweiterung der Perspektiven geschieht nicht in sieben konkreten Schritten, sondern stetig und allmählich.

Die Begriffe des Tatsachenraumes (wenn er sich auf die Wirklichkeit bezieht) und der Tatsachenräume (wenn er sich auf die Erfahrungen des Menschen mit dieser Wirklichkeit bezieht) haben eine ähnliche Bedeutung wie die der ‚Universalien' und des ‚Diskurses', von denen der französische Philosoph Michel Foucault sprach. Foucault kehrte in den 1960er und 1970er Jahren die philosophische Methode um: Statt von einem Raster der ‚Universalien' auszugehen, um in diese die Praktiken der menschlichen Erfahrung, Interpretation und Denkens einzuordnen, stellte er die ‚Praktiken' oder den ‚Diskurs' des Menschen an den Anfang, um aus diesen dann Aussagen über die ‚Universalien' abzuleiten. So auch hier: die Chakras sind keine ‚Universalien' im Sinne Foucaults, auch keine ‚Dinge an sich' im Sinne Kants, sondern sinnstiftende Grenzsetzungen des menschlichen Geistes im universellen Tatsachenraum. Sie sind Teil der Karte, nicht der Landschaft. Und so wie man die Grenze zwischen Europa und Asien im Ural als Wanderer nicht bemerken würde, so wird man auch die Überschreitung der Grenzen zwischen den Chakra-Tatsachenräumen in der persönlichen Erfahrung erst dann feststellen, wenn man auf eindeutige Merkmale des nächsten Tatsachenraumes stößt. Ähnlich wüsste man unzweifelhaft als

Wanderer, nun in Asien zu sein, wenn man sich plötzlich in Isfahan oder einer anderen typisch orientalischen Stadt wiederfände.

Wir werden den Schwerpunkt in der Adaption des Chakrassystems auf den psychischen Bereich des Menschen legen, auf seine mögliche Weite der Perspektiven, auf seine mentale Weite, auf die psychosozialen Implikationen. Doch tatsächlich trägt das ursprünglich yogische Chakramodell der Vernetztheit menschlicher Seinsbereiche durchaus Rechnung. So betont der yogische Ansatz die Bedeutung der Chakras auf die Physis des Menschen, auf seine körperliche Konstitution, seine biologische Gesundheit und seine physiologischen Funktionen, aber auch auf die mentalen und emotionalen Prozesse, auf das soziale Verhalten, das aus der Weite seiner Perspektiven resultiert und – nicht zuletzt – auf sein Selbstverständnis im kosmischen oder göttlichen Raum.[91] Wenn in der modernen Psychologie von einem ‚bio-psycho-sozialen' Ansatz die Rede ist, scheint dieser eine ähnliche Antwort des Denkens auf bestimmte (unbenennbare) ‚Universalien' zu sein.

Begibt sich ein Mensch auf die lange Wanderung durch den chakrischen Parcours, wäre es eine Illusion anzunehmen, sein ganzes Wesen würde gleichermaßen die Perspektivweiten erfassen, die er sich erobert. Die Fragmentierung seines Wesens wird sich bemerkbar machen, indem er feststellt, dass beispielsweise sein Intellekt den restlichen Fragmenten seines Wesens, etwa seiner Emotionalität, seinem kreativen Vermögen, seiner Körperbeherrschung etc., vorauseilt. Obschon es sich hier um eine philosophische Reflexion handelt, soll auf einen psychologischen Befund aufmerksam gemacht werden. Es war der amerikanische Psychologe Howard Gardner, der das Konzept einer allgemeinen Intelligenz zugunsten multipler Intelligenzen (oder Informationsverarbeitungsmodule) verworfen hatte.[92] Statt des sattsam bekannten generellen IQs postulierte er neun Intelligenzen, die in ihrer Entfaltung autonom genug wirken, um in diesen unterschiedliche Entwicklungsstände hervorzurufen. Das bedeutet: Jemand kann im Bereich der ästhetischen Intelligenz vergleichsweise hohe Leistungen erbringen,

91. Diese – oft ‚spirituell' genannte – Dimension lässt der ‚bio-psycho-soziale' Ansatz der Psychologie bisher vermissen.

92. Howard Gardner, 2008. (Intelligenzen. Die Vielfalt des menschlichen Geistes. Stuttgart: Klett-Cotta, 2008.)

während sich seine soziale oder körperliche Intelligenz auf einem eher durchschnittlichen oder sogar unterdurchschnittlichen Niveau befinden.[93] Formulieren wir es mit dem obigen Gleichnis des Wanderers: Dessen logische und sprachliche Intelligenz eilt vielleicht seiner Wanderung voraus, nimmt bereits geistig vorweg, wo er noch nicht angekommen ist, während etwa seine körperliche oder soziale Intelligenz noch an dem zu arbeiten hat, was er bereits erfuhr.

Wir haben es also mit einer sukzessiv arbeitenden Erkenntnistheorie zu tun, die sich der Stufenform bedient, um der Einsichtsfähigkeit des Menschen Rechnung zu tragen.

Die indische Kultur, ihr innerstes Anliegen, ihre Art, das Leben zu strukturieren und auch ihre (Bild-)Sprache ist von der europäischen so verschieden, dass eine reine Wiedergabe der Inhalte der Chakras dem Abendländer kaum einen Gewinn bringen würde. Die Besetzungen der sieben Tatsachenräume müssen von Kultur zu Kultur divergieren. Wir werden im kognitiven Raum gesellschaftsbedingter Vorstellungen im europäischen (und amerikanischen) Menschen ganz andere Elemente vorfinden als im indischen. Nicht nur die Inhalte werden anders sein, auch die Beziehungen, die der Einzelne zu jenen Inhalten unterhält, unterscheiden sich fundamental. Um Gewinn aus einem kulturfremden Erklärungsmodell ziehen zu können, scheint es notwendig, den abstrakten Kern an Bedeutung freizuschälen, um diesen dann mit den eigenen Themen in Beziehung treten zu lassen. Zum Verständnis jenes abstrakten Kerns kann es hilfreich sein, bestimmte Mythen sowohl der indischen als auch der eigenen Kultur sprechen zu lassen. Aber diese sind immer nur Illustration, sind Bilder, die auf das Durchscheinende, das *Diaphainon*, hinweisen können. Wir werden den Versuch unternehmen, nicht nur den durchscheinenden (und damit sprachunabhängigen und auch unsagbaren) Kern sichtbar werden, besser: Erahnen zu lassen, sondern immer auch Rückbezüge zur Gegenwart zuzulassen.

93. Die von Gardner genannten Intelligenzen sind die musikalische, ästhetische, interpersonelle (soziale), intrapersonelle (selbstreflektive), naturalistische, mathematisch-logische, bildlich-räumliche, existenzielle und verbal-linguistische Intelligenz.

Die Kartografie der Perspektiven-Sphären – die Sieben Sphären des Gewahrseins

Perspektiven-Sphäre I: chthonisches Bewusstsein – Vitalkraft: Bios, Trieb, Instinkt

Chakra: Muladhara

In einem ersten Schritt wird auf den Urgrund allen Daseins verwiesen, auf die Materie, denn es lässt sich nicht leugnen, auch nicht für psychologisch orientierte Denker, dass das Menschsein zuerst einmal einer materiellen Form bedarf; er braucht einen Körper und dieser besteht – es ist hinlänglich bekannt – aus Elementen der Materie, aus Kohlenstoff, Wasser und anderen groben Stoffen. Dieser materielle Stoff ist nicht nur statisch in Form von Bestandteilen zu beschreiben, sondern auch durch die dynamischen Funktionen und Verbindungen, durch Gesetzmäßigkeiten, die durch Physik, Biologie und Chemie ausführlich beschrieben werden. Der grobe Körper erreicht eine zuhöchst komplexe Struktur, in der ein beständiger Durchstrom von Materie zwecks Energiegewinnung durch Umwandlung stattfindet. Zugleich reagiert ein sensibles Informationsverarbeitungssystem auf empfindliche Störungen oder Veränderungen und initiiert Ausgleichsprozesse. Wir alle kennen solche, etwa wenn wir Schnupfen haben oder Hunger verspüren. Das erkennende System im groben Körper – nennen wir es Bewusstsein – kann sich durchaus auf die Wahrnehmung rein körper-relevanter Daten beschränken. In diesem Falle hätten wir es mit einem Bewusstseinsradius zu tun, der denen von Tieren sicher nicht unähnlich ist. Das Bewusstsein ist vollkommen in der körperlichen Empfindung aufgegangen, ist ganz im Trieb und Instinkt verankert. Letztere sind motivationale Faktoren, deren Auslöse- und Durchführungskräfte in der Software des Körpers bereits mitgegeben wurden; sie gehören zur Grundausstattung.

Sollte sich das Bewusstsein auf diesen Bereich beschränken, hätten wir es mit einem animalischen, vielleicht auch einem, wie es Jean Gebser nannte, archaischen Bewusstsein zu tun. Ich selber würde den Begriff *chthonisches* Bewusstsein vorziehen, denn es verweist auf den erdhaften Charakter, auf den groben Körper, der wie Pflanze und Tier ein Kind der Erde ist. Die Kognitionsfähigkeit eines Menschen, dessen Bewusstsein auf diesen Seinsbereich beschränkt ist und in ihm vollkommen aufgegangen ist, würde man wohl mit Jean Piaget *sensumotorisch* nennen. In diesem Begriff ist der Hinweis auf die Sinne und die Motorik enthalten, das heißt kognitive (erkennende) Prozesse sind ganz in der unmittelbaren sinnlichen Erfahrung und der Empfindung des Körpers bei motorischen Operationen und sensations verankert und gehen über diese auch nicht hinaus.

Doch der Körper speichert Erfahrungen, erinnert sich auf unbewusste Weise und nur durch körperliche Reaktionen erkennbar, an Reize, die einen besonderen Eindruck hinterlassen haben. Dieser Eindruck freilich muss körperlich gewesen sein, etwa durch Schmerz, körperliche Lust, Hunger und Durst, Schlafentzug oder ähnliches. In den somatischen Reaktionen liegt oft ein Erinnerungsvermögen, das jenes des neuronalen Langzeitgedächtnisses um Weites übersteigt. Man könnte von einem wahren Elefantengedächtnis sprechen.

Hier hilft uns der hinduistische Mythos mit einer Erzählung weiter: Shiva befindet sich in tiefer Meditation im Himalaya und ist nicht zuhause. Seine Frau Parvati (die Shakti), natürlich ebenfalls eine Göttin, Tochter des Gottes Himalaja, wünscht zuhause ein Bad zu nehmen. Damit sie dabei nicht gestört wird, und weil sie sich auch aufgrund der langen Abwesenheit ihres Gatten etwas langweilt und gern jemanden um sich hätte, beschließt sie, sich einen Sohn zu formen. Sie kratzt all den Schmutz von ihrer Haut, formt daraus Ganesha und haucht dem Kleinen Leben ein. Tatsächlich geht der Kleine seiner Aufgabe völlig furchtlos nach, auch als Shiva selbst nach Hause kommt. Shiva wird doch tatsächlich der Eintritt verwehrt. Nach mehreren fruchtlosen Versuchen, doch noch an dem kleinen Beschützer vorbei zu kommen, überkommt Shiva die nackte Wut, und er haut dem kleinen Gott den Kopf ab. Parvati ist darüber, als sie es erfährt, untröstlich und in ihrer Trauer und ihrem Zorn überzieht sie die ganze Welt mit furchterregenden Übeln. Shiva befiehlt, nun selbst ganz zerknirscht, nach Norden zu gehen, und dem ersten Wesen, dem man begegne, den Kopf abzutrennen und ihn ihm zu bringen. Das war ein Elefant. Shiva setzt dem Kleinen den Elefantenkopf auf, haucht ihm das Leben wieder ein und Parvati war versöhnt. Der elefantenköpfige Ganesha schützt in Indien die Hauseingänge, er gilt als Beschützer aller Anfänge. Bei einer neuen Unternehmung wird für ihn eine Puja durchgeführt, um seinen Segen zu gewinnen. In der Mystik gilt er als Hüter des ersten Chakras. In den mythischen Bildern ist kein Detail umsonst, alles hat geheimnisvollen Sinn. Ganesha ist der Hüter des Erdelements, er ist der Hüter des ersten Chakras. Elefanten sagt man nach, sie hätten ein sehr gutes Gedächtnis, sie vergäßen nichts. So auch der Körper. Ganesha ist unter anderem ein Sinnbild für den Körper. Dass er aber auch als weise gilt, zeigt die Tatsache, dass er als der Schreiber des Mahabharata, jenes berühmten Epos, in dem die Bhagavad Gita enthalten ist, gilt. Ihm wurde von einem weisen Rishi das Epos diktiert, und Ganesha benutzte einen seiner Stoßzähne (der ihm während eines Kampfes abgeschlagen worden war) als Schreibinstrument. Er ist Materie, ist ganz Erde, ist physischer Körper: Parvati formte ihn aus dem Schmutz ihrer Haut. Der Mythos verrät uns aber noch mehr: Shiva, der von seiner Meditation zurückkehrt, will zu Parvati. Das Bewusstsein will zu seiner aktiven gestaltenden Kraft, zu Shakti, will sich mit ihr vereinen. Wenn es denn so einfach wäre, müssten wir uns nicht durch die Jahrhunderte hinweg mit mystischen Übungen quälen. Auch Shiva kommt nicht am Körper, an dessen Bedingungen, an dessen Bindungskräften, die den nach Erleuchtung und Vollendung Trachtenden zu behindern scheinen, vorbei. Und ihn einfach auszuschalten, erweist sich ebenso als Irrweg, denn die Shakti ist seine Mutter, sie hat ihn geschaffen, hat ihn gestaltet, hat ihn durch das lange und ewige Spiel (*lila*, der göttliche Tanz) aus sich selbst hervorgebracht. Und wir erinnern uns: Shakti ist letztlich ein Teil Shivas, ist seine gestalterische, aktive Kraft. Die Wiedervereinigung von Shiva und Shakti, von Bewusstsein und gestalterischer Kraft, von Passivität und Aktivität, die einmal völlig ineinander verwoben in absoluter Stille ruhten, ist nur über die Akzeptanz des Körpers möglich. Ansonsten fände Shakti (sie zeigt sich als Prana, als Lebensenergie) kein Gefäß, keinen Wirkungskreis und würde ihre Kraft wirr verstreuen, so wie es der Mythos auch berichtet. Den Körper, also den materiellen Grund, zu ignorieren, führt in die Irre, so die Botschaft des Mythos von Ganesha.

Der körperliche Urgrund ist zugleich Träger der *Élan vital*, der Lebensenergie, der Vitalität, hier noch archaisch, tierhaft, trieb- und instinktgesteuert. Hier lagert das Kontingent an vitalisierendem Treibstoff, das dem Menschen in den folgenden Chakras zur Verfügung stehen wird.

Der christlich-abendländische Weg kennt das generelle Thema eines animalisch-körperlichen Urgrundes natürlich auch, nur war dessen Lösung für das Problem eine andere. Es geht wohl nicht zu weit, zu behaupten, dass das Christentum sich tatsächlich darum bemüht hat, ‚Ganesha' den Kopf abzuhauen und ihn auch nicht wieder zu ersetzen.[94] Dass dieses Vorgehen der Verdammung des Erdhaften, Körperlichen, damit auch der Sexualität und anderen Eigenschaften des Körpers, die Gläubigen nicht erreichen konnte, ist verständlich: Man kann eine grundsätzliche Eigenschaft des Menschseins, ja seine *conditio humana* schlechthin, nicht einfach leugnen oder ausschalten wollen. Das ganze Element des Körperlichen fand dann im Katholizismus Eingang in das Bild der Mutter, die das Baby trägt, die Madonna. Dieses mythische Bild ist das erfolgreichste der ganzen Ikonografie dieser Religion. Die Madonna ist also letztlich eine Konzession an das unbedingt Notwendige; ganz recht wird es den Kirchenoberen nicht gewesen sein. Abseits des Madonnenkults aber wurde immer weiter verdammt, was nicht abzuschalten ist, wurde für sündig und später schuldhaft erklärt, was ganz zur menschlichen Natur gehört, ja zu jedem irgend organischen Leben.

Geist und Materie verweben sich im organischen Leben und eines davon zu unterdrücken, führt zu großen Wirrnissen und Verstrickungen, wie die christliche Sittengeschichte deutlich zeigt. Die Weisheit der Sprache hingegen offenbart die gegenseitige Durchdringung von Geist und Körper: wir sprachen bereits an anderer Stelle über die etymologischen Hintergründe der Worte *mens*, *menis*, *menos*, *mental*, *Mensch*, *man*. Hinter diesen Worten verbirgt sich die indogermanische Wurzel *me-* oder *men-*, die auf das Denken, das zornige Denken, und damit die

94. Es muss erwähnt werden, dass auch die indische Gesellschaft starke Tabuisierungen von Sexualität als Teil des Körperlichen errichtet hat. Auch weisen einige extrem-asketischen Übungen von Sadhus Ähnlichkeit mit der christlichen Geringschätzung des Körperlichen auf. Die Kasteiung kennt auch die indische Mystik, nur ist deren metaphysische Erklärung eine andere als in der christlichen Mönchskultur.

Geisteskraft verweist. Eine andere Sekundärwurzel ist das indogermanische *mat-*, das wir in den Sankritwörtern *matar* und *matram*, in den griechischen *mater* und *meter* (die Große Mutter, Demeter), aber auch in *Materie* wiederfinden.[95] Die Erde, die Materie, das rein Körperliche gilt den meisten Mythen als Mutter allen Lebens. Wir kennen auch den Begriff des Meters, die ‚Mutter' aller Längenmaße. Trotz unserer christlichen Geschichte erleben wir heute im Materialismus eine starke Dominanz dieses ursprünglich weiblich gedachten Prinzips. Ein lehrreiches Beispiel dafür, dass die Verdrängung des nicht Ausschaltbaren nur dessen Kraft und Wirkung verstärken kann.

Der yogische Weg trägt der basalen Bedeutung unserer Stofflichkeit Rechnung, verleugnet sie nicht, verdrängt sie nicht, sondern verweist auf sie als eine unabänderliche Tatsache.

In den großen mythologischen Sammlungen der indischen, aber auch der antik-griechischen Kultur finden wir geheimnisvolle, etwas unheimliche Mischwesen aus Tier und Mensch, die das noch tierische Bewusstsein, oder doch zumindest seinen Anteil am Menschen, deutlich zeigen. Es ist auffällig, dass die meisten dieser Mischwesen als bereits lebendig vorgestellt werden, wenn das große aktuelle Göttergeschlecht erst erwacht, gezeugt wird oder die Herrschaft übernimmt. Im griechischen Mythos sind es die Olympier, die sozusagen die dritte Generation an kosmischen Herrschern stellen. Als vorolympische semigöttliche Wesenheiten kennen wir die weitläufige Familie der mit Schlangen assoziierten Wesenheiten. Echidna, von Hüfte abwärts Riesenschlange, aufwärts eine ‚schönwangige' Frau, gefräßig und verschlingend, und eine ganze Reihe von Ungeheuern ihrem Mann Typhon gebärend, unter anderem den Cerberus, den dreiköpfigen Hund, der den Eingang zur Unterwelt bewacht. Auf die große Ähnlichkeit mit der indischen Naga Kanya, der Tochter der Schlangen, haben wir schon hingewiesen. Die Bedeutungsebenen der Schlangenwesen sind so vielfältig, ihre Symbolhaftigkeit sehr variabel, ihr ethischer Wert so widersprüchlich (von sehr Heil bringend und gut bis ausgesprochen verderblich und Urbild des Bösen schlechthin), dass man auf einen Bedeutungsurgrund schließen muss, der vor aller ethischen und moralischen Unterscheidung liegt. Der

95. Gebser, 1973, 1. Band, S. 131

schlangenhafte Unterleib von Echidna und Naga Kanya verweist auf eine tiefe Reichweite, auf eine Herkunft im Dunkel der Zeit und sogar des Mythos. Das Ende des Schwanzes wurzelt in den Tiefen der phylogenetischen Urgründe, reicht über die Ära der Säugetiere weiter hinunter in die reptilische Evolution. Naga Kanyas ununterbrochener Schwanz, oder besser ihr so langer und ununterbrochener Körper, durchzieht die Stadien der körperlichen Evolution, verbindet sie zu einer Einheit, bis sie in einer nicht so fernen Vergangenheit langsam die Form eines weiblichen (und schön geformten, so der Mythos) Unterleibes, dann des Bauches und der nackten Brüste annimmt – alles Chiffren für geahnte evolutionäre oder phylogenetische Stadien, die langsam aber unaufhaltsam zu uns Jetztmenschen führen -, bis ihr Körper in einem schönen Kopf mündet, gekrönt mit einer fremdartigen Tiara, und sogar beschirmt von fünf Schlangenköpfen, die die fünf[96] erwachten Chakras repräsentieren. Die erwachten Chakras und die Tiara verweisen in eine Zukunft, auf ein noch nicht entfaltetes Potenzial, nämlich dem menschlichen Wesen als erwachte göttliche Entität. So stellt sich der Mythos das, was wir Entwicklungsgeschichte nennen, als *ein* Wesen vor, verdichtet die Wahrnehmung und macht aus Einzelbefunden ein Bild, das auf einen Blick erfassbar ist. Die Schlangenwesen sind der ununterbrochene Pfad, der die tiefsten animalischen Urgründe (durch die Symbolhaftigkeit ihres langen Leibes) mit der vernunftsfähigen Gegenwart verbindet.

Andere, und tiefenpsychologisch eindeutigere, Mischwesen sind die Kentauren, vierbeinige Wesen, die pferdgestaltig, statt Hals und Kopf eine menschliche Form, meist vom Nabel aufwärts, haben. Sie sind (bis auf wenige Ausnahmen) gewalttätig, grausam, trunksüchtig, lüstern, ihr Mund kann noch keine menschlichen Worte formulieren. Ihre Herkunft liegt in der Vermessenheit eines Menschen, Ixion von Thessalien, bei einem Besuch auf dem Olymp Hera mit Gewalt zu nehmen zu wollen. Zeus erzeugt eine Wolke mit der Form der Hera und der Getäuschte ‚sticht' in diese. Sie gebärt dann einen menschengestaltigen Sohn, der sich aber später mit Stuten paarte und damit zum Stammvater der Ken-

96. Dass erstes und zweites, sowie sechstes und siebtes Chakra manchmal jeweils zu einem zusammengefasst werden, ist Merkmal des Vajrayana-Buddhismus und seiner tantrischen Tradition, aber auch manch hinduistischer Überlieferung.

tauren wurde. Dieser Mythos offenbart nicht Evolution, sondern Regression: Eine Göttin vergewaltigen zu wollen, heißt seinen animalischen Leidenschaften so ungehemmt nachzugehen, dass diese Triebe wieder zu alter Aktualität und Dominanz finden. Geradezu das Gegenteil verkörpert Cheiron, ein Kentauer, in Gestalt wie die anderen, aber sowohl von anderer Herkunft als auch von anderem Charakter. Sein Vater ist Kronos (Zeus` Vorgänger als Weltenherrscher, die ‚Zeit', die Zeus dann besiegt), seine Mutter eine göttliche Tochter des Okeanos. Kronos nimmt die Gestalt eines Hengstes an, weil Rea, die Göttin der Erde ihn überrascht, verfolgt Philyra (die Tochter des Okeanos) lange, bis er sie einholt und sich mit ihr vereinigt. Cheiron – mit dieser ganz anderen Herkunft – gilt als weise, gutmütig, verständig und gelehrt. Seine wichtigste Kompetenz ist die Medizin. Als Mischwesen von Tier und Mensch ist sein Verständnis für das Körperhafte noch sehr an der Quelle. Den Körper heilen zu können, mit dem Körper behutsam umzugehen, seine Eigenschaften und Bedürfnisse, Stärken und Schwächen zu kennen, darf man sich nicht zu weit von ihm entfernen, muss er für das Bewusstsein Subjekt bleiben, und nicht nur Objekt sein – so die Botschaft des Mythos. Nicht die Dissoziation vom Körperlichen, sondern ein behutsames und achtsames Hineinnehmen in das Feld des Bewusstseins, nachdem es sich in die Höhen der Vernunft geschwungen hat, scheint der gesunde Weg zu sein.

Perspektiven-Sphäre II: attraktorgebundenes Bewusstsein – Vitalkraft: Eros

Chakra: Svadhisthana

In der Natur des ersten Chakras würden wir uns in unserer *Conditio humana* wohl als ungenügend beschrieben finden. Wer die grundlegende körperlich-animalische Bedingung verstanden hat, denen der Mensch unterworfen ist, dem wird nun in einem zweiten Schritt, in einer zweiten Entfaltung der Theorie der Tatsachen des Menschseins, die menschliche Psyche vorgestellt als ein Container, der Vorstellungen zu bergen weiß. Vorstellungen sind Bilder, Gelerntes und Erinnerbares, geistige Elemente, Vorspiegelungen der Wirklichkeit, die durch ihre Präsenz im

Geist den Menschen zwingen, Modell mit Realität zu verwechseln. Diese Vorstellungen werden durch ihre Dominanz und ihre singuläre Präsenz zu Attraktoren für die Ausrichtung des Bewusstseins und für das Streben der Vitalkraft.

Sinneseindrücke erzeugen reaktives Verhalten, und beides wird als unbewusste Erinnerung gespeichert. Aus diesen Speichersätzen generieren sich Wiederholungen. Der gesamte komplexe Erkenntnisapparat des Menschen ist ein Archiv des Erfahrenen, Empfundenen, Gesehenen, Gehörten. Der Körper speichert Informationen, Emotionen werden archiviert und durch geeignete Hinweisreize reaktiviert, mentale Gedächtnisinhalte werden zu einem komplexen Wissensspeicher, zusammengesetzt aus rein semantischen (etwa das Schulwissen) und biografischen Daten. Erlernte Phrasen, Schemata, Skripts, reine Klischees mitunter, sinken in den dunklen Grund eines konditionierten Geistes und lenken von dort, nur durch ihr Vorhandensein, das Wünschen und Wollen. Der Geist ist gefüllt mit Daten des Wünschenswerten, Informationen über zu Erreichendes, über den zu vollziehenden Lebensweg. Eine Zen-Geschichte berichtet, wie ein Meister vor seinem Schüler seiner bereits vollen Tasse nachschenken wollte. Der Tee floss natürlich über. Die Lehre dieses Bildes sei, dass ein Geist erst geleert sein muss, um ihn mit anderem füllen zu können, in diesem Fall mit dem Dharma, der Lehre, des Zen. Das im Geist deponierte Wissen, all die Vorstellungen, die durch Wahrnehmung in den Geist aufgenommen wurden, zwingen den Willen unter ihr Diktat und machen den Menschen zu einem programmierten Roboter, der zum Erfüllungsgehilfen dieser attraktiven oder aversiven Bilder wird. Man spricht heute von *Memen*, ein Begriff, den der Evolutionsbiologe Richard Dawkins einführte, und mit dessen Klang er nicht ohne Grund eine Anmutung zum geläufigen Begriff des Gens schaffen wollte. Meme seien kognitive Einheiten, Ideen, Gedanken und ähnliches, die sich von Gehirn zu Gehirn epidemiologisch verbreiten. Ihre Übertragungswege sind die Wahrnehmungen des Hörens und Sehens, ihre Überträger die Sprache, das Bild und alle Medien, die solche Informationen transportieren können. Ausgesprochen erfolgreiche Mem-Komplexe seien das Christentum, der Islam und andere dadurch zu Weltreligionen gewordene emotional-kognitive Überzeugungssysteme. Weniger heilige Meme sind Daten über Lebensführungen, über Wünschenswertes, etwa ein bestimmtes Auto, aber auch die aktuellen Schönheitsideale, die im Mem-Wirt darüber entscheiden, welchem Weibchen oder Männchen man sich paarungswillig nähert.

Das noch *chthonische Bewusstsein*, das die Tatsachen, die im ersten Chakra beschrieben werden, vollkommen ausfüllt, wird hier zu einem *attraktorgebundenen Bewusstsein.* Die somato-physiologischen Determinanten des ersten Chakras, also der körperlichen und materiellen Welt, die das tierhafte Bewusstsein bestimmen, werden hier ergänzt um memgesteuerte Zielvorgaben. Nicht mehr nur der rein triebgesteuerte Paarungswille leitet das Verhalten, sondern zusätzlich die in den Geist gepflanzte Information, wie genau der Paarungsvorgang auszuführen sei. Diese Informationen sickern im Laufe der geistigen Initiation in den kulturellen Weltentwurf mit all seinen Ableitungen für ein anständiges (und unanständiges) Leben als strukturgebende Elemente in den menschlichen Geist. Dieser Initiationsprozess ist ein Vorgang reiner Konditionierung, oder besser Programmierung. Paarungsverhalten, Geschlechtsrollenklischees und ähnliches lernen Kinder implizit durch die Märchen, die ihnen erzählt oder vorgelesen werden, durch beobachtete Rollenvorbilder, durch implizite Ableitungen aus konkreten Erfahrungen mit Bezugspersonen. Das Kind wird zu einem passiven Empfänger kulturrelevanter Daten – ein Programmierungsprozess, der sich in Schule, Ausbildungsstätten und Hochschulen fortsetzt. Die menschliche Psyche wird auch nach der Kindheit einem stetigen Instanthaltungsverfahren ausgesetzt, indem Literatur, Fernsehen, Kinofilme, Soap-Operas dafür sorgen, dass der menschliche Geist auf der Spur bleibt. Das Bild einer ‚Spur' führt zu einem passenden illustrativen Gleichnis: Das Bewusstsein bewegt sich notgedrungen auf den Spuren der Konditionierungen, die Pfade und Schienen erzeugen, die das Bewusstsein in dessen Strukturen zwingen. Solche Pfade und Schienen sind allerdings nur dann erfolgreich, wenn sie sich an den primären Ausrichtungen des rein instinktiven Trieberlebens (erstes Chakra) orientieren. Sexuell attraktive Konditionierungen sind nur erfolgreich, weil sie auf den instinktiven Paarungstrieb Bezug nehmen. Konditionierungen durch Meme, die gegen solche Instinkte arbeiten, werden es schwer haben und recht schnell aussterben. Ein Gegenbeispiel wäre die Sex-

Feindlichkeit des Christentums, doch diese scheinbare Sexfeindlichkeit ist im Grunde keine *Verneinung* des Sexus, sondern eine *Regulierung* dessen, und diese Regulierung steht wiederum im Dienste einer anderen primären Notwendigkeit, nämlich der des Schutzes der Nachkommenschaft, der Garantie für genetische Vielfalt (weswegen den attraktivsten Männchen beispielsweise durch Monogamie nur eine Frau zugesprochen wird, damit auch andere Männchen zum Genpool der Art beitragen können) und anderes.

Der Mensch reagiert nicht mehr nur mit *chthonischem Bewusstsein*, sondern mit einem, das sich von der Primordialität der reinen Erdhaftigkeit zu entkoppeln versteht. Ein Stier wäre von erotischen Raffinessen kaum von seinem automatisierten und instinktgesteuerten Paarungsakt abzubringen, auch für eine Katze wäre ein kunstvoll zubereitetes Mahl kaum eine attraktive Alternative zu einer Maus, die mit Haut und Haaren verschlungen wird. Durch die Kraft der Konditionierung löst sich der Mensch vom Primat der instinktgesteuerten Animalität und lässt sich von Konstrukten verführen; von Konstrukten, deren ungeheure Vielzahl und Komplexität ein eigenes Universum erzeugen, eine Welt, selbst geschaffen, eigenen (autopoietischen) Gesetzen folgend, und zunehmend als eine artifizielle Blase über dem Boden des Chthonischen, Erdhaften, schwebend.

Ein Blick in den Innenraum dieser Blase offenbart diesen als Behälter, der einerseits mit Informationen aus biografischen Erfahrungen und andererseits mit internalisierten Vorstellungen und Überzeugungen der Heimatkultur bestückt ist. All diese Elemente liegen in ihm wie auf dem Grund eines Teichs, erzeugen eine Trübung des Wassers, die einen sehenden Blick unmöglich macht, und die Aufmerksamkeit auf jenes lenkt, an das man blind stößt. Jene Elemente erhalten damit Bindekräfte, die sowohl das Bewusstsein vereinnahmen, als auch die Ausrichtung der Vitalkraft auf sich ziehen. Diese unbewussten Geistesinhalte geben dem Menschen sein unverwechselbares, individuell wirkendes Gepräge. In der Yogaphilosophie wird das zweite Chakra zu einem Uterus, der in sich all die Samen aus Prägungen voriger Leben, früher Kindheitserfahrungen, aber auch des kollektiven Unbewussten (eines kollektiven Karma), kurz des karmischen Erbes trägt. Es ist *hiranyagarbha*, die universelle Gebärmutter, in der alles in einem noch potenziellen Zustand sich befindet.[97] Würde man dieses Daseinsfeld, dieses Chakra, öffnen, so der Yoga, spülte man all die Anhaftungen, all die Leidenschaften, Enttäuschungen, Wünsche und Aversionen nach oben und ließe sie so den Geist überfluten. Ein gefährliches Unterfangen, und doch im Yoga ein unentbehrlicher Schritt, wenn der Adept sich der Befreiung seines Geistes verschrieben haben sollte.

Während unseres Blickes in den Innenraum dieser noch trüben Blase voll angesammelten Karmas, das zum Inventar der Persönlichkeit wurde, sehen wir aber noch etwas anderes, etwas, das angesichts der erdrückenden Müllhalde aus Erinnerungs- und Gedächtnisstrukturen leicht zu übersehen ist: es ist die Vitalkraft, die im ersten Chakra noch ausschließlich an den instinktgeleiteten Körper gebunden war, und nun doch genügend Freiheitsgrade erreicht hat, um sich von konstruierten Attraktoren verführen zu lassen. Wir können ihre eigentliche Potenz erahnen, die hier noch in regulierten Bahnen fließt, von der Idee eines Ichs hin zu einem vorgestellten Attraktor (einem schönen Auto, einem hohen sozialen Status, der Anerkennung durch Andere, einer Vorstellung von Gott, von Gläubigkeit, von Askese oder Genuss von weltlichen und sinnlichen Freuden, von Liebe und wie diese sich zu äußern habe, etc.), und von diesem wieder zurück zum Ich, das so an Kraft gewinnt. Lassen wir einmal die Ausrichtungsinhalte beiseite und schauen nur auf den Fluss dieser Vitalkraft. Wir sehen ihre Kraft, die nicht vom Attraktor ausgeht, ja von diesem gar nicht ausgehen kann, das dieser ja nur eine substanzlose Vorstellung ist. So stellt sich die Frage nach dem Ursprung dieser Kraft, und wenn diese (noch) nicht zu beantworten ist, dann zumindest danach, von wo sie ausgeht: vom Attraktor, vom Ich?, doch beides sind bloße Vorstellungen, substanzlos und damit ohne substanzielle Kraft. Also schlussfolgern die Yogis, dass jene Kraft, da sie von den Inhalten jenes Chakras nicht stammen könne, auf anderem Weg Eingang in das menschliche Wesen finden müsse, und zwar von einer basalen Quelle kommend, bereits die Phänomene des ersten Chakras durchdringend, dann vorstoßend in das zweite Chakra, dieses überflutend und damit überhaupt erst zum Leben erweckend. Diese Kraft ist also nicht selbstreferenziell, im Gegensatz zu den geistigen,

97. Swami Satyananda Saraswati, 1984, S. 149.

unbewussten und bewussten Inhalten dieses Chakras. Vielmehr ist dieses Chakra, wie auch die anderen Chakras, nur eine Durchlaufstation dieser Kraft, die in ihrer eigentlichen Substanz völlig unverändert bleibt.[98] Nur ihr Ausdruck ändert sich von Chakra zu Chakra, aber auch innerhalb der Erfahrungswelt eines Chakras, wenn sich dessen Inhalte durch yogische Praxis oder andere Ereignisse verändern sollten. Es sind also die Inhalte eines Chakras, die dem *Ausdruck* dieser Kraft ihre Gestalt verleihen, nicht aber die Kraft selbst manipulieren können. Im Gegenteil ist es jene Kraft, die den Strukturen der chakrischen Konfiguration Mark und Nachdruck verleiht. Ein Mangel an jener Kraft nimmt den Vorstellungen auch ihre Strahlkraft. Hätte man die einladende Vorstellung eines Lebens in materiellem Reichtum, hinge das Ausmaß des Erfolges von der Vitalkraft ab, die diese Vorstellung durchdringt und mit ihrer Kraft auflädt. Ist diese zu gering, oder bereits durch andere Kanäle gelenkt (etwa der unbewussten Vorstellung, ein Verlierer zu sein, der es nie schaffen wird – eine natürlich ebenso substanzlose Einstellung, die irgendein gedankenloser Programmierer einmal auf der

98. Bergson führte den Begriff des *Élan vital* ein, aus dem später die Idee Sigmund Freuds einer fundamentalen Lebenskraft namens *Libido* hervorgehen würde. Freud beschrieb die Libido als eine rein sexuelle Kraft. Nach der yogischen Vorstellung ist die sexuelle Prägung durch gesellschaftliche Imperative und Tabus sowie durch persönliche Erfahrungen Thema des zweiten Chakras. Die eigentliche inhaltsleere Shakti- oder Vital-Energie findet in jedem durch die Chakras beschriebenen Tatsachenraum einen anderen spezifischen Ausdruck. Da es im Raum des zweiten Chakras Sexualität ist, und sich die Hintergründe der Probleme von Freuds Patienten auf dieser Ebene abspielten, verwundert es nicht, dass Freud dieser Vitalkraft nur-sexuellen Charakter zuschrieb. Alfred Adler ergänzte später (sehr zum Unbehagen Freuds) die Libido-Theorie um eine Theorie von Macht und Minderwertigkeit und von den Mechanismen des Selbstvertrauens. Der yogischen Theorie nach handelt es sich da um die gleiche Energie, nur in anderen (vom Tatsachenraum diktierten) Ausdrucksformen. Adler hätte demnach bereits in Themen anderer (u.a. des dritten und ersten) Chakras hineingegriffen. Themen des vierten Chakras („Herz“chakra) werden unter anderem von den humanistischen Psychologen aufgegriffen, etwa wenn sie vom Therapeuten die Fähigkeit zur empathischen Wahrnehmung verlangen und unbedingte Wertschätzung des Klienten verlangen (und damit auch eine innere Haltung von Wertschätzung aller Mitmenschen voraussetzen). In all diesen Fällen handelte es sich nach yogischen Vorstellungen immer um die gleiche abstrakte Vitalkraft, die sich entsprechend der Bedeutungs- und Tatsachenebenen der Chakras auf mehr oder weniger umfängliche Weise Form und Ausdruck gibt.

cortikalen Festplatte installiert hat), bleibt diese Vorstellung lediglich Gegenstand von süßen Tagträumen.

Von dieser Vitalkraft war bereits weiter oben, in der Einführung zur Mystik der yogischen Kulturseele, die Rede. Es ist jene *Shakti*, die Gefährtin Gottes, in den meisten Fällen keine von Gott getrennte Wesenheit, sondern ein wichtiges Attribut, eine göttliche Eigenschaft. Die hinduistischen Mythen und Geschichten aus den Veden und Puranas, den Agamas und Tantras sind stets doppelbödig zu lesen. In ihnen offenbart sich immer ein abstrakter Kern, der auf eine metaphysische Kosmogonie und eine subtile Anatomie verweist. In der Mystik der yogischen Kultur wird ausdrücklich darauf verwiesen, diesen abstrakten Kern zu erkunden und ihn, sofern möglich, in das menschliche Streben einzubinden. Einer der vielen Schöpfungsmythen erzählt folgendes: der Gott Brahma (der unter anderem der Herr des ersten Chakras ist) teilt sich während einer Meditation in zwei Hälften, eine männliche und eine weibliche. Von dieser weiblichen Hälfte ist er so angetan, dass er sie begehrt, wenn auch gegen ihren anfänglichen Widerstand. Diese weibliche Seite ist Saraswati, die fortan als seine Gefährtin und Gemahlin gilt. Mit ihr zeugt er den Halbgott Manu, der daraufhin die Welt erschafft. Wir können Manu als einen Prototyp des Menschen an sich sehen; nicht etwa einen einzelnen Menschen, keinen Heros, sondern als den Menschen an sich – jenen, den C.G. den ‚großen Menschen' nannte, der *Archetyp* Mensch. Jener nun, und nicht die Götter, ist der Schöpfer der Welt. So ist seine Welt eine von jenen der Götter verschiedene; eine Eigenleistung, ein gleichsam autopoietischer Akt: ein Gedanke, den wir in den Ideen eines Demiurgen in der europäischen Gnosis wiederfinden. Doch seine, Manus, Eltern, also die beiden fundamentalen metaphysischen Kräfte oder Attribute, sind eine in zwei Pole geteilte Göttlichkeit: eine absichtsvolle und Bewusstheit repräsentierende männliche Seite und eine kraftvolle, aktive und damit gestalterische Kraft, die durch die *Shakti*, die jeweils weibliche Seite, symbolisiert wird. Die *Shakti* ist also eine primordiale Kraft, die das Menschsein von Anfang an bedingt, sie ist die ursprüngliche und ultimative Vitalkraft schlechthin.

Auf dieser Ebene kennen wir einen bedeutungsträchtigen Begriff aus der griechischen Philosophie, der auf eine Kraft verweist, die in uns zum

Antreiber wird: den Eros. Eros, nach Hesiod von Anfang an existierend, bestimmt nicht nur die Menschen, sondern auch die olympischen Götter. In der Philosophie meint er das Begehren, die Gier, die durchaus nicht nur sexuell gemeint ist. Eros ist die Urkraft des Habenwollens, des Einverleibenwollens dessen, was man meint zur Selbstergänzung zu brauchen. Eros ist demnach das Sinnbild per se für ein attraktorgebundenes Bewusstsein.[99]

Eine der beliebtesten und bekanntesten göttlichen Geschichten Indiens, der Mythos von Rama und seiner treuen Frau Sita, zeigt in ihrem metaphysischen Kern, welche Folgen es haben kann, wenn man die Vitalkraft, die sich im zweiten Chakra als Eros zeigt, mit zu großer Überheblichkeit handhabt.

In der frühen vedischen Literatur ist Sita eine Göttin, die mit der Bestellung des Ackers assoziiert wird, aber in dieser Literatur nicht allzu oft erwähnt wird. Erst das Ramayana, jene Erzählung über den König Rama, der als eine Reinkarnation, ein Avatar des großen Gottes Vishnu gilt, stellt Sita in den Mittelpunkt einer spannenden Geschichte. Rama ist König in der Stadt Ayodhya und wird mit Sita vermählt. Rama soll nun für vierzehn Jahre aus der Stadt verbannt werden, um in der Wildnis zu leben. Er will seine Frau zurücklassen, um ihr die Entbehrungen nicht zuzumuten. Sita hingegen beharrt darauf mitzukommen, sie klagt, dass sie ohne ihn keinen Sinn im Leben sehe und sich genauso gut umbringen könne. Die Frau gehöre an die Seite des Mannes, und die Entbehrungen der Wildnis würden sich in Süße verwandeln, allein weil sie in Gesellschaft ihres Mannes sei. Sita wird aber von dem Dämon Ravana nach Lanka entführt, der sie dort in schönen Gärten gefangen hält, und natürlich um sie wirbt. Sita leidet unter der Trennung von ihrem geliebten Mann und verweigert sich standhaft dem Dämon. Rama sinnt darauf, Sita zu befreien, allein die Entfernung nach Lanka ist so

---

99. Eros meint nicht die Liebe, sondern tatsächlich die Gier, die sich oft genug zur Tarnung des Begriffes Liebe bedient. Die griechische Philosophie kennt andere Begriffe für Liebe: *Philia*, die Zuneigung und auf Freundschaft gerichtete Liebe, und *Agape*, eine nicht-gierige, nicht fordernde Liebe, die sich selbst als innere Erfahrung genügt, sich selbst bereits Erfüllung ist und damit (ohne Vorteilsdenken) Ausdruck aufmerksamer Zuwendung ist. *Agape* könnte man als Ausdrucksform der Liebe dem vierten Chakra zuordnen.

groß, dass er befürchtet, zu spät zu kommen. Unerwartete Hilfe bekommt er von dem affengestaltigen, bärenstarken Gott Hanuman, der zum Glück fliegen kann und rechtzeitig in Lanka ankommt, um Sita zu befreien. Er schlägt ihr vor, auf seinem Rücken zu Rama zurückzufliegen. Sita lehnt entrüstet ab, denn sie müsste ja einen anderen Mann als den ihren berühren, wenn sie dieses Angebot annähme. Außerdem will sie Rama nicht die der Möglichkeit berauben, sie selbst zu befreien, was ihm viel Ruhm einbringen würde. Tatsächlich erreicht Rama endlich Lanka, besiegt den Dämonen, aber statt Freude zu zeigen, seine arg mitgenommene Frau wiederzusehen, schaut er sie finster an und behauptet, den Kampf gegen den Dämonen des Ansehens seiner Familie wegen unternommen zu haben, nicht aber aus Liebe zu ihr. Er unterstellt ihr Untreue und fordert eine grausame Probe. Sita selbst lässt einen Scheiterhaufen errichten, und bittet Agni, den Gott des Feuers, sich ihrer anzunehmen. Doch selbst Agni ist von der Treue und Liebe Sitas so berührt, dass er sie schützt und sogar ihren Blumenkranz von den Flammen unberührt lässt. Nicht etwa, dass Sita ihrem Mann nun Vorwürfe machen würde, statt dessen hält sie sich selbst für schuldig, auch wenn sie die Ursache ihrer Schuld nicht entdecken kann, vielleicht hat sie ihren Ursprung in irgendwelchen Vorleben, denkt sie. Rama nimmt sie nun beruhigt mit nach Ayodhya, doch dort kommen neue Probleme auf die beiden zu. Zwar ist Rama mittlerweile von der Unschuld seiner Frau überzeugt, aber die Bewohner der Stadt beginnen zu tuscheln und unterstellen Sita nach wie vor Untreue. Um das Gerede zu beenden und seinen Ruf zu schützen, verbannt Rama seine nun auch schwangere Frau, die in der Wildnis männliche Zwillinge zur Welt bringt. Nach einigen Jahren holt Rama Sita nun doch zurück und verlangt eine Probe ihrer Unschuld, die das Volk überzeugen soll. Sita erklärt sich einverstanden, hat aber ihre Freude am Leben verloren. Sie bittet Rama, dass sie in den Schoß der Erdgöttin zurückkehren dürfe: „So wahr ich im Geiste niemals bei einem anderen Mann außer Rama verweilt habe, möge die Göttin Madhavi mich empfangen!“[100] Es erhebt sich ein Thron aus der Erde, von Schlangen getragen, die Göttin der Erde umarmt Sita und nimmt sie zu sich. Rama verlangt Sita zurück, aber

100. Kinsley, 1990, S. 107, (Zitat aus dem Ramayana von Valmiki).

vergebens, die Erde bleibt stumm. Rama bleibt allein zurück, fertigt ein goldenes Bildnis Sitas an, das ihre Stelle als Gemahlin bei Ritualen einnehmen soll, und verbringt ansonsten sein restliches Leben in einsamer Traurigkeit.

Dieser Mythos, das *Ramayana*, hat nun mindestens drei Bedeutungsebenen. Auf der ersten, der populären Bedeutungsebene zeigt sich Rama als Held, der den Dämon besiegt, und wird als segenbringender König verehrt. Sita gilt als Musterbeispiel der hinduistischen Ehefrau, ihrem Mann treu ergeben, ihn als Gott verehrend, egal welche Fehler er haben mag, und ihm überall hin folgend. Auf einer devotionalen Ebene wird Sita zum Vorbild für jeden Gottesverehrer. Sie zeigt, mit welcher Liebe und Hingabe man sich zum Göttlichen verhält. Der Rama-Anhänger identifiziert sich mit Sita und hofft selbst ein wenig von ihrer bedingungslosen Treue gegenüber dem Gott aufbringen zu können. Insofern ist sie Vermittlerin zwischen Gott und dem Betenden, die zeigt, wie es richtig ist.

Die dritte Ebene der Bedeutung ist die für unsere Betrachtung eigentlich relevante. Sie ist mystisch und yogisch und lässt die Ebenen ehelicher Regeln oder Devotionalität gegenüber Gott weit hinter sich. Sita ist die Metapher für die *Shakti*, die eigentliche Vitalkraft, und Rama für das Ich, die unvollendete Person. Zwar gilt Rama als Avatar Vishnus, und als solcher wird er auf populärer Ebene auch mit allen göttlichen Attributen verehrt, aber auf der mystischen Ebene ist er eben nicht Vishnu, der Vollendete, Göttliche, sondern ein niedrigeres Substrat aus Vishnu, ein Mensch eben. Vishnu ließe sich als das höchste und damit göttliche Selbst definieren, das zu erreichende Ideal, der *vollendete* Mensch. Rama hingegen, der in sich Vishnu als Potenzial trägt, und sein Bewusstsein auf eine Reise durch die Radien der menschlichen Bedingungen schickt, um sich von allen Anhaftungen zu befreien, um also zu Vishnu zu werden, zeigt, welche Fehler der Adept machen kann. Doch seine tierhafte Natur hat er sich bereits unterworfen und damit dienstbar gemacht, wie der treue Freund Hanuman, der Affengott, zeigt. Muladhara, das erste Chakra, ist damit als Parcours erfolgreich bewältigt. Seine Vitalkraft, *Shakti*, ist Sita. Sie ist ihm anvertraut und sie zeigt absolute Treue, sie ist ganz für ihn da, folgt all seinen Befehlen und Einfällen, wie töricht sie auch sein mögen. Im Bereich des zweiten Chakras zeigen sich die Fallstricke, die Rama letztlich auch zu Fall bringen werden. Statt sich dem einzigen Sachverhalt anzuvertrauen, der allein Befreiung verspricht, seiner Vitalkraft (also Sita), entscheidet er sich allzu oft für profane weltliche Vorstellungen. Sein Königtum, sein Ruhm, der Ruf seiner Familie, die Meinung des Volkes sind ihm wichtiger als Sita, das heißt, er setzt auf die in seinem Geist verankerten Vorstellungen und Überzeugungen, auf gesellschaftliche Konditionierungen und Prägungen, statt auf seine eigene Vitalkraft. Der Dämon Ravana ist Ramas Alter Ego, seine dunkle Seite, habgierig, lüstern, gewalttätig und grausam. Rama selbst, wie um diese dunkle Seite zu kompensieren, identifiziert sich mit dem, was Sigmund Freud das Über-Ich nennen würde, ein rein gesellschaftlich bedingtes Vorstellungsgerüst dessen, was als ‚anständig' gilt. Dass seine eigene Vitalkraft von seiner dunklen Seite gekidnappt wurde, wird ihm nicht bewusst; stattdessen zeigt er sich (seiner eigenen Vitalkraft gegenüber) nachtragend, vorwurfsvoll und eifersüchtig. Weiß er denn nicht, dass Sita ein Teil von ihm ist? Nein; zwar konnte er den Dämonen besiegen, sein dunkles Alter Ego zu Yama, dem Totengott, schicken, doch der Preis dafür war ein nun folgendes Übergewicht des Über-Ichs, der gesellschaftlichen Anstands- und Schicklichkeitsregeln. Er verlor sich selbst und seine wahre Natur aus den Augen; seine Vitalkraft, die vorher bereits im Spannungsfeld zwischen dunklem (schattenhaften) Alter Ego und Über-Ich gefangen und fixiert war, wird nun vollständig in die Wildnis verbannt. Sie verliert an Glut (die Shakti wird oft mit Feuer, Licht, Glut, Hitze, kurz Energie und Kraft in Verbindung gebracht; *tapas*: Hitze) und damit die Lust am Leben. Sie sinkt zurück in den Urgrund der Erde, in Muladhara, das erste Chakra, wo sie einst ihren Ursprung als zusammengerollte Schlange Kundalini hatte. Ramas Mission, wenn man ihn auf dieser mystischen Ebene als Yogi sieht, ist an den Herausforderungen des zweiten Chakras gescheitert.[101] Die mystische Lehre, die Yogis aus dieser Geschichte ziehen, ist,

---

101. Das Ramayana ist insofern auch ein Heldenmythos, den antik-griechischen nicht unähnlich. In ihm zeigt sich das verhängnisvolle Schicksal des Menschen. Während es im griechischen Mythos kaum eine andere Wahl gibt, als dieses in Weisheit anzunehmen (vgl. die Ödipus-Sage), gibt es im yogischen Denken eine mystische Lösungs-Ebene, die dem Yoga-Adepten offensteht, auch wenn die Wahrscheinlichkeit, diese erfolgreich zu bewältigen, nicht gerade hoch ist.

dass im Zweifelsfalle die Priorität auf der Vitalkraft, der Shakti, liegen sollte und nicht auf den Konditionierungen der Gesellschaft, nicht auf scheinbar ehernen Überzeugungen, toten Kognitionen, die nur Struktur sind, aber keine Substanz, kein Leben, kein Feuer in sich tragen. Der Yogi hat die Herausforderungen des zweiten Chakras zu meistern, indem er Anstand und Unanständigkeit als zwei Seiten der gleichen Münze begreift, und sich vom fixierenden Sog dieser Münze freimacht. Die Vitalkraft, unablässig Kreise zwischen diesen beiden Polen der Konditionierungen ziehend, wird irgendwann daran zugrunde gehen, wird versickern, wird in Muladhara zurückfallen, sich wieder zusammenrollen; ein anderes Bild für den eigentlichen Tod. Der Yogi entwickelt eine Liebe zu seiner Shakti, eine Liebe, die ihn dazu bringt, dem Druck der Gesellschaft zu widerstehen. Gibt er den konditionierten Vorstellungen nach, stärkt er diese und schwächt gleichzeitig die kreative Kraft der Shakti. Entscheidet er sich (anders als Rama) für die Shakti, stärkt er wiederum seine Vitalkraft, indem er sie aus ihren Korsetts befreit und ermöglicht ihr, ins bislang Unbekannte aufzubrechen, in jenes, das in Form der Bedeutung des dritten Chakras den Tatsachenraum der menschlichen Existenz um einen dritten Radius erweitern wird. Gleichzeitig nimmt er damit den geistigen Vorstellungen ihre Sogkraft.

Konsequenzen im interpersonellen Raum

Die überwältigende Mehrheit der Menschen, auch der Jetztmenschen, sind in den Bedingungen dieses Tatsachenraumes des zweiten Chakras, gefangen. Die künstliche Vorstellungswelt, ein wahrhaft demiurgischer Wurf, dominiert das alltägliche Denken, die Ausrichtung des Bewusstseins und die der Vitalkräfte des Menschen. Die mentale Vorstellungsebene erfährt eine verheerende Verwechslung mit den irdischen oder materiellen Tatsachen der Welt. Anders gesagt: Vor die adäquate Wahrnehmung objektiver Tatsachen schiebt sich die nebulöse Vorstellungswelt als ein Wahrnehmungsfilter, der verzerrt wahrnehmen lässt, wohin wir unseren Blick wenden. Wir manipulieren die materiellen Gegebenheiten, aber ohne sie wirklich zu sehen. Wie Wahnsinnige, die in einem simplen Baumstamm Trolle oder Geister zu sehen meinen, oder wie Ritter, die in Windmühlenflügeln Riesen zu erkennen glauben, handeln wir und wundern uns dann, wenn die Folgen unserer Eingriffe in die materielle Natur unübersichtlich werden, wenn sich Müllberge ansammeln, wir unsere Körper ruinieren, Landstriche mit Kernstrahlung verseuchen oder für die Gewinnung von Braunkohle die ‚Haut' der Erde aufreißen, die nur schlecht und langsam vernarbt.

Der Grund dafür liegt in der Verankerung des menschlichen Bewusstseins in der Struktur dieses zweiten (theoretischen) Tatsachenraums: Aus dem ersten Tatsachenraum, dem des Körpers, der biologischen Triebe und Instinkte bringen wir Bedürfnisse mit, die mit Vorstellungen von optimalen Befriedigungen gekoppelt werden können. Dies geschieht nach Regeln, die die verschiedenen Lerntheorien, von Konditionierung, Prägung über Modelllernen bis hin zu differenziertem Einsichtslernen, hinreichend beschreiben. Es entsteht über die Ansammlung dieser Vorstellungen, die alle an primäre Bedürfnisse gekoppelt sind, ein komplexes Netz an Attraktoren, die über interpersonelle Kommunikationswege zu geistigem Allgemeingut werden. Schon immer gab es das Bestreben, Attraktoren zu verdinglichen, sie also zu realen Gütern werden zu lassen. Reale Güter lassen sich entweder tauschen, nämlich in andere verdinglichte Attraktoren, oder zu Geld machen. Geld ist im Grunde ein Attraktor-Joker, eine Variable mit einem mathematischen Wert, in die ein beliebiger Attraktor eingesetzt werden kann. So wird Geld zu einem der begehrtesten Attraktoren. Geistige Attraktorvorstellungen werden so, indem man sie tauschen mit ihnen Geld verdienen kann, zu materialisierten Attraktoren. Das Problem besteht aber nun darin, dass ein rein *attraktorgebundes Bewusstsein* sich nicht vom Primat dessen befreien kann, was einzig wahrnehmbarer Inhalt seines Bewusstseinsradius ist. Um Attraktoren zu verdinglichen, muss auf Dinge, auf materielle Rohstoffe zurückgegriffen werden. Wie aber die dynamische Komplexität der dinglichen Materie wirklich funktioniert, werden wir nicht wissen, solange wir uns nicht von unserer Fixierung auf eine attraktorgebundene Wahrnehmung lösen. Somit stochern wir (als Menschheit) blind im Maschinenraum der irdischen Existenz herum, manipulieren dort etwas, reißen da etwas auf, ohne eine Ahnung von den multikausalen Folgen unseres Tuns zu haben.

Attraktorgebundenes Bewusstsein ist zwangsläufig egozentrisch und egoistisch, aber ohne den Adel der zielgerichteten Selbsterkenntnis und auch ohne selbstbewusste Stärke. Diese Behauptung soll begründet werden. Zielgerichtete Selbsterkenntnis erfordert eine Umkehrung der Wahrnehmungsrichtung vom Attraktor zum Wahrnehmenden selbst. Diese ist durch die Bindungskräfte der Attraktoren nicht möglich, solange keine bewusste Einsicht in die Natur der Verbindung von Attraktoren und Bedürfnisträger (man selbst) passiert. Das attraktorische Bewusstsein verhält sich wie ein auf die Attraktoren programmierter Roboter, ein alternativer Programmierbefehl wurde noch nicht eingegeben. Das Ich definiert sich durch die Attraktoren, mit denen es in Interaktion tritt. Man sagt „Ich bin Bäcker, Universitätsprofessor, Musiker ..." und meint damit nicht nur die Benennung einer temporären Tätigkeit, sondern eine Selbstbeschreibung. Man denke an den so oft gebrauchten Satz „Ich bin ein Mensch der ...", wenn man Menschen auf schmeichelhafte Weise nach ihnen selbst fragt. Autos, Häuser, Wohnungseinrichtungen, Lebenspartner, Bekanntschaften, Bücher, die man gelesen hat, der Beruf, die Karriere, der soziale Einfluss, der Musikgeschmack und so vieles mehr werden zu Persönlichkeitsprothesen. Sie sind Antwortschilder, die man auf die Frage, wer man sei, instinktiv nach oben hält. Dabei verschmilzt im Bewusstsein der Antwortenden die soziale Rolle des Ichs mit der innerpsychischen Identitätsüberzeugung. Attraktoren bleiben also in Mode, mehr noch: die exklusive Beziehung von Ich und Attraktoren wird zu einem Meta-Attraktor, der den gegenwärtigen kollektiven Bewusstseinsradius charakterisiert.

Zur Begründung der zweiten obigen Behauptung, dass es dieser Form egozentrischen Bewusstseins auch an selbstbewusster *Stärke* mangelt: nicht nur, dass für Selbst*bewusstsein* die gerade erwähnte Aufmerksamkeitsumkehr nötig wäre, sondern die zwanghafte Unidirektionalität der Wahrnehmung zeigt auch einen psycho-energetischen Sachverhalt auf. Als ob der Mensch über keine eigenen Psycho-Vitalressourcen verfügte, bezieht er über seine Verbindungen zu geeigneten Attraktoren das nötige Maß an der psychischen Aufbau-Energie, deren Wirkungen wir Selbststärke oder Selbstbewusstsein nennen. Der Begriff des *Selbstwertgefühls* verweist auf bewusst oder unbewusst vorgenommene Vergleiche, die einzig aus der Beziehung zu sozialen Attraktoren gewonnen werden. In der Kindheit ist dieser Automatismus selbstverständlich, doch im Erwachsenenleben setzt er sich in den meisten Fällen fort und offenbart eine implizite Selbstwertschwäche, die geradezu Merkmal der Mitglieder unserer Kultur zu sein scheint. Statt sein Ich in einem autokonstruktiven Prozess so zu konfigurieren, dass es sich ungeachtet der Mitteilungen der Außenwelt für lebenswert hält, bleibt die stetige und immer neue Bestätigung durch die Mitmenschen wichtiger als die eigene Meinung.

Statt anziehend zu sein, erregt man Aufsehen mit exaltierter oder quantitativ jedes Maß überschreitender Selbstdarstellung, wie Rabindranath Tagore einmal sinngemäß über den Europäer sagte.[102] Werfen wir einen Blick auf die sozialen Tatsachen, auf das normierte Berufsleben, auf die Strukturen des normierten Arbeitsmarktes, kommt man kaum umhin, Tagore zuzustimmen. Statt auf Lebenserfahrung und Intelligenz vertraut man eher auf eine gewisse Quantität an Zertifikaten, Diplomen, Aus- und Fortbildungsnachweisen, sinnvoll oder hirnrissig, brauchbar oder nicht; es sind die Menge und die blendenden Worte, die letztlich entscheiden. Doch nicht nur, dass Vergoldungen und Ornamentierungen der Vitae gegenüber einem potenziellen Arbeitgeber nötig scheinen, vielmehr ist man es selbst, der über die kreativ ausgeschmückte und mit schweren Titeln beladene Vita sein implizites Minderwertigkeitsgefühl aufpeppen muss. Man hat verlernt, der eigenen Intelligenz zu trauen. Der Grund dafür ist eine implizite, der gesamten kollektiven geistigen Struktur zugrunde liegende Entmündigungskampagne des Individuums – ganz im Widerspruch zum rousseauschen Ideal. Tatsächlich regiert nicht ein Individualismus (der nur noch ein propagandistisches Aushängeschild ist), sondern ein zuhöchst komplexes System aus Produktion, Vertrieb und Konsum. Die nötigen Aufgaben dieser drei Teile hat der Mensch gleichermaßen zu bewältigen; von ihm wird erwartet, sowohl an Produktions- und Vertriebs (bzw. Dienstleistungs-) Prozessen teilzunehmen, als auch das Gefertigte und an den Mann Gebrachte zu konsumieren. Die Imperative sind eindeutig. Ohne Arbeit kein Geld. Ohne Geld kein Konsum. Ohne Konsum keine halbwegs respektierte Stellung in der Gesellschaft. Mit einem medialen Dauerfeuer wird der Kognitionsraum der Menschen mit Attraktoren in ständiger Wiederholung bombardiert; Attraktoren, die binnen Kurzem genügend starke Bindekräfte erzeugen, um erworben zu werden. Dem

---

102. Tagore, 2005, S. 409.

Menschen wird so auf reißerische Weise mitgeteilt, was er zu haben hat, was er zu tun hat, um als vollwertig zu gelten. Ein anderes Beispiel für den Entmündigungsprozess des Individuums ist der in der Arbeitswelt immer weiter um sich greifende Coaching- und Personalentwicklungstrend. Führungskräfte, die ihre Mitarbeiter glauben ‚coachen' zu müssen, gehen von einem Menschenbild des Unmündigen, des Unfertigen, des Rückständigen aus.[103] Der Mitarbeiter ist dann nicht jemand, dessen Einzigartigkeit in das Unternehmen eingebracht wird, sondern jemand, der noch nicht ist, wie er sein sollte. Eigentlich handelt es sich um die Absicht eines Umerziehungsprozesses, der aus psychologischen Gründen nicht erfolgreich sein kann, und statt dessen nur zu andauernder Überforderung mit einem zu erwartenden Ende namens Burnout führt. Die Hochschulen und Universitäten reagierten mit dem sogenannten Bologna-Prozess auf die Anforderungen des neuen Arbeitsmarktes und den Trend zur Entmündigung, indem den Studenten neuerdings die Fähigkeit abgesprochen wird, ihr Studium selbst zu organisieren. An den Einrichtungen der höchsten offiziellen Bildung wird eine Verschulungsstruktur etabliert, die vielleicht einem zehnjährigen Schüler zugutekommen würde, kaum aber einem jungen Erwachsenen. Auch die psychologischen Erklärungsmodelle für das Entstehen von psychischen und/oder emotionalen Beschwerden und Störungen, für Krankheiten, für Misserfolge oder gar Straftaten, haben neben ihrem unbestreitbaren Nutzen auch die implizite Funktion einer diffusen Verantwortungsabgabe. Schnell kann man sich damit in einer Opferrolle einrichten, die jede positive Veränderung von vornherein unmöglich macht. Jeder braucht Hilfe, jeder muss gecoacht werden, keiner ist, wie er sein sollte, Selbstentwicklung impliziert das eigene Ungenügendsein, für das die Laienpsychologie umfangreiche und entlastende Begründungskataloge zur Verfügung stellt.

Es scheint, als ob die Selbstverantwortung zu einem Unkraut geworden wäre, das es mit allen Mitteln aus dem Boden zu reißen gilt.

Das alles mag recht fatalistisch klingen, und deswegen erinnere ich daran, dass wir uns hier erst auf dem zweiten Erläuterungsfeld eines

103. Vgl. z.B. Sprenger, 2012.

insgesamt siebenstufigen Erklärungsmodells der menschlichen Existenz und seiner Möglichkeiten befinden.

Perspektiven-Sphäre III: selbstbesinnendes Bewusstsein – Vitalkraft: Thymos

Chakra: Manipura

Die hier beschriebenen Tatsachenfelder sind natürlich keine separaten Räume, vielmehr verweben sie sich, alle sieben, zu einem ganzheitlichen Existenzraum. Das ursprüngliche Chakra-Sytem ist, nicht anders als auch andere Erklärungsmodelle des menschlichen Seins, ein künstliches System, dessen Aufsplittung in eine Stufenfolge als ein praktikables didaktisches Mittel zu verstehen ist. Erkundet man die Inhalte des dritten Chakras, offenbart es sich als ein Fortgeschrittenenkurs für Absolventen des ersten und zweiten Tatsachenraums, der hinreichende Grundkenntnisse in diesen voraussetzt. Wir werden in Erweiterungen und neue Möglichkeiten eingewiesen, ohne auf die Tatsachen der vorangegangenen Chakras verzichten zu können.

Wenn wir von einer psychischen Befreiung sprechen, die mit dem Eintritt in die dritte Seinsdimension geschieht, dann müssen wir bereits dem Etablieren des zweiten Seinsraumes eine solche befreiende Wirkung zusprechen – nämlich eine Befreiung vom Diktat der exklusiv körperlichen Triebnatur, deren Bewusstsein wir *chthonisch* nannten. Der Mensch, der auf eine Vielzahl von vorstellbaren Attraktoren trifft, entdeckt seine Entscheidungsfreiheit, auch wenn sie ‚nur' eine Freiheit einer Entweder-oder-Wahl sein kann. Auch wenn sein (im zweiten Tatsachenraum) *attraktorgebundenes* Bewusstsein unidirektional ausgerichtet ist, nämlich vom Ich hin zum Attraktor, diesen Attraktor als symbolische Selbstergänzung benutzend, um diesen ergänzt auf der Suche nach neuen Attraktoren etc., so erwirbt er doch im günstigen Fall Kompetenzen des Navigierens im Attraktorraum; ein Navigieren, das von einem scheinbar überdauernden Entscheidungszentrum ausgeht: dem Ich. Das Individuum auf der Ebene des zweiten Chakras ist ein Ich, dessen Aufmerksamkeit nach außen (auf die Attraktoren) gerichtet ist, und sich somit über diese und seine Identifikationen mit ihnen versteht.

Der Blick nach innen wird zum Beginn einer innerpsychichen Revolution, die die Diktatur der unidirektionalen Außen-Aufmerksamkeit bricht. Die Aufmerksamkeitsumkehr wird zu einer Option, die die Pforten zum dritten Tatsachenraum öffnen kann.

Das *Ich* stellt sich in das Licht der Wahrnehmung und gewinnt an Gewichtung; eine Gewichtung, die die Dominanz der Attraktoren zunehmend bricht. Der Respekt vor den Attraktoren geht verloren, ganz im Sinne der etymologischen Bedeutung des Wortes Respekt: *respectare* (lat.), sich nach etwas oder jemanden umschauen, die Aufmerksamkeit an den Attraktor binden. Attraktoren – und auch religiöse Vorstellungen sind Attraktoren – werden zu schlichten Mitteln, die zur Benutzung bereit stehen, aber nicht genutzt werden müssen.

Die Selbststärke des Ichs, die zunehmend als eine dem Ich selbst inhärente Funktion und Kompetenz verstanden wird, beginnt einzusehen, dass symbolische Selbstergänzungen den Rang von Selbsttäuschungen einnehmen. Ein teures Auto zu besitzen, macht das Ich nicht wertvoller, macht es nicht stärker und auch nicht kompetenter, auch wenn jenes Auto als probates Mittel für Spaß und Täuschung Anderer zur Verfügung steht.

Greifen wir auf ein Gleichnis zurück: Wenn das erste Chakra den humusreichen Boden meinte, so verweist das zweite Chakra auf die aufkeimende Pflanze, die ihre Wurzeln auswirft, um an Nährstoffen zu bekommen, was sie braucht, die durch widerspenstiges Erdreich nach oben drängt, um ihr Köpfchen an die frische Luft zu bringen. Das dritte Chakra nun meint den Baum, dessen Wurzelwerk fest und sicher ist, sodass die Nährstoffzufuhr keiner besonderen Aufmerksamkeit bedarf. Die Stabilität des Stammes – im Gleichnis für die Ich-Stärke stehend – ist nun Thema; eine Stabilisierung, die ganze Aufmerksamkeit erfordert, und die keinen Gedanken für Metamorphosen und qualitative Veränderungen übrig hat, da letztere die herzustellende Stabilität nur gefährden würden. Der Stamm – das Ich – wird zu einer festen Größe. Er erkennt sich als eine bewusstseins- und existenztragende Instanz. Sein Interesse gilt der *Selbst*erfahrung, nicht mehr der *Attraktor*erfahrung. Schöne Dinge, Unterhaltungen, religiöse Vorstellungen, das Feedback anderer Menschen, Philosophien, Berufe und Jobs, Tätigkeiten im Allgemeinen werden zu Mitteln des Erfahrens und Spürens der ichhaften Existenz –

in fortgeschritteneren Stadien auch der zielgerichteten Selbstgestaltung. Attraktoren sind nicht mehr Zweck, sondern bestenfalls Operatoren, die bei ungenügender Nützlichkeit beiseitegestellt werden. Ein Mensch des dritten Tatsachenraumes kann keiner dogmatischen Überzeugung mehr folgen, weder den theistischen Religionen, noch den materialistischen Wissenschaften. Seine Bindung an solcherlei Überzeugungssysteme ist durch Hinwendung zum Ich gekappt. Seine Erkenntnisse wünscht er in sich selbst zu erringen, und auch nur solche haben Wert für ihn. Stärke und Selbstbewusstsein sind ihm verdächtig, wenn diese an äußere Stützen gebunden sind. Bin ich noch immer stark, wenn mein prestigeträchtiger Job wegfiele?, so könnte er sich fragen. Er ist auf der Suche nach der eigenen Quelle, und angebotenes Wasser nähme er auf dem Weg zu ihr nur an, wenn er am Verdursten wäre. Während ein Mensch des zweiten Chakras das dargebotene Wasser gern annähme, den edlen Spender nun als akzeptable Hauptquelle begreifen würde und sich in dessen Nähe sesshaft machte, würde ein Mensch des dritten Chakras den Becher leeren und mit neuen Kräften sofort aufbrechen, um sein eigentliches Ziel – die eigene Quelle – zu finden.

Das Bild der Quelle führt uns zum Thema der Vitalkraft, die in der originalen indischen Version des Chakra-Modells im Zentrum der Verhandlung steht. Die räumliche Lage des Chakras um den Nabel verweist auf die Versorgung des Organismus mit der nötigen Vitalenergie durch die Nabelschnur, und damit durch die Mutter. Die Quelle jener Kraft ist außerhalb des Menschen zu verorten; er ist der zu Versorgende. Auch nach dem Kappen der Nabelschnur bleibt der Säugling und das Kind über viele Jahre versorgungspflichtig; eine Prägung, die zu überwinden durch lange Gewöhnung schwierig ist. Dass eine gewisse Selbstversorgung aus hausinterner Vital-Quelle überhaupt möglich ist, erschließt sich im Laufe des Erwachsenenlebens nur Wenigen. In aller Regel wird die Haltung des zu Versorgenden auf modifizierte Weise auch als Erwachsener aufrechterhalten. Man denke beispielsweise an Universitätskarrieren: Aus dem Schüler wird der Student, aus diesem der wissenschaftliche Mitarbeiter, der Promovierte, der Habilitierte, unter Umständen der Professor, der Pensionsberechtigte. Die *Alma Mater*, die Universität, hält ihre versorgende Hand schützend über ihren Sprössling, gibt ihm Brot und Lebenssinn. Auf der Habenseite stehen

Spezialistentum und Sachkenntnis, auf der Sollseite ein oft zu beobachtender Mangel an Weltgewandtheit, da der überwiegende Teil des Lebens im Uterus der *Alma Mater* stattfindet. Symptome des Versorgtwerdens, das immer auch eine Versorgung mit Vitalkraft ist, finden sich auch in vielen Partnerschaften, in denen der Partner zu einer symbolischen Fortsetzung des versorgenden Größeren (der Mutter oder des Vaters) wird, ungeachtet der Tatsache, dass der Partner zum materiellen Lebensunterhalt gar nicht nötig wäre. Hier offenbart sich die Macht der Prägung für jemanden, der aus eigener Kraft nicht zu leben fähig wäre. Ob nun die symbolische Quelle der Versorgung die arbeitgebende Institution, der Lebenspartner, die berufsbedingte Tätigkeit, das auf der Bank gehortete oder in Besitztümer jeder Art gesteckte Geld ist, immer ist es eine externe Quelle, oft genug symbolisch und im Materiellen durchaus verzichtbar. Wir haben es hier mit von den Psychoanalytikern beschriebenen Wiederherstellungen von fixierten Beziehungsmustern aus Kindheitserfahrungen zu tun, aus Erfahrungsmustern, die durch Gewohnheit zu einem psychischen Feld geworden sind, das seine ständige Aktualisierung und Wiederherstellung verlangt. Die Ironie dieser Geschichte ist, dass es, um diese unglückliche bindende Prägung einzusehen, bereits eines gewissen Maßes an freier Vitalkraft bedarf. Mit einer Lösungsmöglichkeit wartet die indische Meditationstradition auf: In der Meditation soll eine Loslösung des Bewusstseins von bindenden Inhalten hergestellt werden. Während also normalerweise das Bewusstsein vollständig und lückenlos in den Strom sensorischer und kognitiver Ereignisse eingebunden bleibt, wird in der Meditation eine temporäre Freisetzung von Bewusstseinskapazitäten erzeugt. Diese freien Bewusstseinskapazitäten finden sich als distanzierte Beobachter des innerpsychischen Geschehens wieder und werden Zeugen des schier unendlichen Stromes an Kognitionen, Gedanken, Bildern und Gefühlen, der nun vor dem unbeteiligten und mäßig interessierten Zeugen vorbeidefiliert wie ein unendlicher Karnevalumzug ohne Spitze und ohne abschließenden Tross. Dieser kurze Blick während einer Meditation in die Mechanismen des Psychoraums offenbart den Charakter des Bewusstseins als anhaftend und abhängig, als identifikatorisch und blind für Alternatives. Gleichzeitig stellt sich dem bezeugenden Bewusstsein[104] (als Resultat frei gewordener Bewusstseinskapazität) die

Frage nach dem, der ‚beobachtet'. Denn dieser Beobachter ist frei, bedarf keiner fremden Energie durch Identifikationen, er scheint aus eigener Quelle zu existieren, zumindest aus keiner externen Quelle gespeist werden zu müssen. Diese kurze Lücke im normalerweise lückenlos bindenden Gedankenstrom ist schon genug, um die exklusive Prägung des zweiten Chakras als das zu entlarven, was sie ist: eine Illusion, ein Selbstbetrug in erster Linie, ein Betrug Anderer in zweiter Linie und – wenn man die Gesamtheit der Menschen betrachtet – ein komplexes Geflecht aus Betrug, Täuschung, Irrtum, Unwissenheit, gleichzeitig aus gegenseitigen Ansprüchen an zu nehmender Vitalkraft. Wenn alle Diebe sind und alle stehlen, so haben alle, könnte man sagen. Was ich hier an Vitalkraft zu geben habe (etwa durch Unterwerfung, Schmeichelei etc.), nehme ich an anderer Stelle (durch Ähnliches).

Aus diesem Spiel tritt der Mensch des dritten Chakras hinaus in ein Sein, das aus eigener Quelle existiert, das einen eigenen Notstromaggregat mit sich führt, ein innerpsychisches ‚Töpfchen, koch'. Hier wird der Mensch egozentrisch und selbstgenügsam gleichermaßen. Seine Egozentrik ist jedoch mitnichten neurotisch und seine Selbstgenügsamkeit keine Bescheidenheit. Er weiß darum, dass seine innere Quelle in dem Maße versiegen wird, in welchem er sich abhängig von äußeren Quellen macht, und dass sie wieder zu sprudeln beginnt, wenn er sie nutzt. So wird er selbstgenügsam, weil er aus selbststärkenden Gründen die abhängig machenden Energiezufuhren von außen drosselt, und er wirkt egozentrisch, weil sein Interesse an der inneren Quelle größer ist, als jenes gegenüber den landläufigen Attraktoren, die ja auch eine gemeinschaftsstiftende Komponente haben. Den Menschen des zweiten Chakras kann er skrupellos erscheinen, doch seine Skrupellosigkeit richtet sich ausschließlich gegen die Macht der Attraktoren, nicht gegen die Menschen. Jene können diesen Unterschied nicht erkennen, da sie mit den Attraktoren identifikatorisch verschmolzen sind. Eine Abwertung des Attraktors ist ihnen gleich einer Abwertung der eigenen Person.

---

104. Der Begriff des ‚Zeugen' in der Meditationsliteratur meint das Bewusstsein, das sich aus den Identifikationen des Ichs befreit hat, und nun nicht wertend und frei, ohne sich von den Inhalten berühren zu lassen, das Geschaute ‚bezeugt'.

Eine der bemerkenswerten Eigenschaften, die Menschen des dritten Chakras entwickeln, ist ihre Fähigkeit, Emotionen und körperliche Empfindungen vom auslösenden Objekt zu lösen. Wenn sich der Mensch des zweiten Chakras beispielsweise verliebt, richtet sich seine Aufmerksamkeit gewöhnlich auf das Objekt seiner sehnsüchtigen Begierde. Er bemüht sich in Beziehung mit ihm zu treten. Seine körperlichen, emotionalen und subtilen Reaktionen und Geschehnisse nimmt er nur vage wahr, und auch nur in Bezug zum Objekt, also dem Attraktor. Der Mensch des dritten Chakras hingegen wendet die Blendlaterne seiner Aufmerksamkeit (mithin sein Bewusstsein) auf sich selbst, er registriert, was in ihm passiert. Mit Achtsamkeit wird er sich all der eigenen Veränderungen im physio-psychischen Innenraum gewahr, erkennt die Verzahnungsstellen von körperlicher Reaktion und Gefühl, spürt die physiologische Erregung, entweder im Unterleibsbereich oder im Bereich des Bauches, gegebenenfalls auch im Brustbereich, wo Herz und Lunge sitzen, vielleicht das elektrisch anmutende Kribbeln in den Beinen oder anderes. Er folgt den Impulsen, die sich aus der Körperlichkeit übersetzen in emotionale Wahrnehmung, surft auf diesen weiter, bis er die Relaisstation erreicht, in der jene (noch deutungsfreien) Gefühle oder Emotionen in Gedanken, Bilder und Worte transferiert werden. Die hohe Schule yogisch-subtiler Wahrnehmung wäre die Rückverfolgung des innerorganismischen Geschehens von Kognition zu Gefühl zu Körper hin zu einem fundamentalen Energetisiertsein. Im subtilen Seelenraum gespeicherte Formen und Strukturen, geronnen aus gemachten Erfahrungen, binden die aufflackernde (noch unspezifische) Energetisierung in ihre Muster, auch Karma genannt, und zwingen ihr ihre spezifischen Körperreaktionen, Emotionen und Gedanken auf. Der yogische Gedanke an eine unspezifische Lebenskraft, *Shakti* – nicht unähnlich dem Begriff des *Élan vital* von Bergson – ist nun nicht mehr unverständlich, wenn man sich eine solche Energetisierung als entkoppelbar von Prägungsdispositionen denken könnte. In einer solcherlei geschulten Selbstwahrnehmung offenbart sich das objektgebundene Verliebtsein als eine Konsequenz aus Bindungsdispositionen, welche die aufwallende Energetisierung in ihre vorgefertigten Bahnen zwingen. Man könnte nun die im Seelenraum eingelagerten Bedürfnisse erkennen, die projektiv auf ein (in den meisten Fällen ja noch recht unbekanntes)

Gegenüber geworfen werden, dem man sofort und implizit entsprechende Einlösepflichten überstülpte. Warum die Erregungsaufwallung nicht losgelöst von all diesen emotional-kognitiven Bindungen betrachten? Sie würde zu einem unspezifischen Erregungskontingent, zu einem Bonus an *Élan vital*, das zur freien Verfügung stünde. Um eine solche ungebundene Verfügungsgewalt über seinen eigenen Erregungshaushalt zu erlangen, ist sowohl Kenntnis als auch Kontrolle über die handlungs- und wahrnehmungsleitenden Prägungen notwendig. Das ganze yogische Streben richtet sich auf dieses Ziel: Welche Bindekräfte zwingen meine Handlungen, mein Denken, mein Fühlen, mein Empfinden, mein Entscheiden in diese vorgefertigten Bahnen? Und sollte ich sie erkennen können, wie kann ich sie kontrollieren, im besten Falle sogar auslöschen? Hintergrund dieses Bemühens ist die Absicht, die *Élan vital*, dort *Shakti* genannt, ungehindert durch den Tatsachenraum des Menschseins fließen zu lassen, ungebremst von Barrieren des Konditionierungstyps.

Das Erfahren von Erregungsaufwallungen, seien diese durch Verliebtsein oder anderes hervorgerufen, macht den Menschen des dritten Chakras unabhängig von Attraktoren, egal ob in Form von betörenden Frauen und Männern, Idolen, Überzeugungssystemen oder begehrten Gegenständen. Das eigentlich Attraktive ist nun das ureigene Erfahren von Energetisierung, das detektivisch-neugierige Erkunden der eigenen psycho-physischen Konstitution, die der Energetisierung ihren spezifischen Ausdruck gibt: in Form von Verliebtsein, Anspannung, Angst, Neugier, Furcht, Erwartung, Lust, Freude etc. und all diese emotionalen Komponenten in Verbindung mit körperlichen Reaktionen, dem schwummrigen Kribbeln im Bauch, dem wie wild pochenden Herzen, dem erhöhten Bewegungsdrang und anderem.

Die Wahrnehmung des Anderen, so zeigt sich hier, war nie eine solche, sondern nur eine projektive Hinausverlagerung eigener Bedürfnisse, Inhalte, kurz Projektionen. Zwischen uns und der Wahrnehmung der Anderen stand immer das eigene Ich mit seinen übervollen Pools an Erwartungen, Wünschen, geprägten Beziehungsentwürfen, Verdrängtem und Gewolltem. Erst diese Einsicht, bisher nicht wahrgenommen zu haben, öffnet das Tor zur tatsächlichen Wahrnehmung.

Der Mensch des dritten Chakras, so selbstbezüglich er sein mag, braucht niemanden mehr, um sich selbst zu stabilisieren. Er kann den Umgang mit anderen genießen, aber er ist nicht von ihnen abhängig. Er wird sich selbst genug. Schmeichelei kann ihm nichts anhaben, denn seine Schwächen sind ihm bewusst, sie sind für ihn unglücklich konfigurierte psychoenergetische Programme und Muster. Statt sie immer wieder bestätigen zu lassen, wird es ihm wichtiger, diese zu überwinden. Auch Abwertungsversuche durch seine Mitmenschen, deren Neid, Gier, Hass, Angst etc., perlen an ihm ab, denn er kennt all diese psychischen Phänomene in sich selbst, kann also solche Aussagen einordnen als das, was sie sind: Ausdruck sperriger Justierungen im Prägungs- und Konditionierungsraum des anklagenden Gegenübers. Erzeugt eine solche verbale Attacke in ihm tatsächlich Gegenwut, so sieht er diese als Ausdruck aufwallender Energie, die sich in verwirrenden Mustern noch ungeklärter Abwehrstrategien verfängt. Diese Wut ist somit Hinweis auf sich selbst, nicht auf den Anderen. Sie wird Anreiz zum scharfen Blick in sich selbst, nicht aber zur Widerlegungsrhetorik gegenüber dem Anklagenden.

Das Erfahrungsfeld des dritten Chakras ist gleichermaßen Befreiung von den Bindekräften des zweiten Chakras, als auch Vorbereitung auf die Erweiterung des Tatsachenraums durch das vierte Chakra. Wir ahnen es: Die von aufmerksamkeitsbindenden Attraktoren befreite Wahrnehmung, die sich auf das Selbst richtete, erfährt nun einen schwindelerregenden Sprung aus der konzentrierten Selbstwahrnehmung in eine schier unendlich wirkende Weite, die von Wesen wie wir bevölkert ist.

Perspektiven-Sphäre IV: empathisches Bewusstsein – Vitalkraft: Agape

Chakra: Anahata

Das Programm des vierten Chakras zeigt sich poetisch in Rabindranath Tagores Worten:

„Der Mensch kann zerstören und rauben, erwerben und anhäufen, erfinden und entdecken, aber er ist nur groß, weil seine Seele alles umfasst. Für ihn ist es eine unheilvolle Zerstörung, wenn er seine Seele in eine harte Schale abgestumpfter Gewohnheiten einschließt und wenn ein blinder Eifer der Betriebsamkeit wie ein Sandsturm um ihn herumwirbelt und den Horizont verdunkelt. Das tötet tatsächlich den eigentlichen Geist seines Seins, der der Geist des Verstehens ist. Der Mensch ist seinem Wesen nach weder ein Sklave seiner selbst noch ein Sklave der Welt, sondern er ist ein Liebender. Seine Freiheit und Erfüllung liegt in der Liebe, die ein anderes Wort für vollkommenes Verstehen ist. Durch diese Kraft des Verstehens, dieses Durchdringen seines Seins, ist er mit dem alles durchdringenden Geist vereint, der auch der Atem seiner Seele ist."[105]

Folgten wir unserem Gleichnis aus den vorangegangenen Chakras, (in dem wir das erste Chakra mit der Erde, dem Humus und der materiellen Konsistenz unseres Seins, das zweite Chakra mit dem aufkeimenden Samen, der seine Wurzeln suchend nach Nährstoffen durch das Erdreich streckt, selbst nach oben dringt und seine zarten frühen Zweige der energiegebenden Sonne entgegenstreckt, das dritte Chakra mit dem erstarkenden Stamm der Pflanze, des Baumes, der sich selbst entfaltet und seine inneren Strukturen festigt, in Verbindung brachten), könnte man für das vierte Chakra sagen, der Baum findet sich zu seinem grenzenlosen Erstaunen in einem Wald aus lauter seinesgleichen wieder. Er wird zu einem unter vielen.

Im Yoga sagt man, die ersten drei Chakras gehörten der materiellen und egohaften Existenz an, die drei folgenden einer transzendenten Sphäre.[106] Der erweiterte Radius des Tatsachenraums, vorgestellt durch das vierte Chakra, erweist sich als einer, in dem das Ego erstmals nicht mehr im Zentrum des Bewusstseins steht. Der Begriff des Egos ist problematisch. Wir verstehen ihn als Benennung einer navigierenden Funktion, einer Bündelung von Wahrnehmungen und Interessen, einer innerpsychischen Schaltzentrale, in der selbsterhaltende und interaktive Entscheidungen zusammenfließen. Das Ich oder das Ego[107] wird oft

105. Tagore, 2005, S. 412f.

106. Vgl. Swami Satyananda Saraswati, 2009.

107. Als lateinische Übersetzung des Ichs von Freud als eine der drei Instanzen des Menschen bezeichnet, die zwischen triebhaftem Es und gesellschaftsrelevantem Über-Ich zu vermitteln hat.

recht emotionsgeladen diskutiert. Manche meinen, es sei die Wurzel allen Übels, es sei der Makel des Menschen schlechthin, sogar als abwertender Vorwurf wird es gern gebraucht, wenn die Rede davon ist, dieses oder jenes Verhalten sei ‚ja nur das Ego'. Darin zeigt sich die Konsequenz des Hinüberfließens psychoanalytischer Begriffe und Beschreibungen in eine am eigenen Sein leidenden postmodernen Selbstfindungskultur. Das Ego scheint ausgemacht als eine a priori fehlerhafte Konstruktion, ja ein Fremdkörper im eigenen Seelenraum, den es zu entfernen gelte. Nüchterner betrachtet, ist es nicht das Ego selbst, das solcherart kritisiert wird, sondern die Zentrierung des Bewusstsein auf dieses. Und tatsächlich beginnt die Reise unseres Lebens mit einem primären Narzissmus im Baby- und Kleinkindalter und differenziert sich in der Folge aus, indem es seinen Narzissmus auf mannigfaltige Attraktoren verteilt, die völlig im Dienste des Ichs stehen. Im dritten Chakra erreicht der Egozentrismus einen Gipfel, der von Menschen des zweiten Chakras als tiefe Kränkung erfahren werden muss, wenn eine solche Egozentrik sich selbst vollkommen genügt. Doch in dieser Schulung des dritten Chakras, in der man lernt, auf Prothesen des Ichs jeder Art zu verzichten und stattdessen das Gehen auf eigenen Beinen übt, liegt die Voraussetzung zur Überwindung von zwanghafter Egozentrik. Dabei gilt: nicht das Ego wird überwunden, sondern die Egozentrik. Das Ego als Navigator im Erkenntnis- und Entscheidungsraum bleibt erhalten, aber seine Unfähigkeit, andere egoische Wesen adäquat zur Kenntnis zu nehmen, wird überwunden. Man könnte einwerfen, Menschen des zweiten Chakras nähmen doch auch andere Menschen wahr. Nein, wäre die Antwort, was da wahrgenommen wird, ist ein projektiv auf unerkannte Spiegelflächen geworfenes eigenes Wollen und Brauchen. Man sagt, Kinder lernen mit etwa 18 Monaten, sich selbst im Spiegel zu erkennen. So könnte man auch sagen, der gewöhnliche Mensch des zweiten Chakras erkennt im Gegenüber noch nicht sein eigenes projektiv ausgestrahltes Seelenleben, sondern glaubt, das, was er wahrnimmt, sei dem Gegenüber eigen. Das Gegenüber selbst ist durch diese Projektion fast vollkommen verdeckt, und wird demzufolge auch nicht wirklich wahrgenommen. Man denke an all die Enttäuschungen, die sich im Liebesleben zeigen, sobald man den Geliebten besser kennenlernt. Die Enttäuschung entsteht, wenn das Sein des Gegenübers beginnt, den projektiven Schleier zu durchscheinen. Wenn man sich ent-täuscht fühlt, wäre es ein angemesseneres Verhalten, sich selbst den Missbrauch des Anderen als Projektionsleinwand einzugestehen, statt ihm Vorwürfe zu machen. Im anderen projektiv und damit stellvertretend wahrzunehmen, was in einem selbst ist, wird überflüssig im Erkenntnisraum des dritten Chakras. Es ist der Blick in das feine Uhrwerk des Ichs, das nun als der Sender der projektiven Strahlung begriffen wird. Das Bild wird nun direkt an der Quelle begutachtet, und nicht mehr auf der Leinwand der anderen Personen, es wird sogar gestaltungsfähig und modifizierbar. Stellen Sie sich das Gleichnis bildlich vor: Wenn Sie auf einer Leinwand ein darauf projiziertes Bild korrigieren wollten, würden sie anfangen, die Leinwand zu bemalen. Das änderte aber nichts an dem projizierten Bild, dessen eigentliche Quelle ja im Projektor liegt und damit unberührt bleibt, ganz abgesehen von der (menschlichen) Leinwand, die über die Kritzeleien auf ihr *not amused* sein wird. Doch das verhängnisvolle und so von Täuschungen befrachtete Wechselspiel der Menschen bringt es mit sich, dass solche projektiven (und irrtümlichen) Kritzeleien auf Leinwänden von diesen sogar willkommen geheißen werden – wiederum aus einem Irrtum heraus: Man interpretiert diese Gestaltungsbemühungen bis zu einem gewissen Grad der Erträglichkeit gern als Aufmerksamkeitszuwendung, ja man nennt es sogar nicht selten Liebe. Der Blick in das Innere des Projektors wendet gleichzeitig den Blick von der (menschlichen) Leinwand weg, was von dieser als Interesselosigkeit und Gleichgültigkeit interpretiert werden kann. Ideal wäre eine Konstellation, in der beide Beteiligten von der Notwendigkeit dieses Blickes in das Innen überzeugt wären, um der Wahrnehmung ihren Projektionscharakter zu nehmen.

Das vierte Chakra nun offenbart einen Tatsachenraum, der bevölkert ist mit Menschen, die wie wir sind, und anderen Mitwesen. Sie sind nicht länger Leinwände, sondern fühlende, denkende, entscheidende Wesen mit ganz eigenem Seelenleben. Erstmals wird die Wahrnehmung frei von Verzerrungen durch innere Bedürfnislagen, wobei nicht gemeint ist, dass es diese Bedürfnislagen nicht mehr gäbe, aber sie werden nun dort eingeordnet, wo sie ihren Ursprung haben, im eigenen Ich, nicht im anderen. Es entsteht eine Differenzierungsfähigkeit von eigenem Bedürfnis und der Natur des Anderen.

Wenn das vierte Chakra mit dem Begriff der Liebe in Verbindung gebracht wird, meint dieser nicht den Eros, die Gier oder das Begehren, sondern ein Gefühl der Liebe, das, wie Tagore sagte, aus einem tiefen Verstehen heraus entsteht. Die westliche Psychotherapie kennt und nutzt den Terminus *Empathie*, Mitgefühl. Empathie verweist auf einen Wahrnehmungsmodus, der sich von Sinneseindrücken primärer Natur freizumachen weiß. Im empathischen Prozess wird sozusagen eine Kopie der wahrgenommenen Befindlichkeit des Gegenübers erzeugt und im eigenen Innen abgelegt. Es wird ein Probezustand hergestellt, in dem für einen kurzen Moment angenommen wird, man wäre selbst in genau jener Lage des Anderen. So entsteht ein Einfühlen, eine temporäre Verlagerung der Wahrnehmungsperspektive, die ein tiefes Verständnis für den anderen hervorruft. Dabei wird keinen Augenblick vergessen, dass es sich um die Situation des Anderen handelt und nicht um die eigene. Eine solche Verwechslung würde nichts anderes als eine Form der Leid-Ansteckung nach sich ziehen, nicht anders als eine Infektion mit einem Grippevirus, mit der niemandem geholfen wäre. Die Aufforderung der humanistischen Psychologie, vor allem durch Carl Rogers, an den Therapeuten, *empathisch* auf das Gegenüber einzugehen, ist so leicht nicht umzusetzen. Die Bedingung der Empathie ist bei Rogers an zwei weitere geknüpft: an die *unbedingte Wertschätzung* des Gegenübers und die eigene *Kongruenz*. Diese Kompetenz-Trinität ist in formalen Ausbildungen nicht zu erwerben, sie erfordert vielmehr eine kontinuierliche und disziplinierte Arbeit an sich selbst. Kongruenz meint Deckungsgleichheit von innerem Erleben und äußerem Verhalten. Diese Deckungsgleichheit setzt aber Kenntnis der inneren Prozesse voraus. Die Kontrollübernahme des psychophysichen Haushaltes durch den eigenen bewussten Willen muss stattgefunden haben, der zielgerichtete Prozess egozentrischer Selbstzuwendung mit dem Ziel einer Selbststabilisierung und Attraktorloslösung erfolgreich gewesen sein. *Unbedingte Wertschätzung* des Gegenübers klingt wie ein moralischer Imperativ, meint aber vielmehr eine innere Haltung alles verzeihenden Verständnisses. Ein solches Verständnis, wenn es nicht lediglich Ausdruck romantischer Schwärmerei sein soll, kann erst entstehen, wenn ein umfassendes Verzeihen auch einem selbst gilt. Eine Einverständniserklärung mit den Irrungen und Wirrungen des menschlichen Geistes, der eben so ist und nicht anders kann; dem sein Nicht-ideal-Sein als faktische *Conditio humana* nicht übel genommen wird. Der Mensch, der in einem Netz aus Bedingungen und Herkünften verstrickt ist, und dennoch in sich eine abstrakte Mission erahnt, eine Mission, die im Erkennen und Verstehen liegt. Weiß man um die eigenen Verstrickungen, kann man solche dem Gegenüber nachsehen. So entsteht aus der Kenntnis seiner selbst (ohne alle Einzelheiten kennen zu müssen) ein kongruentes Sein; aus diesem ein Bewusstsein tiefer Wertschätzung der menschlichen Existenz, von der es keine Ausnahme gibt; aus diesen Bedingungen blüht eine bisher unbewusste und ungenutzte Wahrnehmungsform auf, ein Modus des Erkennens und Verstehens, der über die Reichweiten der Sinnesorgane hinausstrahlt: die *Empathie.* Carl Rogers brachte mit seinen drei Grundprinzipien der Psychotherapie[108]ein altes Wissen auf neuesten Stand. Der Kern der buddhistischen Lehre spricht von Mitgefühl, das nicht ein sentimentales Bedauern widriger Umstände des Anderen meint, sondern ein tiefes Verständnis für die Natur des Menschen. Ein solches Verständnis ist keine Sache der Affektivität, sondern Folge einer disziplinierten Einsichtspraxis. Im Vajrayana-Buddhismus, der auch Gottheiten kennt, ist Tara eine Göttin, die aus einer Träne Buddhas entstand, als er die leidvolle Existenz der Menschen sah und sie verstand. Tara gilt seither als Beschützerin, als Trösterin, als Linderin des Leides. Sie ist manchmal eine ernste und erwachsene Frau, manchmal ein fröhliches Mädchen, das Beine baumelnd auf der Tischkante sitzt,[109] aber auch mitunter eine furchterregende Kriegerin, die sich gegen die Dämonen wendet, die die Menschen plagen. Wenn sie schrecklich erscheint, so weil sie Illusionen beseitigt, die Ursache des Leides sind. Tara ist die buddhistische Antwort auf Tatsache, dass es Situationen geben kann, in denen ein Mensch an seinen Bedingungen zerbricht. Tara, wie alle südasiatischen Göttinnen, ist auch ein Symbol der Vitalkraft, des *Èlan vital*, der *Shakti*, wie die Hindus sagen würden, oder der *Prajna,*[110] wie die Vajrayana-Buddhisten sie nennen.[111] Sie verweist auf die Potenz der Vitalkraft, durch inneres Verstehen Kräfte des Bewältigens und Tröstens zu mobilisieren. Ein ähnliches Motiv finden

108. Carl Rogers ist Begründer der klientzentrierten Gesprächspsychotherapie.
109. Vgl. Kinsley, 1990.
110. *Prajna* (Skt.): Verstehen

wir in den Evangelien, wo gelehrt wird, seinen Nächsten zu lieben, aber auch, dass der Dorn im Auge des Bruders vom Balken im eigenen Auge ablenke, sodass man zuerst das eigene Auge vom Balken zu befreien habe, bevor man sich dem Bruder zuwende. Die zweite Aussage lässt sich als Anleitung zur Umsetzung der Ersten lesen. Eine wirkliche Nächstenliebe ist nur authentisch, wenn der eigene projektive Anteil der Wahrnehmung erkannt wurde. Rogers` *Kongruenz*-Forderung findet sich in Jesus` Aufruf, den Balken im eigenen Auge zu entfernen; die *unbedingte Wertschätzung* im Begriff der Nächstenliebe. Das christliche Mitgefühl, die Sorge im Sinne der Aufmerksamkeit für die Mitmenschen, finden wir in Rogers` *Empathie*-Begriff wieder.

Vitalkraft und Bewusstsein, *Shakti* und *Shiva*, *Prajna* und *Vajra*, die beiden fundamentalen Seinskräfte des Menschen, die voneinander zu Beginn der menschlichen Lebensreise nichts wussten, dann (im zweiten Chakra) aneinander vorbeiredeten und –handelten, sich im dritten Chakra einander diskursiv und kennenlernend zuwandten, beginnen hier zu einer Einheit zu werden. Dass sie schon immer eins waren, ist eine Einsicht, die erst hier möglich wird. Die beiden Kräfte stimmen sich nun aufeinander ein und schwingen auf gleicher Frequenz; das eine wird zum Träger des anderen. In der Symbolik des vierten Chakras (Anahata) finden wir inmitten eines zwölfblättrigen Lotus einen Davidsstern, die Verschränkung eines auf dem Kopf stehenden Dreiecks mit einem auf der Seite ruhenden Dreiecks. Das auf der Spitze stehende meint die weibliche Kraft, *Shakti*, die Vitalkraft, das nach oben weisende das Bewusstsein, *Shiva*. Beide gehören nun zusammen, bilden eine Einheit, die zu neuer Form findet. In *Manipura*, dem dritten Chakra, war es nur das auf der Spitze stehende Dreieck, das in dem symbolischen Mandala zu finden ist. Thema war dort der Blick des Bewusstseins hin zu jener Vitalkraft, die uns durchströmt. Nun, nach diesem Hineinnehmen der Vitalkraft in den

---

111. Im Vajrayana-Buddhismus gilt die „weibliche" Kraft als jene des passiven Bewusstseins und des Verstehens, und die männliche (Vajra = Diamant) als die des aktiven Gestaltens. Also eine Umkehrung des hinduistischen Verständnisses. Lama Govinda nimmt diesen Unterschied zum Anlass, den hinduistischen Yoga abzuwerten. Vermutlich aber hat beides seine Berechtigung, denn spätestens ab dem vierten Chakra wird die Trennung zwischen Vitalkraft und Bewusstsein als künstlich erkannt und aufgehoben. Vgl. Lama Govinda, 1979, S. 103ff.

Gewahrseinsraum des Bewusstseins, werden beide Aspekte Teil eines neuen Ganzen, einer ego-transzendierenden Verschmelzung von kosmischen Kräften, die in mir, dem Betrachter, als auch in meinen Mitwesen gleichermaßen Ausdruck und Gestalt finden. Das Ego reduziert sich – ohne dabei seine Kompetenzen einzubüßen – in seiner Bedeutung zu einem Filialleiter dieser kosmischen Kräfte, die sich schier unendlich viele Standorte suchen. Wo Aufmerksamkeit fließt, dort ist auch Energie, und wo Energie ist, dort ist auch Bewusstseinspotenzial. Gedanken und Gefühle werden zu bewussten *und* vitalen Ausdrucksformen. Wahrnehmung wird zu einem Ausstrahlen von Vitalenergie und erzeugt gleichermaßen Bewusstheit über das Wahrzunehmende. Wahrnehmung wird zu einer Gestaltungskraft. Diese Erkenntnis ist so abenteuerlich nicht. In forschungsmethodisch fundierten Wissenschaftsdomänen, etwa in Physik oder Psychologie, ist man mit dem Phänomen vertraut, dass allein die Beobachtung eines Sachverhaltes diesen schon beeinflusst. In der Psychologie sagt man, Psyche reguliere Verhalten, das wiederum gestaltend wirkt. In der Pädagogik weiß man um die stimulierende Wirkung von aufmerksamer Zuwendung. Medizin und Psychotherapie kennen die frappierende Wirkung auf Heilungsprozesse, die bereits von der Aufmerksamkeit auszugehen scheint, die ein Klient oder Patient vom Therapeuten erfährt.

Jetzt, da Bewusstsein und Energie einander als Teile eines Ganzen erkennen, weitet sich notgedrungen auch der Radius des Ich-Konzepts. Was ich wahrnehme, ist in *meinem* Gewahrsein, wird Bestandteil meines psychischen Innenraums. Und gleichzeitig ist das Wahrgenommene außerhalb meiner Person verortet. Ein Widerspruch? Es kommt auf die Perspektive und Definitionsweite des Ichs an. An dieser Stelle, im Initiationsradius des vierten Chakras, offenbaren sich die Kräfte des Bewusstseins und der gestaltenden Energie nicht nur als eine Einheit, sondern auch als non-individuell und personenübergreifend. Man wird eingewiesen in die Tatsache, dass nicht ich ein bestimmtes mir gehörendes Quantum an Energie und Bewusstsein habe, sondern dass diese Kräfte *mich* haben. Die Person wird zum Gefäß für eine Vitalenergie, die nicht anders als kosmisch beschrieben werden kann. Was mich rhythmisch durchströmt, mir Leben schenkt und mein Sein gestaltet, ist eine Kraft, die auch alle anderen Wesen durchdringt. Sie ist eine Urenergie, verschiedene Formen annehmend, die Materie durchdringend und gestaltend, die Urkraft des Lebens schlechthin. In mir eine Faser aus ihrem unendlichen Geflecht an leuchtender Kraft, ein Tropfen aus ihrem Ozean. Das Ich ist kein abgeschlossener Behälter mehr, mit einer genau abgemessenen Menge notwendigen Lebens-Treibstoffs, sondern ein Knotenpunkt fließender Ströme, die durch mich hindurch und aus mir hinaus unendliche Kreisläufe vernetzter Lebewesen bildet. Diese Kreisläufe sind nicht statisch, sondern konfigurieren sich in jedem Augenblick neu; jeder Moment der Aufmerksamkeit richtet diese Energieströme neu aus, erschafft neue Muster wie Choreografien eines kosmischen Balletts. *Lila*, so heißt in Indien der spielerische Tanz Gottes, mit dem er die Welt erschafft und ständig verändert. Die Kraft, die das vermag, ist seine schöpferische Potenz, der Wille zur Erscheinung, zu Selbsterfahrung, genannt *Shakti*. Die indischen Mythen sind reich an Schöpfungsmythen, und oft ist es Shiva oder Vishnu, in früher Zeit Brahma, die die Welt aus Lust und Laune heraus erzeugen, nicht aber als göttliches Artefakt, das ohne sie weiter bestehen könnte, sondern als Ausdruck ihrer selbst, also in zeitgemäßeren Worten als ein autopoietischer Akt der Selbsthervorbringung. Der kaschmirische Shivaismus, den ich als Referenz schon einige Male bemüht habe, gilt als ‚Wiedererkennungslehre': In der Schöpfung (mit dem Meditierenden als deren Teil) offenbart sich Shiva, der allumfassende Gott. Ihn in dieser Schöpfung zu erkennen, ist Anliegen der Shaivas.[112] Nicht nur in all der Pracht kosmischer Unendlichkeit, sondern auch im Detail, in *jedem* Detail. Im *Vijnana Bhairava*, einem tantrischen Text des Kaschmir Shivaismus, werden 112 Weisen der Meditation erläutert und eine jede verweist auf einen anderen Sachverhalt des Lebens. Shiva, so die Essenz, ist auf alle diese Weisen zu finden und zu erkennen. Die Verbindung der Vitalenergie (*Shakti*) mit dem Bewusstsein (*Shiva*) wird deutlich unter anderem in diesem Vers:

„Wenn jemand in den Zustand der göttlichen Energie eintritt, in eine Meditation, die keine Unterscheidung kennt, dann wird er eins mit der Natur Shivas, denn Shakti wird die Öffnung Shivas genannt."[113] Doch das sind metaphysische Entwürfe, die bereits in die Radien der

---

112. Shaivas = Shivaiten

113. Vijnana Bhairava, Vers 20, in: Bäumer, 2013, S. 67.

nachfolgenden Tatsachenräume hineingreifen. Kern hier ist die Erweiterung des Identitätsraumes[114] um das Feld der Wahrnehmung. Zur eigenen Identität gehört nun nicht mehr nur das zum kognitiven Werkzeug reduzierte Ich, sondern alle Erfahrungsräume, derer man gewahr wird; jene Gewahrseinsräume, die man bereits zur Genüge kennt, aber bisher einem der eigenen Identität nicht zugehörigen Außen zugeschrieben hatte. Was ich wahrnehme, bin ich – so könnte man sagen. Und so entsteht auch eine Erweiterung des Verantwortungs- und Entscheidungsraumes. Ein Gedanke kann nun Realität werden, sofern der Gedanke nicht eine bloße Vorstellung (wie im zweiten Chakra), sondern eine Übersetzung von wahrgenommenen Vitalströmen ins Kognitive ist. Das Leid anderer wird schmerzhaft, da es zum eigenen Leid wird. Der Radius der Eigen-Identität (die Erweiterung dessen, was wir einmal Ich nannten) wird so weit gezogen, wie unsere Wahrnehmung reicht – es ist anzunehmen, dass es Leidvolles innerhalb des Radius` zu entdecken gibt. Das Leid anderer wird zum Leid an der alle Wesen zusammenfassenden Vitalseele, man nenne sie Gott, Göttin, Shakti oder Shiva, Universalgeist, Gaia in Form des Planeten als lebendiges Wesen oder dergleichen mehr. Das *Durchscheinende* ist in all diesen Begriffen immer das Gleiche. „Was ihr dem Geringsten unter euch angetan habt, das habt ihr mir angetan", mahnt Jesus, und in diesen Worten scheint unser Thema anzuklingen.

In der Liebe steckt die Vitalenergie. „Geben ist seliger denn Nehmen" – dieser Satz ist keine moralische Ermahnung, sondern eine psychomathematische Gleichung, deren faktische Richtigkeit im vierten Chakra erkannt wird. Denn im Geben, so es bewusst und ehrlich geschieht, zeigt sich die Aufmerksamkeit, die dem anderen gewidmet wird, und Aufmerksamkeit ist Energiefluss. Es ist seliger, sagt Jesus, nicht gewinnbringender. Persönlicher Gewinn ist nur sinnvoll, wenn ein abgrenzbares Individuum angenommen wird. Werden Individuen als Teile eines größeren Wesens wahrgenommen, wem sollte dann Gewinn zufließen? Welchen Vorteil würde es der rechten Hand bringen, wenn man die

114. Das Wort *Ichraum* möchte ich hier besser nicht gebrauchen, da die etablierte Definition des *Ichs* nur die empirische Person wie sie in den ersten drei Chakras verstanden wird, einbezieht. *Selbstraum* führt auch an der Sache vorbei, da der Terminus *Selbst* durch die Jungsche Psychologie schon besetzt ist.

linke abschlüge? Gewinnbringung in diesem Sinne ist im vierten Chakra nicht mehr wichtig. Wichtig ist die Einsicht in die Gestalt und den Zusammenhalt des Waldes aus unserem Gleichnis, als dessen Teil man sich selbst begreift. Gebe ich dem ‚Nächsten', gebe ich der Kraft, die auch mich selbst durchströmt.

In *Manipura* war jene Vitalenergie noch immer eine individuelle Kraft. In *Anahata* wird sie verstanden als eine überpersönliche Kraft, die sowohl mich als auch alle anderen durchströmt und mit Lebenskraft versorgt. Aus einer persönlich definierten Vitalkraft, einem ganz eigenen Energiehaushalt, wird nun eine kosmische *Shakti*, eine Kraft, die sich in allen Lebewesen zeigt und in ihnen Ausdruck findet. Diese Kraft kann sich nicht verlieren im Einzelnen, sie steht in einem großen Zusammenhang mit all ihren Erscheinungen. Hier finden wir die Grundlagen für ein aus identätsstiftenden Perspektiven befreites Bewusstsein, jene von Jean Gebser eingebrachte Aperspektivität, die wir weiter unten noch eingehender beleuchten werden.

Perspektiven-Sphäre V: Partizipatorisches Bewusstsein – Vitalkraft: Kommunion, Kommunikation, Partizipation

Chakra: Visuddhi

Den yogischen Lehren gemäß betreten wir hier Hoheitsgebiet der ‚Erwachten', der Yogis, die jene berüchtigten *Siddhis*, übermenschliche Fähigkeiten, erworben haben, der gegenüber der Welt gleichgültig gewordenen Asketen, denen Gut und Schlecht nicht mehr gilt. Der Tatsachenraum, der hier eröffnet wird, ist dem rationalen Verstand des egoischen Menschen kaum noch verständlich. Er offenbart Geheimnisse, die sich selbst schützen, die man getrost aussprechen könnte und dennoch nicht oder zumindest missverstanden werden. Die egoische Existenz entpuppte sich als ein notwendiges Zwischenstadium, eine nützliche Arbeitshypothese, die zur Stabilisierung des Menschen führte. Das Ich war anfangs eine diffuse Ahnung, eine schnelle Antwort auf die Tatsache der Erfahrung von Bewusstsein, also von reflektiver Wahrnehmung. Man *wusste*, dass man wahrnimmt, man *wusste*, dass man denkt, und man konnte über das Denken nachdenken. Dem Träger dieses Bewusstseins also eine eigene individuelle Existenz zuzuschreiben, erschien unter diesen Bedingungen die beste aller möglichen Arbeitstheorien. Diese Arbeitstheorie (der Annahme eines individuellen Ichs) verhärtete sich sofort zu einer überzeugenden Gewissheit. Selbst im vierten Chakra, als das Ich sich als durchlässiger und konnektiver Knotenpunkt innerhalb eines Geflechts an fließender Vitalenergie und Bewusstseinsfähigkeit erwies, löste es zwar seine trennende Zementierung zugunsten eines wahrnehmungs- und verbindungsfähigen Identitätsgefühls auf, blieb aber dennoch als eine Instanz erhalten, die wahrnahm, die erkannte und die liebte. Der Baum im Wald, so sagten wir, erkannte, einer unter vielen Gleichen zu sein. Dieses Erkennen, diese vorbehaltlose Wahrnehmung der Anderen, dieses tiefe Eindringen in einen Prozess des Verstehens des Anderen, ist Liebe, *Agape*, zu nennen. Man wird in gewisser Weise selbstlos, wenn das Interesse am Anderen stärker ist als das Interesse an sich selbst. Eine buchstäbliche Selbstlosigkeit, also eine Auslöschung des Ichs, ist hier allerdings nicht gemeint.

Der Tatsachenraum des fünften Chakras bliebe unverständlich, wenn wir nicht die Neigung des yogischen Denkens zu ‚Wiedererkennungstheorien' berücksichtigten. Nach diesen entfaltet sich die Welt aus einem allumfassenden Urgrund, einer primordialen Ursache. Sie ist weniger eine Schöpfung, eher eine Ausfaltung. Die Welt ist nichts Geschaffenes wie der Tonkrug eines Töpfers, sondern eine Sichtbarwerdung des Göttlichen, sie ist Resultat einer Vibration im Innergöttlichen, die sich als Schwingungsimpuls fortsetzt, bis alle Atome des Universums nach einer göttlichen Ordnung ‚tanzen'. Involution ist hier weniger ein Herabsinken des göttlichen Impulses in die Niederungen der Materie, als vielmehr ein Vergessen, ein sich nicht mehr Erkennen als Teil des Göttlichen. Sich selbst mitsamt aller materiellen Elemente wiederzufinden im innergöttlichen Raum, sich selbst zu erkennen als Teil einer göttlichen Choreografie, ist Ziel yogischer Wiedererkennungslehren. Vorgefundenes oder erwachendes Bewusstsein für sein *eigenes* zu halten, ist den Yogis stets Irrtum und Illusion, denn es gibt nur *ein* Bewusstsein, und das ist das des Göttlichen. Es glitzert im Menschen auf und wirft erkennende Blicke in den unendlichen Faltenwurf des Daseins, das stets das *eine* göttliche Dasein ist. *Vitalkraft* zu spüren, zu generieren, zu nutzen, bedeutet nur den yogischen Anfängern, gefangen in der Illusion des Ichs, eine Stärkung eigener Macht. Den Fortgeschrittenen ist die Vitalkraft keine zu besitzende, sondern die gestaltende, aufwallende Kraft des Göttlichen, den ganzen Kosmos durchdringend und formend. Beides – Bewusstsein und Vitalkraft – sind eins, denn beide sind Eigenschaften des einen Göttlichen. Involution ist gewollte Splittung des Einen in eine Vielfalt, ein Verteilen von Energie und Bewusstsein in das Viele, eine göttliche Zerstreuung im doppelten Sinne. Evolution bedeutet den Yogikern das Erkennen der Welt als das ausgefaltete Göttliche, das Intensivieren des Bewusstseins, um sich erst im Mikrokosmischen, dann im Mesokosmischen und schließlich im Makrokosmischen als das lebendige Bewusstsein zu erkennen, das man schon immer war – das Shivas, Vishnus, des Göttlichen, des einen Weltgeistes, der Buddhanatur, oder was immer die bildreichen Begriffe für ein und dieselbe Idee sein mögen. Die Allverbundenheit aller Wesen könnte man systemtheoretisch verstehen – verbundene Einzelteile durch interaktive Kommunikationen – und doch führe das an dem yogischen Verständnis vorbei. Die Allverbundenheit ist nichts, das erst herzustellen wäre, denn sie ist eine primordiale Tatsache. Aber sie zu erkennen, als Tatsache vollkommen zu akzeptieren, und mit ihr (wiedererkennend) zu verschmelzen, kommt dem yogischen Denken schon näher.

Wenn also bezüglich des fünften Chakras oft vom Thema der Kommunikation die Rede ist, so meint eine solche nicht einen aktiven Beitrag kreativer Einzelgeister zur Verbesserung der Weltverhältnisse, sondern ein bereitwilliges und egovergessenes Mitfließen mit göttlichen Bewusstseins- und Vitalströmen. Der Yogi unterwirft sich dem Willen des Göttlichen und wird zu seinem Werkzeug. Ein Yogi könnte hier einwenden, ein Werkzeug des Göttlichen ist der Mensch schon immer gewesen, egal auf welcher Erkenntnisebene; der einzige Unterschied bestünde in der vorhandenen oder mangelnden Bewusstheit darüber. Und doch wäre dem zu entgegnen – auf durchaus yogische Art – dass sich das Bewusstsein des fünften Chakras größeren und mächtigeren Strömen anvertraut, denn aus mikrokosmischer Eingebundenheit ist mindestens eine mesokosmische geworden. Waren es kleinere Vitalfunken, die den Menschen des ersten oder zweiten Chakras auf schmale und periphere Pfade des göttlichen Netzes banden, so sind es nun zunehmend zentralere und breitere Spuren, auf denen ein Ego kaum größer als ein Staubkorn wirken würde, von leisesten Brisen dort sofort umhergewirbelt, vermutlich zerfetzt und als Rohmaterial zu neuer Formung recycelt. Auf den breiten Strömen des transegoischen Bewusstseins spürt man schon die nervöse Nähe eines Epizentrums, nicht anders als wenn man nach tagelanger Autofahrt durch öde Wüsten langsam die Nähe der Großstadt erahnt; der Verkehr nimmt zu, die Autobahnen werden breiter, werden mehrspuriger, Licht überall, ein Lichtermeer schon am Horizont und ein hell reflektierender Nachthimmel über dem Zentrum, ein Vibrieren, eine erwartungsvolle Erregung macht sich breit …

Im Netzwerk des Göttlichen, auf den Pfaden göttlicher Präsenz – und nichts anderes ist die Welt nach yogischem Denken – gibt es keine falschen oder richtigen Wege, gibt es kein Schlecht und kein Gut, keine Schuld und keinen Verdienst. Alles fügt sich in eine höhere Ordnung, hat darin seine Funktion, seine Verbindung, seine Berechtigung. Das göttliche Gesetz – die letzte vereinheitlichende Formel, nach der die postmodernen Physiker vergeblich suchen – bestimmt alles Sein, alle Struktur, alle Dynamik.[115]

Aus yogischer Sicht sind es zwei einander ergänzende Impulse, die das Dasein in diesem Tatsachenraum bestimmen: Es ist die aufsteigende Energie des bisherigen individuellen Seins mit allen karmischen Prägungen und Justierungen der abgeschrittenen Tatsachenradien einerseits und die von den höheren Chakras herabsteigenden Impulse der höchsten Intelligenz. Das Miteinander dieser Impulse ist hier kein Widerspruch mehr; auch jedes Karma ist Teil des göttlichen Tanzes, *lila*, hat Sinn und Berechtigung, ist Teil des göttlichen Gesetzes, des *dharma*. Es wird angenommen und voll akzeptiert als Ausdruck des göttlichen Willens, nicht mehr der individuellen Verfehlungen. Mit einem voll erwachten Bewusstsein dieses Radius` perlen Ereignisse am Yogi ab und erzeugen kein neues Karma mehr, wie sollten sie auch? Karma entsteht durch ein persönliches Bezugnehmen zu den Ereignissen, es entsteht durch Passung oder Nichtpassung zum Ich-Entwurf, erzeugt dadurch Schuldgefühle oder Verdienstüberzeugungen. Wenn ein solches Ich aber aufgeht in einem allgemeinen Bewusstsein allumfassender Natur,

---

115. Eine Entsprechung dessen finden wir im antiken Begriff des *logos*.

gibt es keine Schuld und keinen Verdienst mehr, es gibt nur ein Mitfließen in einem breiten Strom an sinnhafter Dynamik, in den sich jedes Atom, jeder Stein, jede Pflanze, jedes Tier und jeder Mensch so einfügt, wie es nach dem göttlichen Gesetz gar nicht anders möglich wäre.

Der Mensch wird so zu einem im Sinne des allumfassenden Bewusstseins Handelnder, ein im besten Sinne des Wortes Kommunizierender, stets in bewusster und vitaler Eingebundenheit in ein intelligentes Netz, das den Kosmos umfasst, besser: der Kosmos *ist*; ein Netz, das ausgeworfen wird, indem das göttliche Bewusstsein sich in eine phänomenale Nacktheit entblättert, ein Netz, das keine Welt ist, in der Gott wohnt, sondern ein Netz, das Gott *ist*.

Visuddhi heißt ‚vollständige' oder ‚universelle Reinigung', aber es ist keine Reinigung, die aktiv vorangetrieben werden müsste, sie ist vielmehr dieser Erkenntnisebene als Nebenprodukt inhärent. Die Mandala-Symbolik dieses Chakras zeigt einen weißen Vollmond, Symbol von *akasha*, dem ätherischen Raum. Die Gottheit, die hier residiert, ist *Sadashiva*, der ‚Immer-Gütige'(so eine annähernde Übersetzung). Seine fünf Köpfe repräsentieren fünf universelle Kräfte: die Schöpfung, Erhaltung und Vernichtung (in der Tradition des Hinduismus eigentlich drei Kräfte, die den drei Hauptgöttern zugeordnet waren, Brahma, Vishnu und Shiva), die Verschleierung (*maya*) und Befreiung (*moksha*).

Alle fünf Aspekte vereint das Bewusstsein dieses Chakras; eines ergibt sich aus dem anderen, keines ist sinnlos, gemeinsam ergeben sie das Geheimnis der Welt und das yogische Anliegen. *Maya*, die Verschleierung, geht auf seine gestalterische Potenz zurück, seine aktive Kraft, die man sich mythisch als Göttin, seine Gattin Parvati, vorstellt: die kosmische Vitalkraft, *Shakti*. Sie ist hier eines seiner Aspekte, keine eigenständige Kraft mehr. Indem sich diese fünf Attribute zu einer sinnhaften Einheit verdichten, zu einem Ganzen integrieren, ist ein kausales Verständnis für die Ereignisse des Werdens und des Seins im kosmischen Maßstab möglich. Das Bewusstsein öffnet sich dem Weltgeschehen, dem Prozess von Werden und Vergehen und dem von Schöpfung und Vollendung. Es wird partizipativ, und zwar in dem Sinne eines bewussten Teilhabens an dem großen Prozess der weltlichen Entfaltung aus dem göttlichen Ursprung.

Perspektiven-Sphäre VI: Erkennendes, überschauendes, integratives Bewusstsein – Vitalkraft: Nous

Chakra: Ajna

Mit dem sechsten Chakra, *Ajna*, öffnet sich der Tatsachenhorizont in eine gleißende Weite, die alle menschlichen Möglichkeiten ausschöpft.[116] Was danach kommen mag, ist nicht mehr menschlich. Hier verliert das Ich seine Beharrungstendenz, es löst sich auf in einem Meer an Erkenntnis. An seine Stelle tritt eine Intelligenz, die buchstäblich transpersonal und non-egoisch ist. Hier gibt es keinen Erkennenden, hier gibt es nur Erkenntnis, es gibt keinen Denker, nur ein Denken, keinen Wahrnehmenden, nur Gewahrsein. Die diesem Chakra zugeordnete Gottheit wird *Paramshiva* genannt, wörtlich ‚jenseits von Shiva'. *Shiva* ist höchstes Bewusstsein, *Paramshiva* ist die höchste Realität, mithin eine nicht erfassbare, nicht beschreibbare Realität; wenn man eine objektive Realität jenseits des menschenmöglichen Geistes annähme (was per se unbeweisbar ist), dann wäre *Paramshiva* die gültige mythische Umschreibung dessen. Bewusstsein und Vitalkraft sind eins und verschmolzen, es gibt keine Dualität der Wahrnehmung mehr, keine Trennung von Aspekten, die überhaupt erst wahrnehmungsfähig machen. Die bildhafte Umschreibung dieses Chakras in der yogischen Subtil-Anatomie zeigt die Vereinigung der Gegensätze: Die drei wesentlichen Energiekanäle, Ida, Pingala und Sushumna, treffen hier aufeinander und verschmelzen miteinander. Von Muladhara spiralförmig um eine Mittelachse (Sushumna) aufsteigend kreuzen sich die zwei Kanäle (Ida und Pingala) in jedem Chakra, um ihren Weg nun auf der anderen Seite bis zum nächsten Chakra fortzusetzen, bis sie in Ajna ein letztes Mal aufeinandertreffen, um sich hier zu vereinen. Einer dieser Kanäle, *Ida*, ist mentaler Natur und lunar, der andere, *Pingala* steuert die Vitalkräfte und ist solar.

Allein dieses Bild der zwei *Nadis*, umeinander kreisend, sich manchmal kreuzend, ist ein Hinweis auf eine Dualität, in deren Spannungsfeld das

116. Sahasrara, das ‚siebte' Chakra gilt eigentlich nicht als Chakra des Menschen. Siehe weiter unten.

Ich entsteht und sich zu behaupten hat. Doch ist in der Yoga-Philosophie, zumindest in der Advaita-Tradition und im monistischen Kaschmir-Shivaismus diese Dualität nicht etwa Ausdruck einer prinzipiell dualistischen Welt, sie ist vielmehr eine Konsequenz aus der limitierten menschlichen Wahrnehmung, ein Trugschluss, der im Tatsachenraum von Ajna aufgelöst wird. So beschreibt das Kundalini-Tantra folgerichtig drei mögliche Wege des Erwachens: über die Disziplinierung von *Ida* und *Pingala*, also den beiden (letztlich artifiziellen) dualen Kräften; über die schrittweise Aktivierung und Bewusstwerdung der Chakras, besser noch: ihrer Kontrolle und Reinigung von Prägungen; und drittens über den mittleren *Nadi Sushumna*. Was können wir als das *Diaphane*, das *Durchscheinende* daran erkennen? Wir sehen einen langen Weg der schrittweisen Erkenntnis des Menschseins, ein Durchschreiten der menschlichen Erfahrungsräume, wenn wir an den Weg über die Chakras denken; ein Vorgehen, dass entfernte Ähnlichkeit mit dem Ansatz der Tiefenpsychologie hat. Und wir sehen die Kontemplation über die dualen Gegensätze, die sich – wenn in ihrer ursprünglichen Natur erkannt – ineinander auflösen. Und wir sehen einen mittleren Weg, der bereits in den Anfängen jede duale Weltsicht beendet, ein Vorurteilsfreies in der Welt sein. Dieser mittlere Weg, versinnbildlicht durch *Sushumna*, ist der Träger jener mysteriösen Kundalini-Energie, die als zusammengerollt im untersten Chakra gedacht wird, die jedoch erweckt werden kann und, so die Berichte der Yogis, pfeilgleich den mittleren Nadi durch alle Chakras hindurch nach oben zu Sahasrara schnellen kann – eine Bewusstwerdung mit sich bringend, für die nur Wenige gewappnet seien.

In *Ajna* wird das menschliche Sein und dessen Einbindung in die kosmischen Verhältnisse auf einen Blick erkannt; keine duale Vorstellungskonstruktion verstellt den Blick; kein Ich verzerrt die Einsicht, weil es seine Existenz vor Gegenargumenten schützen zu müssen glaubt. Es ist die Einsichtsweite der Buddhanatur, die hier den Erwachten erwartet, und damit gleichzeitig ein Ende der begrenzten menschlichen Form. In *Ajna*, so sagen die Yogis, erwache ein höheres Selbst, dort ist der Sitz des höchsten Gurus, *Brihaspati*, der auch als der Guru der Götter gilt. So wie das Ich aus dem Unbewusstsein des Schlafzustandes hinein in das Wachbewusstsein erwachte, so erwacht hier das höhere Selbst aus dem

Wachzustand des Egos. So wie der physische Körper das Gefäß für das Ich gewesen war, so wird das Ich zu einem Gefäß für das höhere Selbst.

Perspektiven-Sphäre VII: universelles Bewusstsein – Vitalkraft: kosmisch, unbegrenzt

Chakra: Sahasrara und weitere Chakras

Der ‚Tausendblättrige Lotus', so die Übersetzung von *Sahasrara*, ist kein Chakra, sondern eine Quelle, aus der heraus die Möglichkeit der Existenz aller Chakras fließt. Es ist leer, *shunya*, und doch voller Form, es ist jenseits von Jenseits (*parat-param*). Die Chakras werden als Schalter für Horizonterweiterungen im Tatsachenraum beschrieben, und so befinden sie sich im Bereich der Psyche. Sahasrara ist jenseits der Psyche, auch jenseits eines höheren Selbst. Die tausend Lotusblätter könnten genauso gut auch unendlich viele sein, die Zahl verweist nach vier, sechs, zehn, zwölf, sechszehn und zwei Lotusblättern, die die jeweiligen Chakra-Mandalas zieren, auf die unendliche Erweiterung, die das menschliche Erfassungsvermögen übersteigt. Die Anzahl der Lotusblätter entspricht den Nadis, die in dem jeweiligen Chakra zusammenfließen oder sich treffen. In Sahasrara sind es die Nadis der Unendlichkeit, sind es die Energieflüsse der unbekannten und im Yoga als göttlich beschriebenen Sphäre. Das Menschsein würde von einem universellen Feuer gesprengt werden und seine Lebenskräfte in einen unendlichen Ozean zerfließen, wie die Wasser eines kleinen Flusses in den Ozean. Sahasrara wäre der Eintritt in die Weite des Universums, doch über weitere Evolutionen, die der menschlichen Sphäre nicht mehr entsprechen, schweigt selbst der Yoga.

Muladhara, das erste Chakra, sagt der Yoga, ist die Wurzel des Menschseins, sein erster Bedingungshorizont, ein Wiederfinden der Psyche in den festen und schweren Strukturen der handfesten Körperlichkeit, der animalische Triebe, der Instinkte, der Gebundenheit der Psyche an das Materielle. Doch berichtet der Yoga auch von Chakras, die Muladhara noch vorgeordnet sind, es sind die Horizonte und Schaltstellen der tierischen Welt, für die *Muladhara* etwa die Funktion hätte, die für uns Menschen *Sahasrara* innehat. Nach Sahasrara wiederum folgen weitere, uns völlig unbegreifliche Chakras, sogenannte *lokas*, Reiche, Welten, die als bewohnbar gelten, aber von höchster Subtilität sind, Ausfaltungen erleuchteter Entitäten und Intelligenzen, doch über diese wird geschwiegen. So entfaltet sich das Chakra-System als eine lange Kette evolutionärer Horizonterweiterungen, zunehmender Komplexitäten und psychischer Einfassungen. Die Menschensphäre wird als Ausschnitt gedacht, die Herkunft und Vergangenheit hat, sich aber auch die Möglichkeiten eines weiteren Vordringens in immer subtilere Welten und Sphären vorbehält. Das conquistadorische Element soll nicht gebremst werden, indem ein Endpunkt festgeschrieben würde – weitere Expansionen sind nicht prinzipiell ausgeschlossen.

Mobilisierungen des Bewusstseins – Zu Motivation und Navigation im Chakra-Raum

Der Versuch einer Säkularisierung des Chakra-Systems bringt eine überraschende Alternative für brauchbare Sinnstiftungen des Lebens hervor; eine Sinnstiftung, die sich konkreter und materieller Ziele enthält und den Fokus auf eine Erweiterung des subjektiven Erkenntnisraums legt. Angesichts schwindender Lebenszieloptionen könnte man sich die Erweiterungen des Bewusstseins für Tatsachenräume und das Ausrichten des Verhaltens an diesen als einen Parcours denken, dessen sieben Hürden im Laufe des Lebens genommen werden würden. Nicht mehr konkrete Herausforderungen des gesellschaftlichen Lebensvollzugs, wie Heirat, Kinderaufzucht, berufliche Karriere, stünden an erster Stelle, sondern der Radius des Bewusstseins, der sich den schier unbegrenzten Möglichkeiten der menschlichen Existenz ausliefert. Innerhalb dessen würden konkrete Handlungen des Lebens zu exemplarischen Übungen, in denen man seine bewussten Navigationskompetenzen unter Beweis stellte. Welche beruflichen oder privaten Entscheidungen fälle ich, wenn ich die Tatsachen unter der erweiterten Perspektive des beispielsweise vierten Chakras betrachte? Des Fünften? Des Sechsten? Die Bindungen und Konditionierungen zu lösen, die uns an die Bedingungen des ersten und zweiten Chakras ketten, zu erkennen und zu lösen, ist eine Herausforderung, die nicht nur Anstrengung, Wille,

Absicht, sondern auch Zeit benötigt. Das Lösen von den Bindungen eines Tatsachenraumes ist notwendige Bedingung für das Sichtbarwerden des erweiterten folgenden Raumes. Um diese Loslösung herbeizuführen, ist ein gewisses freies Kontingent an ungebundenem Bewusstsein nötig; ein Kontingent, das sich uns erschließt, wenn wir es aus bestimmten Anhaftungen herauslösen. Im Raum des zweiten Chakras war das Bewusstsein gebunden an Attraktoren, die außerhalb des Ichs lokalisiert wurden. Um den Blick in den Innenraum des eigenen Wesens wenden zu können, mussten sich Bewusstseinskontingente frei von Attraktoren machen, um einen neuen Betrachtungsraum zu erschließen. Dieses war das Ich, das sich vorher noch als eine Identitätsgröße sah, die sich nur durch ihre Beziehung zu Attraktoren seiner selbst vergewissern konnte. Im Rahmen der Tatsachenraumerweiterung des dritten Chakras entpuppte sich das Ich als ein eigener Raum mit komplexem inneren Geschehen, dessen Beherrschung die Notwendigkeit äußerer Attraktoren zur Selbstvergewisserung brach. An diesem Übergang schon war eine Freisetzung von Bewusstsein vonnöten, ohne den die Innensphäre des Menschen nicht zu entdecken wäre. Das vierte Chakra nun, in der Yoga-Philosophie mit dem oberen Brustraum, dem Herzen und der Lunge assoziiert, lässt sich auf analoge Weise ebenfalls nur erschließen, wenn das Bewusstsein in der Lage ist, die Erfahrungen des dritten Chakras zu stabilisieren und dennoch Kapazitäten freizusetzen, um sich in unbekanntes Terrain vorzuwagen. Man könnte bezüglich der Bewusstseinskapazitäten gleichnishaft von Heeren sprechen, die einmal erobertes Gebiet stabilisieren und halten müssen und zu weiteren Expansionen nur fähig sind, wenn sie ohne Gefahr der Destabilisierung ein bestimmtes Armee-Kontingent abziehen können, das nun neue Aufgaben übernimmt. Als der Königsweg zur Freisetzung von Bewusstseinskapazitäten gilt die Meditation. Durch Konzentration auf beispielsweise den Atem werden Identifikationen mit Gedanken und Gefühlen gelöst. Identifikation heißt einfach nur, dass das Bewusstsein vollkommen von einem Tatbestand (oder einer Illusion) vereinnahmt ist. Es stehen keine freien Bewusstseinskontingente zur Verfügung. Die Konzentration auf den Atem (oder einen Klang, ein Bild, eine Silbe etc.) löst Identifikationen auf, da der ursprüngliche Gegenstand der Identifikation nun zu einem betrachtbaren Objekt wird, zu einem Gegenstand in gewisser Distanz zu mir, dem beobachtenden Geist. Yogische Meditationen kennen die Mantren *So Ham*, *Hamsa* (*ich bin das*) oder auch das in den Upanishaden zu findende Wort *Tat vam asi* (*du bist das*). Mit dieser mantrischen Ermahnung sind mitnichten die flüchtigen Inhalte des beobachteten Geistes gemeint, sondern der betrachtende Geist selbst, der ohne Inhalt ist (von denen er sich als Betrachter ja stets lösen kann), ohne Form und damit auch ohne Vergänglichkeit, reines Gewahrsein oder Bewusstsein. Doch die vollkommene Loslösung von Bewusstseinsbindungen, *moksha*, ist hier noch gar nicht gemeint, an dieser Stelle reichen Freisetzungen kleinerer Mengen. Dieses freigesetzte Bewusstsein ist es nun, das den erweiterten Orbit um das Gravitationsfeld des bisherigen Ichkonzepts ausleuchtet und für sich urbar macht.

Diese Hinweise auf die Meditation als Verfahren zur Generierung freien Bewusstseins sind an diese Stelle nicht ohne Grund gesetzt. Um vom Tatsachenraum des dritten Chakras aus eine solche Orbiterweiterung vornehmen zu können, gibt es kaum eine andere Möglichkeit. Das war beim Übergang vom zweiten zum dritten Chakra noch nicht so. Dort – auch wenn eine meditative Praxis diesen Prozess natürlich unterstützt oder sogar ermöglicht hätte – reichen auch psychotherapeutische oder psychologische Instruktionen des Selbstreflexionstyps, um die Aufmerksamkeit von äußeren Attraktoren zu entkoppeln und auf das innere Geschehen zu richten. Eine konsequente Selbsterkenntnispraxis, wie beispielsweise der von C.G. Jung vorgeschlagene Individuationsprozess mit Anima- und Schattenintegration, neofreudianische Psychoanalyse oder gestalttherapeutische Arbeit, hätte ausreichen können.

Der Weg durch den Parcours der sieben Tatsachenräume ist umfassend genug, um ein Leben damit sinngebend auszufüllen. Eine solche Entscheidung hat durchaus athletischen Charakter. Ohne es sportlich zu sehen, würde es an der nötigen Motivation fehlen. Andere Motivationen, etwa die Furcht vor den Konsequenzen eines Verzichts auf solche selbst-transformierenden Hürdenläufe – in Form eines Daseins in höllenartigen Sphären *post mortem* oder einer ungünstigen Wiedergeburt – verlieren an Bedeutung. Furcht setzt eine Ahnung des zu Erreichenden voraus, eine Ahnung, die fremdinstalliert ist und den Weg korrumpiert. Vor solchen furchteinflößenden Einflüsterungen gefeit zu sein, bedarf es einer grundlegenden Umformatierung des

Attraktorbewusstseins, denn was ist der Glaube an die üblen Nachreden derer, die vorgeben zu wissen, was in den höchsten Sphären zu finden sei, anderes als die Bindung des Bewusstseins an einen Attraktor der verbalen und überzeugenden Art? Die Reden der Priester und Pfaffen richten sich an die fundamentalen Dispositionen der Hörer, sich verloren zu fühlen, das Verlöschen zu ahnen und schlicht Angst zu haben. Sich davon zu lösen, ist Aufgabe des zweiten chakrischen Raumes. Die Mündigkeit der Vernunft, von der Immanuel Kant sprach, ist ein Kennzeichen des dritten chakrischen Raumes: das Vertrauen in die Anwendbarkeit eines kognitiven Werkzeugs, das zur Grundausstattung des Menschen gehört.

Die Camus`sche ‚Philosophie des Absurden' findet in einer Philosophie der chakrischen Tatsachenräume ihren Platz: Wenn die Ereignisse des täglichen Lebens absurd sind, wenn wir wie Sisyphos unaufhörlich den Fels den Berg hinaufrollen, der doch letzten Endes wieder polternd ins Tal rollt, bleibt nur der Weg als solcher, der dem Leben Sinn gibt. Ganz zu schweigen vom Abstieg, für den wir uns soviel Zeit nehmen können, wie wir wollen; Zeit zur Reflexion, Zeit zum Genuss, Zeit für Ausblicke von den Höhen des Gebirges. Nicht mehr der Stein steht im Zentrum des Geschehens, sondern unser eigenes inneres Herangehen an die aufgebürdete Angelegenheit des Lebens. Was hindert uns daran, nach eigenen inneren Quellen zu suchen? Uns von Abhängigkeiten zu lösen? Aus der Selbststärke und Selbstgewissheit heraus uns einen unvoreingenommenen und neugierigen Blick auf unsere Mitmenschen anzugewöhnen? Uns dem Deleuze`schen rhizomatischen Miteinander aller Erscheinungen des Lebens anzuvertrauen wie der Strömung eines Flusses? Was hindert uns daran, uns selbst als einen Knotenpunkt im rhizomatischen Geflecht begreifen zu lernen, dessen Lebenssinn in genau dem besteht, was sein Platz innerhalb der Mannigfaltigkeiten diktiert? Warum nicht daran arbeiten, das Ich als eine vorübergehende Arbeitshypothese zu verstehen, von der wir uns leicht lösen können, sobald eine tauglichere Hypothese aufscheint? Und: warum nicht die leuchtenden Spuren menschlicher conquistadorischer Erfahrungen als ein Ganzes, ein komplexes Netzwerk sehen, das wir einst mit der Chiffre Gott etikettierten? Ein Netzwerk, das ein immer umfänglicher werdendes Plateau inmitten des Nichts erzeugt – ein Plateau, auf dessen weiträumiger Landschaft wir unsere Navigationsfähigkeit als bewusstseinsfähige Wesen schulen können?

Furcht ist so wenig am Platze wie Hoffnung auf Lohn. Doch wenn diese beiden grundlegenden Motivationen wegfallen, bleibt nur der Genuss an der gegenwärtigen Erfahrung eines Wesens, das sich selbst in Höhen treiben kann.

Der Mensch wird also im Yoga beschrieben als jemand, der zu Erweiterungen des Einsichtshorizonts fähig ist. Seine große Stärke liegt in der schrittweisen Entfaltung seines Potenzials an Intelligenz. Handlungen und Verhalten gelten als Symptome, als Konsequenzen, als Ausdruck von Einsichtsstufen, die ein Mensch erklimmt, doch äußeres Verhalten steht nicht im Vordergrund. Im Vordergrund steht das innere, das psychische Geschehen, das jeder Handlung vorausgeht und sie bedingt. Es ist dieser Blick nach innen, in die subtile Welt, die Kern der yogischen Kulturseele ist. Wir Europäer sprechen von Horizonten und nehmen uns damit einen metaphorischen Begriff aus unserer Erfahrung mit der äußeren Welt. Expansionen werden in der faustischen Kulturseele räumlich und äußerlich gedacht, sie beziehen sich auf ferne Küsten, auf Meere, die von Hindernissen zu verbindenden Verkehrswegen werden. Es ist nicht verwunderlich, dass die Nautik, die Seefahrt, Pate stand für den von Ernst Jünger geprägten Begriff der Psychonautik, mit der Expansionen und Erkundungen im Seelenraum gemeint sind. Das schier grenzenlose Vertrauen, das die yogische Kulturseele in die selbstregulierenden Kompetenzen der Natur, mehr noch, aller äußeren Umwelt, legt, hat Indien heute in große Probleme gebracht. Die Ursache dieser Probleme liegt allerdings in gesellschaftlichen und wirtschaftlichen Strukturen, die Hervorbringungen des Abendlandes sind. Der expansive Charakter der faustischen Seele, auf das Außen gerichtet, die Welt materiell gestaltend, greift folgerichtig auf den ganzen Globus über. Doch wer die äußere Welt gestaltet, verändert sie auch, und das nicht immer zu unseren Gunsten. Rohstoffe werden transformiert, etwa in Plastik, Uran oder anderes Material, und dieses will wieder gestaltend gehandhabt werden. Die indische Kultur ist mit dieser Art, an die Welt heranzugehen, historisch nicht vertraut. Es ist beängstigend zu erleben, mit welcher Naivität kaum verrottbarer Plastikmüll dort weggeworfen wird, wo man gerade geht oder steht. Das Vertrauen in die Recyclingfähigkeit der Natur, in eine der Umwelt inhärente Fähigkeit, selbsttätig gesunde Balancen wieder herzustellen, ist in Indien historisch gewachsen und war über Jahrhunderte hinweg sinnvoll. Heute erzeugt die damit verbundene Gleichgültigkeit große Schwierigkeiten.

Doch auch der komplementäre Schluss ist richtig: Die Konzentration auf Expansionen im Außenraum durch die faustische Seele hat unter Umständen die homöostatischen Fähigkeiten der Natur, also ihre Selbstregulierungsfähigkeiten an eine für den Menschen gefährliche Grenze gebracht. Mit den Folgen dieser Eingriffe muss auch der Westen erst lernen umzugehen. Die indische Philosophie, die in ihrer Eigenart immer yogisch ist,[117] hat ihren Blick in die Innenwelten der Subjektivität gerichtet, sie erkundet damit das Subtile. Die westliche Wissenschaft, ein Kind der faustischen Kulturseele, wendet den Blick zwar auch nach innen, aber verwechselt dieses Innen mit dem Kleinen, mikroskopisch Erfassbaren. Sie findet nicht subtile Subjektivität, sondern Neuronen, Synapsen, Hirnareale. Sie will hinein ins Subjektive und findet sich doch nur an immer kleiner werdenden Außenwänden der Subjektivität wieder.

Die christliche Parallele – Teresa von Ávila: die ‚sieben Wohnungen Gottes'

Eine verblüffende Ähnlichkeit mit dem Chakra-System des Yoga finden wir in der Beschreibung der ‚sieben Wohnungen' Gottes der spanischen Mystikerin Teresa von Ávila (1515 – 1582). Die junge und schöne Teresa floh aus ihrem vornehmen Elternhaus in ein Karmeliterkloster. Weil sie sich berufen fühlte? Dem drohenden Leben mit irgendeinem Ehemann, der Frauen als Gebärmaschine betrachtete, zu entkommen? Der Seichtheit des öffentlichen Lebens zu entfliehen? Wir wissen nur, was Teresa selbst darüber schrieb. Ihre Hinwendung zu Gott sei anfänglich nicht radikal genug gewesen, sie sei hin und her gerissen gewesen zwischen den Verlockungen der Welt und einem kontemplativen Leben. Ihr Weg war der einer, die es ernst meinte: Sie reagierte mit psychosomatischer Krankheit (einem Nervenleiden), war drei

117. … auch wenn sie materialistisch sein sollte: sie bleibt dennoch an manipulativen Außenwirkungen (wie im Westen üblich) uninteressiert. Ein philosophischer Materialismus bleibt in Indien letztlich Metaphysik.

Jahre lang gelähmt, begegnete Gott in dieser Zeit, wurde wieder gesund und radikalisierte den monastischen Weg, indem sie begann, Klöster mit eigenen Regeln zu gründen. Gegen die nicht ausbleibenden Widerstände des Klerus setzte sie sich durch, hinterließ eine stattliche Reihe mystischer und autobiografischer Schriften und wurde sogar nach ihrem Tod heiliggesprochen.

Was uns hier interessiert, ist ein Text aus ihrer Feder über eine ‚Wegbeschreibung' zu Gott mit dem Titel ‚Seelen-Burg', beschrieben mit dem Gleichnis von sieben Wohnungen oder Gemächern.[118]

In die erste Wohnung trete derjenige ein, der sich auf den Weg macht, um zu Gott zu finden. Die Seele vergleicht Teresa mit einem prachtvollen Gebäude, das sieben Wohnungen in sich fasst, die Innerste ist Gottes Wohnung. Gebet und Selbstverleugnung sind die Pforten. Wer erstmals eintritt, bringt noch eine gefährliche Schar schädlicher Insekten mit sich und ähnelt einem Taubstummen.

In der zweiten Wohnung beginnt die Seele zumindest schon vage zu hören, was Gott ruft. Doch hauptsächlich ist man in diesem Gemach noch mit irdischen Freuden beschäftigt. Die Seele wird gequält von den Feinden und leidet mehr darunter als noch in der ersten Wohnung, da sie sich zunehmend dieser Feinde bewusst wird. Der Feind, Satan, wird immer mehr Mühen aufwenden, um eine Seele, die einmal den Weg durch die Gemächer begonnen hat, wieder zurückzuholen. (Man setze versuchsweise ‚Satan' mit Begriffen wie ‚Konditionierungen', ‚bequeme Routinen' und Egoismus gleich …)

Für die dritte Wohnung ruft Teresa den Leserinnen[119] zu: „Wendet den Blick nach innen, meine Töchter, schaut in die Tiefe eures Herzens, und ihr werdet sehen, dass eure kleinen Tugendakte, zu denen ihr als Christen verpflichtet seid, und selbst weit größere nicht viel wert sind." Sie verweist auf die Eitelkeit, die in einem ‚gottgefälligen' Verhalten liegen kann, auf den Eigendünkel, der einen über seine Mitmenschen zu erhöhen sucht.[120] „Begnügt euch, Dienerinnen des Herrn zu sein, und hütet euch, mehr zu verlangen, als euch gebührt!"[121] Der strenge Blick nach innen soll das Ich als sündig und minderwertig erkennen lassen. Der Versuchsanordnung (dem Blick nach innen) wird hier bereits das

118. Teresa von Ávila, 1999.

119. Sie schrieb für Nonnen, ihre Mitschwestern.

Ergebnis vorgeschrieben; eine Eigenschaft des Christentums, das es für psychonautische Entdeckungen so sperrig macht.

Die vierte Wohnung sei der Ort zweier Gebetsformen: das Gebet der übernatürlichen Sammlung und das Ruhegebet. Ersteres wende den Blick nach innen und überwinde die sinnlichen Eindrücke. Das Ruhegebet ist reines inneres Schweigen. Der innere Monolog kommt zum Erliegen. Wir kennen solches Vorgehen auch aus den yogischen und buddhistischen Meditationen. Dort folgen auch erst auf die Konzentrationsmeditationen die Einsichtsübungen. Das Bewusstsein löst sich in der Konzentrationsübung vom betrachteten Gegenstand und wird zum Zeugen. Erst wenn diese Zeugenschaft stabil genug ist, kann der Flow des Geistes wieder zugelassen werden und konsequent aus einer ungerührten Distanz gewahrt werden. Teresa von Ávila vergleicht die inneren Kräfte, wie sie normalerweise wie durch ‚Kanäle' zu uns und in uns fließen, sie aber hier, in der vierten Wohnung, aus einer ‚Quelle' zu entströmen scheinen, einer Quelle, die im Betenden selbst liegt, aber nicht seine *Persönlichkeit* ist.

In der fünften Wohnung schlägt der Widersacher noch einmal mit allen Kräften zu, versucht die Seele, die Gott schon so nah ist, von ihrem Weg abzubringen. Die Form des Gebets ist hier das Vereinigungsgebet. Teresa beschreibt anschaulich, wie es sich um eine innere Vermählungsfeier zwischen Seele und Gott handelt; eine Verlobung, ein Versprechen, eine erklärte Absicht also, noch keine vollzogene Vereinigung. Aber die Liebe zum Nächsten kennzeichne den Einwohner der fünften Wohnung.

Zur Charakterisierung *der sechsten Wohnung* spricht Teresa vom ‚Geistesflug', von einer verwirrenden Verzückung, wenn sich die Seele scheinbar aus ihrer körperlichen Hülle erhebt und Unvorstellbares zu Gesicht bekommt: „Sie schwebt in einem Lichtglanz, wie kein irdisches

---

120. Teresas Freund und Kollege Johannes vom Kreuz schrieb mit die „Die dunkle Nacht" eine für damalige Verhältnisse bemerkenswert sachliche und analytische Abhandlung über die Mechanismen der Psyche, in der er Symptome von (wie wir heute sagen würden) Depressivität, Wahn, Eitelkeit, Selbstwert-Überhöhung etc. beschrieb, die zu Fallstricken eines spirituell Suchenden werden können. Johannes vom Kreuz, 1985.

121. Teresa von Ávila, 1999, S. 59.

Auge ihn jemals schaute. Neue Erkenntnisse erschließen sich ihr, die die größte Anstrengung ihr in tausend Jahren nicht hätte verschaffen können."[122] Doch es ist nicht das eigene Verdienst, das solche Geistesflüge ermöglicht, sondern Gottes Gnade, Gottes Wille und Ergebnis der egoischen Selbstaufgabe. Doch wie erkennt man, ob es sich bei diesen Visionen nicht um Einbildungen handelt? Teresa: „Beschämung und Demut gehören zu den Früchten dieser Gnade. Ein Blendwerk des Teufels würde ganz das Gegenteil bewirken. Dass sie Gabe Gottes sind, ist auch daran zu erkennen, dass ein solches Gefühl niemals durch menschliches Bestreben hervorgerufen werden könnte und man es deshalb niemals als selbst errungenes Gut betrachten, sondern nur aus der Hand Gottes empfangen kann."[123]

Qualen bereitet den Einwohnern dieser sechsten Wohnung das Unverständnis der Mitwelt, die Furcht und das Misstrauen unreifer Beichtväter etwa. Ein bemerkenswerter Passus übrigens, in dem Teresas Unmut gegen den Unernst und die Selbstgerechtigkeit der Kirchenoberen einmal kurz durchschimmert.

In der siebten Wohnung vollzieht sich die eigentliche Vermählung. Die Seele tritt in die Wohnung Gottes und wird so eins mit ihr. Die Trinität wird mit Staunen als eine Einheit wahrgenommen, die Seele „sieht, wie diese drei Personen nur *eine* Wesenheit, *eine* Macht, *eine* Weisheit, *ein* einziger Gott sind, sodass die Seele gleichsam mit ihren Augen erblickt, was wir nur im Licht des Glaubens schauen."[124] Und weiter: „Das Staunen wächst, denn die drei göttlichen Personen scheiden nicht von ihr, sie sieht deutlich, dass sie in ihrem tiefsten Seelengrund gegenwärtig sind und sie stets auf allen Wegen begleiten."[125]

Teresa von Ávila darf als gemäßigte Mystikerin gelten. Wir hätten nun einmal einen Körper, wir seien Menschen und keine Engel, und so empfiehlt sie ihren Mitschwestern, die Askesen nicht zu weit zu treiben, ausreichend zu schlafen und zu essen. In der Übertreibung sieht sie die Gefahr subversiver innerer Kräfte, und Demut hieße, das Menschsein anzunehmen, und sich nicht mehr zu dünken, als man sei. Doch auch

122. Teresa von Ávila, 1999, S. 160.
123. Ebd., S. 182.
124. Ebd., S. 210.
125. Ebd., S. 210.

sie nutzt den im Christentum so gebräuchlichen Modus der Selbstbeschimpfung. Das gewöhnliche Menschsein ist von Grund auf verderbt; Glück und Freude sind nur zu erringen, indem das Ich sich selbst aufgibt und sich ganz dem Willen Gottes hingibt. Dieser Ansatz mag den yogischen Vorstellungen nicht unähnlich sein, und doch gibt es Unterschiede. Die *Samkhya*-Philosophie etwa beschreibt den eigentlichen lebendigen Wesenskern des Menschen, *purusha*, als eine Lebensmonade,[126] die völlig formlos, reines Licht oder reines Bewusstsein ist, und die Formen der unbelebten Natur, *prakriti*, annimmt. Jede Wahrnehmung, jeder Gedanke, jedes Urteil sind bereits Diktate von *prakriti*, und verzerren so das Bild des lebenden Wesenskerns. Die drei Eigenschaften der Natur, Trägheit, Aktivität und Ruhe (*Tamas*, *Rajas* und *Sattva*, auch die drei *Gunas* genannt) seien wie Eigenschaften eines Sees: Tamas verunreinige das Wasser und trübe so die Klarheit; Rajas kräusele die Oberfläche des Sees, sodass nur verzerrte Spiegelungen wahrnehmbar seien, und erst Sattva, der Zustand der Ruhe und Ausgeglichenheit, mache den See zu einem klaren, transparenten Gewässer mit einer spiegelglatten Oberfläche, in der sich der lebendige Wesenskern unverzerrt spiegeln könne. So arbeitet der Yogi an der Überwindung der Verunreinigungen (indem er *tamas* überwindet), an dem Innehalten jeder Aktivität, vor allem der geistigen (indem er *rajas* überwindet), um so zu einem Zustand von *Sattva* zu gelangen. Aber auch dieser Zustand ist nicht gleichbedeutend mit dem Erfahren des lebendigen Wesenskerns; dieser Zustand vermag ihn nur hinreichend genau zu spiegeln, auf dass er erkannt werde. Doch der wesentliche Unterschied zwischen der Samkhya-Philosophie und der Mystik Teresas (und anderer) ist die Konzeption eines Feindbildes. Im Christentum wird ein Dualismus von unversöhnlichen Feindschaften, Gottes und Satans, installiert, in welcher das Ich immer im Ruch steht, ein Gefolgsmann des Teufels zu sein. Das Ich wird zum Soldaten des Feindes und ist somit für jede Art von Beschimpfung, Bestrafung und Quälerei freigegeben. Ein schizophrener Zustand: Man erkennt sich selbst als im Dienste eines fürchterlichen Gegners stehend, obwohl das Herz doch für den anderen schlagen soll. Was die christliche Mystik also anstrebt, ist eine Form kontrollierten Suizids des Ichs unter

---

126. Vgl. Zimmer, 1994.

Beibehaltung der psychischen Funktionen des Wachseins, um diese als Werkzeug Gott zur Verfügung zu stellen. Anders im Yoga (sofern er auf der Samkhya-Philosophie beruht): Das eigentliche Selbst ist *purusha*, jene formlose Lebensmonade, ganz Licht und Bewusstsein. Durch seine Verstrickung in die fluktuierenden Formen der *prakriti* entstehen kognitive Instanzen: der Intellekt (*manas*), das Ich-Bewusstsein (*ahamkara* – der ‚Ich-Macher') und das Urteilsvermögen (*buddhi*). Der Intellekt nimmt die Daten aus den Sinnesorganen auf, richtet damit die Form des Ich-Bewusstseins immer wieder aufs Neue aus und führt dann zu Urteilen, die auf dem Irrtum der Identifikation des Wesenskerns mit der unbelebten *prakriti* beruhen. Wir nehmen an, das wir, das Ich-Bewusstsein, es sind, die all die Ereignisse erleiden, sich an ihnen erfreuen etc., obwohl doch der einzige lebendige Fakt der *purusha* ist, der stets frei von all diesen irdischen Dingen bleibt. Hier wird also ein Dualismus von unbelebter, geformter und formender Materie einerseits und einem ungeformten und auch unformbaren lebendigen Wesenskern angenommen. Hier gibt es keine Feindschaft, hier gibt es nur Irrtum und Klarheit. Die Welt der *prakriti* ist nicht böse, nicht schlecht, und sie verfolgt auch keine Absichten; es sei nur anstrebenswerter, das Bewusstsein aus diesen verstrickenden Irrtümern zurückzuziehen, um so die reine (formlose) Freude der Lebensmonade an sich zu erfahren.

Das Ich in der christlichen Mystik ist ein Feind, wenn auch ein Feind, der sich aus Unwissenheit vom eigentlich Bösen hat anwerben lassen. In der Samkhya Philosophie ist das Ich schlicht ein Irrtum, ein vorübergehendes Ergebnis der beständigen Unruhe der Natur der Dinge, und angestrebt wird ein Zustand der Stille, in der alle Bewegung ruht. Die von den Wellen gekräuselte Oberfläche des Sees, die das Spiegelbild des eigentlichen Wesens verzerrt, wird als Ich verstanden. Das Ich soll nicht vernichtet werden, nicht gequält, verdammt, aufgelöst, beschimpft oder kasteit – denn wie könnte man das mit etwas, das gar nicht existiert – sondern die Yogis arbeiten an der Ruhe der See-Oberfläche.

Anders verhält es sich in den nicht-dualistischen Philosophien Indiens, etwa dem Vedanta oder dem Kaschmir-Shivaismus. Im Vedanta sind es nicht unendlich viele (ewige) Lebensmonaden, sondern letztlich nur eine: Brahman, das sich entfaltet in eine scheinbare Vielheit, in der sich Bruchstücke daraus als ein Ich erkennen. Dort ist Ziel des yogischen Bemühens, Brahman zu erkennen und dessen Einheit in sich selbst zu erfahren.

Das Chakra-System ist sowohl in den monistischen, etwa dem Kaschmir-Schivaismus, als auch in dualistischen Traditionen, wie der Samkhya-Philosophie, bekannt. Modernere Schulen – etwa die des Swami Shivananda – verschmelzen Aspekte monistischer und dualistischer Traditionen; in ihnen scheint es weniger um das Verteidigen eines Weltbildes (über dessen Höhenlagen man ohnehin keine Aussage treffen kann), als um einen pragmatischen Zugang zu einer neo-hinduistischen oder besser neo-yogischen Praxis der Selbstbefreiung zu gehen. Shivanandas Schüler sind in vielen Fällen Europäer und Amerikaner.

Doch zurück zu den sieben Wohnungen Gottes der Teresa von Ávila. Ohne Mühe erkennt man in ihnen die gleiche Grundskizze wieder, die auch dem Chakra-System zugrunde liegt. Eine der Ähnlichkeiten zwischen beiden Systemen besteht darin, dass mit jedem Chakra oder mit jeder ‚Wohnung Gottes' sich das Selbstverständnis des Ichs wandelt, bis es in den abstraktesten chakrischen Erkenntnisräumen und in den weiträumigsten göttlichen Wohnungen seine eigentliche Substanzhaftigkeit völlig verliert. Mit jedem Erweitern des Erkenntnisraumes ergibt sich eine neue Ich-Definition, die die bisherige als einschränkenden Irrtum entlarvt.

An dieser Stelle darf gefragt werden, was denn nun dieses Ich eigentlich ist, wenn seine Selbstdefinitionen mit jeder Radiuserweiterung des Gewahrseins instabil und ad absurdum geführt werden. Der philosophische Zweifel an einer Ich-Substanz bekommt unerwartete Schützenhilfe von der neurowissenschaftlichen Front westlicher Wissenschaft. Neurologie und Konstruktivismus gehen seit einigen Jahrzehnten machtvolle Allianzen ein, um gemeinsam der Vorstellung eines Ichs den Todesstoß zu versetzen. Der Einsatz, den der Konstruktivismus dabei einbringt, besteht in der Feststellung, dass kognitive Systeme autopoietische Konstruktionen des menschlichen Geistes seien, also sich aus sich selbst heraus erzeugen. Grundlage dessen sei die Zweckmäßigkeit dieser Kognitionen, die als normale Anpassungsleistungen an bestimmte Herausforderungen des Lebens verstanden werden – und zwar unabhängig davon, ob sie irgendeiner Wahrheit oder Objektivität entsprechen. Jedes kognitive (und emotionale) Element hätte seine Funktion, auch etwa die schlecht beleumdete Depressivität, da diese beispielsweise Zuwendung und Verständnis im Gegenüber aktiviere. Die Maske der Bedürftigkeit hat schon so manche Erfolge erzielen können. Teil dieser kognitiven Systeme sei nun auch das Ich, das als eine Steuerfunktion begriffen wird, um Wahrnehmungsdaten und gespeichertes Wissen miteinander zu koordinieren. Diesem konstruktivistischen Vorstoß wird nun von den Neurologen ein hartes materielles Fundament verliehen: Die Existenz eines Ichs sei an Aktivitäten bestimmter Hirnareale gebunden, und fallen diese aus, ist das kognitive Geschehen im psychischen Innenraum noch lange nicht am Ende. Der Traum beweist es.

Kein Zweifel, das Ich steht unter Beschuss, und zwar von zwei Seiten, die sich zumindest im Abendland über Jahrhunderte hinweg unversöhnlich gegenüberstanden, der objektivistischen Wissenschaft und der subjektivistischen mystischen Erfahrung. Und doch bleibt es eine amüsante Tautologie, wenn man sagt: ‚Ich weiß, dass das Ich nicht existiert.'

Das Problem innerhalb der Fragestellung nach der Substanz des Ichs besteht in dem perspektivischen und damit absoluten Denkmodus, mit dem man sich den möglichen Antworten nähert. Rein dualistisches Denken, das dazu neigt, sich an einem Ende eines Kontinuums fest zu verankern, und den damit entstehenden Gegensatz zu leugnen oder zu bekämpfen, muss sich zwangsläufig entscheiden: Existiert das Ich oder existiert es nicht? Nur eines kann stimmen, das andere muss Irrtum sein. Löst das Bewusstsein aber seine Identifizierung mit einer Perspektive und wird frei, kann es sich auf dem damit entstehenden Kontinuum zwischen den Gegensätzen bewegen. Die Gegensätze verlieren an Substanz und Bedeutung, der Zwischenraum, der beide miteinander vereint, wird zur eigentlichen Wirklichkeit. Die Entscheidung zwischen Ich und Nicht-Ich wird überflüssig, interessanter werden die Wandlungsprozesse einer sich selbst erlebenden Entität, deren empirische Wirklichkeit nicht mehr an ihre Unwandelbarkeit gebunden ist. Das Ich wird erfahren als eine sich ständig verändernde Größe, mehr Software als Hardware, mehr Prozess als Instanz, mehr subtiles Kraftfeld als Inhalt; ein Kraftfeld, in dem sich Inhalte neu sammeln, neu justiert werden, ein Kraftfeld, das Bewusstsein zu bündeln vermag, das zu kreativen Selbstdefinitionen fähig ist, dessen Eigenschaft Intelligenz in verschiedenen Intensitäten ist; dessen Postulate vom Typus des ‚Ich bin

…' Hypothesencharakter tragen und Selbstversuche sind. Jiddu Krishnamurti brachte die aperspektivische Sicht auf das Ich auf den Punkt, als er sagte, es gäbe nicht den Denker, es gäbe nur das Denken, nicht den Meditierenden, sondern nur die Meditation, nicht den Glücklichen, sondern die Freude. Die Überwindung des perspektivischen Denkens gestattet uns eine Sicht auf das Ich, die revolutionär ist: das Ich als eine formlose aber mobile Kraft, in dessen Leuchtradius das sichtbar wird, was es auf seiner Reise durchstreift. Der Irrtum des perspektivischen Denkens war es, sich mit den angestrahlten und damit sichtbar gewordenen Objekten zu identifizieren, nicht anders als hielte eine Taschenlampe die durch sie beleuchteten Gegenstände für ihr Ich. Doch nicht nur die Gegenstände ändern sich, sondern auch die Ausrichtung des Lichts der Lampe, und so kommt es für die Taschenlampe ebenso wie für den rationalen Menschen zu einigen Konfusionen: Ich war doch gerade noch dies, warum bin ich jetzt das? Das aperspektivische Bewusstsein sieht sich selbst auf einer Reise, ohne sich selbst mit den durchdrungenen raumzeitlichen Gegenden zu verwechseln. Das Ich als feste unwandelbare Größe zu sehen, mag ein Irrtum sein, doch ebenso irrig wäre es, es damit vollständig zu verwerfen. Es bedarf einer neuen Sicht, einer Redefinierung unseres Wesens, die auf feste Größen verzichtet und das Prozesshafte fokussiert.[127] So stellt sich also nach den Befunden von Neurowissenschaft und Konstruktivismus und nach den Erfahrungsberichten von Mystikern yogischer und faustischer Schulen nicht mehr die Frage nach Ja oder Nein, sondern eher danach, welcher Natur der Geist ist, der Bewusstsein und Intelligenz erfahren kann.

Wenn wir von objektiver wissenschaftlicher und subjektiver mystischer Seite gleichermaßen erfahren, dass das Ich – an dem Glück und

---

127. In den sozial-konstruktivistischen und systemtheoretischen Diskursen ist ein solches Menschenbild, in dem sich der Mensch in erster Linie offenbart als jemand, der sich‚verhält', also Teil von Beziehungen ist, durchaus bekannt. Doch diese Ansätze sind ‚objektiv' und machen den Menschen zu einem erforschbaren, distalen Objekt. Was in dieser Schrift hingegen skizziert werden soll, ist eine innere, subjektive Revolution des Denkens und Wahrnehmens, die (vielleicht) in ein erweitertes Identitätsgefühl des Ichs mündet; ein Identitätsgefühl, das die stationäre Ich-Perspektive zugunsten einer Aperspektivität, die auf den intersubjektiven Bahnen zu gleiten vermag, ablöst. Was die (wissenschaftlich-objektive) Außenperspektive bereits erreicht hat, steht für die Innenperspektive im Allgemeinen noch aus.

Wehe unseres alltäglichen Lebens hängt – nur eine vorübergehende Illusion sei, dass es mit dem Tode unwiederbringlich verlischt, so stehen einige religiöse Zielstellungen von Meditation, Kontemplation, Gebet, asketischen Bemühungen und Visionen auf dem Prüfstand. Das Ich aufs Jenseits vorzubereiten wird absurd, wenn es vorher aussteigt. Das Diesseits sollte im Lichte dieser Befunde rehabilitiert werden. Es bietet genug Möglichkeiten, die Grenzen des menschlichen Bewusstseins und Erfahrens auszuloten.

Das yogische Denken liefert uns Hinweise auf eine praktikable Anwendung eines aperspektivischen Bewusstseins, auch wenn es selbst diese Aperspekivität nur teilweise und nur unter Wenigen etabliert hat. In ihm ist die Prozesshaftigkeit des menschlichen Wesens deutlich stärker berücksichtigt, als in den abendländischen Psychotechniken.

So wird etwa in yogischen Meditationsformen der Atem mit einer lebenskrafttragenden Bedeutung aufgeladen, Prana. Der Meditierende stellt sich nun vor, dass mit dem Einatmen jene Kraft, Prana, aus dem untersten Chakra (also aus dem Unterleib, manchmal aus dem Steißbein) entlang der Wirbelsäule nach oben ‚gezogen' wird. In seiner subjektiven Wahrnehmung ist jene Kraft leuchtend wie ein Lichtstrahl oder wie ein feines Netz aus Lichtfäden. Es durchströmt die Chakras von unten nach oben und energetisiert diese dadurch. Gleichzeitig versucht er die Chakras von allen Inhalten, Anhaftungen, Konditionierungen etc. zu reinigen, indem er diese als energetische Konfigurationen wahrnimmt, die die reine und formlose Prana-Energie in ihre Strukturen zwingen würde. Sein Ziel ist die vollkommene Freiheit, also in seinem Sinne das Losgelöstsein von allen Bindungen; von der Neigung der menschlichen Psyche, sich die Strukturen der Umgebung in seinem Inneren zu eigen zu machen. Die Chakras, verstanden als umfänglicher werdende Erfahrungsräume des Geistes, sollen schlussendlich formlos und als reines Licht existieren können, als Sterne, an denen jede formgebende Kraft abperlen soll wie Wasser an den Federn eines Vogels.

Das Aufladen bestimmter Dinge oder Funktionen mit Bedeutung – hier des Atems – ist eine Psychotechnik aus dem Methodeninventar des magischen Bewusstseins. Dass es wirksam ist, steht außer Frage, wie auch moderne Hypnotherapeuten wissen. Doch die eigentliche Stärke dieser Technik liegt in ihrer Potenz, per se für die Sinne nicht Wahrnehmbares in etwas Wahrnehmbares umzuwandeln, um im Anschluss damit arbeiten und es gestalten zu können. Es gibt eine ganze Reihe solcher atemorientierten Techniken im Yoga, die als *Pranayama* zusammengefasst werden. Von Schule zu Schule unterscheiden sich die Methoden; mal soll so, mal ganz anders geatmet werden. Diese Varianz erlaubt uns die Frage, ob ein striktes Befolgen der Anweisungen einer bestimmten Schule wirklich notwendig ist, oder ob es hauptsächlich darum geht, ein probates Gleichnisbündel zur Verfügung zu haben, dass eine effektive psychische Gestaltungstechnik gestattet. Wenn man mit der Bedeutung der Chakras vertraut ist, genügt eine Berührung mit unserer Aufmerksamkeit, um all die Themen eines solchen Chakras zu aktivieren. Folgt man mit seiner Aufmerksamkeit dem Atemfluss, bis er ein solches Chakra scheinbar erreicht hat, wird es dem Gewahrsein zugänglich. Der Atem wird so zu einer zuverlässigen Welle, auf der die Aufmerksamkeit von Bedeutungsbündel zu Bedeutungsbündel surft. Er trägt das Bewusstsein, beziehungsweise die Aufmerksamkeit, löst es damit aus seiner fixierten Verankerung (etwa im Alltagsbewusstsein), macht es beweglich und bringt es an psychische Aussichtspunkte, deren Ausblicke desto spektakulärer werden, je weiter das Sichtfeld durch klare Höhenluft wird.

Einer ähnlichen aperspektivischen Vorankündigung begegnen wir in buddhistischen Meditationen, etwa des Zen-Typs. Während in den pranisch-yogischen Meditationen die Perspektiven gewechselt werden und so ein Gefühl für die eigentliche Beweglichkeit des Bewusstseins entsteht, strebt der Zen eine radikale Abwesenheit jeder Perspektive an. Unter einem formlosen und abstrakten Zentrum an Bewusstheit treiben die trägen Ströme von Gedanken und Gefühlen in einer innerpsychischen Landschaft dahin, ohne dass die meditative Bewusstheit sich damit allzu tief befassen würde; sie werden zur Kenntnis genommen wie ein Flüsslein, das man aus dem Flugzeug sieht. Insofern könnte man den Zen-Buddhismus mit einigem Recht den ‚radikalen Aperspektivismus' nennen.

Vergleicht man die yogischen Traditionen, etwa die Chakra-Lehre, mit jener christlichen Mystik der Teresa von Ávila, erkennen wir in beiden eine Mobilmachung des Bewusstseins, ein Herauslösen aus der Verankerung in einer fixierten Perspektive. Doch während sich die yogischen

Traditionen als anpassungsfähiger an moderne Zielstellungen erweisen, sehen wir am Beispiel Teresas, wie ein bewegungsfähiges – und damit per se aperspektivisches – Bewusstsein seine dualistischen Altlasten durch die Sphären weiter werdender Perspektiven tragen kann und sich immer wieder deren Interpretationsdiktaten beugt. Teresa von Ávila geht im Grunde den gleichen Weg wie die Yogis, nur eben mit einer Hypothek.

IV Navigationen – Instrumente der innerpsychischen Conquista

Um die Identifikationen mit den Inhalten der engeren Sphären des auf den Chakren basierten Modells lösen zu können, bedarf es eines gewissen Überschusses an Bewusstseinskontingenten. Die Methode, die sich empfiehlt, ist die Meditation. Gleichzeitig ist das Bewusstsein der geweiteten Sphären in der Lage, die Bedingungen der engeren Sphären zu überschauen und damit gegebenenfalls aufzulösen oder umzuformatieren. Hier greifen aufdeckende Techniken der Selbsterkenntnis, die mithilfe eines Therapeuten oder Lehrers oder selbstständig praktiziert werden können. Meditation und psychotechnische Methoden der Selbstgestaltung sollen im Anschluss an vorangestellte Betrachtungen über den Begriff des ‚spirituellen Fahrzeugs' und über die Symbolik des Heiligen kurz skizziert werden. Es handelt sich um probate Navigationsinstrumente geistiger Art, die uns zur eigenverantwortlichen Psychonautik im subjektiven Innenraum befähigen.

Wege und Fahrzeuge in den Einsichtstraditionen

Einer der großen indischen Weisheitslehrer, Merwan Sheriar Irani, besser bekannt als Meher Baba (1894 – 1969), charakterisierte die Meditation als einen Pfad, den sich der Praktizierende durch den Dschungel seines Gemüts bahne, und der nicht wie eine Lokomotive eingefahrenen Gleisen folgen könne: „Dieser Mensch folgt nicht einem vorgezeichneten Pfad. Sein Pfad zeichnet sich ab, nachdem er ihn gegangen ist. … Er ringt in Wirklichkeit mit den geistigen Problemen, denen er sich gegenübersieht, und folgt nicht einfach einer unveränderlichen Route, die in seiner mentalen Landschaft bereits vorgezeichnet wäre."[128]

Hinzuzufügen wäre an dieser Stelle Krishnamurtis legendärer Satz, als er den für ihn von den Theosophen gegründeten Orden auflöste: „Die Wahrheit ist ein pfadloses Land."

---

128. Meher Baba, 1996, S. 228.

‚Wege' im Kontext einer Einsichtspraxis sind bereits verdächtig. Vorzuziehen wäre hier der vom Buddhismus genutzte Begriff des ‚Fahrzeugs', eines Gefährts, das geeignet scheint, den Suchenden in jenes Unbekannte zu tragen, das ihn lockt. Manch Tradition stellt massive Fahrzeuge zur Verfügung, Fortbewegungsmittel des Geistes, die in ihrer Konstruktion bereits bestimmte Wege oder die Art des zu erkundenden geistigen Landes festlegen; mit einem Schiff lässt sich schlecht das Innere eines Landes befahren, es zwingt zur Benutzung von Wasserlandschaften, Meeren, vielleicht Flüssen. Oft ist die Konstruktion des Fahrzeugs bereits Ergebnis eines fertigen Weltbildes, sodass mithilfe dieses Fahrzeugs die Sphäre jenes Weltbildes befahren werden kann, aber jenes keinen Weg hinaus findet. Solche Fahrzeuge sind in ihrem Kern korrupt; sie dienen einzig der Bestätigung des Weltbildes, aus dem heraus sie errichtet wurden.

Es ist ein Relikt des mehrere Tausend Jahre alten perspektivisch-dualistischen Denkens, sich für eine Tradition entscheiden zu müssen und dieser mit passionierter Nibelungentreue verpflichtet zu bleiben. Oft genug wurde und wird von den entsprechenden Fahrzeugherstellern versichert, man müsse, um wirklich effektiv zu transzendenten Einsichten zu gelangen, auf einer Spur bleiben, solle den Weg nicht wechseln. Auch die Toleranteren, die parallele Wege akzeptierten, meinten, dass ein solcher Wechsel keinen Gewinn bringe, vielmehr müsse man von vorn beginnen. Die Motive dahinter mag man in Eifersüchteleien, vor allem aber in dem seit Jahrtausenden tobenden Wettbewerb zwischen konkurrierenden Anbietern von Heilswegen sehen. Der aperspektivische Geist zeigt sich gegenüber solchen Werbungen um Anhänger unbeeindruckt. Das Postulieren von Heilswegen schließt das Unheil ein, schließt ein, dass der geistige Status quo, an dem sich Menschen aufhalten, als nicht in Ordnung oder ungenügend empfunden wird. Das Ungenügende offenbart sich nicht nur in der alltäglichen Haltung, sondern auch in der Konstruktion der Fahrzeuge, die zum Heil führen, und im Erstellen der Karten, die den Weg zum Heil weisen sollen. Wie sollten diese perfekt sein? Selbst wenn sie von Wissenden geschaffen wurden: wir, die wir diese Fahrzeuge und Wege rezipieren – wie sollten wir sie richtig verstehen können? Der Dualismus besteht aus Heil und Unheil, aus Vollkommenheit und Unvollkommenheit, aus innerem Frieden und innerer Spannung. Zwischen diesen Gegensätzen pulsiert ein Spannungsfeld, eine psychische Kraft aus Motivation, Wollen, Sehnen, aus Ziel und Absicht. Wäre man in der Lage, statt der Gegensätze dieses Spannungsfeld als das eigentlich Reale anzunehmen, so würde dieses die beiden Gegensätze in sich enthalten. Die fixierten Perspektiven lösen sich und werden zu gleitenden Raumkapseln im geistigen Innenkosmos: – Aperspektivität.

Ein schweres Fahrzeug wie eines aus der buddhistischen Werft oder des Yoga, des muslimischen Sufismus oder des mystischen Christentums kann für notwendige Überfahrten nützlich, sogar notwendig sein. Um den Ozean, auch den inneren, zu überqueren, braucht man ein hochseetaugliches Schiff. Angekommen an den Antipoden unserer Psyche aber werden flexiblere Werkzeuge geeigneter sein; ein Wanderstock, gutes Schuhwerk oder ein treues und starkes Pferd. Letzteres Bild erinnert an Mythen von Pferd und Reiter: der antike Heros Bellerophon, dem Athene und Poseidon günstig gestimmt waren, gewähren ihm den Pegasos, jenes geflügelte Pferd, mit dessen Hilfe er das Ungeheuer Chimäre besiegen wird. So kann aus psychonautischer Sicht diese Geschichte gelesen werden: Das Pferd, hier das geflügelte, ist Sinnbild des Körpers, Sinnbild von Bellerophons Vitalkräften. Mit der Zähmung des Pegasos gelingt ihm die Integration von Körper und Geist, von Vitalkraft und Bewusstsein. Der Körper in seiner Kraft will gelenkt und gezügelt sein, seine Bewegungen nicht mehr zufällig und aus Trieb und Instinkt heraus, sondern dem Willen des Geistes unterworfen. Die Leidenschaften des Körpers bekommen Richtung und willentliche Absicht; dessen Vitalkräfte werden dem Bewusstsein und damit der ‚Holy Quest' dienstbar gemacht. Sie werden als verstärkende Energie-Kontingente in eine Fusion aus Geist und Körper und Vitalkraft eingebracht. Wir kennen auch Sleipnir, das achtbeinige Pferd des nordischen Gottes Odin, eines Gottes, der starke schamanische Züge trägt. Die Achtbeinigkeit seines Pferdes verweist auf mehrere Deutungsebenen. Sie zeigt die Potenzierung der Vitalkräfte an, aber auch die Verdoppelung im Sinne eines Reittieres in dieser *und* in der geistigen Welt. Ähnlich verhält es sich mit den Flügeln des Pegasos.

Der Rückgriff auf Mann und Frau als Symbole für die Pole des mythischen Kreises und später für die dualen Gegensätze des rationalen Denkens ist naheliegend. Ähnlich auch das Helle und Dunkle, der Tag und die Nacht, das Aktive und Passive. Symbole des Heiligen greifen sich Bilder und Zeichen, die vereinfachend und mehrdeutig und die nicht an das Besondere geknüpft sind. Mann und Frau sind Phänomene, die auf dem ganzen Planeten zu allen Zeiten dem Menschen gleichermaßen begegnen, ebenso Tag und Nacht, Sonne und Mond, Licht und Finsternis, aber auch Wasser und Himmel, Erde und Feuer, der abgegrenzte Raum, sei er Wohnort oder Tempel, und der Komplex der Fruchtbarkeit und Vegetation.

Das heilige Symbol trägt in sich die Tendenz, das Große und Ganze sich einzuverleiben.[129] Das Wort ‚heilig' weist schon auf diese Allumfassungstendenz hin; es meint das Ganze, das Vollständige. Im Englischen ist der etymologische Zusammenhang deutlicher: holy (heilig) und whole (ganz). Der Fluss Ganges ist auch die Göttin Ganga. Ganga aber lebt auch durch alle anderen Flüsse, durch Bäche, Seen, Teiche; sie wird zur Göttin des Elements Wasser, wird lebensspendend. Und weiter wird sie, wie alle anderen Göttinnen Indiens zu einem Symbol von Mahadevi, der Großen Göttin. Mahadevi umfasst die vollständige ausgeformte Welt, sie ist die Personifizierung aller Erscheinungen. Diese sind letztlich aber untrennbar mit dem unerkennbaren Göttlichen verbunden, dessen Ausfaltung die Welt und dessen Schöpferkraft die Göttin ist. Das heilige Symbol will alles umfassen; es liegt in seiner Natur.

Im heiligen Symbol ist immer eine unausgesprochene und von den Weisen (etwa den Autoren bestimmter heiliger Schriften) mitgewusste Metaebene enthalten, eine die Vielfalt der Symbolbilder überspannende Bedeutungseinheit. Diese ist nicht benennbar, ist nicht in Bildern auszudrücken. Die Bilder und Symbole können aber unter diese Bedeutungseinheiten sortiert werden. Jung nannte sie Archetypen. Jeder Versuch, einen Archetypus zu beschreiben, sei es mythisch, in Bildern oder wissenschaftlichen Theorien, erzeugt nur neue Varianten von

129. Eliade, 1998, S. 522ff.

Ausdrucksformen des Archetypus, der aber *an sich* noch immer formlos bleibt.

Der Archetypus des Mann-Frau-Paares: Er ist unbeschreibbar, aber in vielen Mythen und Theorien symbolisch in Bilder und Modelle gekleidet. Adam war androgyn, schreiben rabbinische Kommentatoren, Adam und Eva an den Schultern und Rücken an Rücken zusammengewachsen, bis Gott sie mit einem Beilhieb trennt.[130] Platon stellt sich den Urmenschen als eine androgyne Kugel vor, im Taoismus sind es die Winde, die am Anfang ein Ei bilden, das große Ganze, und dann die Geschlechter inkarnieren. In Indien sind Shiva und Shakti letztlich eins und in verschiedenen Darstellungen findet man dort einen zweigeschlechtlichen Shiva, dessen eine Seite männlich und dessen andere Seite weiblich ist. Zeus und Hera im antiken Griechenland sind ein Geschwisterpaar von Anbeginn, was ihre Ehe zu einem Symbol uranfänglicher Einheit macht. Hera vermag es, ihre Unschuld jedes Mal auf ein neues wiederherzustellen; sie ist die einzige Göttin, die aus sich selbst zu gebären vermag, da sie den befruchtenden (männlichen) Aspekt in sich trägt. Ähnlich Zeus, dem Athene aus dem Kopf entspringt. „Unter allen Göttinnen war Hera die Gattin, die bei dem Gatten nicht Mutterschaft, sondern Erfüllung suchte."[131] Der Mythos des Zeussohnes Herakles berichtet, wie Herakles nach getaner Arbeit des Lebens, nach seiner Erhöhung in den Olymp, die Tochter des Zeus und der Hera, Hebe, zur Frau bekommt. Aus der menschlichen Form heraus trachtet Herakles nach Vervollkommnung, und er wird sie schlussendlich erreichen. Die mächtigen Schlangen, die ihn als Säugling töten sollen, erdrosselt er. Am Scheideweg zwischen Tugend und Laster entscheidet er sich für den mühsamen Weg der Tugend. Das Laster – jenseits moralischer Erwägungen – führt in weitere Verstrickung und damit zu mehr Trennung, zu mehr psychischer Fragmentierung. Herakles unterwirft sich den zwölf Aufgaben, die der König Eurystheus ihm nach göttlichem Wunsch stellt und bewältigt alle. Heraus sticht das Ausmisten des Stalles des Augeias. Die riesigen Stallungen sind ein Symbol für die Komplexität des Ichs, deren einzelne Räume bisher nicht ‚ausgemistet' wurden, in denen sich Konditionierungen, Verfestigungen in Einstellung und Habitus, Über-

---

130. Eliade, 1998, S. 488.
131. Kerényi, 1997, S. 77.

zeugungen und ungünstigen Veranlagungen angesammelt haben. Diese Stallungen einzeln zu säubern ist angesichts der riesigen Ausmaße der Schweinerei kaum möglich. Herakles löst das Problem, indem er einen Fluss durch die Ställe leitet und damit all den (psychischen) Unrat mit einem Mal hinausschwemmt. Diese Säuberung des Ichs, diese *purificatio*, finden wir in anderen ‚Heilswegen' genauso. In der christlichen Mystik ist es die *via purgativa*, die Phase der Reinigung, die lange dauern kann, bis man auf die *via illuminativa* (den Weg der inneren Erkenntnis) kommt, um dann letztlich die geheime Einheit, die *Unio mystica*, zu erreichen.[132] In der Mystik des indischen Shivaismus und des Kundalini-Tantra ist es die Reinigung der Chakras, in deren subtilen Energiegeflechten sich die verstrickenden Erfahrungen des Ichs abgelagert haben, und deren Strukturen wieder geglättet werden müssen, um einen ungehinderten Fluss der erkenntnisbringenden Kundalini-Energie durch den gesamten Pranamaya, den subtilen Körper, zu gewährleisten. Ist der Weg frei für diese Energie, erreicht sie die oberen Chakras und eröffnet dem Yogi die mystischen Erkenntnisse, die unter anderem die Einheit von Gott und Göttin offenbaren. In der symbolischen Alchemie Europas finden wir ein ähnliches Muster von Reinigung, Vergeistigung und Vereinigung.

In C.G. Jungs Individuationsprozess wiederholt sich das Muster des mystischen Weges in einer zeitgemäßeren Sprache. Die Fragmentierung des Menschen zeigt sich in der Existenz eines mächtigen unbewussten Archetyps des jeweils anderen Geschlechts: für den Mann die Anima, für die Frau der Animus.

In all diesen Beispielen zeigt sich das gleiche Grundmotiv: das Bedürfnis nach Aufhebung der Fragmentierung des Seelenlebens und nach der (Wieder-) Herstellung einer erlebten Einheit. Dabei soll weder gesagt werden, dass der Shivaismus durch die Animatheorie[133] Jungs erklärt werden kann, noch dass Jung eigentlich eine *unio mystica* von Gott und Göttin meinte. Vielmehr zeigen alle diese Konzepte und Formgebungen des Grundmotivs die Unterschiedlichkeit des innersten Anliegens der jeweiligen Kulturseelen an. Während es Jung, als Mitglied einer Kultur, die eine starke Individualisierung tradiert, um die innerseelische Integration des einzelnen Menschen ging, ist das Anliegen der yogischen

132. Schimmel, 1995, S. 17.

133. Zur Anima-Theorie C.G. Jungs siehe S. 318 in diesem Buch.

Konzepte die Aufhebung des individuellen Irrtums zugunsten einer unpersönlichen Einbindung in ein kosmisches Ganzes, wobei dort diese Auflösung über verschiedene Stufen karmischer Strukturen angestrebt wird: über die Auflösung der Person in der Ehe, in der Familie, in der Kaste, (seit 1947 auch in der Nation), in der Verehrung einer Gottheit, in der Bhakti (der Liebe und Einheit) mit der Gottheit, und letztlich in der allumfassenden kosmischen Identität, in der der Yogi nur ein Gedanke Gottes ist, der sich schöpferisch entfaltet und so die Welt schafft, in deren Faltenwurf ein Staubkorn der Mensch sein mag.

Meditation

Der Begriff der Meditation (von lat. *meditatio*, *meditari*: nachsinnen, nachdenken; griech.: *medomai*: denken, sinnen) ist abendländischen Ursprungs und dadurch eng mit der christlichen Mystik verknüpft. Im Gegensatz zur Kontemplation, die über einen Gegenstand nachsinnt, und zum Gebet, dem Dialog mit Gott, ist die Meditation gegenstandsfrei. Teresa von Ávila empfiehlt ihren Ordensschwestern:

„Das Beste, was die Seele tun kann, die so glücklich ist, in das vierte Gemach einzutreten, ist, dass sie, wie gesagt, zwanglos, auf eine nicht gewaltsame Weise ihre Verstandestätigkeit anzuhalten suche, und zwar nur so weit, dass sie sich nicht in unnütze Gedanken ergeht, nicht aber völlig stillsteht; denn es ist gut, dass der Verstand sich der Gegenwart Gottes und wer Gott sei erinnert … Er suche ja nicht zu erforschen, wie dies geschieht; es ist eine Gabe, die dem Willen gespendet wird; er lasse ihn dieselbe genießen und störe sie nicht durch sein Denken.“[134]

Die Entdeckung der Unfreiheit des Geistes durch seine Gebundenheit an Gedanken und Emotionen ist ein Verdienst, das nicht nur Yogis und Buddhisten zuzuschreiben ist, auch die christliche Mystik wusste um die Macht irrelevanter Gedankenströme, die den Geist in ihre Bahnen zwingt. Teresa von Ávila erkannte diese Macht und empfahl entsprechend erst ein Gebet der Sammlung, das, wie man heute sagen würde, die gewohnte zerstreuende Außenaufmerksamkeit in eine Innenaufmerksamkeit umkehre:

---

134. Teresa von Ávila, 1999, S. 90.

„Man zieht sich dabei nicht an einen dunklen Ort zurück, noch wendet man irgendein äußeres Mittel an; man sehnt sich wohl nach Einsamkeit, sucht sie aber nicht auf auffallende Weise; man schließt die Augen und fühlt sich jenem Gebetszustand nah, in dem die Sinne ihren allzu großen Einfluss auf die Seele verlieren und diese die verlorene Herrschaft wiedergewinnt. Einige Schriftsteller nennen dies ein Wiedereinkehren der Seele in sich selbst, wobei sie zuweilen sich über sich selbst erhebe."[135]

Der Sammlung folgt das Gebet der Ruhe, in dem der Geist sich von allen gedanklichen Anhaftungen löst und seinen Ursprung zu erkennen vermag:

„Wenn im Ruhegebet das Denkvermögen untätig ist, so kommt es daher, weil das Wasser (der göttliche Geschmack) unmittelbar aus der Quelle und nicht durch Kanäle fließt. Der Verstand sieht sich mit Staunen in einem fremden Gebiet und irrt wie ein Unsinniger umher, ohne zu wissen, wo er verweilen soll. Dies sieht der mit Gott vereinte Wille nicht ohne Schmerz, doch muss er darüber hinweggehen. Wollte er darauf achten, würde er das Glück, das er genießt, verlieren."[136]

Die christliche Meditation als psychotechnische Methode bleibt eingebunden in das Glaubenssystem, und doch sind seine Prämissen zum Teil schon recht säkularisiert: Der Geist wird als eine Kraft vorgestellt, die gebunden werden kann und im alltäglichen Leben auch gebunden wird. Sie irrt gleichsam in ‚Kanälen' umher, die sie an sinnliche Erscheinungen, an Gedanken und Gefühle, Einstellungen und Bedürfnisse fesselt. Der Geist wird unfrei und ist unfähig, seine wahre Natur zu erkennen. Um dieses Problem zu lösen, wird eine Methodik der Entkopplung vorgeschlagen: Das Denken soll gestoppt werden, und wo dies nicht gelingt, als lästige, aber eben nicht zu ändernde Sache gesehen werden. Der Geist wird zum Zeugen seiner selbst, aber auch zum Zeugen dieser ‚kanalhaften' Gedankenströme. Die moderne Psychologie würde von Desidentifikation oder Differenzierung sprechen: War man gerade eben noch vollkommen mit dem Gedankenstrom identifiziert, beginnt nun ein Loslöseprozess des Geistes, gleichsam eine Emanzipation der freien Intelligenz, die sich auf die innere (oder göttliche) Quelle

135. Teresa von Ávila, 1999, S. 86.
136. Teresa von Ávila, 1999, S. 91.

besinnt und die bisherigen Identifikationen als Irrtum abtun kann. Welcher Natur der Geist nun aber sei – jetzt, nachdem man erkannt hat, dass er mit den normativen Gedanken und alltäglichen Gefühlen nichts weiter zu tun hat – ist eine Frage, die von Teresa von Ávila und anderen Mystikern mit dem Glauben an Gott beantwortet wird. Die schwerste Prüfung für jeden Mystiker ist das Paradoxon, dass gerade jene Methode, die ihn erst einlud, das Höchste zu erreichen, ihm dann die Mittel zur Verfügung stellte, psychografische Landkarten bereitstellte und mit einer kosmischen Zielvorgabe für genügend Motivation sorgte, sich als letzte Anhaftung und Irrtum erweisen wird. Denn was sind das Christentum oder der Yoga anderes als Gedanken und Interpretationen?

Der Begriff der Meditation wurde wie so viele andere genuin abendländische Begriffe auf Phänomene fremder Kulturen übertragen, die hinreichend ähnlich schienen. Im Yoga gibt es dieses Begriff nicht, statt dessen spricht man dort von *dhyana* und *dharana*, Konzentration, oder von der spirituellen Praxis an sich, *sadhana*. Doch die Prämissen, die Teresa von Ávila bereits nannte, finden wir auch dort. Ziel ist ein Zustand, der frei ist von Gedanken und Vorstellungen, *nirvikalpa*. Um diesen Zustand zu erreichen, ist die grundlegende Schrittfolge die gleiche wie auch in der christlichen Mystik: die Außenaufmerksamkeit zur Innenaufmerksamkeit umkehren, den Geist von den Anhaftungen, also den Identifikationen des alltäglichen Denkens und Fühlens, lösen, und in der Freiheit des Geistes verweilen, ohne etwas zu wollen, denn jedes Wollen wäre ein Einbruch individueller Vorstellungen in den freien und somit inhaltsleeren Geist. Natürlich ist die spirituelle Praxis des Yoga ebenso an kulturspezifische Vorstellungen und Bildsprachen gebunden wie auch die Meditation und Kontemplation der christlichen Mystiker. Und so stehen auch die Yogis letztlich vor der Aufgabe, sogar den Yoga selbst als ein künstliches, menschengemachtes Konzept über Bord zu werfen, wenn er seinen Zweck, die Freiheit des Geistes, erreicht hat. Bemerkenswert ist die aperspektivische Reife des Yoga, Glaubenssysteme und Überzeugungen als Mittel zum Zweck sehen zu können:

„Um in die transzendente Wirklichkeit einzudringen, kann man jedes Mittel ergreifen, das einem naheliegt. Die anderen soll man aufgeben. Doch es gibt keine Einschränkungen, was diese Mittel betrifft. Nach der Lehre des Trika besteht Gleichheit in Bezug auf alle Götter., alle spirituellen Strömungen, alle Mantras, die heiligen Schriften (*agama*) und die Wege – weil alles göttlich ist (wörtlich: weil alles von Shiva durchdrungen ist).“[137]

Der Shivaismus aus Kaschmir, auf den sich dieses Zitat bezieht, scheint dennoch eher eine Ausnahme zu sein. Die Vielfalt religiöser und mystischer Schulen in Indien deutet weniger auf Säkularisierung als vielmehr auf einen heilsversprechenden Pluralismus, dessen einzelne Schulen zwar weitgehend tolerant gegenüber anderen sind, aber dennoch in ihren semantischen Konzepten verhaftet bleiben. Der zu erforschende Innenraum der Seele erweist sich sowohl als ein Dschungel an mikrokosmischen Pfaden subtiler Psychoanatomie, als auch als makrokosmisches Multiversum, dessen einzelne Galaxien sich selbst als singuläre Universen vorstellen. Es sind Wenige, die den Blick auf dieses Multiversum durch den Schritt zurück in seiner Ganzheit erfassen können und von der Einheit der Mystik sprechen. Doch wie so oft in der Geistesgeschichte des Menschen werden Aussagen dieser Art schnell zu neuen mystischen Schule unter vielen umgestaltet. So hatte etwa Buddha mit der verwirrenden Vielfalt des komplexen brahmanischen Weltbildes aufräumen wollen, nach seinem Tod jedoch begannen die kleinlichen Streitigkeiten um Auslegung, Ritual und Form, die schnell zu neuen Splittergruppen führte. Statt zu meditieren, stritten die Epigonen darum, ob die Meditationsmatte Fransen haben dürfe.[138]

Doch wir suchen nach dem *Diaphanen*, nach dem Durchscheinenden; hier konkret nach dem, was der Meditation wesentlich ist. Schält man die Meditation aus ihren religiösen Einbettungen, erweist sie sich als ein psychotechnisches Instrument zur Klärung des Geistes, zu einer Methodik des Hervortreibens des menschenmöglichen Potenzials an Intelligenz. Die Loslösung des Geistes (oder des Bewusstseins, wie man moderner sagt) von Anhaftungen semantischer Natur offenbart das Bewusstsein als eine Kraft, die in ihrem Kern auf Inhalte nicht angewiesen ist, sich ihre Betrachtungsgegenstände frei wählen oder auf solche sogar ganz verzichten kann. Meditation als psychotechnische Methode wurde von allen Religionen den mystisch Interessierten als Instrument empfohlen, die Wahrheit des Dogmas in seiner Gänze zu

137. Abhinavagupta, *Tantraloka* 4. 273 – 275, zit. aus: Bäumer, 2013.

138. von Brück, 2007.

erfahren. Dass diese Wahrheiten nun keineswegs objektive oder gar universelle Wahrheiten sein können, sondern kulturabhängige Narrativen über das Unendliche und Unerforschbare, zeigt sich daran, dass, egal wo Meditation angewendet wird, sie doch immer das zu bestätigen scheint, was die mystischen Texte, seien sie yogisch, christlich, sufistisch oder anderes, als Narrative bereits vorgeben. Es scheint fast, als seien mystische Spekulationen tatsächlich Hinausgriffe in das unendliche Nichts, Spuren conquistadorischer Expansionen des Geistigen im Seeleninnenraum, denen jeder nachfolgen kann, der sich an die Pfade der ersten Wegbereiter hält. Die Meditation als eine psychotechnische Methode findet das, was zu finden ihrer Natur entspricht. So wie man unter Psychologen scherzhaft Intelligenz als das definiert, was ein Intelligenztest misst, so könnte man hier sagen, Meditation sei das Bestätigungsinstrument dessen, was die Weltsicht, aus der sie stammt, behauptet. Insofern ist auch die Meditation als Methode nicht ergebnisoffen. Die christliche Mystik verlangt als ihr Ergebnis die Erfahrung der Einheit mit Gott, der hinduistische Yoga die Erfahrung der Einheit von Individualseele mit Universalseele, *Atman* mit *Brahman*, der Buddhismus die Erkenntnis der Leere (*shunyata*), die von der ewigen Wiederkehr des Ungelösten (*samskara*) befreit, der Sufismus die authentische Erfahrung des lebendigen Gottes (*Allah*), der in allem ist. Es ist verlockend, von all diesen angestrebten Ergebnissen annehmen zu dürfen, dass sie dasselbe meinten, und dass eventuelle Missverständnisse nur in den unterschiedlichen Kultursprachen begründet sind, die das Numinose anders nennen. Doch warum sollte es in der Psychonautik anders sein als in der Astronautik, deren Erkundungsraum so weiträumig ist, dass eine Expedition zu Alpha Centauri schon das Pendant zu einem Erleuchtungserlebnis sein kann, während ein anderes Expeditionscorps vom Pferdekopfnebel aus einen Blick auf die Milchstraße wirft, und damit einen ganz anderen Blickwinkel einnimmt? Warum eine Einheit der höchsten mystischen Erfahrung postulieren, wenn wir doch von der Weite eines mikro- und makrokosmischen Multiversums ausgehen müssen, in der man sich verlieren kann? Ist es nicht vermessen, eine Gleichheit von Shiva-, Buddha-, Allah- und christlicher Gotteseinheit anzunehmen, wenn wir doch bereits im vergleichsweise nahen Orbit des Psychenraumes die Orientierung zu verlieren drohen? Es hat eine amüsante Note, wenn mystisch Interessierte über die höchsten Stufen von Bewusstseinserweiterungen streiten, wenn sie doch die unteren noch kaum hinreichend dem bewussten und kontrollierenden Willen unterwerfen konnten; der Streit ist das Symptom. Wir kommen nicht weiter, wenn wir über höchste Ziele diskutieren. Solche Streitereien versperren den Blick auf das eigentliche Wesen der Meditation, und dieses besteht in einer radikalen Disziplinierung des Bewusstseins, in einer Schulung des Geistes, die ein schrittweises Erweitern und Intensivieren der menschlichen Intelligenz ermöglichen kann. Lässt man die Spekulationen über höchste Ziele einmal beiseite und beschränkt sich auf die realistischeren ‚unteren' Stufen des Bewusstseinswachstums, zeigt sich die Meditation als ein Instrument zur Etablierung von Bewusstseinsqualitäten, die den Menschen aus seiner geistigen Unmündigkeit führen können.

Die Wirkweise ist in allen mystischen Schulen (und neuerdings in der säkularisierten Geistesschulung therapeutischer und psychohygienischer Art) die gleiche: durch die Konzentration des Bewusstseins auf ein singuläres Objekt, sei es der Atem, ein Mantra (eine Silbe oder ein Wort), ein Yantra (eine geometrische Form), ein Mandala, eine Gottesvorstellung oder anderes, zieht sich das Bewusstsein aus den bisherigen Objekten des Denkens und Fühlens zurück. Dem alltäglichen Gedankenstrom wird die Bewusstseinskraft entzogen. Es stehen nun freie Bewusstseinskontingente zur Verfügung, die vorher in nichtigen und alltäglichen Gedanken gebunden waren.

War das Bewusstsein vorher zerstreut, verhaftet in saugfähigen Kognitionen und Vorstellungen, so ist es nun aus diesen Elementen herausgezogen, konzentriert auf einen Punkt, stärker leuchtend und frei, da leer von Inhalten. Es wird zu einer psychonautischen Welle, auf der in das Unbekannte zu surfen der Meditierende eingeladen ist. Der Blick von dieser Welle kann nach vorn, ins Unbekannte, oder nach unten oder hinten, ins schon Erfahrene gerichtet werden. In letzterem Falle nehmen die innerpsychischen Fallstricke, die emotionsbehafteten Erinnerungen und Überzeugungen die Gestalt einer kognitiv-affektiven Müllhalde an, eines Schwammes aus ungeordneten Anhäufungen dessen, was der Inhalt unseres kognitiven Selbstsystems ist, eines Schwammes mit der verheerenden Neigung, Bewusstsein wie Wasser in sich aufzusaugen. Dieser Blick zurück lässt das Ich, das normalerweise vehement verteidigt wird, zu einem desaströsen Gebilde werden, zu einem wahren Golem an seelischer Missbildung. Der Blick nach vorn und nach oben zeigt die Frische des Nichts, der kosmischen Leere, die nur darauf wartet zu einer ebensolchen Müllhalde gemacht zu werden. Der innerseelische Weltraumschrott, den wir im geistigen Orbit religiöser und esoterischer Sphären vorfinden, spricht von der Unfähigkeit des Menschen, seine Irrtümer ökologisch korrekt zu entsorgen.

Und doch liegt in der Meditation, wenn man sie zum Grundstein einer säkularen Geistesschulung macht, die Möglichkeit zur Transformation dessen, was derzeit unsere Bewusstseinsinhalte sind. Dessen ungeachtet liegt auch in der Formulierung einer ‚säkularen Geistesschulung', wie sie der von Neurobiologie und kognitiver Psychologie beeinflusste Philosoph Thomas Metzinger vorschlägt,[139] die Gefahr, die psychotechnische Methode der Meditation wiederum zur Beweisführung einer Weltsicht zu gebrauchen, in diesem Falle des eines von Göttlichkeit befreiten, neurologistischen Weltentwurfs. Meditation, wenn sie nicht korrumpiert werden soll, muss als Methode ergebnisoffen bleiben.

Jenseits weltanschaulicher Einbindung ist eines der Ergebnisse meditativer Praxis ist eine Intensivierung von Achtsamkeit.

Achtsamkeit meint eine absichtsvolle *Intensivierung* des Bewusstseins, ein intensives, über seine Grenzen hinausgehendes Bemühen um das Durchdringen der uns umgebenden und inneren Erscheinungen. Durch diese Definition soll bereits deutlich werden, dass mit Achtsamkeit nicht etwa eine höhere oder exaltiertere Bewusstseinsstufe gemeint sein soll, sondern dass sie sich in allen Bewusstseinsformen gleichermaßen zeigen kann, und zwar durch das Bemühen um das Durchdringen des fraglichen Gegenstandes (sei das eine persönliche Haltung, ein soziales Problem, eine metaphysische Fragestellung oder etwas anderes), um in ihm und aus ihm heraus das tatsächlich Wirkende, das Konkrete, zu erkennen. Achtsamkeit ist im *magischen* Denken genauso möglich, wie auch im *mythischen*, *rationalen* oder all diese Ebenen *integrierenden* Bewusstseinsmodus. Ebenso zeigt sich eine Kultur der Achtsamkeit in allen Bereichen des Lebens: natürlich angefangen bei der Innenschau, über

139. Metzinger war es, der forderte, eine solche Geistesschulung sollte nicht vom Religionslehrer, sondern vielmehr von einer Art Sportlehrer unterrichtet werden.

die engeren sozialen Beziehungen, das Verhalten, die Sprache, Entscheidungen, bis hin zu politischen, gesellschaftlichen, wirtschaftlichen und auch religiösen und metaphysischen Belangen.

In vielen ikonischen Darstellungen des Buddha sieht man dessen rechte Hand mit der Handfläche nach vorn erhoben. Diese Geste ist schutzgewährend oder ermutigend gemeint. Die meditative Achtsamkeit kann uns mit Aspekten unseres Selbst konfrontieren, die unangenehm und selbstwertgefährdend sind. Diese dennoch vorurteilsfrei zur Kenntnis zu nehmen, ist eine innere Haltung des Mutes und auch der Unerschrockenheit erforderlich. Normalerweise werden unliebsame Eigenschaften durch bestimmte funktionale Abwehrmechanismen der Psyche ausgeblendet, sodass wir sie nicht zur Kenntnis nehmen müssen. Diese Abwehrmechanismen können Verdrängung, Leugnung, Projektion, Rationalisierung (‚wegdiskutieren') und anderes sein. Doch diese Anwehrmechanismen benötigen viel psychische Energie, sie müssen aktiv bleiben und fordern viel Raum im Denken und Fühlen ein. Das Abzuwehrende bleibt dennoch vorhanden und wirksam, es drängt, je mehr es abgewehrt wird, desto mehr nach Aktualisierung und seinem Recht nach Dasein. Es wird nur der Zugang des Verdrängten in das Ich-Bewusstsein abgewehrt, nicht aber dessen Existenz. Der Abwehrmechanismus drückt dagegen, um das Abzuwehrende in der geistigen Verbannung zu halten. So entsteht eine innerpsychische Spannung, die Energie verbraucht, die anderweitig nicht mehr zur Verfügung steht.

Warum müssen wir überhaupt Eigenschaften unseres Selbst verdrängen oder abwehren? Im Laufe der Ich-Entwicklung über Kindheit und Jugend hinweg konstruieren wir im Wechselspiel von Selbstwahrnehmung, Bedürfnissen, Werten und Feedback, sozialen Reaktionen, vor allem der der Eltern, dann der Lehrer, der Peers etc. ein Selbst-Bild, ein Konzept davon, wer wir sind. Diese Ich-Konzeption ist in den allermeisten Fällen idealisiert, etwas geschönt und damit funktional, da seine Funktion nicht nur darin besteht, uns ein zutreffendes Bild von uns selbst zu vermitteln, sondern uns auch zu Handlungen und Beziehungen motivieren soll. Es dient der eigenen Handlungsfähigkeit. Eigenschaften, die nun dieses in sich stimmige Selbstbild gefährden würden, bekommen nun mit Hilfe von psychischen Abwehrmechanismen keinen

Zugang zum Bewusstsein, und damit auch nicht in das Ich-Konzept, das damit vor Abwertung geschützt ist.

In westlichen Psychotherapien nun, in denen Schattenanteile bewusst gemacht werden sollen, vermittelt der Therapeut dem Klienten das Gefühl, dass es ein mutiger Schritt war, sich der Psychotherapie zu stellen. Dieses Gefühl des eigenen Mutes, der nun in das Selbstkonzept integriert wird, kompensiert die Einbußen an Selbstwert, die durch die Akzeptanz der Schattenanteile entstehen können. Vom Klienten wird gemäß der westlichen Philosophie verlangt, diese Schattenanteile seinem Ich oder Selbst zuzurechnen: sie sind Teil von ihm. Ganz anders in der buddhistischen Meditationspraxis: Über den Prozess einer meditativen Praxis geschieht zuerst eine Loslösung, eine Desidentifikation mit den in der Einsichtmeditation gesehenen Aspekten. Durch reine Konzentration auf den Atemfluss wird eine Innenaufmerksamkeit erzeugt, die frei von gerichteten Gedanken sich gleichsam zusammenzieht zu einem kleinen, aber intensivierten Punkt. Wo vorher noch das Ich-Gefühl einen breiten Raum aus allem möglichen inneren Geschehen einnahm, und sich mit all dem notgedrungen identifizierte, zieht sich das Bewusstsein aus diesem Raum (der vorerst unverändert bleibt) zur einem kleinen Punkt zurück. Von diesem Punkt aus (der sich zum Beispiel am Atemfluss festmacht) können nun die inneren Aspekte, Gedanken, Gefühle, Haltungen, Stimmungen etc. wahrgenommen werden, als gehörten sie nicht zu einem selbst. Der Blick wird vorurteilsfrei, weil nicht mehr ichbezogen. Während also westliche Psychotherapie verlangt, sich mit all dem Gesehenen und Erkannten zu identifizieren, ermöglicht die buddhistische Einsichtspraxis ganz gegenteilig eine Desidentifikation mit all dem. Es sind dann Gedanken, aber die Gedanken sind nicht wir. Erreicht wird diese Praxis mit der Philosophie des Buddha, die besagt, dass sowieso jeder Mensch in leiderzeugendes Karma verstrickt ist, solange er nicht befreit ist. So schmälert Einsicht in Negatives nicht den Selbstwert, denn dieses Negative ist nicht eine Besonderheit meiner Person, sondern allgemeine menschliche Natur. Doch wer sind wir dann? Ein reiner Geist, reines, inhaltsleeres Bewusstsein, so antwortet der Buddhismus; in jedem sei die Buddha-Natur, nur eben noch unerkannt und verdeckt durch die psychischen Verstrickungen des Karma. Insofern ist die Geste des Schutzes der rechten Hand des Buddha zu deuten: Allein die buddhistische Philosophie bietet einen wirksamen Schutz vor Selbstwertverlust und damit vor Perspektiv- und Hoffnungslosigkeit – nicht zuletzt, weil es nach ihr ein solches Ich oder Selbst, das an Wert verlieren könnte, gar nicht gibt.

Auch die christliche Theologie kennt diesen schutzgewährenden Modus. Christus, der am Kreuz für die Sünden (die von Gott entfernenden Handlungen, Einstellungen, Gedanken, Gefühle) Aller starb, macht damit mit der Schuld des Menschen Schluss. Er befreit von Erbsünde, und gleichzeitig verweist das Christentum auf die eigentliche Substanz des Menschen: die Seele, die unsterblich ist, während der Körper sterblich, vergänglich, und damit ohne Dauer und substanzlos ist. Voraussetzung für diese schutzgebende Weltsicht ist natürlich auch hier der Glaube.

Sich den inneren Schattenanteilen zu stellen, ist ein gefahrverheißendes Unternehmen, dessen Schrecklichkeit in den Mythen und Ikonografien vieler Kulturen, auch der christlichen, antik-griechischen und südasiatischen, eindrücklich überliefert wird. Im tibetischen Buddhismus bevölkern viele schreckliche Dämonen das Pantheon, und es gilt, ihnen gegenüber Furchtlosigkeit zu entwickeln. Doch nur im einfachen Volk werden diese als reale Wesenheiten gesehen. Die tiefere Mystik offenbart anderes. Ma-Chig-La, eine Yogini aus dem 12. Jahrhundert, erklärt ihrem Schüler:

„Was wir einen Dämonen nennen, ist etwas sehr Großes, Riesiges, Schwarzes. Wer immer eines solchen angesichtig wird, wird in Furcht versetzt … aber Dämonen existieren tatsächlich gar nicht!

Die Wahrheit dieser Sache ist die: Was auch immer das Erreichen der Befreiung behindert, ist ein Dämon. Sogar die Liebe oder liebevolle Beziehungen zur Familie können zu Dämonen werden, wenn sie die [meditative] Praxis behindern. Aber der größte Dämon von allen ist der Glaube an ein Selbst als ein unabhängiges und dauerhaftes Prinzip. Wenn du nicht das Anhaften an das Selbst auflöst [zerstörst], werden sie nicht aufhören, dich zu erheben und dann wieder fallen zu lassen.“[140]

Im Mahayana-Buddhismus wird berichtet, dass Buddha sich schweren Kämpfen mit Mara, einem ehemaligen Totengott, der hier aber auch verstanden wird als ein Dämon, der die Welt repräsentiert, stellen musste. Offenbar war also auch Buddha vor den Reizen dieser Welt nicht gefeit. Mara gilt als der letzte innere ‚Feind', den Buddha besiegte.

Wir kennen dieses Thema der inneren ‚Feinde' auch aus einer Reihe von Mythen aus dem antiken Griechenland, deren bekannteste die des Herakles ist. Hatte sich Herakles an seinem berühmten Scheideweg einmal für die unscheinbare und abgehärmt wirkende Tugend und gegen das üppige Laster entschieden, die beide in Form von zwei Frauen vor ihm erschienen und eine Entscheidung verlangten, wurde sein Leben zu einer einzigen Aneinanderreihung von Kämpfen, in den meisten Fällen gegen ‚Ungeheuer', also Wesenheiten, die im tibetischen Buddhismus als Dämonen ikonografiert wurden. Wir schauen uns die Herakles-Sage weiter unten genauer an.

Auch von Jesus Christus wird berichtet, dass ihm in den vierzig Tagen des Fastens in der Wüste der Teufel erschien, um ihn zu versuchen. Ungeheuer, Dämonen, Teufel – all diese Gestalten sind Chiffren für innere Sehnsüchte, Anhaftungen, Begierden, die dem Streben des Adepten nach Erkenntnis, Einsicht, ‚Erleuchtung' entgegenwirken.

Andere Wege verlangen keine Abkehr von der Welt, ermutigen vielmehr, sich ihr zuzuwenden, aber die grundsätzliche Haltung der Achtsamkeit auch im Alltag aufrechtzuerhalten. Ein Unterfangen, das vielleicht schwieriger ist, als sich aus der Welt zurückzuziehen. Beispiele sind bestimmte tantrische Schulen des Hinduismus, aber auch die Philosophie des Griechen Epikur.

Der Weg der Achtsamkeit entlarvt die kleinen Tricks des Ichs, sich selbst als kohärent und stabil zu konstruieren. Man wirft einen

---

140. Clifford, 1994, S. 149 (aus dem Englischen vom Verf.). Wir sollten uns also von den bildreichen und mythischen Sprachen anderer Kulturen (auch der antik-griechischen) nicht täuschen lassen. Letztlich erkannten die Forscher dieser Kulturen den gleichen Sachverhalt wie unsere Psychologie. Unsere wissenschaftliche Sprache ist genauso wie deren mythische Sprache nur ein Versuch, etwas auszudrücken, was jenseits der Sprache liegt. Die Fehleranfälligkeit unserer wissenschaftlichen Termini zeigt sich zum Beispiel, wenn wir von dysfunktionalen Kognitionen sprechen. Ein tibetischer Yogi würde es auch ziemlich befremdlich finden, dass wir „Dämonen" (nach obiger Definition) buchstäblich als „Erkenntnisse" bezeichnen: Kognition, von cognoscere (lat.): erkennen. Gemeinsam mit der Deutung des Bildes von Dämonen, scheint diese bildhafte Darstellung sogar praktischer als ein aus dem Lateinischen stammender irreführender Begriff, da sie als Symbol mehr Attribute zu vereinen vermag.

achtsamen und mutigen Blick in das Räderwerk der Ich-Maschine und sieht, wie wenig sich das Ich um Wahrheit und Realität schert. Um sich selbst zu stärken, neigt es dazu, sich mit scheinbar stärkeren, größeren Dingen zu identifizieren, also eine künstliche Einheit mit diesen zu erzeugen, etwa mit der Zugehörigkeit zu einer Nationalität, einer Religion, zu einer Weltanschauung, zur *scientific community*, zur Familie; man ist ‚Fan' von Stars, von Politikern, von Musikern oder Schauspielern, man identifiziert sich mit dem Beruf und vieles anderes mehr. All das, um das eigentlich schwache und fragile Ich mit einer künstlichen Substanz zu füllen. Diese Identifikationen verschleiern den Blick der Wahrnehmung: die andere Nation, die andere Religion, die Nicht-Wissenschaftler, die Fremden etc. sind nicht richtig, sind falsch, ja sie sind eine Beleidigung, weil sie behaupten, was uns als Gegenargument für unsere eigenen Identifikationen erscheinen muss. Ist aber dieser Mechanismus enttarnt, wird der Blick freier, verliert an Aufladung mit Vorurteilen, man beginnt, eine innere und echte Neugierde für die Haltung der Anderen zu gewinnen. Es muss nicht mehr ausgewählt werden, was mit unseren eigenen Identifikationen kompatibel ist. Wir sind frei, uns alles ohne die verzerrende Brille der selbstwertdienlichen Interpretation anzuschauen. Identifikationen sind Selbstwertstützen, gleichsam Persönlichkeitsprothesen. Werden diese unnötig, geschieht eine Loslösung von ihrer zwingenden Natur. Wir müssen also, obwohl wir Wissenschaftler sein mögen, Christen oder Hindus, diese Haltungen nicht mehr verteidigen; sie werden zu Meinungen unter vielen, zu Hypothesen über die Welt, nicht mehr und nicht weniger wert, als die der Anderen. Wir lösen die Fessel der Identifikation, die uns an die eigene Perspektive bindet. Andere Perspektiven stehen nun gleichberechtigt daneben. Man beginnt, sich mit ihnen auseinanderzusetzen. Durch diese Auseinandersetzung, die die grundsätzliche wertschätzende Haltung bedingt, dass alle diese Perspektiven in ihrem abstrakten Kern richtig sind (so wie unsere eigene), auch wenn sie in Bildern und Worten verklausuliert sind, die sich unterscheiden mögen, reift langsam ein Bewusstsein dafür, dass alle Kämpfe zwischen weltanschaulichen Perspektiven meistens auf der Ebene der Form, nicht des Inhalts stattfinden. Die Christen kennen keinen Gott namens Shiva oder Zeus, also müssen jene Religionen falsch sein, so das perspektivische Bewusstsein. Doch in einer freien

Aperspektivität stellt sich die Frage, was hinter den kulturabhängigen Begriffen (also den Bildern und Worten) verborgen liegt. Es scheint doch sowohl in Shiva, als auch im christlichen Gottesverständnis ein ehrfürchtiges Gefühl für ein großes Unbekanntes, für etwas Unsagbares, aber Wirkendes, für etwas universell Sinnstiftendes durch. Verweisen beide Gottesvorstellungen auf dasselbe, nur in unterschiedlichen Kultursprachen? In gewisser Weise schon. Und doch gibt es Unterschiede, denn jede Kulturseele steht in einer ganz eigenen Beziehung zum unsagbar Großen und Ganzen; das eigene Anliegen, die angenommene Position innerhalb des großen sinnstiftenden Gefüges, ist verschieden. Pilger, die auf verschiedenen Pfaden durch die Wüste sich dem Unendlichen nähern wollen. Sie irren sich nicht im Ziel, und auch ihre Wege sind aufgrund unterschiedlicher Startpunkte jeweils richtig und notwendig verschieden. Stellen wir die Bilder, die auf Gleiches oder Ähnliches verweisen, nebeneinander, weitet sich unser Verständnis für die Inhalte. Das konkrete Bild verliert an absoluter Bedeutung, das Durchscheinende, das *Diaphane*, wird zum eigentlichen Gegenstand der Erkenntnis.

Das rein perspektivische Bewusstsein ist heute zu einer immensen Gefahr geworden. Das jeweils Andere ist erreichbar, egal wo auf der Welt; es kann effektiv bekämpft werden. Viele Tausende Meilen liegen zwischen der perspektivischen Christenheit Nordamerikas und der islamischen Welt. Man ist sich feind, nicht anders als es auch die Griechen und Perser gewesen sein mögen. Doch der räumliche Abstand ist bedeutungslos angesichts moderner Fortbewegungsmittel und Waffen mit apokalyptischer Zerstörungskraft. Im neunzehnten Jahrhundert konnte eine Islamophobie Europas oder Amerikas den Moslems in der arabischen Welt nicht viel anhaben, jedenfalls konnte sie keine existenzgefährdende Bedrohung darstellen. Das ist heute anders. Das Beispiel mag plakativ sein, aber es steht als *pars pro toto* für so viele Themen unserer Zeit: der Smog der Abgase in Indien und anderen Ländern verseucht nun nicht mehr nur die Luft einer Stadt, sondern des ganzen Landes. Ein zerstörtes Atomkraftwerk gefährdet nicht nur die nähere Umgebung, sondern unter Umständen das Land im Umkreis von Hunderten oder gar Tausenden Kilometern. Der unreflektierte Appetit nach Fleisch und Wurst sorgt etwa in Deutschland für eine ethisch katastrophale Massentierhaltung, deren Anzahl an Einzeltieren die der menschliche Bevölkerung bei Weitem übersteigt, nur dass man angesichts des lächelnden Schweinekopfes auf der Verpackung da nicht so genau hinsehen möchte. Auf riesigen Hektarflächen in den Ozeanen schwimmt Plastikmüll – man könnte noch viel mehr aufzählen. Die Menschheit war nie klüger. Wir wissen, dass die Römer dafür sorgten, dass auf der Appeninhalbinsel, aber auch in Iberien (heute Spanien) die Wälder gerodet wurden. Den Kahlschlag spüren wir noch heute, vor allem in Spanien. Schlimm nur, dass die Möglichkeiten, Katastrophen auszulösen, heute viel größer sind. Die Zerstörungskräfte von massenhysterischen Aggressionen bleiben überschaubar, solange man nur Schwerter und Lanzen zur Verfügung hat; gibt man aber jenen Kriegern Atomwaffen in die Hand, stehen wir vor globalen Problemen.

Einseitige Perspektivität ist zu einer Gefahr geworden, zu einer Gefahr, die nur von wenigen wirklich verstanden wird. Das Ringen um eine Aperspektivität des Bewusstseins und des Handelns ist keine metaphysische Schwärmerei, sondern bittere Notwendigkeit.

Ein solcher Bewusstseinswandel, der dringend nötig ist, kann nur im Einzelnen stattfinden. Und er beginnt bei der Selbstreflexion, geht über die Selbsterkenntnis, reicht über eine Dekonstruktion egoischer Überhöhung und Perspektivität hinaus zu einer Aperspektivität des Gewahrseins, zu einem achtsamen Umgang mit sich selbst, den Mitmenschen, der Umwelt, den globalen Verhältnissen. Für Erwachsene ist ein solches Unterfangen schwer, vor allem, wenn man aus Sozialisationsverhältnissen stammt, in denen traditionelle Einbindungen selbstverständlich waren. Für diese (also für uns) ist es ein Ringen, ein Kampf gegen die inneren Widerstände, gegen etablierte Überzeugungen und um eine freiere Sichtweise. Für diejenigen, die heute noch Kinder sind, wird es ähnlich schwer, wenn wir bei traditionellen Erziehungs- und Bildungskonzepten bleiben, die eine solche einseitige Perspektivität fördern. Kinder werden heute in den Bildungseinrichtungen in ein völlig überholtes Weltbild eingewiesen, ein Weltbild, das aus vergangenen Jahrhunderten stammt. Die impliziten Überzeugungen dieses Weltbildes sind verheerend; sie zeigen sich am offensten im Religionsunterricht, aber verdeckt in allen anderen Themen ebenso. Die spielerische Offenheit von Kindern für eben auch Widersprüchliches wird in den Kindergärten und Schulen zugunsten einer absoluten und unreflektierten Perspektivität erstickt. Aus spielerisch neugierigen, kreativen jungen Menschen werden christozentrische, eurozentrische (im günstigen Fall) oder deutsch-ethnozentrische, szientiozentrische, konsumorientierte Funktionsparameter gemacht. Doch wie wollen wir daran etwas ändern? Wir stoßen bei der Suche nach einer Antwort wieder auf den Einzelnen. Im Einzelnen muss sich die *grundlegende* Haltung verändern, nicht nur bezüglich einzelner Themen. Es bedarf einer inneren psychischen Revolution, die nur durch freie Entscheidung des Einzelnen und auch nur im Einzelnen selbst stattfinden kann.

Eine Skizze säkularer Meditation

In den Weisheitstraditionen ist Meditation das Bemühen um das Eintreten des Bewusstseins in den reinen Geist. Während das Bewusstsein normalerweise in all den Objekten unseres Denkens und Fühlens aufgeht, ja von diesen Objekten absorbiert wird, geht es in der Meditation darum, das Bewusstsein aus diesen Objekten herauszulösen, um es von jeder Anhaftung zu befreien. Um das zu erreichen, gibt es klare Anleitungen. Man nennt diese Anleitungen Glieder der Meditation. Das erste Glied ist die Atemachtsamkeit. Man beobachtet seinen Atemfluss, am besten an einem Punkt direkt unter den Nasenlöchern, da spürt man die Kühle und die Wärme des Ausatmens und Einatmens am besten. Durch diese Aufmerksamkeit wird das Bewusstsein auf einen klaren Sachverhalt gebündelt und es löst sich aus den Verhaftungen mit den Objekten des Denkens. Es entsteht sozusagen ein Überschuss an Bewusstseinsenergie, gleichsam freie Radikale an Bewusstheit, die nun zur Verfügung stehen.

Das zweite Glied der Meditation ist der Körper. Auch wenn wir in der Atemachtsamkeit bleiben, werden wir uns des Körpers gewahr, seiner Signale, seines Befindens, dieser kleinen Schmerzen beim Sitzen. Wir sind damit ganz am Ursächlichen, in einer Intimität mit uns selbst. Die Haltung spielt eine besondere Rolle. Indem wir aufrecht sitzen, die Wirbelsäule aufrecht und gerade halten, wird der Körper zu unserem Lehrmeister. Das aufrechte Sitzen macht uns selbst aufrichtig, aufrichtig gegenüber uns selbst. Gleichzeitig ist die aufrechte Haltung die beständige Ermahnung an die unbeugsame Absicht zur Meditation. Im Körper zeigt sich unser Anliegen, nämlich die Konsequenz, mit der wir bei der Meditation bleiben wollen. Auch wenn unser Bewusstsein sich in auftauchende Gedanken verstricken sollte – und das passiert natürlich immer wieder – ist es diese Meditationshaltung, die uns diese Verstrickung bemerken lässt und die Aufmerksamkeit zurück zum Atem lenken wird.

Das dritte Glied der Meditation ist das Lauschen. Ein vorurteilsfreies Lauschen, ohne Bewertung, ohne auswählendes Element. Es ist das Lauschen auf die Geräusche des Außens. Es zeigt uns die Weite, in der sich unser Bewusstsein befindet, die Weite, deren unauflöslicher Teil wir sind.

In der reinen Achtsamkeits-Meditation geht es um das Eintauchen in den klaren und leeren Geist. Auch Gesichte von Energie und oder Chakras sind nur Bilder, in denen sich das Bewusstsein verankert und an ihnen anhaftet. Auch davon gilt es, das Bewusstsein zu befreien.

In Trance-Techniken verschmilzt das Bewusstsein mit Hervorbringungen des Unbewussten, und kann darin agieren. In der Meditation ist es das Gegenteil. Das Bewusstsein löst sich aus dieser Verschmelzung.

Wie effektiv Trance-Techniken auch sein mögen, das Bewusstsein ist dann mit den Objekten verbunden, es nimmt diese ernst und wird aktiv. Das ist der Aspekt der Magie. Die Worte *machen* und *Magie* sind durch die indogermanische Wurzelsible *magh-* verwandt. In der Meditation aber ist man bezüglich der Objekte passiv. Einzig das Bewusstsein ist insofern aktiv, da es die Absicht in sich trägt, sich aus allen Anhaftungen zu lösen, um das zu sein, was es in seinem Kern ist, nämlich reiner Geist.

Man unterscheidet in den Weisheitstraditionen nun Stufen der Meditation. Die erste Stufe ist die Achtsamkeit. Sie erzeugt die Disziplin, mit der Meditation fortzufahren, auch wenn das Trägheitsgesetz uns zwingen will, in gewohnte Anhaftungen zu verfallen, zum Beispiel bestimmten Gedanken zu folgen. Die zweite Stufe besteht in einem wertfreien Interesse. Die innere Zeugenschaft ist erwacht. Wir nehmen zur Kenntnis, was sich in uns abspielt, aber wir verdrängen es nicht, bewerten es nicht. Wir berühren es behutsam mit unserer Aufmerksamkeit und lassen es wieder ziehen. Die dritte Stufe der Meditation ist die

Weisheit. Wir erkennen, besser bezeugen die inneren Mechanismen, wir verstehen, was wir sehen. Dieses Verständnis erzeugt Mitgefühl, ein zartes Vergeben dessen, was unser normales Menschsein ausmacht.

Es soll noch einmal an die Geste der Furchtlosigkeit des Buddha erinnert werden, mit der der Meditierende gegenüber den auftauchenden inneren Dämonen gewappnet ist. Diese Furchtlosigkeit ist ein Teil des inneren Anliegens zur Meditation, das sich auch in der aufrechten Haltung widerspiegelt.

Entkleiden wir die Techniken der Meditation ihrer ursprünglichen Absicht, als Beweisführung von Weltbildern zu dienen, bekommen wir mit ihr ein mächtiges psychotechnisches Instrument in die Hände. Ihr Ziel ist nichts anderes als die Klarheit des Geistes; was die Inhalte betrifft, bleibt sie ergebnisoffen.

Aufdeckende Psychotechnik – Introspektionen und projektive Erkenntnisverfahren

Innenschau

Noch die frühen Psychologen, etwa Ebbinghaus, hielten die Introspektion, das ‚Hineinschauen' in die inneren und damit nicht objektivierbaren Vorgänge des Menschen, für eine der wichtigsten Methoden der Wissenschaft Psychologie. Da aber eine solche Introspektion per se nur von einem selber durchgeführt werden kann, konnten die Ergebnisse von anderen Wissenschaftlern weder überprüft noch wiederholt werden. Letztere sind die methodischen Gütekriterien von Naturwissenschaft. Und so sprach in der Psychologie bald niemand mehr von Introspektion. Die Ablehnung des Subjektiven gipfelte im Behaviorismus, einer streng positivistischen Strömung innerhalb der Psychologie in den 1950er und 1960er Jahren, die jegliches ‚Innenleben' des Menschen nicht als Gegenstand von Wissenschaft zulassen wollte. Gedanken, Gefühle, Einstellungen etc. wurden zu vagen Inhalten einer ‚Blackbox' erklärt, die nicht zu öffnen sei, und die es in der Forschung nicht zu berücksichtigen gelte. Man erforschte stattdessen sichtbares Verhalten, stellte Lerntheorien des Konditionierungstyps[141] auf, und man behauptete, einen Menschen durch korrekt angewandte Konditionierungs- und Verstärkungsmethoden zu genau dem machen zu können, den man wollte. Der Behaviorismus hielt nicht, was er versprach. Die Psychologen mussten einsehen, dass die Inhalte der Black Box eine doch entscheidendere Rolle spielten, als man angenommen hatte. Man behauptete, letztlich doch Zugang zur inneren Gedanken- und Gefühlswelt der Probanden erlangen zu können, wenn man diese befragte, auch wenn man dabei nie sicher sein konnte, ob die Probanden auch die Wahrheit sprachen. Dieses methodische Problem sollte die Statistik lösen: Mit unwahren Aussagen eines Menschen kann man umgehen, wenn man Tausenden von ihnen den gleichen Fragebogen vorlegt. Nicht alle werden lügen, und wenn doch, dann wohl kaum bezüglich der gleichen Fragen. Statistisch gesehen konnte man also den Unsicherheitsfaktor der Unaufrichtigkeit herausrechnen, was zu recht zuverlässigen Ergebnissen für die allgemeine Psychologie[142] führte. Leider halfen diese Ergebnisse noch immer nicht in der Einzelfallbeurteilung. Erst mit dem Aufkommen einer angewandten Gesundheitspsychologie wurde die Introspektion im Gewand der Selbstbeobachtung, Selbstreflexion und Selbstmanipulation zu einer wichtigen Methode. Das Vermeiden von Krankheit, von Stress, von Burn-out, erzeugte einen wohltuenden, aber auch notwendig gewordenen Boom an Präventionstechniken, die zum Ziel hatten, den Krankheitsfall gar nicht erst eintreten zu lassen. Dazu gehörte auch die Fähigkeit des Einzelnen, entsprechende Warnsignale des Körpers, der Emotionen oder der Gedanken rechtzeitig wahrnehmen zu können. In krankenkassengestützten Entspannungskursen lernen die Teilnehmer, ihren Körper wahrzunehmen, über ihre Gefühlswelt aussagefähig zu werden und ihren Kognitionshaushalt[143] im Griff zu behalten. In der

141. In diesem Fall erweiterte man die Erkenntnisse des Russen Iwan Pawlow über das klassische Konditionieren um Verstärkungstheorien und anderes. Das Grundprinzip des Konditionierens aber wurde beibehalten.

142. Die sogenannte Allgemeine Psychologie erforscht das allen Menschen Gemeinsame, während die Differentielle oder Persönlichkeitspsychologie die Unterschiede untersucht. Gegenstand der Allgemeinen Psychologie wären also Wahrnehmungen, Emotionen oder allgemeine Regeln des Kognitiven. Gegenstand der Persönlichkeitspsychologie sind etwa unterschiedliche Persönlichkeitstypen, wie zum Beispiel Extraversion und Introversion.

Coaching- und Supervisionsszene werden die Klienten vom Selbsterkenntnistrainer ermuntert, zu berichten, was diese oder jene Situation ‚mit ihnen gemacht' oder was ‚in ihnen vorgegangen' wäre. Kein Zweifel, die Selbstreflexion ist in Mode. Nicht selten mündet sie in Endlosschleifen einer ungewollten Selbstbespiegelung, die obendrein von einem umsatzstarken Seminarmarkt befördert wird. Die Selbstbehauptung des Individuums, in der Renaissance noch Vorrecht der Eliten, ist massentauglich geworden. Wo das Individuum seine Besonderheit in der von Individuen überbevölkerten Öffentlichkeit nicht genügend zur Geltung bringen kann, verschiebt sich das Herausstreichen des Besonderen auf innerpsychisches Terrain. Die kleine Neurose wird zur unverzichtbaren Selbstwertstütze: Keiner hat eine solch verkorkste Biografie vorzuweisen wie ich, mein Kummer ist eigensinnig und durch semi-traumatische Erlebnisse in Kindheit und Jugend unabwendbar gewesen, jeder andere wäre daran zerbrochen, nur ich trage es mit heroischem Fatalismus.

Auf der positiven Seite allerdings ist der regelmäßige Blick auf den eigenen körperlichen und emotional-kognitiven Haushalt gewinnbringend. Das Ich wird seiner Funktion als Navigator des Persönlichkeitsraumes gerecht, wenn es um seine Vorgänge weiß. Signale des Körpers, wenn sie adäquat wahrgenommen werden, helfen nicht nur solide Krankheiten zu verhindern, sondern sie eröffnen auch Einblicke in intuitive Wahrnehmungen, in unterbewusste Reagibilitäten. Affektgesteuerte Reaktionen werden kontrollierbar, das eigene innere Anliegen im Besonderen als auch im Leben an sich kann einem bewusst und damit verfolgt werden.

Den Wert der Introspektion möge dieses Beispiel illustrieren: Wut und Zorn sind verschiedene Affekte oder Gefühle. Wut ist affektgeladen und zwingt denjenigen, den sie ergreift zu unkontrollierten Akten der Gewalt gegenüber anderen, oder im blockierten Fall, gegen sich selbst. Zorn hingegen ist sich seiner Ziele bewusst. Zorn und Wut verfügen über das gleiche Kontingent an Energetisiertheit oder Erregtheit. Kräfte werden mobilisiert. Doch wo Wut oft effektlos bleibt oder Schaden anrichtet, weil sie sich ihrer Ursachen und Ziele nicht bewusst ist und

---

143. Man erinnere sich an die Technik des sogenannten ‚positiven Denkens', die Einigen gut tat, bei Anderen aber dysfunktionale Realitätsverzerrungen zur Folge hatte.

aus Instinkt, Trieb oder diffuser Frustration handelt, dort wird Zorn effektiv, weil er seine Ziele kennt. Wut kennen auch Tiere. Ein wütender Bulle, ein wütend bellender und zähnefletschender Hund, so etwas kennt man. Zornig aber werden Tiere nicht. Tiere kennen keinen Zorn, sie kennen nur Wut. Der Zorn steht als Bindeglied zwischen einem Wissen um seine Herkunft und den angestrebten Zielen; er ist getragen von einem Willen. Wut in Zorn umzuwandeln, bedarf es eines scharfen Blickes in das Bedingungsgefüge: Was ist frustriert? Worin besteht meine Not? Und auf der anderen Seite: Was will ich? Was ist mein Begehr? Was mein innerstes Anliegen? Was gibt mir Frieden? Die Mobilmachung energetischer Reserven – und nichts anderes sind solche Affekte – lohnt sich nur, wenn sie intentional ausgerichtet wird, ansonsten verschleudert sie ihre Kräfte in einer unkontrollierten Explosion. Der Verbrennungsmotor bietet das passende Bild: die domestizierte Explosion, die in den Dienst zielgerichteter Intention gestellt wird. Die reine Wut wäre beschrieben, wenn der Motor unversehens explodiert, seine Umgebung zerstört und den Wagen zur weiteren Fahrt untauglich macht.

Der Blick ins Innen, so die wörtliche Übersetzung von Introspektion, gibt dem Ich die Herrschaft über seine energetische Mobilmachung. Durch seine Kenntnis der inneren Topografie wandelt er Wut in Zorn um; aus einem wilden Haufen wütender Berserker wird eine funktionierende Armee, die Terrain (hier als das innere Terrain verstanden) und Gegner (in den meisten Fällen innere Gegner) kennt, Generalstabskarten zu erstellen und die Grenzen der eigenen Leistungsfähigkeit einzuschätzen vermag, und das Ziel nicht aus den Augen verliert. Das militaristische Bild ist nicht zufällig gewählt; es wiederholt das Motiv des *Dschihad* aus dem Islam, der in der Mystik verstanden wird als der Krieg oder Kampf gegen die inneren Gegner. Es verweist auch auf Teresa von Ávilas Satz: „Schlaft nicht, denn es ist kein Frieden auf Erden!“,[144] womit sie keinen äußeren Krieg meint, sondern die Schlacht, die seit Jahrtausenden in den Seelen der Menschen im Hintergrund geschlagen wird, die Schlacht zwischen der Mündigkeit der Seele und der dumpfen unbewussten Natur des Tieres in uns. Auch der

144. Teresa von Ávila, 1999, S. 18.

Buddhismus kennt das Motiv des inneren Krieges: Buddha, der sich gegen den letzten und mächtigsten Gegner, den Dämonen Mara, den Repräsentanten des Irdischen, des Seins der Welt, zur Wehr setzt und ihn letztlich besiegt.

Mit der Technik der Introspektion, des routinierten Blicks nach innen, verortet sich der perspektivische rationale Mensch. Das aperspektivische Bewusstsein hingegen verfolgt seine eigene Spuren, sieht sich gleiten in den subtilen Verbindungsfäden zwischen den vormaligen Gegensätzen; es sieht sich selbst in Bewegung, sieht sich immer neu ausrichten, erkennt die Flüchtigkeit momentaner Standpunkte; erkennt sich als prozesshaft und mobil.

Projektive Verfahren

Vincent van Gogh sagte einmal, der Künstler könne gar nichts anderes malen als Selbstbildnisse. Erweitern wir diesen Satz: Der Mensch kann gar nichts anderes wahrnehmen und aus sich hervorbringen als das, was ohnehin in ihm ist. Das eigene Wesen ist uns ein Rätsel; der Mensch, das Ich, als Fragestellung ist erst vor kurzer Zeit zum Thema geworden. Was wissen wir über uns? Was über unsere Stellung im Kosmos, über Sinn und Unsinn unserer Existenz?

Doch was der Mensch auch über sich selbst nicht wissen mag, es wirkt dennoch und konstituiert ihn. Denken wir auf gewohnte Weise über uns nach, treffen wir meistens auf alte Bekannte unter den Gedanken. Doch in der künstlerischen Hervorbringung, sei es Malerei, Musik, Dichtung, Tanz, Architektur, ich füge sogar hinzu: Metaphysik, Mystik, Religion, Gebet, Meditation, findet das Wesen des Menschen seinen Weg ins Offensichtliche. Es ist dem Menschen gar nicht möglich, etwas anderes auszudrücken, als sich selbst. Das Wissen um den Menschen potenziert sich sofort, wenn wir diese Hervorbringungen als Projektionen (lat. *proicere*: hinauswerfen) verstehen. Nicht eine von uns unabhängige Wahrheit ist es, die wir in den Berichten der Mystiker finden, sondern eine Möglichkeit des Menschseins, eine Neigung, eine Gabe, ein Talent, eine Eigenschaft des Menschen an sich. Die Idee eines Gottes ist ein Merkmal des menschlichen Bewusstseins, seine Gebete sind Anrufungen an das noch nicht Geformte in ihm; seine Meditationen treiben seinen Geist in die Weite des menschenmöglichen Bewusstseins. Polytheistische Pantheons offenbaren die allgemeinen humanen Grundkonstitutionen, seine psychische Prozesshaftigkeit, seine innerpsychische und soziale Gestelltheit. In der religiösen Kunst, zum Beispiel des Mittelalters, der Renaissance und des Barock, sehen wir die Archetypen menschlichen Seins, denen Respekt gezollt wird, die als anstrebenswerte Ideale ihre bildnerische Form finden. In der romantischen Naturmalerei ist es nicht eine objektive Landschaft, die gemalt wird, sondern das Bild des Menschen von ihr, sein Wollen, sein Sehnen, seine Ängste und sein Gespür für seine Position innerhalb der Natur. In der Musik offenbaren sich die Harmonien oder Dysharmonien seiner Seele, seine Balance oder sein Fallen in Abgründe. Die Wissenschaften, die von sich behaupten, der objektiven, menschenunabhängigen Natur ihre Geheimnisse und Gesetze abzuringen, sind letztlich Ausdruck der intellektuellen Möglichkeiten des Menschen, mehr nicht. Kant hatte es unmissverständlich gesagt – und er wird bewundert dafür, seltsam nur, dass niemand Konsequenzen daraus zieht – dass die Naturgesetze aus dem Menschen kommen und der Natur lediglich übergeholfen werden.[145]

Man kann seiner kreativen Natur noch so sehr die Zügel der Fantasie schießen lassen, es wird doch immer Wahrheit sein, die dabei herauskommt – die Wahrheit über den Menschen, über den Schöpfer dieser kreativen Leistungen. Man kann es auch anders sagen: Der Mensch kann sich noch so sehr um objektive Wahrheit über die distale Natur bemühen, es wird letztlich doch immer kreativer Ausdruck seiner selbst bleiben.

Am leichtesten wird uns der Blick fallen, wenn wir uns solche kreativen Hervorbringungen anschauen, die den Menschen selbst zum Gegenstand haben. Einweihungswege, etwa der Schamanen oder bestimmter mystischen Schulen, Stufenkonzeptionen der Geistesentwicklung in Sufismus, Yoga, christlicher Mystik, Entwicklungsmodelle der Psychologie, Darstellungen allgemein menschlicher Archetypen, etwa des Mars, der bei Venus im Bett liegt (wunderschön in verhaltener Erotik von Botticelli gemalt), oder der knochigen Asketen in ihrer

145. Kant, 1998.

Höhle, sich selbst vernachlässigend, einzig der Suche nach Wahrheit sich verpflichtet wissend (etwa der Hl. Hieronymus, gemalt von Rembrandt und Rubens), all diese Hervorbringungen können nichts anderes als wahr sein; sie können nicht irren. Am wenigsten dann, wenn sie intrinsisch motiviert sind und wenn sie aus dem Unbewussten schöpfen, der Künstler nicht wissend, was er da hervorbringt. Der Geist kann dann aber bereits irren, wenn seine Kreativität durch extrinsische Absichten gedrosselt und in andere Kanäle gelenkt wird. Am saubersten sind die künstlerischen Aussagen über den Menschen dann, wenn der Künstler, Philosoph oder Mystiker davon ausgehen darf, dass das alles mit ihm nichts zu tun hat. Kein selbstwertdienlicher Abwehrmechanismus verzerrt das Bild, keine Eitelkeit macht es farbiger als es zu sein hat. Die antiken Mythen über die Götter und Heroen sind in dieser Hinsicht vermutlich das Zutreffendste, das über den Menschen je gesagt wurde.

Alles was wir tun, ist Selbstbeschreibung; wir irren nur dann, wenn dieses Tun sich in den Dienst des Ich und seiner Neigung, seine Illusionen aufrechtzuerhalten, stellt.

Wie die Macht der Projektion zunehmend genutzt wird und darüber hinaus noch genutzt werden kann, soll durch die folgenden Abschnitte skizziert werden.

Schatten. - Der Schatten,[146] der jeden unserer Schritte begleitet, der uns so nah ist und den wir doch unserer Person nicht zurechnen wollen: Mit dem Begriff dieses dunklen Anhängsels umfasste C.G. Jung jene Bereiche unseres persönlichen Unbewussten, die in unserem Ich-Entwurf keinen Platz finden, über die wir keine Kenntnis haben *wollen*, die unseren Selbstwert schmälern würden. Es sind die Seiten der Persönlichkeit, die der Regel der Konsonanz zuwiderlaufen würden: Wie können wir böse sein, wenn wir doch gut sind? Die Existenz eines Schattenarchetyps als Teil der Persönlichkeit ist ein Dualismus par excellence. Von zweiwertigen Eigenschaftspaaren wird stets nur ein Teil als uns zugehörig ausgewählt, das andere leugnen wir. Die Entscheidung ist in aller Regel perspektivisch: Einmal eine Perspektive eingenommen, kann keine andere gelten. Gewöhnlich vertrauen wir dem Gesichtsfeld

---

146. Ausführlicher zu den Themen ‚Schatten'- und ‚Anima'-Archetypus vgl. Thiele, 2012, S. 236ff. und S, 274ff.

dieser statischen Perspektive. Treten Andere an uns mit der Botschaft, dass aus einer anderen Perspektive sich die Dinge anders zeigen, nehmen wir das mit einem akzeptierenden Schulterzucken zur Kenntnis, solange diese andere Perspektive nicht unsere Persönlichkeit betrifft. Doch sobald es um uns geht, werden wir empfindlich. Das fragile Gerüst des Ichs, eine autopoietische Meisterleistung, eine fein ausjustierte Kognitionsmaschine, die Veränderungen nur schwer erträgt, will in seiner künstlichen Balance aus Gewissheiten und Selbstwertigkeiten nicht erschüttert werden. Wahr allerdings ist ein solches Selbstbild nicht. In den allermeisten Fällen fehlen ihm die ergänzenden Gegensätze aus den Dualismen, deren funktionale Seiten es für sich ausgewählt hat. Dem vermeintlich Friedfertigen fehlt die Anerkenntnis des aggressiven Elements, dem moralisch Einwandfreien fehlt die Einsicht in seine verderbten Seiten, dem Ruhigen das Anerkennen des Lauten, dem Liebenden das des Gleichgültigen, dem Leidenschaftslosen das seines Feuers.

Nietzsche war der wütende Schattenblicker – der wohl rigoroseste und kompromissloseste des Abendlandes. Ohne ihn wäre eine Tiefenpsychologie undenkbar. Sein Blick lotete die Tiefen der eigentlichen Motive des Menschen aus und entlarvte so die herrschenden Wahrheiten als Heuchelei, als Lüge und Betrug. Er stellte dem nichts entgegen, war also kein Moralist, er zerfleischte nur die Götzen, die man als Ideale kannte und widerspruchslos anbetete, indem er sie als eigentliches Symptom tiefer Dumpfheit, Falschheit, Unwissenheit, Grausamkeit und Eigendünkel diagnostizierte. Liest man Nietzsches Urteile mit aperspektivischem Blick, zeigen sich diese als oft präzise Diagnosen ganzheitlicher Themenkomplexe, in denen die dynamischen Differenzen zwischen dem Verdrängten und der Moral oder dem Ideal untersucht werden. Die Menschenfeindlichkeit der christlichen Kirchen und deren offizielles Credo von der Nächstenliebe, vom Heiland, der am Kreuz für die Sünden der Menschen gestorben sei, ist ein thematisches Kontinuum, dessen entgegengesetzte Enden einen Dualismus bilden. Für den perspektivischen Geist stellt sich nur die Alternative: Bin ich ein verderbter Mensch oder ein guter Christ? Der aperspektivische Blick rückt die Dynamik dazwischen in den Vordergrund; die Gegensätze verlieren an Schärfe und offenbaren sich als eine Prozessgröße: Trieb und Instinkt,

Unbewusstheit und Unwissenheit tragen in sich genug Motivation, höhere Maße an Kontrollierbarkeit, weiterem Blick, an intensiverer Bewusstheit zu erzeugen. Ich bin triebhaft, könnte das aperspektivische Bewusstsein konstatieren, und trage zudem den Willen zur Selbstgestaltung, zur Kontrollübernahme über das Cockpit meiner *conditio humana* in mir. Die Ausgangsbedingung muss nun nicht mehr abgewertet werden, sie wird als Startpunkt, als temporärer Istzustand akzeptiert. Das Eigentliche sind nicht mehr die Gegensätze in ihrer Unveränderlichkeit, die ein Entweder-oder erzeugen, sondern die oszillierenden Kräfte dazwischen, die die vormaligen Gegensätze in sich einschließen. Das Christentum, so gesehen, offenbart den *Willen* zum erlösten Menschen, nicht den *erlösten* Menschen.

In der Psychotherapeutik würde der angeblich friedliebende Mensch (ein schöner Antagonismus: der Friedenskämpfer) aus aperspektivischer Sicht jemand sein, der Lösungen für seine Aggressivität sucht. Sein Bemühen um Friedlichkeit ist Ausdruck der Dynamik zwischen dem aggressiven Trieb und dem Willen nach einer Auflösung seiner innerpsychischen Spannung, die sich in Aggression äußert. Sein Instinkt sagt ihm, dass da etwas in ihm nicht stimmt, dass da ein Spannungsfeld herrscht, dass der Kampf eigentlich in ihm selbst stattfindet, doch dieses instinkthafte Gespür in sein Bewusstsein, respektive in sein Selbstbild einfließen zu lassen, würde dieses erschüttern. Grund dafür ist der rein perspektivisch-dualistische Denkmodus, der das Individuum so und *nur* so gelten lassen kann, für den es keinen aperspektivischen Spielraum einer fließenden Dynamik gibt.

Mit projektiven Methoden versuchen einige moderne therapeutische Verfahren, den Schattenanteil des Menschen ins Bewusstsein zu heben. Mit der weisen Einsicht darein, dass es leichter und bequemer ist, vor fremden Türen zu kehren, um es mit Goethe zu sagen, oder dass der Stachel im Auge des Bruders leichter zu erkennen sei als der Balken im eigenen Auge, wie es in der Bibel heißt, besteht das prinzipielle Vorgehen der projektiven Methodik darin, den Klienten in einem distalen Objekt (einem anderen Menschen, einem Trauminhalt, einem vorgelegten Bildmaterial etc.) das sehen zu lassen, was wesentlich ihm selbst eigen ist. Soll er sich am Stachel im Bruderauge austoben; dieses verbale Toben ist bereits ein Ausfalten der Schatteninhalte. Im nächsten Schritt wird die Du- oder Es-Ebene aufgehoben und in der Ich-Form wiederholt. Die eigentlich schwierige Aufgabe des Therapeuten besteht darin, den Klienten dazu zu bringen, diese Einsichten zu akzeptieren und Formen der Umgestaltung des Selbstbildes vorzuschlagen, die dieses stabil und funktional halten. Das Ziel ist in jedem Fall, das interne Spannungsfeld aufzulösen, das sich durch den rigorosen Dualismus zwischen Wünschenswertem und Unerwünschtem konstituiert hat.

Ohne eine Integration des Schattens in die Sicht der Dinge ist eine aperspektivische Wende im Einzelnen kaum zu erreichen. Die Kenntnis von den Schattenanteilen ermöglicht erst das Gewahrsein des Dazwischens, des Fließens zwischen den vermeintlichen Gegensätzen. Das Gute, Wünschenswerte, so zeigt sich, ist nur Konstruktion, eine gesellschaftliche Vereinbarung ohne jedes Fundament an Wahrheit oder Objektivität. Das Postulieren des Guten erklärt notwendigerweise das Ausgeschlossene zu seinem Gegensatz: das Böse entsteht. Wenn man aber beides als nur vorübergehende Zustände begreifen kann, wird die Bewegung dazwischen, die Bewegung vom einen zum anderen, der Prozess an sich, zur Realität. Die dualistischen Verankerungen lösen sich, das Bewusstsein – auch und gerade für das eigene Selbst – wird mobil und frei.

Anima/Animus. – Noch einmal war es C.G. Jung, der die These einer Summierung psychischer Eigenschaften mit weiblichem Vorzeichen im Manne, den *Anima*-Archetypus, vorstellte. In der *Anima* (lat. Lufthauch, Atem, phil.: Seele) bündelt sich das als weibliches Imago personifizierte Begehren des Mannes. Das was begehrt wird, ist als nicht zu einem selbst zugehörig konzipiert. C.G. Jung nahm an, dass die Trennung von bestimmten weiblichen Attributen aus der Ich-Konstruktion des Mannes ein psychischer, aber allgemein-menschlicher Irrtum sei. Was nun begehrt wird, ist über den Umweg der Projektion (veräußernde Übertragung) das, was einem unwissentlich eigen ist und das nach Beachtung und Ausgestaltung drängt. In einem fixierenden Verliebtsein zeigt sich also die Kraft der *Anima*, die ihr Recht auf Ausformung einfordert. Die *Anima* ist das Sammelbecken des Rests des Selbst, das es nicht in den aktuellen Ich-Entwurf des Mannes geschafft hat. Ein Mann identifiziert sich eher mit männlichen Attributen als mit weiblichen.

Diese werden verdrängt oder bleiben ungeformtes Potenzial. Dieses Potenzial drängt nach Wachstum, nicht anders als der Keimling einer Pflanze, dessen Seinsprogramm es ist, das morphische Feld, das ihm innewohnt, mit materiellem Werden auszufüllen.

In der Frau wirke ein komplementärer Archetyp, *Animus* (lat. Seele, Geist), der männliche Eigenschaften repräsentiere.

Die gegengeschlechtlichen Eigenschaften, die Jung meint, der *Anima* und dem *Animus* zuordnen zu können, sind stark durch Sozialisationsfaktoren geprägt, sodass von einer kollektiven Gültigkeit über Kulturen und Epochen hinweg kaum die Rede sein kann. Zum Beispiel durch die ‚Aufhebung des Feigheitsverbots'[147] für Männer nach den Weltkriegen in den europäischen Ländern offenbart sich ein kultureller Wandel im Inventar sogenannter männlicher Eigenschaften. Das Wirken der Anima zeigt sich in Passionen des Verliebens, in Kunstwerken, in Dichtung und Musik, in der leidenschaftlichen Anbetung gegengeschlechtlicher Gottheiten oder Heroen; dort darf sich zeigen, was der Person nicht eigen sein darf und es doch ist.

Dass der menschlichen Form eine natürliche Dualität innewohnt, zeigt die Zweigeschlechtlichkeit der Spezies. Nur kann infrage gestellt werden, ob diese Zweiteiligkeit auch zu einer Zweiwertigkeit, also zu Gegensätzen führen muss. Das Ansinnen des Shivaismus etwa ist es, die Trennung zwischen den Polaritäten zu überwinden, wobei er diese Trennung als etwas Künstliches ansieht, etwas Menschengemachtes, das seinen Ursprung in der menschlichen Unwissenheit hat. Shiva und Shakti, die beiden Aspekte des einen Urgrundes, sollen als eine Einheit erfahren werden, und das geht nur in einem persönlichen und praktischen Erfahrungsprozess. Der ganze Yoga zielt darauf ab. Der jungsche Individuationsprozess, der die Aspekte des persönlichen Unbewussten ins Bewusstsein überführen will, somit also eine Integration der psychischen Fragmente zum Ziel hat, meint weniger mystisch formuliert etwas Ähnliches: Die Anima, als Eigenschaftsbündel des Weiblichen im Mann, ist in jedem Falle wirksam und real, sei sie nun unbewusst und verdrängt oder bewusst und ins Gesamt-Ich integriert. Besser und gesünder sei es, diesen wesentlichen Anteil an der mensch-

---

147. Sloterdijk, 2006.

lichen Verfassung anzuerkennen und mit seiner Realität zu leben, ja sich von ihr bereichern zu lassen.

Das *Shakti*-Konzept der Yogis, auch wenn es weiblich vorgestellt wird, ist dennoch in erster Linie eine formlose Gestaltungskraft, eine Vitalkräfte mobilisierende Tendenz alles Seienden. Sie wird aktiv, wenn Ungeformtes aber Dazugehörendes zur Aktualisierung drängt. Insofern lässt sich hier eine Verbindung zwischen *Shakti* und *Anima* herstellen. Die *Anima* ist das Bündel des Ungeformten, und sie bekommt Gestalt und Bild durch die persönliche Verfassung des Menschen; die ist bei jedem anders. In ihr wirkt aber die aktive Gestaltungskraft der *Shakti* (die *Élan vital* des Henri Bergson oder eingeschränkt die *Libido* des Sigmund Freud), die damit Bild und Figur der *Anima* übernimmt. Das hinduistische Pantheon unterbreitet eine ganze Reihe von Bildvorschlägen für das Wirken dieser Gestaltungskraft des Unbewussten: Da ist Kali, die an keinen Mann gebundene, also die unkontrollierte und damit unvorhersehbare und auch gefährliche Kraft. Da ist Durga, die unerbittliche Kriegerin, die sich ganz in den Dienst gegen die (inneren) Dämonen stellt; sie ist die zur Veränderung der Lebensumstände prädestinierte Mobilmachung unserer Vitalenergien. Wir kennen Parvati und Sati, die treuen Gemahlinnen des Shiva, ganz mit ihm und seinem Willen eins, miteinander in äonenlanger sexueller Trance verbunden. Da ist Lakshmi, die Gemahlin des Vishnu, die Göttin der Fülle und des Reichtums, mithin der Freude an der Fülle der Welt, der Lust an der Gestaltung, an der Form, an der Üppigkeit des materiellen und geistigen Seins. Und wir wissen von Saraswati, der Göttin der Künste, der Musik, der Kreativität an sich, jene, die die Inder anrufen, wenn sie eine zündende neue Idee brauchen. Man bittet sie am Abend darum, und so kann in der Nacht der neue Gedanke im Unterbewussten reifen. All diese Göttinnen sind Symbole der *Shakti* in ihrer Vielgestaltigkeit. Die Begriffe *Anima* und *Shakti* sind nicht synonym zu gebrauchen; vielmehr wirkt durch die *Anima* die Vitalkraft. Nicht selten nimmt der *Anima*-Archetypus in der Meditation des Yogis konkrete weibliche Gestalt in Form von *Yoginis* oder *Dakinis* an, subtile Wesenheiten, die den Yogi unterweisen. In all diesen Fällen wird projektiv in einem numinosen Bild veräußert, was noch ungeformtes Potenzial des eigenen Seelenhaushaltes ist.

Aperspektivisches Gewahrsein erkennt sich in der Dynamik, die zwischen den Polen des Kontinuums des Bewusstseins herrscht, in der Kraft, die dem Ungeformten innewohnt und die Ursprung des schon Gewordenen ist. Es erkennt das Ich als eine Grenzziehung, die, wie auf jenen alten Generalstabskarten, jederzeit korrigierbar ist, und einmal mehr, einmal weniger Land einschließt.

Resümee

Es war die Rede von der Unausweichlichkeit der subjektiven und damit nicht messbaren, nicht replizierbaren und nicht überprüfbaren Erfahrung und von der Notwendigkeit, das Subjektive als einen legitimen Modus von Erkenntnisgewinn zuzulassen. Ansonsten bliebe eine Aperspektivität des Bewusstseins bloßer Untersuchungsgegenstand, den man (soziologisch, sozialkonstruktivistisch, systemtheoretisch) auf gewohnt perspektivisch-rationale Weise untersuchen und verhandeln könnte. Der mentale Modus bliebe unverändert. Das aperspektivische und integrale Bewusstsein, verstanden als Bewusstseins*intensivierung*, wird jedoch nur dann zu einer innerpsychischen Revolution, wenn sich die Aufmerksamkeit zielgerichtet dem inneren Erleben zuwendet und dieses als Erkenntnisquelle rehabilitiert.

Objektive Wissenschaft erzeugt allgemeines, kollektiv geteiltes Wissen, mithin also ein Wissen, das als kommunikatives Fundament des Zusammenlebens der Menschen dienen kann, aber den Einzelnen nicht erkennen lässt. Objektive Erkenntnis, wenn sie den Menschen betrifft, verführt zu Kategorisierungen: ‚Ich bin ein Mensch, der …' – und nun folgen Einordnungen in vorgegebene Identitätsangebote. Die Einzigartigkeit des Menschen wird zu einer Illusion, die sich aus den vermeintlich individuellen Auswahlen der Kategorien zusammensetzt; tatsächlich teilt man sich diese Identitätsräume mit einer großen Anzahl anderer Menschen. Man ist Raucher, Nichtraucher, man ist politisch links oder rechts, depressiv oder ausgeglichen, promiskuitiv oder monogam, berufstätig oder arbeitslos, Psychologe oder Architekt, man leidet unter einer Midlife-Crisis oder wurzelt in einer festen Identität, man mag klassische Musik oder das Theater, Jazz oder Rockmusik, ist ein Lesender oder nicht, kultiviert, konservativ oder progressiv. All diese Attribute sind soziologisch interessant, auch psychologisch, wenn man die Psychologie als eine Wissenschaft vom Verhalten des Menschen definierte, aber sie taugen nicht, um dem Einzelnen seinen innersten Wesenskern aufzuzeigen. Mag sich dieser Wesenskern als ein veränderliches Konstrukt erweisen, oder als ein stabiles Kompendium basaler Eigenschaften – die ganz eigene Note, die ganz spezielle Färbung des Individuums – jene, die wir als Außenstehende an und um unsere Begegnungen doch so leicht wahrnehmen aber kaum in Worte fassen können – bleibt dem Individuum selbst verschlossen. Einzig die subjektiven Einblicke, das beständige Abwehren korrumpierender und doch so verführerischer Identitätsschablonen, das stete Ringen um eine innere Unabhängigkeit und Aufrichtigkeit, können uns eine Ahnung von dem vermitteln, was wir vielleicht sind.

Auch das Objektive bleibt in seiner Anwendung subjektiv. Eine angeblich objektive Tatsache verharrt leblos und letztlich ungeteilt in einem intersubjektiven leeren Raum; es zieht seine Kreise wie ein unnahbarer Trabant um einen Planeten, von der Ferne unsere Wahrnehmung und unser Denken beeinflussend. Die Objektivität wird zu einem Fundus unerreichbarer Tatsachen, von denen wir nur eines wissen: dass sie existieren. Was sie aber sind, wie wir mit ihnen umgehen sollen, was sie uns bedeuten, greift bereits in die Sphären der Subjektivität. Wissenschaftler selbst stehen vor tagtäglichen subjektiven Entscheidungen, was sie mit ihren objektiven Tatsachen, so fern sie sind, anstellen sollen oder können. Ein Physiker, ein Ingenieur, ein Psychologe, ein Mediziner verortet seine Subjektivität nicht in den Kategorien von Quanten, Motoren, Persönlichkeitsdimensionen oder anatomischen Besonderheiten. Die individuelle Persönlichkeit bleibt davon weitgehend unberührt.

Wir können die bisherigen Architekturen menschlicher Weltenschöpfung abschreiten, erkunden, ja kartografieren, wir können versuchen, ihre Entstehungsgeschichte nachzuzeichnen, doch wir selbst bleiben ewige Wanderer innerhalb dieser kollektiven Weltensphären, sehen uns als kleinere Teile, von diesen Sphären umhüllt, vielleicht gefangen, und so bleiben die grundsätzlichen Fragen nach dem eigenen Sein bestehen. Mehr noch, sie erweisen sich mit zunehmender Kenntnis der demiurgischen Architekturen als desto drängender, je mehr man erkennt, dass diese Architekturen keine Antworten bereitstellen. Sie zeigen sich als die

Bedingungen, als die komplexen Kontexte, in denen wir uns bewegen – bewegen müssen. Doch wer ist der Wanderer darin? Ein Schnittpunkt von überpersönlichen Kategorien, Archetypen, Erwartungshaltungen, vermuteten Erwartungshaltungen Anderer, von archivierten erinnerungsfähigen Erfahrungen, die uns nahelegen zu sein, was wir vermutlich schon gestern waren? Hier hilft die Objektivität nicht weiter. Der Blick muss sich ins Innere wenden, muss die Spiegelungen des Außens auf den reflexionsfähigen Flächen des Innenraums identifizieren können, muss sich selbst ahnen können in den Zwischenräumen fester und vorgegebener Bedeutungen.

So gesehen sind alle Veräußerungen eines Menschen letztlich Botschaften aus seiner innerpsychischen Sphäre, sind zuhöchst subjektive Selbstentwürfe, oft getarnt als objektive, per se teilbare Wahrheiten, letztlich aber nur Standpunkte im wörtlichen Sinne – denn nur der Mitteilende steht an jenem Punkt, von dem er spricht; die Anderen kreuzen nur seinen Weg. So können die folgenden Ableitungen nur als subjektive Mitteilungen gelesen werden, als derzeitige Verortungen eines Suchenden. Oder wie Timothy Leary, der irisierende Conquistador der psychedelischen Innenwelten, seinen Anhängern zurief: „Fragt mich nicht, ich bin auch nur neugierig!"

V Ko-Substanz und Kommunion: Teilhabe am Umfassenden

Der Kreis wird sich schließen, wenn wir nun den Bogen spannen von der essenziellen Herausforderung des Menschen, dem primordialen Gefühl des Verlorenseins, zu der auf den ersten Blick paradoxen Erkenntnis, dass der ich-hafte Mensch gar nicht allein sein *kann*. Das Ich des Menschen, sein Identitätsgefühl, ist eine Funktion des erlebten Miteinanders. Im Alleinsein wird die nötige Zufuhr an emotionalen und kommunikativen Nährstoffen unterbrochen, das Ich trocknet aus – das Verlöschen droht.

Das Alleinsein ist ein Mangelgefühl, und wie jedes solches verweist es auf Aspekte, die zur Vervollständigung fehlen. Es ist das Erbe der dualistischen Bewusstseinsstruktur, das uns ein Ich annehmen lässt, das in sich substanzhaft ist und zur Not für sich allein bestehen könnte. Ich und Du waren im mythischen Kreis zwei Pole, die ineinanderflossen und in ihrer gemeinsamen Tönung das Gefühl einer Existenz heraufbeschworen. Achilleus erfährt sich selbst über seine Gegenüber, über die Feinde und Freunde, über die Trojaner, die ihn fürchten, und die Griechen, die ihn besingen. Ohne diese wäre er nichts. Er bringt in den mythischen Kreis sein eigenes kraftstrotzendes Element und verwirbelt die farblichen Nuancen, die durch das Miteinander aller Beteiligten entstehen. Erst die rationale und dualistische Wende ließ das Ich zu einer festen Größe werden, zu einer vermeintlichen Substanzialität, die zum Einnehmen nur *einer* Perspektive im psychosozialen Verständnis zwingt. Der mythische Kreis war zerbrochen und die *Pole* wurden zu *Gegensätzen*, die zur Entscheidung, zum Einnehmen *einer* Perspektive, aufforderten. Ich und Du bildeten kein gemeinsames Ganzes mehr, sondern atomistische Entitäten, die erst durch eigenes Wollen und Handeln miteinander in Beziehung treten konnten. Die rational-perspektivische Sicht auf den Menschen: Atome, die sich zu Molekülen verbinden. Spätkulturen, die sich dem Individualismus verpflichtet fühlen, werden zu riesigen Kettenmolekülen, von deren Millionen Atomen doch jedes Einzelne sich immer noch als eine eigene Substanzialität empfand, als eine eigene Willenskraft, die nur kraft individueller Entscheidung teilhat an der molekularen Architektur. Der Höhepunkt der Ich-Gläubigkeit war erreicht, als der Wiener Nervenarzt Sigmund Freud dessen innere Strukturen freizulegen begann. Die Stimmen jedoch mehren sich, die mit gutem Grund behaupten, ein solches Ich gäbe es nicht, jedenfalls nicht in der bisher gewohnten Definition einer festen überdauernden Größe, die in sich Substanz hat wie ein Stein oder eine ewige Seele. Doch auch deren Argumente sind letztlich dualistisch und suchen nur nach einer anderen, plausibleren Perspektive. Sie sind geneigt, unter Rückgriff auf östliche und fernöstliche, vornehmlich yogische und buddhistische Konzepte, statt der Perspektive des Jas zum Ich die gegenteilige einzunehmen. Gewonnen ist damit nichts, zumal die tagtägliche Erfahrung von Leid und Glück, das einem selbst und anderen widerfährt, der Nicht-Ich-Hypothese hohnzulachen scheint. Ein schwacher Trost für Einsame und Traurige.

Doch ich behauptete, das Ich kann nicht allein sein. Es ist auf die Beziehungen zu einem oder mehreren Gegenüber angewiesen. Damit meine ich nicht, das Ich würde übermäßig leiden oder psychisch krank werden, denn das würde noch immer ein substanzielles Ich voraussetzen, von der gegenteiligen Perspektive ganz zu schweigen. Unsere Sicht auf das Ich zu erweitern (und nicht nur die Standpunkte auszutauschen), hieße, eine aperspektivische Sicht zulassen. In einer solchen erwiesen sich das Ich und das Du als zwei Endpunkte eines energetisch aufgeladenen, ständig hin und her oszillierenden Kontinuums. Statt nun Ich und Du auf atomistische Weise zu zwei jeweils für sich existierende Entitäten zu erklären, würde die aperspektivische Sicht die Relation dazwischen fokussieren. Das eigene Wesen, das man Ich nennt, entpuppte sich dann als das Spannungsfeld zwischen den beiden Polen, zwischen Ich und Du. (Ein Begriffsproblem entsteht hier zwangsläufig, weil das Ich bereits zur Kennzeichnung des einen Pols reserviert ist.) Das Ich, so die Behauptung, entsteht durch das kommunikative Miteinander von Menschen. Ohne ein solches Beziehungsgeflecht löst sich das Ich auf, bricht aus dem Gefüge, das es konstituiert – es würde gleichsam pulverisiert. Die Einwände, dass es immer wieder Beispiele, wenn auch seltene, gegeben hat, in denen Menschen in Einsiedeleien der Wüste oder des Gebirges doch allein gewesen seien, muss man nicht gelten lassen. Diese Einsiedler waren nicht allein; sie schufen sich Gesellschaft in Form von Göttern und Dämonen. Ich habe noch nie von einem atheistischen Einsiedler gehört. Auch Künstler, Philosophen oder Wissenschaftler, die sich über längere Zeit zurückziehen, sind dabei nicht allein. Sie befinden sich in einem permanenten Diskurs mit ihrem künftigen oder erwünschten Publikum, mit Figuren ihres Werkes, mit Tieren oder Pflanzen. Das kognitiv-emotionale Geflecht, das in diesem Miteinander entsteht, spiegelt sich im Bewusstsein des Menschen, der Teil dieses Geflechts ist. Diese Spiegelung nennt man das Ich. Es ist tatsächlich *nicht* illusionär, nur seine Verortungen, seine Komponenten, aus denen es sich zusammensetzt, werden inkorrekt zu einer Person, zu einer Substanz gebündelt und Ich genannt. Statt zwischen Ich und Nicht-Ich entscheiden zu müssen, wäre es angezeigt, auf die Tatsachen der Kommunikationen zu verweisen. Die Annahme einer Substanzialität des Ichs müsste man nur durch den Begriff der Ko-Substanz ersetzen. Tritt eine Person aus dem Gefüge des Miteinanders, sei es zu Menschen oder Anderem, aus, verliert es seine Teilhabe an der Ko-Substanz, es höhlt sich selbst aus und überlebt noch einige Zeit als Hülle, wie jene Schalentiere, deren Panzer man an Stränden finden kann, bis sie vollkommen austrocknen.

Das physische und metaphysische Gefühl für Schönheit (aus der philosophischen Trinität von Schönem, Wahrem und Gutem) ergibt sich aus dem Anerkennen jener Ko-Substanz, die mich mit den anderen Wesen verbindet, und deren Strukturen in sich harmonisch oder disharmonisch sein können. Die Schönheit ist eine der Tiefe, nämlich der Tiefe der ‚molekularen' Netze, in denen sich die Ko-Substanz nahezu in die Unendlichkeit fortsetzt. Es gibt mich, aber nicht als isolierte Einheit, sondern als ein Resonanzboden für die feinen Schwingungen einer (nicht nur) menschlichen Kommunikation, die in sich ein Ganzes ist. Ich muss nicht Teil dessen werden, denn die Teilhabe ist bereits Grundkonstitution meiner Existenz. Das Schöne hat nichts mit Designs oder Surfaces zu tun, sondern mit einer grundlegenden Harmonie, in der unentwegt Ströme kommunikativer Energie fließen. Die Muster, die sich daraus ergeben, treffen auf Saiten in mir, die harmonisch mitschwingen oder dissonant klingen. Das Dissonante ist die unausgesprochene Aufforderung zur sanften Korrektur, zum Nachstimmen der

Saiten, zum Griff zur passenderen Note. Mitunter ist sie Teil der großen Harmonie, doch auch dann zwingt sie, wie in der Musik, zur Auflösung.

Ein solches aperspektivisches Verständnis versöhnt die Gegensätze, greift in einem weiten Bogen zu den vormals mythischen Polen und umfasst sie gemeinsam mit den Errungenschaften dualistischer Rationalität zu einer integrierenden Einheit. Nicht der rationale Gedanke an Aperspektivität, sondern das von bindenden Perspektiven befreite Grundgefühl, das unser ganzes Sein erfasst, kann uns in eine Geisteskultur der Achtsamkeit führen. Alte Lehrsätze, etwa der, den Nächsten zu lieben wie sich selbst, müssen nicht geglaubt werden, wenn sie sich aus einem befreiten Bewusstsein von selbst herleiten. Ich selbst als Spiegel oder Resonanzkörper fließender kommunikativer und gestaltender Kräfte gebe nur wider, was in mich hineinfließt – darin transformiert, verwandelt, bereichert oder verzerrt wird, je nach dem, wie sauber die Kanäle sind. Sich selbst zu lieben, hieße dann, jenseits individualistischer Egozentrik, immer auch das Gegenüber zu lieben, und dieses zu lieben, hieße, den transegoischen Fluss der Dinge verstehend und liebend anzunehmen.

Sinn und Wert würden sich wieder einstellen, ohne auf retroromantische Weise mythische oder magische Weltbilder heraufbeschwören zu müssen. Der Rationalismus erwiese sich als eine Zwischenstufe, als ein Nadelör, das zu durchdringen sich das Bewusstsein auf das Kleinste einstellen musste. Bereichert um die Kenntnisse des Mikrokosmischen könnte der Mensch aus diesem kollektiven Geburtskanal treten, mit der Erkenntnistrophäe im Gepäck, dass jegliche Entität nur in ihrer Teilhabe am Großen und Ganzen ihre Existenz findet. Die Substanz des Individualismus löste sich zugunsten eines Transindividualismus auf, und würde zu einer Ko-Substanz. Verantwortung im Handeln bezöge sich immer auf das komplexere Netz, auf die grundlegende Harmonie darin; der eigene Wille würde verstanden als ein Wille des kommunikativen Ganzen, der in der eigenen Person Gewahrsein und konkrete Form gewinnt.

Nichts garantiert, dass die großen demiurgischen Entwürfe der Welt, wie sie die verschiedenen Kulturen ins dunkle Nichts geworfen haben, sich nicht doch als instabil herausstellen; dass sie zu selbstzerstörerischem Handeln führen. Jeder einzelne von ihnen taugt nicht mehr, um die anstehenden Probleme unseres Seins auf diesem Planeten zu lösen, doch wir erleben gerade die große Zeit der Verschmelzungen. Globalisierungen, rein räumlich erforschend und erobernd seit dem 15. Jahrhundert, kommunikativ vernetzt seit mehr als hundert Jahren, finden auf verschiedenen Ebenen statt. Eine umfassende Meta-Ebene allerdings lässt sich erkennen: Die Domänen des globalen Netzes beginnen sich untereinander zu verweben. Kulturen kennen sich nicht nur, sie gehen ineinander auf. An uns ist es, die richtigen Auswahlen zu treffen. In diesem Essay standen drei Kulturseelen exemplarisch im Vordergrund, die faustische, yogische und homerisch-apollinische. Was sie uns als Erbe hinterlassen, lässt sich miteinander verbinden, lässt sich in einer aperspektivischen Sichtweise in ein Ganzes hineinweben. Das thymotische Element der Selbstbehauptung, der Stolz, ein Schicksal zu haben und es, wie die Heroen, mutig zu erfahren, gaben uns die homerischen Griechen mit. Ihr Freiheitswille, ihre unbedingte Hinwendung zum diesseitigen Leben, ihre metaphysische Unbestechlichkeit gegenüber den Göttern – wir tun gut daran, dieses kostbare Erbe behutsam aufzubewahren. In ihm liegt ja nicht nur der Stolz (der nach der christlichen Diffamierung eine Rehabilitierung als *thymos*, als Selbstbehauptung und als ein sich-kraftvoll-einbringen, verdient), sondern eine Demutsgeste gegenüber dem Schicksal, das, so bitter es sein mag, den *thymos* nicht zu schwächen braucht – was die Moiren in ihre Lebensfäden weben, können wir nicht beeinflussen, nur *erfahren*. In diesem Erbe liegt Schönheit und Liebe zum Dasein. Seine Blüte war die selbstgenügsame epikureische Philosophie der apollinischen Spätzeit.

Die yogische Kulturseele beschenkt die Welt mit dem systematisierten Blick in die Innensphären der Psyche. Kaum eine andere Kultur hat eine solche Tiefe mit den Mitteln immaterieller, rein psychischer Instrumente ausloten können. Das weiter oben ausführlich beschriebene Chakra-System bietet eine der großen Karten, die durch die Weiten transegoischer Räume zu führen vermag. Von den großen Yogikern erhalten wir fundierten Unterricht in der Etablierung einer Kultur der Achtsamkeit.

Die faustische Seele – ach, sie ist uns nah, was brauche ich noch schreiben – wir kennen den Blick ins Außen: ins Weite und ins Kleine. Mühsam erwarben wir Kompetenzen zur Handhabe des Materiellen, auch wenn wir mit unserem Wollen so oft irrten. Das conquistadorische

Blut erkundete die Weite des Alls, die Tiefe von Zellkernen und Atomen, von psychischen Strukturen und neuronalen Netzen.

Hier stehen wir vor den Zutaten einer möglichen neuen Kultur. Das Alte wird zerbrechen, und der Umwandlungsprozess ist schmerzhaft; war es schon, das 20. Jahrhundert spricht noch eindringlich davon. Doch das Schicksal der Menschheit, der Moiren Webwerk, folgt seinen eigenen Pfaden, unabhängig von Wille und Wehe des Einzelnen. Was wir tun können, ist unser Bewusstsein aus den festen Verankerungen egoischer Identitäten herauszulösen, uns selbst zu achtsamen Gefäßen für Bewusstsein zu gestalten, bereit zu sein für das Neue und uns selbst als einen mitgestaltenden Teil des Ganzen zu begreifen. In der Tatsache der Mitgestaltung liegt die Aufforderung zur Selbstgestaltung. So wie der Körper das Gefäß für das Ego ist, so kann das Ego zum Gefäß für die transegoischen Bewusstseinsströme werden. Verantwortung für sich selbst heißt somit gleichermaßen Verantwortung für Andere. Die Menschheit macht sich auf, eine neue Architektur des Geistes über die Welt zu werfen, eine Architektur, die sich in die Welt und ihre Gegebenheiten harmonisch einpassen sollte. Das kann gelingen. Seien wir achtsam wie die Yogis, nutzen wir behutsam unser faustisches Wissen und zeigen wir uns unverzagt und stolz vor den Unabänderlichkeiten des Schicksals, das uns das Größere vorgibt, und dessen Teil wir waren, sind und immer sein werden.

Anhang

Zusammenfassung des yogischen Chakrasystems:

I Muladhara:
(Skt.: *mula*, Wurzel oder Fundament)
die Materie, das rein Körperliche und Manifeste in all seinen Bedingungen, lokalisiert zwischen After und äußeren Geschlechtsorganen (Männer) oder posterior des Gebärmutterhalses (Frauen).

II Svadhisthana:
(Skt.: *swa*, jemandes Besitz; *adhisthana*, Wohnplatz)
die Bündelung des Bewusstseins in Konditionierungen, die zum Phänomen des Begehrens führen, lokalisiert etwas über den Geschlechtsorganen, am untersten Ende der Wirbelsäule.

III Manipura:
(Skt.: *mani*, Juwel; *pura*, Stadt)
Die im eigenen Wesen enthaltene Lebenskraft, die genutzt werden kann, und damit von der Energiezufuhr durch Andere unabhängig macht; Selbststärke. Lokalisiert in der Gegend des Nabels.

IV Anahata:
(Skt.: *anahata*, ungeschlagen, unbesiegt)
aus der Unabhängigkeit von (III) folgt die Fähigkeit zur vorurteilsfreien Wahrnehmung; Einsicht in die Tatsache, nicht allein zu sein, sondern in einer schieren Vielzahl von anderen Wesenheiten. Lokalisiert um das Herz.

V Visuddhi:
(Skt.: *shuddhi*, reinigen, läutern)

die auf (IV) gründende Handlungs- und Kommunikationsfähigkeit des Menschen, die sich an der Einsicht in die Vielheit und Relativität der Wesenheiten orientiert. Lokalisiert am Kehlkopf.

VI Ajna:
(Skt.: *ajna*, wissen, gehorchen oder folgen)
Einsicht in und Nutzung der Tatsache, dass Bewusstsein erkenntnisfähig ist und die grundlegenden Zusammenhänge, und dass es in den vernetzten Zusammenhängen kein Ich gibt. Lokalisiert zwischen den Augenbrauen, etwas innerhalb vom unteren Ende der Stirn.

VII Sahasrara:
(Skt.: *sahasrara*, eintausend, daher auch die Bezeichnung ‚tausendblättriger Lotus')
die Tatsache, dass es weder Ich noch Selbst oder Seele gibt, sondern ein einheitliches, universelles Bewusstsein, das die kleinen Filialen, die wir sind, leitet, und dass diese Filialen von diesem nie getrennt waren. Verschmelzung ist hier eher Einsicht in ein Verschmelztsein, da das wirkliche Wesen (von dem wir dachten, es sei ein Ich oder ein Selbst) nie davon getrennt war.

Chakra	**Bewusstsein**	**Ausdruck von Vitalkraft**
I Muladhara	Chthonisch	Bios, Trieb, Instinkt
II Svadhisthana	attraktorgebunden	Eros
III Manipura	Selbstbehauptend, selbstzugewandt	Thymos
IV Anahata	empathisch	Agape
V Visuddhi	Partizipatorisch	Kommunion, Kommunikation, Partizipation
VI Ajna	Erkennend, überschauend, integrativ	Nous
VII Sahasrara	Universell	Kosmisch, unbegrenzt

Tab. 1: Aspekte von Bewusstsein und Vitalkraft im Chakrasystem des Kundalini-Yoga

Bibliografie

Bäumer, Bettina: Vijnana Bhairava. Das göttliche Bewußtsein. Frankfurt/M. und Leipzig: Insel-Verlag, 2013.

Bischof, Norbert: Das Kraftfeld der Mythen. München: Piper, 1996.

von Brück, Michael: Einführung in den Buddhismus. Frankfurt/M. und Leipzig: Verlag der Weltreligionen, 2007.

Burckhardt, Jacob: Das Geschichtswerk. 2 Bände. Frankfurt/M.: Zweitausendeins, 2007.

Camus, Albert: Der Mythos des Sisyphos. Reinbek: Rowohlt, 2014.

Ciompi, Luc: Die emotionalen Grundlagen des Denkens. Entwurf einer fraktalen Affektlogik. Göttingen: Vandenhoeck und Ruprecht, 2005.

Clifford, Terry: Tibetan Buddhist Medicine and Psychiatry. Delhi: Motilal Banarsidass Publishers, 1994.

Deleuze, Gilles & Guattari, Félix: Tausend Plateaus. Berlin: Merve-Verlag, 2005.

Eliade, Mircea: Indisches Tagebuch. Reisenotizen 1928 – 1931. München: Eugen Diederichs Verlag, 1996.

Eliade, Mircea: Schamanismus und archaische Ekstasetechnik. Frankfurt/M.: Suhrkamp, 1997.

Eliade, Mircea: Schamanismus und archaische Ekstasetechnik. Darin: Das alte Indien, S. 384-401. Frankfurt/M.: Suhrkamp, 1997.

Eliade, Mircea: Schamanismus und archaische Ekstasetechnik. Darin: Schamanische Symbolismen und Techniken in Tibet und China, S. 402-429. Frankfurt/M.: Suhrkamp, 1997.

Eliade, Mircea: Yoga. Unsterblichkeit und Freiheit. Frankfurt/M.: Suhrkamp, 1985.

Eliade, Mircea: Indiens mystische Erotik. Berlin: Verlag der Weltreligionen, 2012.

Eliade, Mircea: Schamanismus und archaische Ekstasetechnik. Darin: Antikes Griechenland, S. 369-375. Frankfurt/M.: Suhrkamp, 1997.

Flacelière, Robert: Griechenland. Leben und Kultur in klassischer Zeit. Stuttgart: Reclam, 1979.

Friedell, Egon: Kulturgeschichte der Neuzeit. Frankfurt/M.: Zweitausendeins, 2009.

Gardener, Howard: Intelligenzen. Die Vielfalt des menschlichen Geistes. Stuttgart: Klett-Cotta, 2008.

Gebser, Jean: Ursprung und Gegenwart. 3 Bde. München: dtv, 1973.

Johannes vom Kreuz: Die dunkle Nacht, Leipzig: St. Benno-Verlag, 1985.

Kant, Immanuel: Kritik der reinen Vernunft. Hamburg: Meiner-Verlag, 1998.

Kerényi, Karl: Die Mythologie der Griechen. 2 Bde. Teil I: Die Götter- und Menschheitsgeschichten. Teil II: Die Heroengeschichten. Stuttgart: Klett-Cotta, 1997.

Kinsley, David: Indische Göttinnen. Frankfurt/M.: Insel-Verlag, 1990.

Kulke, Hermann und Rothermund, Dietmar: Geschichte Indiens. Von der Induskultur bis heute. München: C.H.Beck-Verlag, 2010.

Lama Anagarika Govinda: Grundlagen tibetischer Mystik. Frankfurt/ M.: Fischer-Verlag, 1979.

Lücke, Hans-K. und Susanne: Helden und Gottheiten der Antike. Ein Handbuch. Reinbek: Rowohlt, 2002.

Lücke, Hans-K. und Susanne: Antike Mythologie. Ein Handbuch. Wiesbaden: Marix-Verlag, 2005.

McDermott, Rachel F.; Kripal, Jeffrey J. (Hg.): Encountering Kali. In the Margins, at the Center, in the West. Delhi: Motilal Banarsidass Publ., 2005.

Meher Baba: Darlegungen über das Leben in Liebe und Wahrheit.Frankfurt/M.: Fischer, 1996.

Metzinger, Thomas: Der Egotunnel. Berlin: BvT Berliner Taschenbuchsverlag, 2010.

Michaels, Axel: Der Hinduismus. Geschichte und Gegenwart. München: C.H.Beck, 2006.

Möbius, Friedrich; Sciurie, Helga (Hg.): Stil und Epoche. Periodisierungsfragen. Dresden: Verlag der Kunst, 1989.

Nietzsche, Friedrich: Die fröhliche Wissenschaft. Goldmann-Verlag, 1999.

Paz, Octavio: Im Lichte Indiens. Frankfurt/M.: Suhrkamp, 1999.

Piano, Stefano: Religion und Kultur Indiens. Wien, Köln, Weimar: Böhlau Verlag Gesellschaft, 2004.

Plutarch: Große Griechen und Römer. Köln: Anaconda-Verlag, 2009.

Sartre, Jean-Paul: Das Sein und Das Nichts. Versuch einer phänomenologischen Ontologie. Reinbek: Rowohlt, 2009.

Schimmel, Annemarie: Mystische Dimensionen des Islam: Die Geschichte des Sufismus. Köln: Diederichs, 1995.

Seibt, Ferdinand: Die Begründung Europas. Ein Zwischenbericht über die letzten tausend Jahre. Frankfurt/M.: S. Fischer Verlag, 2002.

Singh, Jaideva: Siva-Sutras. The Yoga of Supreme Identity. Delhi: Motilal Banarsidass Publ., 2008 (1979).

Sloterdijk, Peter: Sphären, 3 Bände. Frankfurt/M.: Suhrkamp, 1998 (Blasen), 1999 (Globen), 2004 (Schäume).

Sloterdijk, Peter: Im Weltinnenraum des Kapitals. Frankfurt/M.: Suhrkamp, 2006.

Sloterdijk, Peter: Zorn und Zeit. Frankfurt/M.: Suhrkamp, 2006.

Sloterdijk, Peter: Du mußt dein Leben ändern. Frankfurt/M.: Suhrkamp, 2009.

Sloterdijk, Peter; Hans-Jürgen Heinrichs: Die Sonne und der Tod. Frankfurt/M.: Suhrkamp, 2006.

Spengler, Oswald: Der Untergang des Abendlandes. München: dtv, 2006.

Sprenger, Reinhard K.: Radikal führen. Campus-Verlag, 2012.

Storl, Wolf-Dieter: Shiva. Der wilde und gütige Gott. Burgrain: KOHA-Verlag, 2012.

Swami Abhedananda: Yoga Psychology. Kolkata: Ramakrishna Vedanta Math, 2002 (1967).

Swami Satyananda Saraswati: Kundalini Tantra. Munger, Bihar (India): Yoga Publications Trust, Ganga Darshan, 2009 (1984).

Tagore, Rabindranath: Das goldene Boot. Lyrik, Prosa, Dramen. Düsseldorf und Zürich: Patmos-Verlag, 2005.

Tagore, Rabindranath: Sandkörnchen im Auge. Berlin: Verlag Volk und Welt, 1970.

Teresa von Ávila: Seelenburg. Freiburg: Herder, 1999.

Thiele, Matthias: Tarot und die Kunst der Selbsterkenntnis. Hamburg: Phänomen-Verlag, 2012.

Toynbee, Arnold: Der Gang der Weltgeschichte. Frankfurt/M.: Zweitausendeins, 2009.

Zimmer, Heinrich: Philosophie und Religion Indiens. Frankfurt/M.: Suhrkamp, 1994.

4500562R00201

Printed in Germany
by Amazon Distribution
GmbH, Leipzig